Lexikon der Rebellinnen

Zum Buch

Die großen Lexika verschweigen sie gern – die Rebellinnen. Frauen, die sich auf völlig unkonventionelle Weise Gedanken machten und ihre Ideen durchsetzten, waren schon immer gefürchtet. Sie wurden verlacht, verfolgt, verdammt oder einfach totgeschwiegen. Aber sie wurden auch bewundert – und das nicht nur von ihren Geschlechtsgenossinnen. Vieles, was wir heute alltäglich erleben, wäre ohne das mutige Wirken einzelner Querdenkerinnen nicht Wirklichkeit geworden. Eine spürbare Anzahl Frauen zog in die höchsten Ebenen von Wissenschaft und Politik ein, und selbst so banal erscheinende Dinge wie die Möglichkeit, Hosen zu tragen, waren jahrhundertelang undenkbar.

Florence Hervé und Ingeborg Nödinger haben in ihrem *Lexikon der Rebellinnen* rund 600 Kurzbiographien von ungewöhnlichen Frauen aus allen Zeiten und Ländern zu einem spannenden Kaleidoskop zusammengestellt.

Zu den Autorinnen

Florence Hervé, 1944 in Frankreich geboren, studierte Germanistik in Bonn und Paris mit anschließender Promotion. Sie ist als Dozentin und Publizistin für Rundfunk und Presse tätig. Zudem ist sie Mitherausgeberin des *Weiberlexikons* und des Frauenkalenders *Wir Frauen*. Für ihre zahlreichen Veröffentlichungen erhielt sie 1997 den Preis *Frauen fördern Frauen* in der Sparte »Journalistin«. Von Florence Hervé ist im Econ & List Taschenbuch Verlag bereits erschienen:
»Salz der Freiheit« – Benoîte Groult (TB 26578)

Ingeborg Nödinger, ebenfalls 1944 geboren, war Sekretärin und studierte Soziologie auf dem zweiten Bildungsweg. Sie arbeitet als Journalistin und Referentin in der Erwachsenenbildung und veröffentlichte verschiedene Schriften zur Geschichte der Frauenbewegung.

Florence Hervé
Ingeborg Nödinger

Lexikon der Rebellinnen

Von A bis Z

Econ & List Taschenbuch Verlag

Econ & List Taschenbuch Verlag 1999

Der Econ & List Taschenbuch Verlag ist ein Unternehmen der
Verlagshaus Goethestraße GmbH & Co. KG, München

Umschlagkonzept: Büro Meyer & Schmidt, München – Jorge Schmidt
Umschlaggestaltung: Init GmbH, Bielefeld
Titelabbildung: AKG, Berlin
Satz: Josefine Urban – KompetenzCenter, Düsseldorf
Gesetzt aus der Minion Regular
Druck- und Bindearbeiten: Ebner Ulm
Printed in Germany
ISBN 3-612-26657-8

Die Leistung der Frau in der Kultur
(Auf eine Rundfrage)

1.
Zu deutsch: »Die klägliche Leistung der Frau«.
Meine Herren, wir sind im Bilde.
Nun, Wagner hatte seine Cosima
Und Heine seine Mathilde.
Die Herren vom Fach haben allemal
Einen vorwiegend weiblichen Schatz.
Was uns Frauen fehlt, ist »Des Künstlers Frau«
Oder gleichwertiger Ersatz.

2.
Mag sie auch keine Venus sein
Mit lieblichem Rosenmund,
So tippt sie die Manuskripte doch fein
Und kocht im Hintergrund.
Und gleicht sie auch nicht Rautendelein
Im wallenden Lockenhaar,
So macht sie doch täglich
Die Zimmer rein
Und kassiert das Honorar.

3.
Wenn William Shakespeare fleißig schrieb
An seinen Königsdramen,
Ward er fast niemals heimgesucht
Vom »Bund Belesener Damen«.
Wenn Siegfried seine Lanze zog,
Don Carlos seinen Degen,
Erging nur selten an ihn der Ruf,
Den Säugling trockenzulegen.

4.
Petrarcas Seele, weltentrückt,
Ging ans Sonette-Stutzen
Ganz unbeschwert von Pflichten, wie
Etwa Gemüseputzen.
Doch schlug es Mittag, kam auch er,
Um seinen Kohl zu essen,
Beziehungsweise das Äquivalent
In römischen Delikatessen.

5.
Gern schrieb ich weiter
In dieser Manier,
Doch muß ich, wie stets,
Unterbrechen.
Mich ruft mein Gemahl.
Er wünscht, mit mir
Sein nächstes Konzert
Zu besprechen.

Mascha Kaléko

Vorwort

»... Freiheit war das Zauberwort.« *(Ricarda Huch)*

Es gibt zwei (vornehmlich männliche) Arten, sich mit berühmten Frauen auseinanderzusetzen: sie zu diffamieren oder sie totzuschweigen. Beide (Un-)Arten begleiteten und begleiten die Geschichte der Rebellinnen. Im 19. Jahrhundert wählten der geehrte und gelehrte Arzt Dr. Paul Julius Möbius und der renommierte Philosoph Friedrich Nietzsche die erste Methode. Originalton Dr. Möbius: »Bekannt ist, daß sogenannte geniale Weiber gewöhnlich wie verkleidete Männer aussehen. Man denke z. B. an die in der letzten Zeit vielfach abgebildete Rosa Bonheur. Von den Mathematikerinnen sieht besonders Sophie Germain männlich aus. Die Kowalewsky zeigt, daß Gesundheit und hervorragendes Talent beim Weibe schwer zusammen bestehen. Sie war in hohem Grade nervös, leidenschaftliche Erregungen machten sie frühzeitig alt und krank. Die Germain war ein gutartiger Sonderling. Die Châtelet in ihrer Schamlosigkeit stellt den schlimmen Typus eines entarteten Weibes dar.« Sein Zeitgenosse Nietzsche blieb mit seiner Bemerkung nicht zurück: »Wenn ein Weib gelehrte Neigungen hat, so ist gewöhnlich etwas an ihrer Geschlechtlichkeit nicht in Ordnung.«

Hundert Jahre später sieht es nicht viel besser aus, wobei meist zur zweiten Methode gegriffen wird. So kommen 1995/1996 Frauen in Lexika kaum oder überhaupt nicht vor, werden ihre Lebensgeschichten und Leistungen totgeschwiegen. Einige Beispiele: Unter den 53 herausragenden Persönlichkeiten, die in *Deutschland, Geschichte in Lebensbildern* (Hg. Lothar Gall) porträtiert werden, befindet sich keine einzige Frau. Im *Lexikon des deutschen Widerstands* von 1994 finden wir 457 Männer und lediglich 41 Frauen. Johanna Kirchner, Olga Benario, Käte Niederkirchner, um nur drei von den vielen Widerstandskämpferinnen zu nennen, werden nicht erwähnt. Im Bertelsmann Musikführer von 1991 existieren nur zwei Komponistinnen. In dem von zwei Männern herausgegebenen Lexikon *Klassiker deutschen Denkens* ist auf den 760 Seiten sage und schreibe nur eine einzige Denkerin zu finden: Hildegard von Bingen. Und der Kalender der Deutschen Bank für 1996: *Meister der Moderne – Künstler des 20. Jahrhunderts* enthält bei zwölf Porträts kein einziges Bild einer Malerin.

Unser Buch stellt rund 600 Frauen vor, die ein ungewöhnliches, aus dem »Rahmen« fallendes Leben führten, ihrer Idee leidenschaftlich und mit hoher Konsequenz folgten, über den eigenen »Tellerrand« hinausschauten, große Kompetenz in ihren Tätigkeitsfeldern entwickelten, anderen Frauen und Männern wichtige Anstöße gaben, Grenzgängerinnen waren, für Emanzipation eintraten, rebellisch quer zum jeweiligen Zeitgeist dachten, radikal und widerständig gegenüber den Herrschenden handelten und dies alles auch heute tun, jedenfalls diejenigen, die noch am Leben sind. Frauen, die rebellierten und weiterhin rebellieren – von lat. bellum/Krieg entlehnt = sich nicht unterordnen, sich widersetzen, sich empören, sich auflehnen gegen Autoritäten.

Quer durch die Jahrhunderte, aus aller Welt und mit den unterschiedlichsten Berufen haben wir bewußt eine subjektive Auswahl von Frauen getroffen: Biographien, die unser Interesse weckten. Frauen, die uns inspirieren, Persönlichkeiten, für die wir Achtung und Respekt empfinden, und auch Lebensgeschichten, die wir vor dem Vergessen bewahren wollen.

Bei weitem nicht alle Rebellinnen, die uns am Herzen liegen, konnten in dieses Buch aufgenommen werden. Noch gibt es viele weibliche Biographien, die (wieder) zu entdecken sind. Für die bei den jeweiligen Porträts angegebene Literatur gilt ebenfalls, daß wir aus der Fülle gewählt haben.
Zu den Widerstands- und Freiheitskämpferinnen, Künstlerinnen und Schriftstellerinnen gehören auch solche Rebellinnen wie die Palästinenserinnen der Intifada, die Mütter der Verschwundenen in Argentinien und El Salvador, las Madres de Plaza de Mayo, die Mütter in Schwarz in Israel, in der Türkei oder in Ex-Jugoslawien, die Bataillone der Langhaarigen in Vietnam, die Südafrikanerinnen gegen die Apartheid, die Algerierinnen im Kampf gegen den Fundamentalismus, die indischen Chipko-Frauen, die englischen Greenham- und die italienischen Comiso-Frauen gegen Mittelstreckenraketen, die US-amerikanischen Guerilla-Girls, die Pierburger-, die Heinze-, die Hoesch-, die Erwitter und die HDW-Frauen, die Rheinhausener und die Hattinger Frauen, die britischen Bergarbeiterfrauen. Frauen, die etwas bewegten, die wir leider jedoch nicht aufnehmen konnten. Genausowenig wie diejenigen, die nach 1944 geboren und daher in unserem Lexikon nicht vertreten sind: couragierte Frauen wie die Friedensnobelpreisträgerin Aung San Suu Kyi aus Burma, die inhaftierte kurdische Abgeordnete und Sacharow-Menschenrechtspreisträgerin Leyla Zana, die indische Umweltschützerin Vandana Shiva, die indische Blumengöttin und Banditenkönigin Phoolan Devi, die algerische Schriftstellerin Khalida Messaoudi, die Indigena und Friedensnobelpreisträgerin Rigoberta Menchu aus Guatemala, die Sioux-Kämpferin der US-indianischen Freiheitsbewegung Mary Crow Dog, die Sacharow-Preisträgerin Taslima Nasreen aus Bangladesh, die Schriftstellerin aus Nicaragua Gioconda Belli und die französische Weltseglerin Isabelle Autissier, um nur einige zu nennen. Dazu gehören auch die vielen ungenannten Frauen, die oft im stillen und kaum im Rampenlicht der Öffentlichkeit auf allen Kontinenten für Freiheit und Recht eintreten und vielfach auch ihr Leben einsetzen, weil dies ihrer Überzeugung entspricht.
Unser Dank gilt Frauen aus mehreren Ländern, die mit ihrem Wissen und ihren Anregungen zum Gelingen des Projekts beigetragen haben, und vor allem unseren Mitautorinnen (siehe Seite 288 ff.).
Einigen Standardwerken wie: Lexikon der Frau, 2 Bde., Zürich 1953/1954; Die Chronik der Frauen, hg. von Annette Kuhn, Dortmund 1992; Dictionnaire des femmes célèbres de tous les pays von Lucienne Mazenod/Ghislaine Schoeller, Paris 1992, verdanken wir wertvolle Informationen. Nutzen konnten wir die Kalender Wir Frauen 1979 bis 1999, die Zeitschrift Wir Frauen 1982 bis 1999 und das Archiv Wir Frauen, Düsseldorf.
Frauengeschichte ist lebendig und ständig in Veränderung begriffen. Wir erlebten dies insbesondere in dem Zeitraum, in dem wir an diesem Buch arbeiteten. Einige der porträtierten Rebellinnen haben in der Zwischenzeit etwas völlig Neues angefangen, einige leben nicht mehr, bei einigen sind dank der feministischen Geschichtsforschung neue Daten aufgetaucht. Deshalb der Hinweis, daß wir die Arbeit an diesem Buch Anfang März 1996 beendet haben. Frauengeschichte weist Unklarheiten und Lücken auf. So fanden wir zu einigen der Rebellinnen bis zu vier verschiedene Geburtstage. Daher unsere Bitte an die Leser/innen, ihnen zugängliche, im Buch jedoch fehlende oder unrichtige Daten und Fakten an uns weiterzuvermitteln.

Florence Hervé/Ingeborg Nödinger

A

Achmatowa, Anna, russische Dichterin (Bolschoi Fontan b. Odessa 23. 6. 1889 – 5. 3. 1966 Moskau).

Anna Andrejewna Gorenko begann schon als Elfjährige Verse zu schreiben. Bei ihrem Aufenthalt in Paris 1910/1911 war sie mit Modigliani befreundet. 1912 stellte sie ihren ersten Gedichtband vor: *Abend*. 1914 folgte *Rosenkranz*. Beide Bände begründeten ihren Ruhm. Um diese Zeit heiratete sie den Dichter Nikolay Gumiljew, der die Gruppe der Akmeisten begründete. Diese waren an der Klassik orientiert, sahen im Schreiben von Gedichten ein Handwerk und forderten – im Gegensatz zu den Symbolisten –, »daß die Dichter vom Himmel auf die Erde stiegen«. Auf der Erde allerdings waren die Akmeisten politischen und sozialen Fragen gegenüber gleichgültig, eine Verweigerung zu einer Zeit der sozialen und politischen Leidenschaften, die später zu dem Verdikt gegen die Dichterin geführt hat.

Anna A. arbeitete nach der Oktoberrevolution als Bibliothekarin. 1921 wurde ihr Mann als Konterrevolutionär erschossen. Ihr eigenes dichterisches Werk wurde herabgewürdigt und sie selbst zum Schweigen verurteilt. In der Zeit der stalinistischen Säuberungen traf sie der schwerste Schlag: Ihr geliebter einziger Sohn wurde verhaftet und verschwand. »Wie die Frauen der Strelitzen, so werd' ich/ Unterm Kreml aufheulen im Leid«, schrieb sie in ihrem Band *Requiem*. Erst 1940 wurden ihre Arbeiten wieder gedruckt. Aber sie bekam erneut Schreibverbot: Ihre Gedichte seien »angesiedelt zwischen Bett und Betstuhl«. Nach Stalins Tod wurde ihr Sohn begnadigt. 1958 erschien eine

Anna Achmatowa

Auswahl ihrer Gedichte, und 1961 endlich erhielt sie ihren Rang neben Block, Majakowski und Jessenin – den »vier Größten der frühen Periode der Sowjetlyrik«.

Adams-Lehmann, Hope Bridges, englische Ärztin (Geburtsjahr nicht bekannt – 1916).

Sie war eine der ersten Ärztinnen, die in Deutschland praktizierten, und sprach sich gegen den Mythos vom »schwachen Geschlecht« aus. In erster Ehe war sie mit einem Arzt, mit dem sie zwei Kinder hatte, in zweiter Ehe mit dem Sozialisten Karl Lehmann verheiratet. Sie veröffentlichte in sozialistischen Zeitschriften Artikel über Frauenfragen und verfaßte einen zweibändigen »Ärztlichen Ratgeber für die Frau in der Familie und bei Frauenkrankheiten«. Dabei entwickelte sie recht unkonventionelle Ansichten: Überzeugt davon, daß »die Minderwertigkeit der Frau nicht

Natur, sondern Unnatur« sei, setzte sie sich für die körperliche Ertüchtigung der Mädchen und Frauen ein.

Addams, Jane, US-amerikanische Sozialpolitikerin und Pazifistin (Cedarville/Illinois 6. 9. 1860 – 21. 5. 1935 Chicago).
Gerne hätte sie als Medizinerin ihre Ideen für eine menschlichere und sozialere Gesellschaft durchgesetzt, doch eine schwere Krankheit hinderte sie daran. So fand sie einen recht ungewöhnlichen, eigenständigen Weg. Ihr Kampf um das Frauenstimmrecht, um Gleichberechtigung und qualifizierte Berufs- und Hochschulausbildung für Frauen begann schon im Seminar, das sie mit ihren Kommilitoninnen zum College mit Abschluß umzuwandeln verstand. So gehörte sie zu der ersten Generation von Hochschulabsolventinnen (college educated women) in den USA. Zwei mehrjährige Europareisen schärften ihren Blick für die sozialen Mißstände des ausgehenden Jh.s. Das vom Vater überlassene Vermögen ermöglichte ihr, mit ihrer Freundin Ellen Star das berühmt gewordene Projekt »Hull House« in Chicago zu gründen: ein Haus für Emigranten, für Bildung und Kultur, für den Austausch über Fragen der Gesellschaft und Politik. Viele Gesetzesinitiativen zur Sozial-, Frauen-, Fremden- und Gesundheitspolitik gingen von hier aus. Sie war beteiligt an der Einrichtung von Kindergärten und öffentlichen Badeanstalten, von Ausschüssen für bessere Schulen, von Spielplätzen und der ersten Jugendgerichte. Mit Frauen wie →Emily Green Balch gründete sie die »Women's Peace Party«, für die sie weit durch die Welt reiste, um zum Frieden aufzurufen. Auf dem von ihr geleiteten ersten »Internationalen Frauenfriedenskongreß« 1915 in Den Haag wurde sie zur Präsidentin der »Internationalen Frauenliga für Frieden und Freiheit« (IFFF) gewählt, 13 Jahre hatte sie dieses Amt inne. 1931 wurde ihr der Friedensnobelpreis zuerkannt. Sie habe, so die Laudatio, »in hervorragender Weise« dazu beigetragen, »die Ideale des Friedens in den Herzen der Menschen zu lebendiger Wirklichkeit werden zu lassen.«

Agnesi, Maria Gaetana, italienische Mathematikerin und Philosophin (Mailand 16. 4. 1718 – 9. 1. 1799).
Die Tochter des Mathematikers Pietro A. war ungewöhnlich sprachbegabt, beherrschte sieben Sprachen: Griechisch, Latein, Hebräisch, Französisch, Deutsch und Spanisch. 1738 veröffentlichte sie ihre *Propositiones Philosophicae* und 1748 die Schrift über die *Analytischen Gesetze*. Im gleichen Jahr wurde sie in die Akademie der Wissenschaften in Bologna aufgenommen. Die Französische Akademie der Wissenschaften war ihr dagegen als Frau versperrt. Danach bekam sie den Lehrstuhl für Mathematik und Naturphilosophie. »Es ist meine feste Überzeugung, daß in diesem Zeitalter ... sich jede Frau bis an die Grenzen ihrer Kraft anstrengen muß, um den Ruhm ihres Geschlechtes zu fördern.« Nach dem Tode des Vaters 1752 wurde sie Nonne.

Aichinger, Ilse, österreichische Schriftstellerin (Wien 1. 11. 1921).
Gymnasium in Wien. Die Halbjüdin bekam jedoch keinen Studienplatz. Im zweiten Weltkrieg wurde ihre Familie von den Nazis verfolgt, sie selbst dienstverpflichtet. 1946 erschien ihr *Aufruf zum Mißtrauen*, »Ausgangspunkt einer ganzen Schriftstellergeneration« (Herbert Eisenreich). Einige Semester Medi-

zinstudium. Ilse A. wurde 1951 wie →Ingeborg Bachmann Mitglied der »Gruppe 47«, die auch in der Literatur einen Demokratisierungsprozeß anstrebte. In ihrem ersten Roman *Die größere Hoffnung* (1948) thematisierte sie die faschistische Judenverfolgung und versuchte, die traumatischen Erlebnisse der Nazi- und Kriegszeit, die Deportation der jüdischen Großmutter und ihre Schuldgefühle als Überlebende zu verarbeiten. Der Roman brachte den Erfolg, u. a. den Österreichischen Staatspreis. Rundfunksendungen. In den fünfziger und sechziger Jahren Buchveröffentlichungen, so die Erzählungen zuerst unter dem Titel *Rede unterm Galgen* (1952), dann *Der Gefesselte* (1953), *Schlechte Wörter* (1976). Verlagslektorin ab 1950 und Dozentin an der von →Sophie Scholls Schwester Inge aufgebauten Hochschule für Gestaltung in Ulm, Mitarbeit an österreichischen und deutschen Zeitschriften. 1953 Heirat mit dem Schriftsteller Günter Eich. Hörspiele, Gedichtbände wie *Verschenkter Rat* (1978). Viele Preise und Ehrungen, u. a. 1982 den Petrarcapreis. »Viele ihrer Sätze leuchten, als seien sie durch die härteste Gegenströmung von Angst und Selbstbezweiflung hindurchgegangen, eine, die anders nicht zu passieren war. Das macht ihre Texte kostbar.« (»Die Zeit«).
Lit.: Ilse Aichinger, Kleist, Moos, Fasane. Kurzprosa, Erzählungen, Erinnerungen, Aufzeichnungen 1950-1985, Frankfurt/M. 1987; dies., Werke, hg. von R. Reichensperger, Frankfurt/M. 1991.

Albrecht, Berty, französische Widerstandskämpferin schweizerischer Herkunft (Marseille 15. 2. 1893 – 31. 5. 1943 Paris).
Sie stammte aus dem protestantischen Großbürgertum. Ausbildung als Krankenschwester, Heirat mit einem niederländischen Bankier. Nach einem längeren Aufenthalt in London engagierte sie sich für soziale Fragen und für Familienplanung. 1933 gründete sie die Zeitschrift »Le problème sexuel«, die sie bis 1935 leitete. Im Redaktions- und Zentralkomitee der »Weltliga für Sexualreform« arbeitete sie mit Magnus Hirschfeld zusammen, setzte sich für Geburtenkontrolle und Schwangerschaftsabbruch ein. Sie befaßte sich mit der Lage der Arbeiterinnen und arbeitete in einer Fabrik, was zur Trennung von ihrem Mann führte. Seit 1933 war sie in der Flüchtlingshilfe engagiert, gründete mit Henri Frenay zusammen die Résistance-Gruppe »Combat« in Südfrankreich. Sie spielte eine entscheidende Rolle bei der Entwicklung der illegalen Presse, bei der Ausweitung der Résistance-Bewegung im Norden sowie bei der Schaffung eines sozialen Dienstes zur Unterstützung der Widerstandskämpfer/innen. Sie wurde verhaftet und von der Gestapo zu Tode gefoltert.
Lit.: Mireille Albrecht, Berty, Paris 1986.

Aleramo, Sibilla, italienische Schriftstellerin, Pseudonym für Rina Faccio (Alexandria 14. 8. 1876 – 13. 1. 1960 Rom).
Mit 17 Jahren wurde sie mit einem brutalen Mann verheiratet, den sie später verließ. Die italienische Dichterin und Romanautorin errang weltweiten Ruhm mit ihrem Roman *Una Donna* (1906), der sowohl autobiographische Züge wie für die damalige Zeit gewagte Frauenforderungen enthielt – sie trat für die Unabhängigkeit der Frauen ein wie auch für die Alphabetisierung und die Einrichtung von Schulen und Krippen. Die Dichterin, deren Werke vom Lyrischen geprägt sind, geriet später

unter den Einfluß des Schriftstellers d'Annunzio.

Allende, Isabel, chilenische Schriftstellerin (Lima/Peru 2. 8. 1942).
Die Bestsellerautorin, Nichte des Präsidenten Salvador Allende, der 1973 von den putschenden Militärs umgebracht wurde, war zunächst Journalistin in Chile, arbeitete bei der ersten chilenischen Frauenzeitschrift. »Damals trugen wir das Banner des Feminismus vor uns her, und ich war eine der Frechsten.« Sie ging 1974 nach Venezuela ins Exil und übersiedelte 1988 in die Vereinigten Staaten, wo sie heute noch lebt. Anfangs wurden ihre Bücher in Chile verboten. Ihr erster Roman, *Das Geisterhaus* (1984), der eine phantastisch-magische Welt mit krassen Ereignissen verbindet, wurde zu einem Welterfolg. Es folgten: *Von Liebe und Schatten* (1986), *Eva Luna* (1988), *Paula* (1995), ein Requiem für ihre tote Tochter. Isabel A. wird der Literaturrichtung des »magischen Realismus«, der »wunderbaren Wirklichkeit« zugerechnet. »Zum Schreiben brauche ich Leidenschaft und Intuition, nicht nur meinen Verstand.«

Alonso, Alicia, kubanische Tänzerin (Havanna 21. 12. 1921).
Caridad del Cobre Martinez y del Hoyo (ihr bürgerlicher Name) zog mit acht Jahren mit ihren Eltern nach Spanien. Mit Mitte Zwanzig erblindete sie. Die bekannteste Tänzerin Kubas erhielt eine klassische Tanzausbildung in New York, wo sie seit ihrem 15. Lebensjahr wohnte, und in London. Sie arbeitete u. a. mit Georges Balanchine und Agnès De Mille zusammen. Ihre *Carmen*- und *Giselle*-Interpretationen sind legendär geworden. Nach Kuba zurückgekehrt, gründete sie ihre eigene Tanzschule. Nach 1959 wurde sie Erste Tänzerin des Nationalballetts. Fidel Castro beauftragte sie mit der Gründung und Leitung des Nationalballetts Kubas. 1966 erhielt sie den Grand Prix de la Ville de Paris.

Andreas-Salomé, Lou, deutsche Schriftstellerin und Psychologin (Petersburg 12. 2. 1861 – 5. 2. 1937 Göttingen).
Ihre Kindheit und frühe Jugend verlebte Louise von Salomé in Rußland, ihr Vater, der von Hugenotten abstammte, war General des Zaren. Früh befaßte sie sich mit Religionswissenschaft und Philosophie, studierte diese sowie Philologie und Kunstgeschichte ab 1880 in Zürich. In Rom befreundete sie sich 1882 mit den Philosophen Friedrich Nietzsche und Paul Rée, liebte beide platonisch, was ihr dennoch den Ruf einer Femme fatale einbrachte. Das von ihr erhoffte »brüderliche« Zusammenleben zu dritt ließ sich nicht realisieren. Die Beziehung zu Rée dauerte fünf Jahre, bis zur (ebenfalls nicht sexuell gelebten) Ehe mit dem Deutsch-Iraner und Orientalisten F. C. Andreas. Sie zeichnete nun mit dem Doppelnamen, veröffentlichte u. a. *Henrik Ibsens Frauengestalten* (1892) und wurde rasch berühmt als »keusch vermählte Bohemienne« (Leona Siebenschön). 1898 *Fenitschka,* eine Kritik an den herkömmlichen Rollen von Intellektuellen und von Frauen, und die psychologische Studie *Grundformen der Kunst;* 1899 *Der Mensch als Weib* mit der Forderung nach Selbstbestimmung der Frau.
Als sie den 14 Jahre jüngeren Rainer Maria Rilke kennenlernte, war sie 36 Jahre alt. Ihn liebte sie leidenschaftlich, auch erotisch-sexuell, jedoch nicht ausschließlich. »Das natürliche Liebesleben ist aufgebaut auf dem

Prinzip der Untreue.« Über ihren Dichter-Geliebten veröffentlichte sie 1928 *R. M. Rilke.*
Mit 50 Jahren traf sie Sigmund Freud und andere Psychologen und Psychoanalytiker, eine für die weiteren Jahre bedeutsame Begegnung. In ihrer Schrift *Friedrich Nietzsche in seinen Werken* hatte sie bereits mit den Methoden der Psychologie gearbeitet. Jetzt studierte sie die junge Wissenschaft, arbeitete als anerkannte Analytikerin und Therapeutin an psychoanalytischen Forschungen, theoretischen Schriften und einem Tagebuch: *In der Schule bei Freud* (1912/13).
Lit.: Lou Andreas-Salomé, Lebensrückblick, Frankfurt/M. 1974; U. Welsch/M. Wiesner, Lou Andreas-Salomé. Vom »Lebensurgrund« zur Psychoanalyse, München/Wien 1990.

Angeloff, Therese, deutsche Schauspielerin und Autorin (Dresden 28. 3. 1909 – 4. 10. 1985 Augsburg).
»Großgezogen mit Liebe, unkontrollierten Ohrfeigen und Klassikerzitaten. Eltern: Schauspieler. Mit sechs Jahren war ich ein Wunderkind ... mit zehn war ich frech. Mit zwölf völlig respektlos. Später beides. Spottgedichte schrieb ich schon sehr früh. Meine Vorbilder: Heinrich Heine, Anton Kuh, Erich Weinert.« Therese A. erlernte den Beruf der Schauspielerin und bekam als »Jüdin« Berufsverbot. Danach mußte sie als Modell arbeiten: »Ich stand Modell und hab' gestöhnt./ Dann habe ich mir angewöhnt, / beim Stehn zu schlafen,/ das heißt im Schlaf zu stehn.« Arbeit als Verkäuferin, Bardame und Fabrikarbeiterin. Ihre Tanten wurden nach Auschwitz deportiert, sie selbst konnte mit ihrer Tochter dem KZ entfliehen. Nach 1945 wurde sie Theaterleiterin in Dresden, später Gründerin des literarischen Kabaretts »Die kleinen Fische«. Kulturarbeit beim DGB und bei der IG Metall. »Ich pendelte zwischen Gewerkschaft, APO und ›Leichter Fernsehunterhaltung‹ hin und her.« Sie schrieb satirische Gedichte und Lieder und ihre romanhafte, kabarettistische Autobiographie *Meine Seele hat ein Holzbein – Ein Werdegang. Mit Gedichten und Liedern, Bildern und Kabarett-Texten* (1982).

Angeville, Henriette de, französische Bergsteigerin (Semur 10. 3. 1794 – März 1871 Lausanne).

Henriette d' Angeville

Die Adlige, die die »höchste Frau der Welt« sein wollte, hat ihre Umgebung mit ihrem Plan, den Mont Blanc zu erobern, schockiert. Den Unzähligen, die sie als »alte Verruchte und unerträgliche Spaßmacherin« bezeichneten, antwortete sie: »Wenn es die Männer schaffen, so doch die Frauen auch!«

Die 44jährige genoß die Begleitung von sechs Bergführern und zehn Kofferträgern. Zur Verpflegung nahm man 24 Brathähnchen mit, zwei Hammelkeulen, zwei Lendenbraten, ein Faß Tafelwein, 18 Flaschen Rotwein (de Saint-Jean) ... Die »Verlobte des Mont Blanc« entdeckte am 4. 9. 1838 als erste Frau auf dem Gipfel »die Illusion einer neuen Welt«. Die Allererste war sie eigentlich nicht, denn dreißig Jahre zuvor, am 14. 8. 1808, war Marie Paradis, Dienstmädchen in einer Gaststätte in Chamonix, von Freunden unfreiwillig zum Gipfel mitgenommen, ja getragen worden.

Lit.: Henriette d'Angeville, Mon excursion au Mont Blanc, Paris 1987.

Anguissola, Sofonisba, italienische Malerin (Cremona zwischen 1532 und 1535 – 1625 Palermo).

Sie stammte aus einer adligen Familie, und ihr Vater legte großen Wert auf die Ausbildung seiner sechs Töchter und des Sohnes. Zusammen mit ihren Schwestern lernte Sofonisba A. u. a. Latein, Musik und insbesondere Malerei. Unterricht in Malen und Zeichnen gab der einheimische Maler Bernardino Gatti, und Sofonisba A. unterrichtete ihre jüngeren Schwestern. Gegenstand ihrer Arbeiten waren vor allem Porträts, in den späteren Jahren auch religiöse Motive. Trotz ihrer guten Ausbildung war sie männlichen Künstlern gegenüber benachteiligt, denn als Frau blieb ihr die Arbeit in einem Atelier verwehrt. Infolgedessen arbeitete sie überwiegend in der vertrauten Atmosphäre des Familienkreises und entwickelte so eine hohe Sensibilität, die sich u. a. in den lebendigen Augen ihrer Porträts zeigt.

1554 reiste sie nach Rom, damals eine der größten europäischen Städte. Ihre Zeit war ausgefüllt mit Besichtigungen und Zeichenstudien; von Michelangelo wurde sie gefördert. Nach ihrer Rückkehr nach Cremona 1555 erhielt sie Aufträge für Porträts. Sie war in eine Männerdomäne eingebrochen, als Malerin, die nicht, wie oft üblich, aus Künstlerkreisen kam.

1558 unternahm Sofonisba A. eine Fahrt nach Mailand. Über den Herzog von Alba erhielt sie eine Einladung an den spanischen Hof. Für fast zwanzig Jahre war sie die Hofmalerin von Philipp II. Ihre künstlerischen Leistungen wurden sehr gut honoriert – sie zählte zu den ersten Frauen, die sich mit ihrer Kunst ein Vermögen schaffen konnten. Ihr erster Ehemann war ein sizilianischer Edelmann. Nach dessen Tod verliebte sie sich in den Kapitän des Schiffes, das sie von Palermo nach Genua brachte, und heiratete zum zweiten Mal. In Genua und Palermo gestaltete sie nun ihr Leben als anerkannte und bekannte Malerin. 1624 traf sie den flämischen Maler van Dyck, der von ihr wichtige Ratschläge bezüglich der Malerei erhielt.

Lit.: Sofonisba Anguissola, Die Malerin der Renaissance – um 1535 bis 1625, hg. von Sylvia Ferino-Pagden, Katalog zur Ausstellung, Kunsthistorisches Museum, Wien 1994.

Anna Amalia, Herzogin von Sachsen-Weimar, deutsche Komponistin (Wolfenbüttel 24. 10. 1739 – 10. 4. 1807 Weimar).

Die braunschweigische Prinzessin und Nichte Friedrichs des Großen heiratete 1756 den Herzog Ernst August Konstantin und schuf am Weimarer Hof ein blühendes Kulturzentrum, den »Musenhof«. 18jährig wurde sie Witwe und übernahm – während des Siebenjährigen Krieges – die Regentschaft bis zur Volljährigkeit ihres Sohnes. Ihre ge-

samtkünstlerische Begabung und sorgfältige musikalische Ausbildung machte sie zum Mittelpunkt der damaligen »geistigen Elite«. Sie schrieb Instrumentalmusik; das 1776 komponierte Singspiel »Erwin und Elmire« galt als bestes seiner Zeit. J. W. v. Goethe hatte den Text verfaßt und sie um die Komposition gebeten. Mit der Berufung Wielands und der Förderung Goethes war sie eine Wegbereiterin der »Weimarer Klassik«.
Lit.: Ursula Salentin, Anna Amalia. Wegbereiterin der Weimarer Klassik, Köln/Weimar/Wien 1996.

Anneke, Mathilde Franziska, deutsche Frauenrechtlerin und Revolutionärin (Blankenstein/Ruhr 3. 4. 1817 – 25. 11. 1884 Milwaukee).
Nach der ersten Ehe – mit 19 Jahren mußte sie einen viel älteren Mann heiraten – traf sie 1847 ihren zweiten Mann Fritz Anneke. Im gleichen Jahr gab sie ihre Schrift *Das Weib im Conflict mit den sozialen Verhältnissen* heraus, gründete 1848, als ihr Mann aus politischen Gründen elf Monate im Gefängnis saß, die »Neue Kölnische Zeitung«, später »Die Frauenzeitung« (ein Jahr bevor →Louise Otto-Peters die erste Frauenzeitung gründete). Beide Blätter wurden verboten. 1849 beteiligte sie sich (hoch zu Roß) mit ihrem Mann am badisch-pfälzischen Aufstand 1848/49. Das Ehepaar mußte fliehen, zunächst in die Schweiz und dann nach Wisconsin/USA. Mathilde A. hielt Vorträge über die deutsche Revolution, über Gleichberechtigung und Frauenbildung, gab ab 1852 in Milwaukee die »Deutsche-Frauen-Zeitung« heraus, arbeitete als Leiterin einer Mädchenschule und war Mutter von sechs Kindern. Die Pionierin der deutschen und der amerikanischen Frauenbewegung setzte

Mathilde Franziska Anneke

sich, wie viele Frauenrechtlerinnen, auch für die Abschaffung der Sklaverei und für das Wahlrecht für Schwarze ein.
Lit.: Mathilde Franziska Anneke, Biografie von Manfred Gebhardt, Berlin 1988.

Anthony, Susan Brownell, US-amerikanische Pionierin der Frauenbewegung (Adams/Massachusetts 15. 11. 1820 – 13. 3. 1906 New York).
Bereits mit drei Jahren konnte die Tochter eines Quäkers und Besitzers einer Baumwollspinnerei lesen und schreiben. Sie arbeitete zunächst als Lehrerin, verließ die Schule und gründete die »Woman's State Temperance Society of New York« im Kampf gegen den Alkoholismus. Während des Bürgerkriegs schloß sie sich der Frauenstimmrechtsbewegung an. Sie beteiligte sich am ersten Frauenkongreß 1848 in Seneca Falls und gründete mit →Elisabeth Cady Stanton die Zeitschrift »The Revolu-

tion« und eine Frauenstimmrechtsvereinigung. Nach dem Bürgerkrieg war sie eine der ersten Frauen im Kampf gegen die Sklaverei und für die Rechte der Schwarzen. 1872 wurde sie verhaftet, weil sie sich an den Wahlen in Rochester beteiligt und Frauen aufgerufen hatte, dasselbe zu tun. Sie vertrat die Auffassung, daß auch Frauen nicht verweigert werden dürfe, die Geschicke der Völker mitzubestimmen. 1875 erarbeitete sie Vorschläge für eine Verfassungsänderung, die erst 1920 weitgehend angenommen wurden. Über Jahre zweite Präsidentin der »National American Woman's Suffrage Association« (NAWSA).

Arbus, Diane, US-amerikanische Fotografin (New York 14. 3. 1923 – 27. 7. 1971).
Die Tochter einer reichen Kaufmannsfamilie wuchs am Central Park West in New York behütet auf, besuchte Privatschulen, heiratete 18jährig den Fotografen Allen Arbus, mit dem sie zwei Töchter hatte, und begann Anfang der vierziger Jahre zu fotografieren: Landschaften, Stilleben, Akte. Diane und Allen Arbus machten sich mit Modeaufnahmen rasch einen Namen. 1956 beendete sie die Zusammenarbeit, fotografierte in der Tradition der Straßenfotografen mit einer 35-mm-Kamera. Ihre Lehrerin →Lisette Model ermutigte sie, sich intensiver, auch wagemutiger mit Menschen und Porträts auseinanderzusetzen: »Je spezifischer du bist, desto allgemeingültiger wird es sein.« Die Welt der anderen, der Menschen am Rand der Gesellschaft, wurde ihre eigene Erfahrung. Sie ging in Kuriositäten- und Jahrmarktshows, in Clubs, Camps und auch in Heime, fotografierte Liliputaner und »Urwaldmenschen«, Transvestiten und Nudisten, siamesische Zwillinge und geistig Behinderte. Mit viel Interesse, Zugewandtheit und Geduld stellte sie eine Beziehung zu den Menschen her, die wußten, daß sie fotografiert wurden und mitarbeiteten. »Und dann passieren immer zwei Dinge. Das eine ist, daß ich an den Menschen etwas von mir wiedererkenne, und das andere, daß ich sie total eigenartig finde. Doch in einem gewissen Sinne identifiziere ich mich mit ihnen.« Um ihren Lebensunterhalt zu sichern, arbeitete sie in den Jahren zwischen 1960 und 1971 für viele Zeitschriften im Auftrag oder nach eigenen Ideen. Und obwohl sie Stars »uninteressant« fand, fotografierte sie sie meisterhaft: Jane Mansfield und →Mae West, Norman Mailer und Marcello Mastroianni, →Helene Weigel und →Germaine Greer. Auch hier die gleiche Intensität, auch hier die Widersprüchlichkeit und Identifikation. Mit nur wenigen ihrer Bilder erregte sie 1967 auf der Ausstellung »New Documents« im Museum of Modern Art in New York großes Aufsehen, erhielt glänzende Kritiken. Aber in den folgenden Jahren kam es auch zu heftigen Auseinandersetzungen, wagte es doch eine Frau, dem glänzenden Amerika seine Schattenseiten zu zeigen. Diane Arbus litt an Depressionen und nahm sich das Leben.
Lit.: Diane Arbus, Werkausgabe, 3 Bde., Frankfurt/M. 1995; Patricia Bosworth, Diane Arbus, München 1984.

Arendt, Hannah, deutsch-US-amerikanische Philosophin, Soziologin und Politologin (Hannover 14. 10. 1906 – 4. 12. 1975 New York).
Die Jüdin Johanna A. studierte Philosophie, Theologie und Griechisch in Marburg, wo sie ihren Lehrer und Liebhaber M. Heidegger traf, und in Heidelberg. Dort promovierte sie 1928 bei K. Ja-

spers. Mit ihrem späteren Mann, G. Anders, Philosoph und Publizist, lebte sie in Berlin. 1933 emigrierte sie, nachdem sie vorübergehend von der Gestapo verhaftet worden war, nach Paris, dort leitete sie eine Fluchthilfeorganisation für jüdische Waisen. 1940 Ausreise in die USA. In New York arbeitete sie für Zeitschriften und als Cheflektorin, 1949 bis 1952 bei einer jüdischen Vereinigung, hielt als erste Frau Vorlesungen in Princeton und wurde 1959 dort die erste Professorin, arbeitete weiter als Autorin. 1951 erschien ihre Schrift *Elemente und Ursprünge totalitärer Herrschaft*, in der sie die Ursprünge und Mechanismen des Totalitarismus, des Imperialismus und Antisemitismus sowie die Verbindung von Terror und Ideologie philosophisch und politisch analysierte. Dieses Werk machte die in jeder Beziehung nonkonformistische und unbestechliche Wissenschaftlerin schnell berühmt und sehr umstritten. 1958 beendete sie die bereits in Berlin begonnene Biographie über →Rahel Varnhagen. 1961 berichtete sie für den »New Yorker« vom Eichmann-Prozeß in Jerusalem und veröffentlichte 1963 *Eichmann in Jerusalem* (dt. 1964), in dem sie den Begriff »Banalität des Bösen« prägte.

Viele Ehrungen und Preise erhielt sie, darunter 1959 den Lessing-Preis der Stadt Hamburg. In ihrer Rede setzte sie sich mit der sogenannten »Vergangenheitsbewältigung« und der »Kollektivschuld« auseinander: »Hier hat natürlich auch die dem Außenstehenden so auffällige tiefe Ungeschicklichkeit der Deutschen ihren Grund, sich in einem Gespräch über die Frage der Vergangenheit überhaupt zu bewegen. Wie schwer es sein muß, hier einen Weg zu finden, kommt vielleicht am deutlichsten in der gängigen Redensart zum Ausdruck, das Vergangene sei noch un-

Hannah Arendt

bewältigt, man müsse erst einmal daran gehen, ›die Vergangenheit zu bewältigen‹. Dies kann man wahrscheinlich überhaupt mit keiner Vergangenheit, sicher aber nicht mit dieser. Das Höchste, was man erreichen kann, ist, zu wissen und auszuhalten, daß es so und nicht anders gewesen ist, und dann zu sehen und abzuwarten, was sich daraus ergibt.«

1963 bis 1967 lehrte die »leidenschaftliche Querdenkerin« (Hans Jonas) an den Universitäten von Chicago und New York.

Lit.: Hannah Arendt, Menschen in finsteren Zeiten, München/Zürich 1989; Hannah Arendt/Mary McCarthy, Im Vertrauen. Briefwechsel 1949 – 1975, München 1995; Ingeborg Nordmann, Hannah Arendt, Frankfurt/M./New York 1994; Alte Synagoge (Hg.), Hannah Arendt, Lebensgeschichte einer deutschen Jüdin, Essen 1995; Hannah Arendt/Heinrich Blücher, Briefe 1936–1968, München 1996.

Argentina, la, eigentlich Antonia Mercé, spanische Tänzerin und Choreographin (Buenos Aires 4. 9. 1890 – 18. 7. 1936 San Sebastian).

Ihr Vater war erster Tänzer und Ballettlehrer im Königlichen Theater von Madrid, ihre Mutter Tänzerin. Sie selbst fing mit fünf Jahren an zu tanzen. Erste Erfolge 1905 in Spanien, später in den USA, wo sie von 1915 bis 1918 lebte. In den zwanziger Jahren tanzte sie in Paris, u. a. im »Moulin Rouge«, danach wieder in den Vereinigten Staaten. Sie vereinte die spanische und die Zigeuner-Folklore mit Lyrik und erlangte als Kastagnettenspielerin, als Solotänzerin und auch mit einer eigenen Truppe internationale Berühmtheit (Tanz nach der Musik von de Falla, Granados und Turina).

Armand, Inès, französisch-russische Politikerin (Paris 8. 5. 1874 – 20. 10. 1920 Kaukasus).

Inès Armand

Nach dem frühen Tod des Vaters kam sie als Kind von Paris nach Moskau. Sie erhielt eine umfassende gutbürgerliche Ausbildung und legte das Hauslehrerinnenexamen ab. Mit 19 Jahren heiratete sie Alexander Armand, einen reichen und fortschrittlichen Moskauer Manufakturbesitzer. Der Vater ihrer fünf Kinder blieb ihr lebenslanger Freund, auch als sie sich seinem jüngeren Bruder Wladimir zuwandte. Über ihr Engagement in wohltätigen Vereinen »zur Verbesserung des Loses der Frau« kam sie zu der Überzeugung, daß sich, um die Lage der russischen Frauen zu verbessern, die gesellschaftlichen Verhältnisse radikal ändern müßten. Nach der Lektüre von Lenins Schriften wurde sie zur überzeugten Bolschewistin. In Moskau arbeitete sie als Propagandistin in der Illegalität, wurde mehrfach verhaftet und 1907 nach Sibirien verbannt. Nach geglückter Flucht in die Schweiz lernte sie dort Lenin persönlich kennen, als dessen Geliebte sie galt. Sie nahm an internationalen Sozialistenkongressen teil und wurde ab 1911 Lehrerin an der Parteischule für Exilbolschewisten in Longjumeau. Ab 1913 wandte sie sich verstärkt der Propagandatätigkeit unter Arbeiterinnen zu und wurde Mitherausgeberin der Zeitschrift »Rabotniza« (Arbeiterin). Im Februar 1917 kehrte sie im berühmten »verplombten Zug« mit Lenin und anderen Funktionären nach Petersburg zurück und setzte sich für die Bildung von Sonderkommissionen der Bolschewisten für die Propagandatätigkeit unter den Frauen ein. Dabei nahm sie eine wichtige Mittlerposition ein, da sie einerseits nicht solch radikalfeministische Positionen vertrat wie →Alexandra Kollontai, aber stärker auf eine eigenständige frauenpolitische Tätigkeit pochte als →Nadeshda Krupskaja.
Als Mitorganisatorin des ersten allrussischen Kongresses der Arbeiterinnen (1918) hielt sie neben Alexandra Kollontai die Hauptrede. Infolge des Kongresses wurden erstmals Frauenabteilungen der bolschewistischen Partei gegründet, so auch beim ZK der Partei. Als deren Leiterin entwickelte Inès A.

Richtlinien für die Arbeit unter den Frauen. Ziele waren u. a. die Durchsetzung von Arbeitsschutzrechten, die Abschaffung der Prostitution, die Unterstützung der Roten Armee im Bürgerkrieg, aber auch die Einrichtung von Frauenliteraturzirkeln. Sie arbeitete unermüdlich, erkrankte an Cholera und starb während eines Erholungsaufenthalts im Kaukasus.

Lit.: Pawel Podljaschuk, Inessa. Ein dokumentarischer Bericht über das Leben der Inès Armand, Berlin 1987.

Arnim, Elisabeth Catharina Bettina von, deutsche Schriftstellerin und Demokratin (Frankfurt/M. 4. 4. 1785 – 20. 1. 1859 Berlin).

»Häufen Sie Widersprüche auf Widersprüche, bergehoch, überschütten Sie alles mit Blumen, lassen Sie Funken und Blitze herausleuchten, und nennen Sie es Bettine.« (K. A. Varnhagen von Ense) Bettina v. A. wurde als siebtes Kind der Familie Brentano geboren und nach dem frühen Tod der Mutter mit ihren Schwestern zunächst für drei Jahre ins Kloster, dann zu ihrer Großmutter gebracht. Als sie wieder bei der Familie lebte, war sie das »tolle Kind von Frankfurt«, ein äußerst lebhaftes, den Konventionen trotzendes Mädchen, das bildungshungrig versuchte, die ihm gesetzten Schranken zu umgehen. Sie studierte Musik, komponierte, arbeitete im Garten, interessierte sich für Naturbeobachtungen und setzte durch, Hebräisch lernen zu dürfen. Mit →Karoline von Günderrode war sie eng befreundet; 1840 gab sie den Briefwechsel mit ihrer Freundin und einige ihrer Dichtungen heraus, *Die Günderrode.* 1811 Heirat mit Achim von Arnim, mit dem ihr Bruder Clemens die Liedersammlung *Des Knaben Wunderhorn* herausgebracht hatte. Umzug nach Berlin. Ihre sieben Kinder erzog sie, gegen die Auffassung des Vaters, nach modernen Erziehungsidealen. Sie forderte öffentliche Schulen anstelle der Hauslehrer und Sportunterricht. Nach dem Tod Arnims 1831 trat Bettina v. A. als Schriftstellerin an die Öffentlichkeit – nicht nur als Goetheverehrerin (*Goethes Briefwechsel mit einem Kinde*), sondern vor allem mit ihrem sozialen und politischen Engagement. Sie pflegte Cholerakranke, setzte sich für die schlesischen Weber und für die Gebrüder Grimm ein und sammelte für ihr *Armenbuch* Material über die Lage der Bedürftigen. Sie appellierte an den preußischen König, die Todesstrafe abzusetzen, und forderte ihn 1843 in ihrem Buch *Dieses Buch gehört dem König* auf, sich um die sozialen Probleme in seinem Land zu kümmern. Im gleichen Jahr verfaßte sie zusammen mit ihrer Tochter Gisela das Märchen *Das Leben der Hochgräfin Gritta von Rattenzuhausbeiuns* mit der ironischen Geschichte von der »Thronrettungsmaschine«, die den Regenten in kritischen Situationen retten soll. Bettinas öffentliches Auftreten gegen Mißstände und Verelendung weiter Teile der Bevölkerung führte zur Bespitzelung durch die Geheimpolizei. Darüber hinaus warf ihr die Familie vor, »überspannt« zu sein. Beirren ließ sie sich dadurch nicht, sie begrüßte und unterstützte energisch die 48er Revolution, ließ nicht ab, »jenen Traum« ernst zu nehmen, »in dem eine menschliche, eine versöhnte Welt beschworen wird.«

Lit.: Ingeborg Drewitz, Bettine von Arnim. Romantik, Revolution, Utopie, München 1998; Fritz Böttger, Bettina von Arnim. Ein Leben zwischen Tag und Traum, Berlin 1986.

Arnim, Elizabeth von, englische Schriftstellerin (Sydney 31. 8. 1866 – 9. 2. 1941 Charleston/South Carolina). Zu ihren Lebzeiten waren ihre autobiographisch geprägten 22 Romane vielgelesene Bestseller. Die Kusine von →Katherine Mansfield heiratete in die Familie von Arnim, erst nach dem Tod ihres Mannes veröffentlichte sie *Die preußische Ehe.* Zweite Ehe mit dem Bruder des Philosophen B. Russell, Beziehung zu H. G. Wells, Freundschaft mit G. B. Shaw. Ihr Roman *Die Reisegesellschaft* ist eine spöttische und bissige Abrechnung mit dem Dünkel und Chauvinismus des deutschen Mannes. Weitere Romane: *Elizabeth auf Rügen, Einsamer Sommer, Jasminhof.* Als Elizabeth v. A. starb, war sie einsam, krank, ihr Gesamtwerk so gut wie vergessen. »Elizabeth von Arnim hat die Ironie, die Abstand schafft, und die freundliche Aufmerksamkeit auch für die kleinsten Nebensächlichkeiten, die den guten Romancier auszeichnen. Und sie hat den Mut zum Kitsch, ohne den es keine wirkliche Kunst gibt.« (»Die Zeit«)
Lit.: Karen Usborne, Elizabeth von Arnim, Frankfurt/M. 1994.

Arzner, Dorothy, US-amerikanische Filmregisseurin (San Francisco 3. 1. 1897 – 11. 10. 1979 La Quinta).
Die einzige Frau, die während der Stummfilmzeit in den Filmstudios von Hollywood als Regisseurin arbeitete und den Sprung zum Tonfilm schaffte. Ihr Vater hatte ein renommiertes Café in Hollywood, in dem die berühmten Filmstars der zwanziger Jahre ein und aus gingen. Ihr ursprünglicher Berufswunsch war Ärztin. Sie brach jedoch ihr Medizinstudium ab und landete eher zufällig beim Film, zunächst als Sekretärin bei Paramount. Doch bereits nach einem halben Jahr wechselte sie vom Büro in den Schneideraum, arbeitete bei mehreren Filmen als Cutterin; nebenbei schrieb sie etliche Drehbücher. Ihre erste eigene Filmregie machte sie 1927 bei *Fashions for Women.* Wichtig war ihr, Filme nach Drehbüchern zu gestalten, die sie selbst ausgewählt hatte, und besonders reizten sie Geschichten von Alltagsfrauen, die in außergewöhnliche Situationen gerieten und sich durchkämpfen mußten. 1940 entstand ihr bester Film *Dance, Girl, Dance,* mit dem sie auch außerhalb der USA berühmt wurde. Die deutsche Erstaufführung fand 1977 statt. Dorothy A. wurde in den siebziger Jahren zu ihrer eigenen Überraschung als »Frauenfilmerin« entdeckt und gewürdigt.

Aston, Louise, deutsche Frauenrechtlerin (Gröningen-Halberstadt 26. 11. 1814 – 21. 12. 1871 Wangen/Allgäu).
Die Mutter war ihr ein Vorbild, hatte diese doch aus Liebe unter ihrem gräflichen Stand geheiratet. Louise Hoche mußte, weil die Mutter enterbt worden war, aus finanziellen Gründen eine »Vernunftehe« mit einem Fabrikanten eingehen. Sie heiratete ihn zweimal, ließ sich zweimal scheiden und heiratete 1850 den Arzt Eduard Meier. Mit ihm lebte sie in Berlin und reiste nach Rußland, Ungarn, Österreich. Louise A. unterstützte mit Begeisterung die 48er Revolution und arbeitete an der radikalen Zeitschrift »Der Freischärler« mit.
Im April 1848 gründeten sie und andere den Berliner »Club der Emanzipierten«, provozierten die Öffentlichkeit mit dem Tragen von Männerkleidern und ihrer Zustimmung zu →George Sands »freier Liebe«. 1846 waren ihr Gedichtband *Wilde Rosen* und *Meine Emancipation,* 1847 *Aus dem Leben einer Frau* (»Das Leben ist fragmentarisch; die Kunst soll ein Ganzes schaffen!«, so der

erste Satz) erschienen. Ihrer »staatsgefährdenden« Gedanken wegen wurde sie zweimal aus Berlin sowie aus Hamburg, Leipzig und Breslau ausgewiesen. Als ihr der preußische Innenminister bei einer Anhörung vorhielt: »In unsrem Interesse ist es keineswegs, daß Sie Ihre künftigen Schriften, die gewiß so frei wie Ihre Ansichten sind, hier verbreiten«, konterte sie: »Nun, Excellenz, wenn sich erst der preußische Staat vor einer Frau fürchtet, dann ist es weit genug mit ihm gekommen!« 1849 erschienen ihre zwei Bände *Revolution und Conterrevolution.*

Lit.: Germaine Goetzinger, Für die Selbstverwirklichung der Frau: Louise Aston in Selbstzeugnissen und Dokumenten, Frankfurt/M. 1983.

Aubrac, Lucie, französische Widerstandskämpferin (Paris 29. 6. 1912).
Sie stammt aus einer Winzerfamilie in der Bourgogne. Der Vater wurde im ersten Weltkrieg schwer verwundet; dies führte die Tochter zum Pazifismus. Nach dem Studium an der Sorbonne arbeitete sie als Geschichtslehrerin an einem Mädchengymnasium in Straßburg. Aufgrund des Kriegsbeginns nahm sie ein Stipendium in den Vereinigten Staaten nicht wahr. Heirat mit dem jüdischen Lehrer Samuel Boston. Beide engagierten sich in der Widerstandsgruppe »Libération«. Lucie A. war Mitarbeiterin der Zeitschrift gleichen Namens und in Südfrankreich aktiv. Als Verbindungsagentin organisierte sie die Flucht von Gefangenen – darunter die ihres Mannes, der von Klaus Barbie verhaftet worden war – und beteiligte sich an Sabotageakten. Auf der Versammlung der Provisorischen Regierung in Algier 1944 vertrat sie als einzige Frau die Befreiungsbewegung. Nach der Befreiung engagierte sie sich gegen die Kolonialkriege in Indochina und Algerien.

Lit.: Lucie Aubrac, Heldin aus Liebe. Eine Frau kämpft gegen die Gestapo, München 1996.

Augspurg, Anita, deutsche Frauenrechtlerin (Verden 22. 9. 1857 – 20. 12. 1943 Zürich).
In der niedersächsischen Kleinstadt Verden in eine Ärzte- und Juristenfamilie hineingeboren, galt sie wegen ihrer Berufung zu künstlerischer Lebensgestaltung als überspannt. Doch sie verwirklichte ihre Vorstellungen, bis sie in den neunziger Jahren auf die Frauenbewegung stieß. Die anstehende Verabschiedung des Bürgerlichen Gesetzbuches erweckte ihr lebhaftes Interesse an der rechtlichen Stellung der Frau. Sie begann ein Jurastudium, nahm an Protestveranstaltungen gegen das BGB teil und promovierte 1897 in Zürich. Dreizehn Jahre redigierte sie eine Beilage zu →Minna Cauers Zeitschrift »Die Frauenbewegung«, die sich mit parlamentarischen Angelegenheiten, Gesetzgebung und Frauenstimmrecht befaßte. Anita A. wurde zu einer führenden Vertreterin des radikalen Flügels der Frauenbewegung und der deutschen Frauenstimmrechtsbewegung. Sie gründete mit Minna Cauer den »Verband fortschrittlicher Frauenvereine« und mit →Lida Gustava Heymann den »Deutschen Verband für Frauenstimmrecht«. Mit Lida Gustava Heymann verband sie eine Arbeits- und Lebensgemeinschaft. Die beiden Frauen ließen sich in München nieder und gaben von 1919 bis 1933 die Zeitschrift »Die Frau im Staat« heraus. Anita Augspurg entwickelte sich durch den Ausbruch des ersten Weltkrieges zu einer der herausragenden deutschen Pazifistinnen, die »wegen der Logik und Schärfe ihres Geistes,

wegen der Klarheit, Unbestechlichkeit und Gerechtigkeit ihres Urteils« international einen guten Ruf besaß. Sie war Mitbegründerin der »Internationalen Frauenliga für Frieden und Freiheit« (gegr. 1915) und gehörte zu den führenden Köpfen dieser Organisation. 1933 mußte Anita A. in die Schweiz emigrieren.

Lit.: Lida Gustava Heymann/Anita Augspurg: Erlebtes – Erschautes, hg. von Margit Twellmann, Frankfurt/M. 1992.

Ausländer, Rose, deutsche Dichterin aus der Bukowina (Czernowitz 11. 5. 1901 – 3. 1. 1988 Düsseldorf).

Ihre Heimatstadt »atmete« Mythen und Legenden, war geprägt von liberaler Geistigkeit, die durch das Vielvölkergemisch begünstigt wurde: ein Drittel Juden; Deutsche, Ukrainer, Rumänen, Ungarn, Polen. Rosalie Beatrice Scherzer, Tochter jüdischer Eltern, studierte Literaturwissenschaft und Philosophie, heiratete 1929 ihren Studienkollegen Ignaz Ausländer. Scheidung nach drei Jahren: »Ich langweilte mich in der Ehe. Man kann nicht mit der Langweile leben.« 1941 kamen die rumänischen Faschisten nach Czernowitz und mit ihnen Elend und Tod. Die jüdische Bevölkerung mußte ins Ghetto. »Die Brücke aus pedantischen Metallen/ darf nur betreten/ wer den Marschtritt hat.« Sie lebte mit Mutter und Bruder (der Vater war bereits tot) und einem Dutzend anderer Menschen in einem Keller. »Sie kamen mit scharfen Fahnen und Pistolen/ schossen alle Sterne und den Mond ab/ damit kein Licht uns bliebe/ damit kein Licht uns liebe ...« Sie überlebte diese Zeit voller kalter Tode.

Sie, ihre Mutter und ihr Bruder befanden sich unter den 5 000 Überlebenden der ursprünglich 60 000 Juden von Czernowitz. 1946 wanderte sie mit Hilfe von Freunden in die USA aus. 17 Jahre arbeitete sie in New York als Sekretärin und Korrespondentin: »Stunden aus unsterblicher Langeweile/ im Büro als gäbe es keinen/ Berg aus Erz kein Gedicht von Feuer/ keine Liebe von Rang.«

Erst 1963, als sie nach Wien kam, bevor sie 1965 nach Düsseldorf ging, wurden Gedichte von ihr unter dem Titel *Blinder Sommer* veröffentlicht, und dann Buch um Buch – zehn an der Zahl.

Rose A. hatte für die Schublade geschrieben, bis sie endlich, mit 75 Jahren, die volle Anerkennung fand. Sie schlug sich mit Redakteuren, Verlegern, Lektoren, Rezensenten herum. Sie war schwierig in den letzten Jahren ihres zweiten Ghettolebens, beschränkt auf ein Zimmer und auf zwei Quadratmeter Bettengruft, aber ihr Geist war ungebrochen.

Lit.: Rose Ausländer, Gesammelte Gedichte, Köln 1978; dies., Schattenwald. Nachlaß-Gedichte, Frankfurt/M. 1995; Cilly Helfrich, »Es ist ein Aschensommer in der Welt«. Rose Ausländer, Weinheim 1995.

Austen, Jane, englische Schriftstellerin (Steventon/Hampshire 16. 12. 1775 – 18. 7. 1817 Winchester).

Sie verbrachte als siebtes Kind eines Pfarrers ihr ganzes Leben in der südenglischen Provinz, liebte das Tanzen im kleinen Kreis und nutzte die gesellschaftlichen Vergnügungen, um die Menschen ihrer Umgebung zu beobachten. In ihren Romanen *Stolz und Vorurteil*, *Northanger Abbey*, *Überzeugung*, *Emma* u. a. leistete sie einen bedeutenden Beitrag zur Entwicklung der realistischen Literatur über die englische Gesellschaft. Humorvoll, ironisch, bisweilen mit bissigem Spott beschrieb sie das soziale Umfeld, zeichnete sie die

psychologisch genauen Charaktere, stets aus dem Blickwinkel der Frauen, die ihre Heldinnen waren. Den großen politischen Ereignissen galt ihr Interesse nicht. Der romantischen Gefühlsbetontheit und Überschwenglichkeit in der sentimentalen Frauenliteratur jener Zeit stellte sie den gesunden Menschenverstand gegenüber und schilderte die oft entwürdigende Situation der Frauen des Bürgertums.
Lit.: Jane Austen, My dear Cassandra!, Berlin 1996.

B

Bâ, Mariama, senegalesische Schriftstellerin (Dakar 1929 – 18. 8. 1981).
Sie stammte aus einer muslimischen, großbürgerlichen Familie. Nach dem frühen Tod ihrer Mutter wurde sie von den Großeltern aufgezogen und besuchte französische Schulen. Heirat mit einem Politiker, mit dem sie neun Kinder hatte, die sie allein aufzog; Scheidung. Sie arbeitete als Sekretärin und als Lehrerin, engagierte sich in Frauengruppen, schrieb und sprach über Themen wie: Polygamie und Klitorisbeschneidung. Ihr Buch *Ein so langer Brief. Ein afrikanisches Schicksal* errang Weltruhm. Dafür wurde sie 1980 mit dem NOMA-Preis für afrikanische Literatur auf der Frankfurter Buchmesse ausgezeichnet. Unter den weiteren Veröffentlichungen: *Der scharlachrote Gesang.*

Baader, Ottilie, deutsche Vertreterin der proletarischen Frauenbewegung (Frankfurt/Oder 30. 5. 1847 – 24. 7. 1925 Berlin).
Die Siebenjährige mußte sich nach dem Tod der Mutter um den kranken Vater und drei jüngere Geschwister kümmern. Erst mit zehn Jahren kam sie in die Schule, mußte jedoch mit 13 Jahren zwölf Stunden täglich in einer Näherei arbeiten. Während der Zeit des Bismarckschen Sozialistengesetzes setzte sich Ottilie B. mit Marx' *Kapital* und August Bebels *Die Frau und der Sozialismus* auseinander.
Von 1900 bis 1908 war sie die »Zentralvertrauensperson« (System der öffentlichen Agitation) der Frauen in der SPD. Sie wurde zu einem Beispiel, wie politisches Engagement zur Entwicklung der Persönlichkeit beitragen kann.
Lit.: O. Baader, Ein steiniger Weg. Lebenserinnerungen einer Sozialistin, Bonn 1979.

Bachmann, Ingeborg, österreichische Dichterin (Klagenfurt 25. 6. 1926 – 17. 10. 1973 Rom).
Sie zählte zu den wenigen Frauen, die mit den höchsten Auszeichnungen des Literaturbetriebes versehen wurden. Sie erhielt alle wichtigen Preise, sie wurde korrespondierendes Mitglied der Deutschen Akademie für Sprache und Dichtung in Darmstadt, sie wurde von der Harvard-Universität eingeladen, und sie hatte als erste Dozentin den Lehrstuhl für Poesie an der Universität Frankfurt/Main inne. Auf dem Höhepunkt ihres Ruhmes schrieb sie: »Nichts rührt sich, nur dieser fatale Applaus.« Ingeborg B. studierte in Wien Philosophie, Germanistik und Psychologie. Ihre Doktorarbeit verfaßte sie über Martin Heidegger. Sie schrieb Hörspiele und Gedichte und arbeitete beim öster-

reichischen Radiosender Rot/Weiß/Rot, bis sie es 1953 wagen konnte, von ihrem Einkommen als Schrifstellerin zu leben. Ihre Gedichte, vor allem die beiden großen Zyklen *Die Gestundete Zeit* und *Anrufung des Großen Bären* machten sie berühmt. Mit ihrem Roman *Malina* und dem unvollendeten Romanzyklus *Todesarten* verließ sie den Platz wieder, den man ihr im Elfenbeinturm eingeräumt hatte, indem sie – deutlicher und unübersehbarer als in den Gedichten – zwei Grundthemen ihrer Arbeit zum Gegenstand machte: die Verbrechen, die Deutsche und Österreicher während des Nationalsozialismus begangen hatten, und die Verbrechen, die Männer an Frauen begehen. Die Reaktionen der (meist männlichen) Kritiker reichten von Wut bis Verachtung. Ingeborg B. war immer sehr klarsichtig gewesen, auch wenn das zu Anfang kaum jemand wahrhaben wollte. In den fünfziger Jahren, in der Zeit des Wiederaufbaus und der großen Verdrängung, schrieb sie: »Es kommen härtere Tage / Die auf Widerruf gestundete Zeit / Wird sichtbar am Horizont.« Sie starb an den Folgen schwerer Verbrennungen. Wie es zu dem Unfall in ihrer Wohnung gekommen war, konnte nie geklärt werden. Sie hat Beruhigungsmittel genommen und war zudem alkoholabhängig. Vermutlich schlief sie mit einer brennenden Zigarette ein und löste damit den Brand aus, der sie tötete.

Lit.: Ingeborg Bachmann, Todesarten-Projekt. Kritische Ausgabe. Unter Leitung von Robert Pichl hg. von Monika Albrecht und Dirk Göttsche, 5 Bde., München/Zürich 1995.

Baer, Gertrud, deutsche Frauenrechtlerin (Hamburg 25. 11. 1890 – 15. 12. 1981 Genf).

Sie wuchs in einer Hamburger Kaufmannsfamilie auf, wurde zweisprachig erzogen und durch ihre Mutter, eine Londoner Oberrabbinerstochter, für die Politik und für Frauenfragen sensibilisiert. Mit 15 Jahren nahm die Mutter sie zu den damals verbotenen Frauenversammlungen mit. Dort lernte sie →Lida Gustava Heymann kennen, mit der sie in Hamburg das erste Frauenhaus gründete. Neben Mittagstisch für Berufstätige und Bibliothek gab es dort Beratung für Frauen in Not oder ungewollt Schwangere. Die Feministin kämpfte für gleiche Chancen für Frauen, d. h. gleiche Bildung, gleichen Lohn, Frauenstimmrecht, Zugang zu allen Berufen u. a. m. Während des ersten Weltkrieges übersiedelte sie nach München, wo sie mit Heymann und →Anita Augspurg zusammen Aufklärungsarbeit gegen den Krieg betrieb. 1915 Teilnahme am »Internationalen Frauenkongreß« in Den Haag und an der Gründung der »Internationalen Frauenliga für Frieden und Freiheit« (IFFF). In der Münchner Räterepublik unter Kurt Eisner richtete sie im Sozialministerium ein Frauenreferat ein – das erste Frauenbüro, und 1918 vermittelten sie und andere mutige Frauen, leider vergeblich, zwischen den Fronten. In den zwanziger Jahren emigrierte sie in die USA und arbeitete dort für die IFFF, die sie beim Völkerbund und ab 1945 bei der UNO vertrat. Mitarbeit bei der UN-Menschenrechtskommission, Direktoriumsmitglied der »Internationalen Liga für Menschenrechte«, Herausgeberin der Zeitschrift »Pax et Libertas«. Gertrude B. war eine radikale Pazifistin, oft etwas ungeduldig und zuweilen voll bissigen Humors. Ihr Blick war stets nach vorne gerichtet, für Perspektivlosigkeit fehlte ihr jedes Verständnis.

Baez, Joan, US-amerikanische Sängerin(9. 1. 1941 Staten Island/New York).

Joan Baez

Die Tochter eines mexikanischen Arztes und Quäkers und einer schottischen Pfarrerstochter wurde früh mit dem Rassismus in den USA konfrontiert, aber auch mit sozialer Ungerechtigkeit und Armut, als sie von 1950 bis 1958 in Bagdad lebte (ihr Vater arbeitete für die UNESCO). Entdeckt wurde sie auf dem Newport Folk-Festival 1959. Zusammenarbeit mit Bob Dylan. Sie engagierte sich gegen soziales Unrecht, für den Frieden, in der Bürgerrechtsbewegung und kämpfte gegen den Vietnamkrieg. Von sich sagt sie: »Eigentlich bin ich keine Sängerin, sondern eine Politikerin.« 1967 gründete sie ein »Institut zum Studium der Gewaltlosigkeit« in Kalifornien. In den sechziger Jahren wurde sie »Madonna der Hippies« genannt. 1972 befand sie sich zu Weihnachten im schlimmsten Bombenhagel in Hanoi. Sie trat auf der Welttournee von Amnesty International 1988 auf. Auch in den neunziger Jahren kämpft sie gegen die Kriege in aller Welt, und so sang sie Pete Seegers »We shall overcome« im zerstörten Sarajewo. »Man kann die Musik nicht von der Politik trennen.«

Bais, Putli, indische Banditin (1929 – 23. 1. 1958).
Die »Räuberkönigin«, aus einer muslimischen Familie stammend, war schon zu Lebzeiten eine Legende und als kindliche Tänzerin sehr berühmt. Als der berühmte Banditenführer Sultan sie entführte, war sie erst 17 Jahre alt. Obwohl sie ihm zweimal entkam, kehrte sie jedesmal zu ihm zurück, nachdem die Polizei sie verhaftet und mißhandelt hatte, um von ihr – vergeblich – den Aufenthaltsort der Bande zu erpressen. Putli und Sultan hatten eine Tochter, die bei Putlis Mutter aufwuchs. Sultan wurde unter nicht ganz geklärten Umständen ermordet, und Putli schloß sich mit Kalyan Singh zusammen. Die Kalla-Putli-Bande entwickelte sich zu einer der meistgefürchteten Banden der fünfziger Jahre. In der indischen Gesellschaft hat das Banditentum eine lange Tradition, vergleichbar in etwa mit den Banditen des europäischen Mittelalters. Die »dacoits« organisieren von unwegsamen Schluchten und Bergen aus Raubüberfälle, Entführungen und Erpressungen. Rückhalt finden sie bei der Bevölkerung der kargen Bergdörfer. Weil ihr Alltag härter war als das harte Leben der »dacoits«, haben sich schon immer auch Frauen für das Leben in der Bande entschieden. Nur wenige schafften es, selbst Anführerinnen zu werden. Putli war eine davon, Phoolan Devi (geb. 1956) eine weitere, ebenfalls »Räuberkönigin« genannt und als Reinkarnation von Putli B. verehrt. Den Höhepunkt ihrer Berühmtheit erlangte Putli B., als sie in einer

Schießerei von der Polizei schwer verwundet wurde. Sie ließ den zersplitterten Arm vom Dorfarzt amputieren und lernte, mit nur einem Arm genauso zielsicher zu schießen wie zuvor. Zu dieser Zeit galt sie als unsterblich. Sie wurde von der Polizei aus einem Hinterhalt heraus erschossen. Die Stelle, an der ihre Leiche gefunden wurde, ist heute noch ein Ort ihrer Anbetung.

Baker, Joséphine, afroamerikanische Tänzerin und Sängerin (St. Louis 3. 6. 1906 – 12. 4. 1975 Paris).

Joséphine Baker

Schon mit 14 Jahren war sie mit einer Tanzgruppe unterwegs, mit 15 Jahren bereits verheiratet, wenn auch nur für einige Monate. Chorgirl in Musicals, 1925 erste Hauptrolle in »La Revue Nègre« im Théâtre Champs-Élysées in Paris. »La Baker« tanzte – so gut wie nackt im »Bananenröckchen« oder exotischer Kostümierung – den Charleston, den Tango und nach dem damals »Negermusik« genannten Jazz, und Paris war hellauf begeistert. Ihre große Karriere begann: Folies Bergères, ein eigenes Haus, »Chez Joséphine«, Europa- und Welttourneen, die sie auch in ihre Heimat brachten. Sie lebte mit dem sizilianischen Grafen Pepito Abatinore zusammen. Die Baker arbeitete bis zu 14 Stunden täglich, das Publikum liebte und betete sie an. Vielfach wurde sie aber auch diffamiert als »Gefahr für die Kultur«, in München etwa als »unerwünschte Person« behandelt. 1936 Tod ihres Gefährten und danach Heirat mit dem jüdischen Kaufmann Jean Lion. In Deutschland und Italien wurden ihre Auftritte verboten. Sie war im Widerstand gegen Franco aktiv und gehörte während der deutschen Besatzung der Résistance an. In Casablanca war sie mehrere Monate schwer krank. 1946 liierte sie sich mit dem Musiker Jo Bouillon, zog mit ihrem späteren Ehemann in das Schloß »Les Milandes« in der Dordogne. Sie trat weiterhin als Tänzerin auf und hielt Vorträge über den Kampf der Schwarzen. Ab 1953 adoptierte sie zwölf Kinder aus verschiedenen Nationen. Um für sie dazusein, verließ sie für drei Jahre die Bühne. Die Baker kehrte jedoch 1959 aus finanziellen Gründen ins Showgeschäft zurück, für ihre »Regenbogenkinder« war der ständige Medienrummel allerdings gar nicht so einfach zu verkraften. In Monaco war die Familie Gast der Fürstin Gracia Patricia; nach einer der Gala-Aufführungen der großen Retrospektive »Joséphine« erlitt die Baker einen Gehirnschlag und starb wenige Tage später.

Lit.: Dieter Kühn, Joséphine. Aus der öffentlichen Biographie der Joséphine Baker, Frankfurt/M. 1980.

Balabanoff, Angelica, russische Politikerin (Cernigow/Rußland 1878 – 25. 11. 1965 Rom).
Die Tochter eines Grundbesitzers verließ mit 19 Jahren das zaristische Rußland, um in Brüssel, London, Leipzig, Berlin und Rom zu studieren. In Italien wurde sie zu einer engagierten Sozialistin. Ab 1910 arbeitete sie als Journalistin und Herausgeberin einer Frauenzeitung, als Propagandistin und Gewerkschafterin. 1915 war sie Mitorganisatorin der »Zimmerwalder Bewegung«, dem Zusammenschluß von oppositionellen Kräften aus sozialistischen Parteien um Lenin. Nach der russischen Revolution wurde sie aus der Schweiz ausgewiesen und kehrte nach einem Aufenthalt in Stockholm in ihre Heimat zurück. 1919/20 war sie die erste Sekretärin der Kommunistischen Internationale in Moskau. Enttäuscht über den Verlauf der Revolution verließ sie Rußland, um in Italien zu leben. Über ihr bewegtes Leben schrieb sie *My Life as a Rebel.*
»Ich weiche nicht. Ich gehe nur/ Und trage wie ich stets getragen ohne Rast/ Der Menschen Leiden schwere Last/ Und tiefe Spur/ Auf mir. Mit mir. In mir.«

Balch, Emily Greene, US-amerikanische Frauenrechtlerin und Pazifistin (Jamaica Plain/Mass. 8. 1. 1867 – 9. 1. 1962 Cambridge/Mass.).
Sie wuchs in einer wohlhabenden Bostoner Familie auf, studierte in Paris, Chicago und Berlin Wirtschaftswissenschaften. Mitbegründerin der »Women's Trade Union League« und einer Verbrauchergenossenschaft, Professorin für Geschichte und Soziologie am Wellesly College. In der damaligen Debatte über die Frage, ob die USA so viele Einwanderer und Einwanderinnen »verkraften« könne, trat sie für ein besseres Zusammenleben der alteingesessenen und neuen Bürger/innen ein. Ihr Buch *Our Slavic Fellow Citizens* (Unsere slawischen Mitbürger) von 1910 wurde ein Standardwerk der amerikanischen Migrationsforschung. Mit →Jane Addams und anderen beteiligte sie sich am »Internationalen Frauenkongreß« in Den Haag 1915 und an der Gründung der »Internationalen Frauenliga für Frieden und Freiheit« (IFFF). Präsidentin des Exekutivkomitees. Auf unzähligen Vortragsreisen, u. a. im Auftrag des Völkerbundes, vertrat sie ihre Anliegen: internationale Abrüstung und eine neue Weltwirtschaftsordnung. Sie setzte sich mit den Folgen der Internationalisierung der Wirtschaft auseinander, warnte vor der unheilvollen Allianz der Konzerne mit der politischen Macht.
Während des zweiten Weltkrieges half sie jüdischen Familien, in den USA aufgenommen zu werden. 1946 erhielt sie den Friedensnobelpreis. In den fünfziger Jahren war sie weiter aktiv für Frauenrechte, Frieden und für Völkerverständigung, auch mit der Sowjetunion.

Bancik, Olga, Widerstandskämpferin jüdisch-rumänischer Herkunft (Rumänien 10. 5. 1912 – 10. 5. 1944 Stuttgart).
Sie emigrierte zur Zeit der Volksfront nach Frankreich. Dort engagierte sie sich in den Gruppen der M.O.I. (Main d'oeuvre immigrée – immigrierte Arbeitskräfte) und war während der Besatzung durch die deutschen Faschisten in der FTP (francs-tireurs et partisans – Freischärler und Partisanen) verantwortlich für den Transport von Waffen. Sie nahm an Hunderten von Angriffen gegen die deutsche Wehrmacht teil, wurde mit der Gruppe »Manouchian«, einer Kampfgruppe der M.O.I., ge-

Olga Bancik

nannt nach ihrem armenischen Leiter Missak Manouchian, verhaftet, gefoltert und in Stuttgart enthauptet.
In ihrem letzten Brief an ihre kleine Tochter schrieb sie: »Meine Liebe, weine nicht, Deine Mutter weint auch nicht. Ich sterbe mit ruhigem Gewissen und in der festen Überzeugung, daß Du morgen ein glücklicheres Leben und eine bessere Zukunft als Deine Mutter haben wirst.«

Barnes, Djuna, US-amerikanische Schriftstellerin (Cornwall-on-Hudson 12. 6. 1892 – 18. 6. 1982 New York).
Auf dem Lande aufgewachsen, ohne Schulbildung, die ihr Vater, ein anarchistischer Bohèmien und Farmer, für überflüssig und schädlich hielt, wurde sie von ihrer Großmutter, Zadel Barnes, Schriftstellerin, Suffragette und Freundin der Gewerkschafterin »Mother Jones« unterrichtet. Beiden hat sie in ihrem satirischen Roman *Ryder* ein Denkmal gesetzt.
In ihrer journalistischen Karriere glänzte sie vor allem als Porträtistin. Sie entwarf ein großartig angelegtes Gesellschaftsbild ihrer Zeit. Heute noch bekannte Namen: James Joyce, Flo Ziegfeld, Coco Chanel. Tiefes Verständnis, aber auch Ironie und Bosheit zeichnen diese Porträts aus. Nach dem ersten Weltkrieg zog es sie wie viele Künstler nach Paris. Ihre langjährige Liebe zu der Bildhauerin Thelma Wood öffnete ihr den exklusiven Salon von Natalie Barney, in dem die lesbischen Frauen von Paris verkehrten. In *Ladies Almanach*, wegen seiner »Frivolität« 1928 als Privatdruck erschienen, findet sich der Niederschlag dieser Zeit. Nachdem ihre große Liebe zu Thelma Wood zerbrochen war, flüchtete sie sich in den Alkohol und begann ein Verhältnis mit einem Mann, dem sie nach Tanger folgte. Er betrog sie mit einem Tänzer. Elend und erschöpft kehrte sie zu einer Abtreibung nach Paris zurück. Sie nahm eine Einladung Peggy Guggenheims nach England an (1932), die ihr die Möglichkeit bot, ohne finanzielle Sorgen in Ruhe zu arbeiten. In dieser Zeit schrieb sie *Nightwood* (Nachtgewächs). Eliot nannte diesen von der Kritik hochgelobten Roman in seinem begeisterten Vorwort »eine Prosa für Lyrikleser«. Im Alter lebte Djuna B. zurückgezogen in New York, erbittert über ihre Verleger, von denen sie sich betrogen fühlte, und abhängig von den Zuwendungen ihrer Freunde.

Lit.: Djuna Barnes, Hinter dem Herzen, Berlin 1994; dies., Solange es Frauen gibt, wie sollte da etwas vor die Hunde gehen?, Berlin 1991; Kyra Stromberg, Djuna Barnes. Leben und Werk einer Extravaganten, Berlin 1989.

Barrett-Browning, Elizabeth, englische Lyrikerin (Coxhoe Hall b. Durham 6. 3. 1806 – 30. 6. 1861 Florenz).
Zu Hause erzogen und seit ihrem 15. Lebensjahr aufgrund einer Lähmung an den Rollstuhl gefesselt, befaßte sich Elizabeth B. früh mit Literatur. Sie las viel, begann selbst Gedichte zu schreiben, arbeitete für Londoner Zeitschriften. Sie und der Dichter Robert Browning waren eines der bekanntesten Liebespaare ihrer Zeit. Der Vater wollte eine Heirat verhindern, das Paar ließ sich heimlich trauen und floh nach Florenz. Hier schrieb sie die schönsten Liebessonette, so die später von Rilke übersetzten *Portugiesischen Sonette* (1847, deutsch 1908). Die italienischen Revolutionen von 1848/49 regten sie zu dem Gedicht *Casa Guidi Windows* (1851) an. Sie bekam einen Sohn, ihre Krankheit konnte sie fast völlig überwinden. In *Der Kinder Wehgeschrei* beklagt sie das Schicksal ausgebeuteter Kinder.

Barrios de Chungara, Domitila, bolivianische Gewerkschafterin (Siglo XX 1931).
Die Tochter eines bolivianischen Mineros und Gewerkschaftsfunktionärs, der verhaftet, gefoltert und deportiert worden war, wurde wie ihr Vater verhaftet, verhört und während der Schwangerschaft gefoltert. Ihr »Verbrechen«: Sie hatte sich aktiv an den Hungerstreiks des Minenlagers Siglo XX beteiligt. Nach dem Putsch von Garcia Meza erzwungenes Exil in Schweden

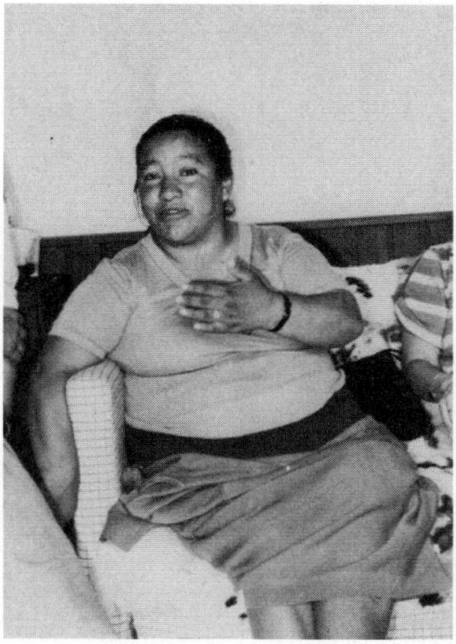

Domitila Barrios de Chungara

mit ihrem Mann, ebenfalls Minenarbeiter, und den sieben Kindern. Danach Reisen nach Deutschland, Österreich und in die Schweiz. Rückkehr 1983. 1990 Gründung der »Escuela móvil Domitila«, einer mobilen Schule zur Aufarbeitung der Erfahrungen der Frauen- und Gewerkschaftsarbeit. Gründung der ersten Arbeitslosen- und Hausfrauenkomitees.
Lit.: Moema Viezzer, Wenn man mir erlaubt zu sprechen. Zeugnis Domitilas, einer Frau aus den Minen Boliviens, Bornheim 1978; David Acebey, Domitila, Das Zeugnis einer Frau aus den Minen Boliviens, Teil 2, 1976-1984, Bornheim 1986.

Bashkirtseff, Marie, russisch-französische Malerin und Schriftstellerin (Poltava/Ukraine 23. 11. 1860 – 31. 10. 1884 Paris).
Sie stammte aus dem Landadel. Nach

der Trennung ihrer Eltern folgte die kleine Marie der Mutter und deren Familie ins Ausland, u.a. nach Nizza. Im Atelier Julian, der damals einzigen Kunstakademie in Frankreich, an der Frauen zugelassen waren, lernte sie Malen. Aufnahme in den »Salon de peinture«. Ihre Bilder zeugen von einem gewagten Realismus (z. B. *La Parisienne*, 1883, *Un meeting*, ein Treffen von Gassenjungen vor einem Bauzaun, 1884). Porträts von Frauen waren ihre Stärke (*Selbstporträt mit Palette* 1883). Hugo von Hofmannsthal über Marie B.: »Das äußere Leben ist ganz einfach: ein paar Winter in Nizza und Rom, später in Paris; ein paar Reisen; ein Flirt mit anmutigem Anfang und schalem Ende; eine große Sehnsucht nach Kunst und Ruhm, ein paar Jahre Atelierexistenz, ein Erfolg im Salon, ein Anfang von Berühmtheit, ein paar Wochen qualvollen Leidens und der Tod in Jugend und Schönheit. Aber nie wurde ein Leben fieberhafter, lebensdurstiger gelebt.« Berühmt wurde Marie B. vor allem durch ihr Tagebuch. Sie starb an Schwindsucht.

Kurz vor ihrem Tod schrieb sie, 23jährig, in ihr Tagebuch: »Als Mann hätte ich Europa erobert. Als Mädchen vertat ich meine Zeit mit zuviel Gerede und exzentrischen Albernheiten. Meine Träume waren überlebensgroß. Wenn sie nicht wahr werden, ist es besser zu sterben.«

Lit.: Tagebuch der Marie Bashkirtseff, Frankfurt/Berlin/Wien 1983; Colette Cosnier, Marie Bashkirtseff, Berlin 1989; Sabine Voigt, Die Tagebücher der Marie Bashkirtseff von 1877–1884, Dortmund 1997.

Bassi, Laura Maria Catharina, italienische Physikerin und Philosophin (Bologna 31. 10. 1711 – 21. 2. 1778 Bologna). Die Tochter eines Anwalts wurde bereits als Fünfjährige in Latein und Mathematik unterrichtet, als 13jährige in Philosophie. Mit 20 Jahren verteidigte sie öffentlich 21 Thesen in Naturwissenschaft und Philosophie und wurde ein Jahr später gewähltes Mitglied mit Stimmrecht der Akademie der Wissenschaften in Bologna. Dieses Ereignis entfachte europaweit heftige Auseinandersetzungen über das Studium von Frauen. Als Dozentin lehrte sie an der Universität, was jedoch nur auf Wunsch und nicht regelmäßig erlaubt war; sie unterrichtete deshalb zu Hause und betrieb ihre meist experimentellen physikalischen Forschungen, über die sie mit Kollegen in ganz Europa korrespondierte. Um ihren Ruf zu sichern, heiratete sie den Physiologen Giuseppe Verati. Mit ihm, der ihr oft als Assistent in ihrer Arbeit half, hatte sie acht Kinder. Der Kardinal und spätere Papst Lambertini förderte sie, verschaffte ihr Zugang zu den geheimen Bibliotheken des Vatikans und berief sie in die von ihm gegründete Benedettina-Akademie, eine Vereinigung von besonders bedeutenden Wissenschaftlern. Gekrönt wurde ihre Laufbahn zwei Jahre vor ihrem Tod mit der Professur für experimentelle Physik.

Bastié, Maryse, französische Pilotin (Limoges 27. 2. 1898 – 6. 7. 1952 Lyon). Marie-Louise Bombec wurde nach dem frühen Tod des Vaters Näherin, heiratete mit 20 Jahren den Schuhverkäufer und Piloten Louis Bastié und wurde nach drei Wochen Unterricht selbst Pilotin. Sie spezialisierte sich zunächst auf Dauerrekorde: Weltrekord 1930, als sie, über einem Flughafen kreisend, fast 38 Stunden in der Luft blieb. Sie führte viele Langstreckenflüge durch (z. B. 1936 von Paris nach Tokio und zurück), überquerte im Dezember 1936 in weni-

Maryse Bastié

ger als zwölf Stunden allein den Südatlantik. 1944 engagierte sie sich als Leutnant in der Luftarmee im Kampf gegen die Hitler-Diktatur. Sie starb als Passagierin bei der Vorstellung eines Flugzeug-Prototyps. Trägerin des Ordens der Ehrenlegion.

Bates, Daisy, irische Journalistin, eigentlich May O'Dwyer (Grafschaft Tipperary 1859 – 1951 Adelaide/Australien).
Die Tochter protestantischer irischer Landadliger wurde Friedensrichterin und Ehrenprotektorin der Aborigines von West- und Südaustralien. Im Alter von 25 Jahren reiste sie erstmals nach Australien. Nach einer mißglückten Ehe fuhr sie für kurze Zeit nach England zurück, um dann im Auftrag der »Times« Nachforschungen über die Gewalt der weißen Siedler an den Ureinwohnern von Nordwestaustralien zu betreiben. Sie besuchte mehrere ethnische Gruppen, wurde zur »Expertin in Aborigines-Angelegenheiten«, verächtlich als »die Frau, die mit den Schwarzen« abgestempelt. Daisy B. war der Ansicht, daß die Aborigines, wenn sie überleben sollten, in Ruhe gelassen werden müßten. Die »Vagabundin aus Überzeugung« und »Nomadin wie die Aborigines« blieb dort bis zum Ende ihres Lebens.
Lit.: Julia Blackburn, Daisy Bates in der Wüste, Berlin 1995.

Batten, Jean, neuseeländische Pilotin (Rotorua 15. 9. 1909 – 22. 11. 1986).
Ihr Vater, ein Zahnarzt, zog mit der Familie nach England. Jean B. begeisterte sich früh für Sport und Abenteuer, beschloß gegen den Wunsch des Vaters, Pilotin zu werden. »Hoch über den blauen Bergen schwebend, fühlte ich mich in der Luft völlig zu Hause, und ich war überzeugt, daß dies mein Element war.«
Sie sicherte sich durch spektakuläre Pionierflüge ihren Platz in der Luftfahrtgeschichte, erzielte die schnellste Zeit im Alleinflug und war eine der beliebtesten Pilotinnen ihrer Zeit. 1936 gelang ihr ein Flug nach Australien von England aus in elf Tagen, zwei Stunden und zwanzig Minuten, und zwei Jahre später die Gegenstrecke. Sie schrieb: »Beim Fliegen fand ich die beiden Dinge, die alles für mich bedeuten: die berauschende Droge Geschwindigkeit und die Freiheit, die Welt zu durchstreifen.«

Bausch, Pina, deutsche Tänzerin und Choreographin (Solingen 27. 7. 1940).
Sie wuchs in der Gaststätte ihrer Eltern in Solingen auf; dort lernte sie Theaterleute kennen. Schon mit 14 Jahren kam sie an die renommierte Essener Folk-

wang-Schule. Es folgten zwei Jahre Modern Dance in New York, 1961 Engagements beim New American Ballet und an der Metropolitan Opera. Von 1969 bis 1973 war sie die künstlerische Leiterin des Folkwang-Tanzstudios in Essen und dort auch Choreographin, Pädagogin und Tanzsolistin. 1973 schuf sie – nicht ohne Widerspruch und Widerstand – das Tanztheater in Wuppertal, dessen Direktorin sie seitdem ist. Gastspiele in Paris, Amsterdam, London und Rom und wochenlange Tourneen durch Asien, Lateinamerika und Australien. Unter den bekanntesten ihrer Stücke: *Kontakthof*, *Ahnen*, *Bandoneon*, *Café Müller*, *Das Frühlingsopfer*; unter den neuesten: *Masurca Fogo, Nur du, Der Fensterputzer.* Ihre Werke sind vom deutschen Expressionismus inspiriert.

Viele Preise, darunter der Preis des Internationalen Theaterinstituts, u.a. mit der Begründung: »Pina Bausch hat durch ihre Arbeit in den vergangenen zwei Jahrzehnten nicht nur die deutsche, sondern auch die internationale Tanzästhetik nachhaltig verändert.« Das Tanztheater der »Sphinx« Pina B. wurde auch als »Theater der Freiheit« bezeichnet.

Lit.: Pina Bausch, Fotografien von Detlev Erler, Kilchberg 1994; Jochen Schmidt, »Tanzen gegen die Angst«. Pina Bausch, München 1998.

Beach, Amy Marcy Cheney, US-amerikanische Pianistin und Komponistin (Henniker/New Hampshire 5. 9. 1867 – 27. 12. 1944 New York).

Wer ihr *Streichquartett* op. 79 aus dem Jahre 1929 oder die *Variationen für Flöte und Streichquartett* von 1920 hört, ist fasziniert von einer einzigartigen Eigenschaft: Klangsinnlichkeit, die bis ins Extrem geführt wird. Da klingt eine Spur Wagner, Mahler, gar Brahms mit. Schon als Kind komponierte sie Walzer auf dem Klavier, sie studierte Klavier und Harmonielehre (bei J. W. Hill, E. Perabo und bei dem Liszt-Schüler C. Baerman). Mit 25 Jahren schrieb sie bereits ihre berühmte *Messe in E*, die in Boston mit »standing ovations« gefeiert wurde. Im gleichen Jahr Aufführung des Orchesterstückes *Eilende Wolken* durch das New Yorker Symphony Orchestra. Sie bekam Aufträge, wurde berühmt, heiratete einen ebenso berühmten Arzt, der 1910 starb.

Nach seinem Tod reiste sie nach Europa, gab Konzerte in Leipzig, Rom und Berlin, kehrte jedoch wieder nach New York zurück. In völliger finanzieller Unabhängigkeit konnte sie sich nun ganz der Musik widmen. 1932 schrieb sie ihre einzige Oper *Capildo.* Ihre insgesamt über 150 Werke (vorwiegend Lieder und Chormusik) sind bis auf drei allesamt in Druck gegangen: ein Idealzustand, den kaum eine Komponistin erreicht hat. Ihre *Gaelic-Sinfonie* war zudem das erste Orchesterwerk einer Frau, das in den USA aufgeführt wurde (1896). 1928 verlieh man ihr den Master Degree of Arts der Universität von New Hampshire.

Wirklichen Kompositionsunterricht hat sie nur etwa ein Jahr erhalten. Sie war eine Naturbegabung, testete ihr Gedächtnis damit, das Bachsche *Wohltemperierte Klavier* aus dem Gedächtnis zu notieren, und schrieb Orchesterwerke nach Gehör auf. Ihr Privileg, ungeachtet von finanziellen Sorgen komponieren zu können, empfand sie als selbstverständlich. Ein paar Worte über komponierende Frauen für eine Zeitung zu schreiben, lehnte sie mit dem Satz ab, sie sei zu beschäftigt.

Beauvoir, Simone de, französische Philosophin und Schriftstellerin (Paris 9. 1. 1908 – 14. 4. 1986).

Die große Dame der französischen Literatur – Romanautorin, Essayistin und Vertreterin des Existentialismus – war eine privilegierte »Tochter aus gutem Hause«. Von der Mutter bekam sie eine streng katholische Erziehung, vom Vater den rationalistischen und skeptischen Geist, die Wissensgier. Sie unterrichtete an Gymnasien, verlor aber 1944 unter der Vichy-Regierung ihre Stelle. Nach dem Krieg gründete sie mit Camus, Aron und Sartre zusammen die philosophische Zeitschrift »Temps modernes« und wurde freischaffende Schriftstellerin. Ihr erster Roman *L'Invitée* (*Sie kam und blieb*) erschien 1938. In ihrem Bestseller *Das andere Geschlecht, Sitte und Sexus* (1949), einer »Bibel des Feminismus« –, setzte sie sich u. a. mit den Ursachen der Unterdrükkung der Frau und den Geschlechterrollen auseinander: »Man kommt nicht als Frau zur Welt, man wird es ... Er (der Mann) ist das Subjekt, er ist das Abstrakte; sie (die Frau) ist das Andere.« Der Essay schockierte, der Schriftsteller François Mauriac erklärte: »Jetzt wissen wir alles über die Vagina der Simone de Beauvoir!« Für *Die Mandarins von Paris*, ihren Schlüsselroman über Pariser Intellektuelle nach der Befreiung, erhielt sie 1954 die höchste literarische Auszeichnung Frankreichs, den Prix Goncourt. Sie schrieb autobiographische Romane wie *Die Welt der schönen Bilder (1966)*, *Memoiren einer Tochter aus gutem Hause* (1958), *In den besten Jahren* (1960), *Ein sanfter Tod* (1964), *Alles in allem* (1972), in denen sie sich u. a. mit Alter und Tod auseinandersetzte. Und sie schrieb Berichte über ihre Aufenthalte mit Sartre in Chile, China und Kuba.

Zwanzig Jahre nach *Das andere Geschlecht* engagierte sie sich in der Frauenbewegung, wurde Vorsitzende der Gruppe »Choisir« sowie der »Liga für Frauenrechte«. 1971 gehörte sie zu den Frauen, die sich in einem Manifest öffentlich selbst der Abtreibung bezichtigten. Sie unterstützte außerdem Frauenhäuser und das »Antisexistische Gesetz« von 1983, ein Gesetz gegen die Diskriminierung am Arbeitsplatz. Sie engagierte sich ebenso gegen den Algerienkrieg wie gegen Ausländerfeindlichkeit und Rechtsextremismus.

Fünfzig Jahre lang verband sie eine Lebensgemeinschaft mit Sartre. Auch sie war für ihn, der sie »seine Beraterin« nannte und seine wichtigsten Werke dem »Castor« (= Biber, englisch Beaver/Beauvoir) widmete, eine entscheidende Diskussionspartnerin. Simone de B. prägte das kulturelle Leben und das fortschrittliche Denken sowie die Frauenbewegung in vielen Ländern.

Lit.: Claude Francis/Fernande Gontier, Simone de Beauvoir. Die Biographie, Weinheim/Berlin 1986; Deindre Bair, Eine Biographie, München 1990; Toril Moi, Die Psychographie einer Intellektuellen, Frankfurt/M. 1997.

Bebel, Julie, deutsche Kämpferin der Arbeiterbewegung (Leipzig 2. 9. 1843 – 22. 11. 1910 Zürich).

Die Tochter eines sächsischen Arbeiters, geborene Johanna Caroline Julie Otto, war nicht nur die »Frau an der Seite August Bebels«, des Autors von *Die Frau und der Sozialismus.* Bevor sie ihn heiratete, war sie Arbeiterin in einem Putzwarengeschäft. Während der Haft ihres Mannes leitete sie dessen Drechslerwerkstatt. Sie entwickelte sich von einer »Gefühlssozialistin« zu einer »eigenständigen und kampfbereiten Anhängerin sozialdemokratischer Ziele« (Antje

Julie Bebel

Dertinger). Mit den Frauen anderer Inhaftierten organisierte sie in der Zeit des Sozialistengesetzes Solidaritätsversammlungen, verwaltete die Parteigelder und verteilte Hilfsmittel. Auf die Einwände mancher sozialdemokratischer Genossen antwortete sie: »Wenn man ... die Hälfte seines Lebens an dieser Tätigkeit direkt oder indirekt teilgenommen hat, verdient man auch das volle Vertrauen der Männer!«
Lit.: August und Julie Bebel, Briefe einer Ehe, hg. von Ursula Herrmann, Bonn 1997.

Becket, Martha, US-amerikanische Choreographin und Tänzerin (New York 9. 7. 1924).
Schon als kleines Mädchen wollte sie Tänzerin werden. Als sie fünf Jahre alt war, trennten sich ihre Eltern. Ihre Karriere begann in New Yorker Nightclubs. Nebenbei verdiente sie ihr Geld als Zeichnerin und Mannequin. Ihr Mann – sie heiratete 1962 – wurde ihr Manager, und sie malte für Kunstgalerien. Eine Autopanne entschied 1967 über ihr weiteres Leben: Auf dem Weg an die Westküste blieben sie und ihr Mann in der Wüste, im Tal des Todes, stecken. In Death Valley Junction in der Amargosa-Wüste/Kalifornien entdeckte das Paar in einer verlassenen Bergarbeitersiedlung ein Theater, das es kaufte und renovierte. 1968 tanzte sie vor zwölf Neugierigen. Leider blieb es bei der kleinen Anzahl Zuschauer/innen, und so bemalte sie (in vier Jahren) die Wände ihres Amargosa Opera House mit einem in Kostüme des 16. Jh.s gekleideten Publikum. Seitdem tanzte und tanzt sie, vor einer nunmehr zunehmenden Zahl realer Gäste, zweimal in der Woche, von Oktober bis Mai. »Ich werde tanzen, bis ich fallen werde«, sagte sie als 71jährige.

Bedford, Mary Herzogin von, englische Fliegerin (Stockbridge 1865 – 22. 3. 1937 Nordsee b. Yarmouth).
Die Tochter eines Geistlichen packte schon früh die Reiselust. Als junge verheiratete Herzogin widmete sie ihre Zeit sozialen Aufgaben und Einrichtungen, u. a. ihrem Krankenhaus. Erst mit über sechzig begann sie ihre Wünsche – allem voran das Fliegen – zu verwirklichen (Rekordflug nach Kapstadt 1930). Die Familie war gegen ihr Fliegen, hielt sie für verrückt und exzentrisch. Mit 72 Jahren – sie konnte über 199 Stunden Alleinflug nachweisen – stürzte sie über der Nordsee ab und starb. Ihr Sohn schrieb in seiner Biographie über Mary v. B.: »Meine Mutter war unzweifelhaft eine wundervolle und sehr talentierte Frau, die sich auf allen Gebieten auszeichnete, auf denen sie sich versuchte. Ob das nun Sport war oder die Wissen-

schaften oder ein Stück harter Arbeit, die Konzentration und eiserne Selbstdisziplin erforderte.«

Beecher-Stowe, Harriet, US-amerikanische Schriftstellerin (Litchfield/Connecticut 14. 6. 1811 – 1. 7. 1896 Hartford).
Mit 22 Jahren verfaßte die Lehrerin ein Geographiebuch für Kinder, 1843 gewann sie einen Erzählwettbewerb mit *Onkel Lot.* Bekannt geworden ist sie durch *Onkel Toms Hütte,* den ersten Roman gegen die Sklaverei, der 1852 erschien und von dem bereits in den ersten Wochen 50 000, ein Jahr später 300 000 Exemplare verkauft wurden. Der Roman wurde in 37 Sprachen übersetzt. Weniger bekannt ist hingegen, daß die Mutter von sieben Kindern 1869 zusammen mit ihrer Schwester Catherine B. in dem Buch *Das Heim der amerikanischen Frau* den Verzicht auf Dienstboten forderte, weil »die Institution häuslicher Dienstbarkeit ... noch etwas von dem Einfluß feudaler Zeiten an sich« habe. Dies sei möglich, wenn alle Mitglieder der Familie zusammenarbeiteten. In ihrem Engagement in den Bewegungen für die Befreiung der Frauen – sie unterstützte den ersten Kongreß zur Verteidigung der Rechte der Frauen im Juli 1848 in Seneca Falls – und der Schwarzen berief sie sich auf die Demokratie und die Gleichheit aller Menschen auf der Grundlage der amerikanischen Unabhängigkeitserklärung.

Beese, Amelie, erste deutsche Pilotin (Laubegast b. Dresden 18. 9. 1886 – 21. 12. 1925 Berlin).
Von 1906 bis 1909 studierte die Tochter eines Architekten in Stockholm Bildhauerei; dort entdeckte sie ihre Liebe zum Hochseesegeln und ihr Interesse an der Technik. Fasziniert von den Nachrichten über die Entdeckungen und Entwicklungen in der Aviatik gab sie ihre Karriere als Bildhauerin auf, um ihren Traum vom Fliegen zu verwirklichen. Trotz vieler Hindernisse, mit denen damals eine Frau beim von den Männern dominierten Flugwesen konfrontiert war, gelang es ihr 1911, an ihrem 25. Geburtstag, ihre Pilotenprüfung abzulegen. Schon bei ihrem ersten Wettbewerb, den Berliner Herbstflugwochen 1911, eroberte Melli, wie sie von den Fliegern genannt wurde, den Dauerweltrekord und den Höhenweltrekord mit Passagier für Pilotinnen. 1912 eröffnete sie mit ihrem späteren Mann, dem Franzosen Charles Boutard, eine Flugschule; gleichzeitig arbeitete sie an der Konstruktion eines Flugbootes. Der erste Weltkrieg bedeutete für Amelie B., die aufgrund ihrer Heirat die französische Staatsbürgerschaft besaß, das Ende all ihrer Pläne: Ihre Flugschule wurde geschlossen, das fast fertige Flugboot zerstört. Nach dem Krieg gelang es ihr nicht mehr, in der Welt des Fliegens Fuß zu fassen. Finanzielle Not und Krankheit. Nach einer Bruchlandung in Berlin erschoß sie sich.
Lit.: Barbara Spitzer, Melli Beese. Bildhauerin, Pilotin – eine ungewöhnliche Frau, Heimat-Museum Berlin-Treptow 1992.

Behn, Aphra, englische Dramatikerin und Schriftstellerin (Wye/Kent 10. 7. 1640 – 16. 4. 1689 London).
Im englischen Bürgerkrieg kam sie mit ihrer Familie nach Surinam/Lateinamerika, wo ihr Vater Gouverneur war, kehrte dann nach England zurück, als die Kolonie in holländischen Besitz überging. Heirat mit einem holländischen Kaufmann. 1666 im Auftrag Karls II. als Geheimagentin in Antwer-

Aphra Behn

pen tätig, dann Inhaftierung. Sie war die erste Frau, die in England als Berufsschriftstellerin ihren Lebensunterhalt verdiente. Unter ihren zahlreichen Lustspielen und Novellen: *The Forced Marriage* (Die Zwangsehe), ein Angriff gegen die gesellschaftlichen Konventionen und Werte ihrer Zeit, *The Roundheads* und die Novelle *Oroonoko oder Die Geschichte des königlichen Sklaven,* in der sie den Sklavenhandel, den Kolonialismus und die Missionierung der Ureinwohner kritisierte. Sie übersetzte auch aus dem Französischen, so die *Konversation über die Pluralität der Welten* von Fontenelle. Von ihren Bewunderern wurde sie als »weiblicher Shakespeare« gefeiert. Über sie schrieb Virginia Woolf in *Ein Zimmer für sich allein*: »Mrs. Behn war eine Frau der Mittelklasse mit allen plebejischen Gaben, Humor, Vitalität und Mut; eine Frau, die durch den Tod ihres Mannes und ein paar unglückliche eigene Abenteuer gezwungen war, von ihrem Verstand zu leben. Sie mußte mit Männern konkurrieren. Sie verdiente durch sehr harte Arbeit genug, um davon zu leben ... Alle Frauen zusammen sollten Blumen auf das Grab von Aphra Behn streuen ... denn sie war es, die ihnen das Recht einbrachte, zu sagen, was sie denken.«

Beinhorn, Elly, deutsche Pilotin (Hannover 30. 5. 1907).
Sie führte in einem kleinen Sportflugzeug abenteuerliche Langstreckenflüge durch, z. B. 1931/32 einen Flug von Europa über Asien nach Australien und Südamerika, den sie in ihrem Buch *Ein Mädchen fliegt um die Welt* beschrieb. Eines ihrer gefährlichsten Erlebnisse war eine Notlandung in Nordafrika. Vier Tage war sie in der Wüste verschollen, bis sie schließlich nach einem 50 km langen Fußmarsch Timbuktu erreichte. 1936 heiratete sie den Autorennfahrer Bernd Rosemeyer, der 1938 bei einem Rekordversuch tödlich verunglückte. Fliegen blieb auch nach einer durch den zweiten Weltkrieg bedingten Zwangspause ihr Lebensinhalt. Erst mit 79 Jahren gab sie ihren Flugschein zurück.

Bejarano, Esther, deutsche Sängerin (Saarlouis 15. 12. 1924).
Sie wuchs in Saarbrücken auf, wo sie von den Nazis verfolgt und ins Konzentrationslager Auschwitz deportiert wurde. Dort wurde sie Mitglied des »Mädchenorchesters«: »Wir haben alle nur musiziert, um unser Leben zu retten.« Nach ihrer Verschleppung ins KZ Ra-

vensbrück mußte sie für den Siemens-Konzern Zwangsarbeit leisten. Von den alliierten Truppen befreit, war sie die einzige Überlebende ihrer Familie. Danach Arbeit im Kibbuz in Israel und Gesangsausbildung. 1960 Rückkehr nach Deutschland. Heute tritt sie mit antifaschistischen, jüdischen Liedern immer noch auf.

Bell, Gertrude, englische Forschungsreisende und Orientalistin (Grafschaft Durham 14. 7. 1868 – 12. 7. 1926 Bagdad).
Nach einer behüteten Kindheit in einer wohlhabenden Industriellenfamilie gehörte sie zu den ersten Studentinnen in Oxford. Sie wurde Dichterin, Bergsteigerin, Archäologin, Orientalistin, Historikerin, Diplomatin und Reisende. Die Adlige unternahm Forschungsreisen nach Palästina und Transjordanien, durchstreifte die Wüsten Arabiens, wurde Agentin des britischen Imperialismus im Vorderen Orient und schrieb mehrere Bücher (1894: *Persische Reisebilder*). Für →Virginia Woolf war sie »eine herrische Frau, die alles unter ihrer Kontrolle hält.« →Vita Sackville-West sprach von ihrer »nie versiegenden Lebenslust«; ein Beduinenscheich meinte: »Sie ist zwar nur eine Frau, aber bei Allah, sie ist eine mächtige und tapfere Frau. Wenn die Frauen der Engländer so sind wie diese hier, dann müssen die Männer die Kraft und den Mut von Löwen haben.« Gabriele Krone-Schmalz über sie: »Eine kraftvolle Kämpferin, seltsam ergeben in ihr Schicksal.«
Lit.: Gertrude Bell, Ich war eine Tochter Arabiens. Das abenteuerliche Leben einer Frau zwischen Orient und Okzident, Bern/München/Wien 1993; München 1996.

Benario, Olga, deutsche Widerstandskämpferin (München 12. 2. 1908 – April 1942 Bernburg).
Die Tochter des sozialdemokratischen Rechtsanwalts Leo B. engagierte sich früh in der kommunistischen Jugend, zunächst in ihrer Geburtsstadt München und später in Berlin. Arbeit als Stenotypistin, politisch tätig als Agitations- und Propagandasekretärin der kommunistischen Jugend Berlins. Mit 19 Jahren stürmte sie das Gericht in Berlin-Moabit, um ihren Geliebten, Otto Braun, aus den Händen der Justiz zu befreien. 1933 emigrierte sie in die Sowjetunion und wurde »Bodyguard« des brasilianischen Volkshelden Luis Carlos Prestes, des späteren Generalsekretärs der Kommunistischen Partei. Sie heiratete ihn. Ihr gemeinsames Ziel, die Revolution in Brasilien zu initiieren, scheiterte. Olga B. wurde im brasilianischen Gefängnis gefoltert und an die deutsche Gestapo ausgeliefert. Nach der Einlieferung ins KZ Ravensbrück wurde sie von ihrem im Gefängnis geborenen Kind getrennt. Die Jüdin und Kommunistin wurde 1942 in Bernburg umgebracht.
Lit.: Ruth Werner, Olga Benario, Berlin 1961; Fernando Morais, Das Leben einer mutigen Frau, Köln 1989.

Berber, Anita, deutsche Tänzerin und Schauspielerin (Leipzig 1899 – 10. 11. 1928 Berlin).
Der Vater, Professor und prominenter Geigenvirtuose, verließ kurz nach Anita B.s Geburt die Familie. Sie erhielt Tanzunterricht und trat öffentlich auf, erste Engagements mit 18 Jahren. Interpretin des modernen Ausdruckstanzes. Wegen ihrer gewagten Grotesktänze wurde sie der Unsittlichkeit bezichtigt: »Anita Berber tanzt den Koitus« (Klaus Mann). →Gret Palucca sprach von ihr

Anita Berber

als »einer hinreißenden Tänzerin mit großer Ausdrucksfähigkeit«. Der Maler Otto Dix malte sie als Vamp mit roten Haaren. Sie lebte ihre Sexualität hemmungslos aus und ist Kultfigur der heutigen Schwulen- und Lesbenbewegung. Drogensucht. Sie starb im Elend an Tuberkulose.

Lit.: Lothar Fischer, Anita Berber – Tanz zwischen Rausch und Tod, Berlin 1988.

Berberian, Cathy, US-amerikanische Sängerin (Attleboro / Massachusetts 4. 7. 1925 – 6. 3. 1983 Rom).

Man sagte von ihrer Stimme, daß sie fähig sei, das ganze Psychogramm einer Frau der sechziger Jahre darzustellen. Cathy B. weinte, schluchzte, schrie, lachte und wimmerte. Und sie sang. Studium an der Columbia University und in New York und später Ausbildung in Italien. Sie heiratete den italienischen Komponisten Luciano Berio, der für ihre Stimme das weltbekannte Stück *Sequenza III* schrieb, das alle Schattierungen der weiblichen Stimme wiedergibt. Doch auch mit Werken von Monteverdi errang sie sängerischen Ruhm, und ihre Auftritte galten als absolute Happenings. Sie sang in der Mailänder Scala und in Covent Garden, begann als eine der allerersten Frauen, aus einem klassischen Liedvortrag eine Performance zu machen. Sie persiflierte die amerikanische Comic-Szene. Die ungewöhnliche und so vielseitige Sängerin lehrte u. a. an der Kölner Musikhochschule, am Konservatorium in Toronto, an der Mailänder Scala und in Freiburg. Ihre eigenen Kompositionen *Stripsody* für Stimme und *Morsicathy* für Klavier sind Versuche, klassische Kompositionsformen zu überwinden.

Berberova, Nina, russische Dichterin und Romanschriftstellerin (St. Petersburg 8. 8. 1901 – 26. 9. 1993 Philadelphia).

Ihr Vater war Arzt armenischer Herkunft, ihre Mutter stammte aus dem russischen Adel. Nina B. begrüßte zunächst die Oktoberrevolution 1917, emigrierte danach aber aufgrund des Stalinismus. In der Pariser Emigration lebte sie von kleinen Jobs und übernahm 1950 in den Vereinigten Staaten eine Professur. Sie beteiligte sich an den Diskussionen symbolistischer und futuristischer Positionen der russischen Avantgardisten von Leningrad, Moskau und Berlin, 1989 kehrte sie nach Rußland zurück. Neben Gedichten und Romanen (u. a. *Die Begleiterin*, 1987, *Der Lakai und die Hure*, 1988) erschienen Biographien von Tschaikowski und Borodin. Zu ihren Freunden zählte sie M. Gorki, →Anna Achmatowa und →Marina Zwetajewa.

Lit.: Nina Berberova, Ich komme aus St. Petersburg, Düsseldorf 1990.

Berend-Corinth, Charlotte, deutsche Malerin (Berlin 25. 5. 1880 – 10. 1. 1967 New York).
Schon als kleine Mädchen begannen die beiden Töchter einer jüdischen Kaufmannsfamilie eigene Wege aus der Enge des bürgerlichen Familienlebens zu suchen. Die Schwester Alice B. schrieb und wurde eine bekannte Unterhaltungsschriftstellerin. Charlotte B. malte und zeichnete, bestand unter 85 Bewerbern mit nur einer anderen Frau 1898 die Aufnahmeprüfung an der Staatlichen Kunstschule in Berlin. »Ich will nicht Klavier klimpern, Deckchen sticken, französisch parlieren.« – »Dann willst du eine Emanzipierte werden?« – »Ich will Malerin werden, Papa.« 1901, ein Jahr nach dem Selbstmord des Vaters, wurde sie Schülerin von Lovis Corinth. 1903 heiratete sie den 22 Jahre älteren Maler. 1904 und 1909 kamen ihre Kinder zur Welt. Als sie selbst bei der Berliner Sezession ein Bild einreichte, erhielt sie eine Ablehnung. Der Jury hatte eine Stimme zur Annahme gefehlt – die ihres eigenen Mannes. Charlotte arbeitete als Modell für Lovis C., und als sie wieder mehr Zeit für sich als Malerin einforderte, wurde sie prompt des Egoismus bezichtigt. Immer wieder verzichtete sie, ordnete sich den Wünschen des Ehemanns unter. Nach seinem Tod unternahm sie zahlreiche Reisen und entwickelte ihre eigene Malerei weiter. Sie emigrierte 1939 in die USA, lebte und arbeitete erfolgreich und anerkannt in Kalifornien und zuletzt in New York.
Lit.: Charlotte Berend-Corinth, Mein Leben mit Lovis Corinth, Hamburg 1948.

Bergman, Ingrid, schwedische Filmschauspielerin (Stockholm 29. 8. 1915 – 29. 8. 1982 London).
Ein scheues Mädchen beschloß, Schauspielerin zu werden, um das, was sie nicht war, wenigstens spielen zu können. Kaum zu glauben, daß daraus eine der berühmtesten Filmschauspielerinnen aller Zeiten wurde, die unsterbliche Elsa in *Casablanca*, die Partisanin Maria in *Wem die Stunde schlägt*. Doch Ingrid B. war nicht nur scheu, sie verfügte auch über eine enorme Sturheit und Willenskraft. In Schweden drehte sie ab 1934 ihre ersten Filme. Bei Kriegsausbruch ging sie in die USA. Der berühmte Filmproduzent Selznick gab ihr einen Siebenjahresvertrag mit Festgage, verlieh sie auch an andere Firmen und kassierte dafür ordentlich ab. 1943 erhielt sie für *Gaslight (Das Haus der Lady Alquist)* ihren ersten Oscar; es sollten noch zwei weitere folgen. Nach Beendigung des Vertrages versuchte sie, sich von ihrem ersten Mann managen zu lassen, was ihr drei Flops hintereinander bescherte.
Auf der Suche nach neuen Aufgaben sah sie Rossellinis Filme und bot ihm hingerissen ihre Mitarbeit an. Als verheiratete Frau hatte sie eine Liebesbeziehung mit ihm und bekam einen Sohn. Der Skandal war unvorstellbar. Sie wurde als »Schlampe« beschimpft, bis hin zum Vatikan reichten die Verurteilungen der »sittenwidrigen Affäre«, sie erhielt keine amerikanischen Filmangebote mehr. Doch sie machte keinerlei Zugeständnisse, drehte filmische Kunstwerke mit Rossellini und bekam dank ihres großen Könnens eines Tages wieder Angebote aus Hollywood.
Die Beziehung zu Rossellini scheiterte an den dauernden Mißerfolgen der gemeinsamen Filme. Gegen seinen Willen drehte sie ab 1955 wieder mit anderen

Regisseuren. 1957 kam es zur Annullierung ihrer Ehe. Auch hier, wie nach der ersten Scheidung, setzte ein jahrelanges Drahtziehen um das Sorgerecht für die Kinder ein. Eine dritte Ehe brachte ihr endlich die ersehnte Harmonie und die Aussöhnung mit ihren Kindern.
Obwohl sie Krebs hatte, arbeitete sie in Schweden mit Ingmar Bergman. Ihr Motto: »Und auch am Ende meines Lebens bin ich da und bereit.«
Lit.: Lawrence J. Quirk, Ingrid Bergman und ihre Filme, München 1982.

Bergmann, Gretel, deutsche Sportlerin (Laupheim/Württ. 12. 4. 1914).
Auf Grund ihrer Leistungen schien ihr ein Platz in der Olympiamannschaft sicher zu sein. Die Hochspringerin sprang 1936, fünf Wochen vor den Olympischen Spielen in Berlin, trotz der ungünstigen Trainingsbedingungen für jüdische Sportler und Sportlerinnen mit einer Höhe von 1,60 m deutschen Rekord. Die deutschen Sportfunktionäre reagierten mit Schikanen. Ihr Sportverein »Schild Stuttgart« war Mitglied des Sportverbandes »Jüdischer Frontsoldaten« und gehörte nicht dem »Deutschen Leichtathletik-Verband« an. Gretel B. konnte nicht an den deutschen Meisterschaften 1936 teilnehmen. Zudem wurde die Nominierung der olympischen Teilnehmerinnen im Hochsprung lange hinausgezögert. Erst als die Beteiligung der amerikanischen Mannschaft gesichert schien, 14 Tage vor Beginn der Spiele, erhielt sie die Mitteilung, daß sie auf Grund ihrer »unbeständigen Leistungen« nicht nominiert worden sei. Der deutsche Leichtathletikverband meldete statt der vorgesehenen drei nur zwei Hochspringerinnen, um nicht eine Jüdin als Repräsentantin des deutschen Sports einsetzen zu müssen. Gretel B. entschloß sich noch während der Olympischen Spiele, in die USA zu emigrieren. Margret Lambert, so nennt sie sich heute, lebt in New York.

Bernauer, Agnes, deutsche Baderstochter (Augsburg um 1411 – 12. 10. 1435 bei Straubing).
Ein »matrimonium clandestinum«, eine heimliche Ehe, war Herzog Albrecht III. von Oberbayern-München 1432 mit Agnes B., Bademagd und Tochter eines Baders, eingegangen. Der »Engel von Augsburg« war, so ein Chronist, eine »ausnehmend schöne Frau«. Nach damaliger Art sollte der Tronfolger der Wittelsbacher jedoch eine standesgemäße Ehe mit einer braunschweigischen Prinzessin eingehen. Die über Jahre andauernde Liebesliaison stand den politischen Zielen und Erbplänen des Vaters und Regenten im Wege. Weil der Sohn von der »Bernauerin« nicht lassen wollte, wurde sie auf Befehl des Vaters des Giftmordversuchs bezichtigt und »gen hymel gefertigt«, d. h. in der Donau ertränkt. Agnes B. soll noch im Wasser versucht haben, sich von den Stricken zu befreien, worauf sie der Henker zurückstieß. Eine mißlungene Hinrichtung hätte als »Gottesbeweis« gegolten und die Verantwortlichen der Lächerlichkeit preisgegeben. Das »poese weyb« fiel entgegen der Absicht ihres Schwiegervaters nicht der Vergessenheit anheim. Agnes B.s Leben wurde mehrfach dramatisiert, so u. a. von Hebbel 1852; Carl Orff verfaßte 1947 ein Singspiel über ihr Leben, und Straubing ehrt sie mit Agnes-Bernauer-Festspielen.

Bernhardt, Sarah, französische Schauspielerin (Paris 22. 10. 1844 – 26. 3. 1923).
Als Kind ungeliebt und hin und her ge-

schoben zwischen Verwandten und Internaten, kam Henriette Rosine Bernard mit 15 Jahren auf die Schauspielschule. Ihre ersten großen Erfolge feierte sie ab 1865, und ab 1879 ging sie auf Tournee in der ganzen Welt. Wo sie auftrat, flogen ihr die Herzen zu. Das Theatralische schlechthin wurde zu ihrem Markenzeichen. Sie war die Phädra, die Theodora, die Kameliendame. Ihre leidenschaftliche Darstellung, die plötzlichen Stimmungswechsel, kombiniert mit kontrollierter Gestik, waren das Ergebnis ihrer Ausbildung und harter Arbeit. Ihre Stimme brachte selbst die härtesten Kritiker zum Schwärmen. Neben ihrer hervorragenden Schauspielkunst war sie begabt als Malerin, Bildhauerin, Schriftstellerin und ein Naturtalent in »public relations«. Gekonnt verflocht sie ihre Rollen mit ihrem Leben, heizte Diskussionen um ihre zahlreichen Liebhaber noch an. Als erste Schauspielerin machte sie Werbung für Tabletten und Getränke, schwebte im roten Fesselballon über Paris, schlief in einem Sarg, führte ihren schwarzen Panther spazieren. 1896 verordnete sie gar einen öffentlichen »Journée Sarah Bernhardt« und ließ sich auf einem Festbankett mit 500 Gästen in Paris feiern.

Als Leiterin des »Théâtre de la Renaissance« wurde sie von 1893 bis 1897 zu einer echten Erneuerin, nahm Stücke junger Autoren ins Repertoire auf. Ab 1899 war sie Pächterin des »Théâtre Sarah Bernhardt«, das der Stadt Paris gehört. Sie setzte auf ihre großen Erfolge in historischen Stücken und geriet zusehends in die Kritik wegen ihres unzeitgemäßen Repertoires. Dennoch war sie stets eine wichtige Impulsgeberin und für Generationen von Schauspielerinnen bis weit über ihren Tod hinaus das große Vorbild. Mitglied und später Teilhaberin der »Comédie Française«. Sie verdiente unvorstellbare Gagen auf ihren Welttourneen, gab ebensoviel für ihren verschwenderischen Lebensstil, vor allem aber für ihre Theater und ihren ständig verschuldeten Sohn aus. So war sie gezwungen, mit weit über 70 Jahren und mit einer schweren Behinderung – 1915 mußte ihr als Spätfolge eines Bühnenunfalls ein Bein abgenommen werden – nochmals auf eine beschwerliche USA-Tournee zu gehen.

Sarah Bernhardt

Lit.: Arthur Gold/Robert Fizdale, Der eigensinnige Engel. Das leidenschaftliche Leben der Sarah Bernhardt, München 1992.

Bervoets, Marguerite, belgische Poetin, Lehrerin und Widerstandskämpferin (La Louvière 6. 3. 1914 – 7. 8. 1944 Wolfenbüttel).

Sie stammte aus einer bürgerlichen Familie, veröffentlichte mit 16 Jahren ihre ersten Gedichte und studierte an der Freien Universität von Brüssel sowie in Cambridge Philosophie und Literaturwissenschaften. Ab 1937 war sie als Lehrerin in Tournai tätig, beendete ihre Dissertation und schrieb Gedichte. Als Reaktion auf die deutsche Okkupation Belgiens schloß sie sich Mitte 1940 der Widerstandsbewegung an. Sie arbeitete für das Spionagenetz »Mill« wie auch für die »Légion Belge«, die ab 1944 »armée secrète« (geheime Armee) hieß. Ihre Tätigkeitsfelder waren vor allem Nachrichtenübermittlung, Waffentransporte sowie der Aufbau einer Sanitätseinheit. Zugleich war sie ab 1941 Gründerin, Herausgeberin und Redakteurin der illegalen Zeitung »La Délivrance« (Die Befreiung), von der bis zu ihrer Verhaftung durch die Geheime Feldpolizei im August 1942 sieben Ausgaben erschienen. Bei der Durchsuchung ihrer Wohnung wurden u. a. Waffen, Spionagematerialien, ein Vervielfältigungsapparat und Listen von belgischen Faschisten gefunden. Ihr unmittelbarer Vorgesetzter war zuvor verhaftet worden, und sie hatte noch kein anderes Depot dafür genannt bekommen. Nach Aufenthalten in verschiedenen belgischen Haftanstalten wurde sie im Juni 1943 nach Deutschland überführt und in mehreren deutschen Gefängnissen eingekerkert. Im März 1944 fand am Volksgerichtshof in Leer der Schauprozeß statt, der mit dem Todesurteil, Enthauptung durch das Fallbeil, wegen Spionage, Begünstigung des Feindes und wegen Freischärlertums endete. Das Urteil wurde in der Vollzugsanstalt Wolfenbüttel vollstreckt. Erst nach dem Krieg erfuhr ihre Familie von der Hinrichtung. Von ihrem Land wurde sie posthum als Nationalheldin geehrt.

Betancourt, Ana, kubanische Vorkämpferin der Frauenbewegung (Puerto Principe/Kuba 14. 12. 1832 – 7. 2. 1901 Spanien).

Sie stammte aus einer wohlhabenden Familie und erhielt eine gute Schulbildung. Nach ihrer Heirat mit einem engagierten Separatisten wurde ihr Haus zu einem Treffpunkt der Befreiungskämpfer/innen. Ana B. ging mit ihrem verfolgten Mann als Partisanin in die Wälder. Im April 1869 hielt sie auf der historischen Versammlung von Gusiramo eine vielbeachtete Rede, in der sie die Befreiung der Frau forderte: »Wenn der Augenblick gekommen sein wird, die Frau zu befreien, so werden die Kubaner, die die Sklaverei abgeschafft haben, mit ihrer ganzen Großherzigkeit für die Erlangung der Rechte derer eintreten, die heute, im Krieg, ihre selbstlosen Kampfgefährtinnen sind und morgen ihre beispielhaften Lebensgefährtinnen sein werden, wie sie es einst waren.« Sie wurde 1871 verhaftet und gefoltert. Ana B. bekam Typhus. Nach ihrer Entlassung ging sie ins Ausland, wo sich ihre Spur verlor.

Biheron, Marie-Catherine, französische Anatomin (Paris 17. 11. 1719 – 1786).

Sie stammte aus ärmlichen Verhältnissen und erkämpfte sich trotz großer Vorurteile gegenüber weiblicher Bildung den Zugang zu Büchern und Präparierübungen. Es gelang ihr, anatomische Wachsmodelle herzustellen und einen Ausstellungsraum zu eröffnen. Prompt verboten ihr neidische Ärzte und Chirurgen die Unterrichtung von Schülern. Von ihren Kollegen in Paris und London wurde sie geradezu gequält. 1771 wurde sie zur »anatomischen Erklärerin« in Stockholm und Uppsala ernannt. Nach ihrem Tod kaufte Kaiserin Katharina II. von Rußland ihr anatomisches Kabinett.

Blackwell, Elizabeth, erste amerikanische Ärztin (Bristol/England 3. 2. 1821 – 30. 5. 1910 Hastings bei London).
Von ihr stammt die Aussage: »Vorbeugen ist besser als Heilen.« Mit ihrem Vater wanderte sie nach New York aus, wo sie zur Schule und ans Lehrerinnenseminar ging. Ihr Wunsch war es jedoch, Ärztin zu werden, was für Frauen damals so gut wie unmöglich war. An zwölf Universitäten bewarb sie sich vergeblich, bis sie schließlich an der »Medical School of Geneva« angenommen wurde. Sie absolvierte 1849 als erste Frau in den USA und als Beste ihres Jahrgangs das Ärzteexamen. Nachdem sie sich vergebens um eine Krankenhausanstellung bemüht hatte, eröffnete sie eine Arztpraxis in einem selbstgekauften Haus, weil kein Hausbesitzer an eine Ärztin vermieten wollte. 1857 gründete sie das erste Frauen- und Kinderkrankenhaus in New York, später ein diesem angeschlossenes Frauencollege für Medizin. Eine ähnliche Einrichtung schuf sie in London nach ihrer Rückkehr nach England, wo sie sich viele Jahre für die Aufklärung der Jugend, für den Ausbau der Krankenversicherung und der öffentlichen Hygiene einsetzte.

Blanchard, Sophie, französische Luftschifferin (Trois-Canons/Charente Maritime 25. 3. 1778 – 6. 7. 1819 Paris).
Nach dem Tode ihres Mannes, eines berühmten Piloten, der als erster den Ärmelkanal im Ballon überquerte, wurde sie seine Nachfolgerin und die erste professionelle Luftschifferin. Napoleon ernannte sie zur kaiserlichen Aeronautin. Ihre Ballon-Tourneen führten sie durch ganz Europa. Die Ballonfahrerin stürzte bei einem Fest in den Tivoli-Gärten in Paris 1819 ab, nachdem ihr Ballon in Flammen geraten war. Sie war, so Mary Russell, »von robustem Charakter und ebensolcher Gesundheit, wenngleich mit der Fürsorglichkeit und dem zarten Äußeren ausgestattet, das von der Weiblichkeit jener Zeit erwartet wurde.«

Blankenburg, Elke Mascha, deutsche Orchesterdirigentin (Mindelheim 15. 12. 1943).
Sie wuchs in einer musikalischen Umwelt auf; die Mutter war Pianistin. Elke Mascha B. bekam mit sechs Jahren Klavier-, dann Geigenunterricht und sang in vielen Chören.
Nach einem Studium der Kirchenmusik Kapellmeisterstudium bei Hans Swarowsky in Wien. Von 1970 bis 1989 war sie Kantorin in Köln, baute die Kölner Kurrende auf und wurde mehrfach Preisträgerin nationaler und internationaler Chorwettbewerbe. 1978 gründete sie den Arbeitskreis »Frau und Musik« mit dem Schwerpunkt der Edition und Aufführung der Chor- und Orchesterliteratur von Komponistinnen, 1986 das »Clara-Schumann-Orchester«, das einzige Frauensinfonieorchester der Bundesrepublik.1989 wurde sie zur Stadtmusikerin der Stadt Unna ernannt. Seit 1991 ist sie Gastdirigentin des tschechischen Staatsorchesters.

Bley, Carla, US-amerikanische Jazzmusikerin (Oakland/Kalifornien 11. 5. 1938).
Die Jazzensembles können ihr nicht groß genug sein und die Namen nicht großartig genug. »The Very Big Carla Bley Band«, die sie in den neunziger Jahren gründete, war eine Erweiterung des »Berlin Contemporary Jazz Orchestra« und bestand schon damals aus mehr als einem Dutzend hervorragender Musikerinnen und Musiker. Carla

B., eine der ganz großen Jazzmusikerinnen unserer Zeit, gründete mit Mike Mantler das »Jazz Composers Orchestra«, und sie schrieb Arrangements und eigene Kompositionen für Charlie Hadens »Liberation Music Orchestra« (1969). Als Pianistin war sie Bandleader und Komponistin in einem, sie unternahm ausgedehnte Auslandstourneen. Mit dem Bassisten Steve Swallow, ihrem späteren Ehemann, tourte sie durch Europa und Japan, Schallplattenaufnahmen folgten. Bis Mitte der neunziger Jahre schrieb sie über 300 Werke. Viele Stücke werden auch von anderen berühmten Jazzpianisten wie Keith Jarrett, Ursula Oppens oder Frederic Rzewski gespielt. Carla Bley ist Carla Bley, und am Klavier ist sie ohnehin unnachahmlich.

Blixen, Karen, genannt Tania, dänische Schriftstellerin (Rungsted 17. 4. 1885 – 7. 9. 1962 Rungstedlund).
Nach einem Studium in verschiedenen europäischen Städten unternahm die exzentrische Aristokratin Karen Baronesse Blixen-Finecke viele Reisen durch Kenia, wo sie eine eigene Kaffeeplantage besaß. Von den Kenianern wurde sie »die Löwin« genannt. Von sich sagte sie: »Ja, ich bin eine Hexe, eine große Hexe, ein Vampir mit Fledermausflügeln.« Ihr Mann steckte sie mit Syphilis an. Nach der Scheidung und nach dem Tod ihres Geliebten verließ sie, finanziell ruiniert, Kenia. In Dänemark flüchtete sie sich in die Literatur. Es entstanden Erzählungen, deren bekannteste, *Afrika – dunkel lockende Welt* (1940), unter dem Titel *Jenseits von Afrika* verfilmt und zu einem Riesenerfolg wurde.
Lit.: Tania Blixen, Briefe aus Afrika 1914 – 1931, Stuttgart 1988; dies., Neue Wintergeschichten, München 1995; dies., Stürme. Eine Erzählung, Reinbek 1995; Judith Thurman, Tania Blixen. Ihr Leben und Werk, Stuttgart 1989.

Bloch-Sérazin, Françoise, genannt France, französische Widerstandskämpferin (Paris 21. 2. 1913 – 12. 2. 1943 Hamburg).
Sie stammte aus einer intellektuellen jüdischen, politisch engagierten Familie; der Vater, Jean-Richard Bloch, war Schriftsteller und Journalist. Nach dem Studium der Chemie und Mathematik in Poitiers arbeitete France B. als Chemikerin in Paris, bis sie vom Berufsverbot für Juden betroffen wurde. Sie nahm Teil an der Widerstandsbewegung und engagierte sich Ende der dreißiger Jahre in der kommunistischen Partei. Ihr Mann, der Gewerkschafter Frédo Sérazin, wurde zwei Wochen nach der Geburt ihres gemeinsamen Sohnes 1940 verhaftet. Sie schloß sich den »Freischärlern und Partisanen« (F.T.P.F.) an, stellte Bomben und Sprengstoffe für die Résistance her. Im Mai 1942 wurde sie verhaftet, nach Deutschland transportiert und im Untersuchungsgefängnis Hamburg enthauptet. Ihr Mann Frédo wurde 1944 zu Tode gefoltert. In ihrem letzten Brief schrieb sie an ihren Mann: »Ich sterbe für das, wofür wir gekämpft haben. Ich habe gekämpft. Du weißt wie ich, daß ich nicht anders handeln konnte, als ich gehandelt habe.«
Lit.: France Bloch-Sérazin, Lebensstationen einer französischen Widerstandskämpferin, hg. von Hans Zorn, Hamburg 1986.

Bloomer, Amelia Jenks, US-amerikanische Frauenrechtlerin (Homer, Cortland County/New York 27. 5. 1818 – 30. 12. 1894 Iowa).
Mit →Susan B. Anthony und →Eliza-

beth Cady Stanton nahm sie am Kongreß für Frauenrecht in Seneca Falls 1848 teil, der sie so stark beeindruckte, daß sie wenige Monate später eine Zeitschrift der Frauenbewegung – »The Lily« – gründete. Als sie darin eine Anleitung für die Fertigung ihrer »Bloomers« veröffentlichte, wurde sie weltberühmt. Überzeugt davon, daß die damalige Mode die Bewegungsfreiheit der Frauen einschränkte, hatte sie ein »Reformkostüm«, Pluderhosen mit langem Kleid darüber, erfunden. Sie wurde verhöhnt und verspottet, die Kirche verbot die »Bloomers«, und der Papst setzte sie auf den Index. Amelia B. dazu: »Hätte Gott die Absicht gehabt, die Geschlechter durch ihre Bekleidung zu unterscheiden, so würde er genaue Anordnungen getroffen haben für den Stil eines jeden.«

Bonheur, Rosa, französische Tier- und Landschaftsmalerin (Bordeaux 22. 3. 1822 – 25. 5. 1899 Château de By/Seine et Marne).
Ihr Vater, Zeichenlehrer, unterrichtete seine Tochter selbst und ließ sie im Louvre Meistergemälde kopieren. Touristen kauften diese, und so konnte Rosa B. bereits sehr früh zum Lebensunterhalt der Familie beitragen. Als Kind war sie nach dem Tod der Mutter oft sich selbst überlassen. Sie hielt sich viel im Freien auf, beobachtete Tiere, die sie ihr Leben lang liebte und malte. Bei ihren Studien in Schlachthäusern, Zoologischen Gärten und auf Pferdemärkten trug sie Männerkleidung, das blaue Hemd eines Pferdehändlers, was ihr jedoch nur durch eine Sondergenehmigung erlaubt wurde. Beteiligung am Pariser »Salon«, Anerkennung, nun auch bei den männlichen Kollegen, 1848 »Medaille erster Klasse«. Ihre Bilder erzielten hohe Preise, die ihr ermöglichten, ins Schloß By bei Fontainebleau überzusiedeln und sich dort einen eigenen Tierpark mit Araberpferden, Schafen, Elchen, Löwen, Affen und anderen Tieren zu schaffen. 1865 erhielt sie als erste Frau das »Kreuz der Ehrenlegion« aus den Händen der Kaiserin Eugenie (»Der Genius hat kein Geschlecht.«). Victor Hugo über die »Diana von Fontainebleau«, die 30 Jahre mit einer Frau zusammenlebte: »Ich stelle sie als schöpferische Künstlerin über alle anderen Frauen.«

Bonney, Anne, irische Piratin (Cork März 1700 – unbekannt).

Anne Bonney

Die nichteheliche Tochter einer Dienstmagd und eines Anwalts, die zusammen nach Charleston/South Carolina auswanderten, zog es vor, in Hosen gekleidet im Hafen herumzustreifen, statt eine Dame zu werden. Sie war »von ungestümem und draufgängerischem

Naturell ... Gewiß war sie aber so robust, daß sie einmal einen jungen Mann, der ihr gegen ihren Willen beilag, so prügelte, daß er danach beträchtliche Zeit im Bette liegen mußte« (Daniel Defoe). Mit 16 Jahren heiratete sie heimlich, verließ jedoch bald ihren Mann, ihr Vater enterbte sie, mit 18 Jahren begann sie ihr aufregendes Leben als Brigantin. Nach einer Zeit des Freibeutertums mit Piraten traf sie Mary Read (geb. 1692). Deren Mutter hatte sie als Pagen in Stellung geschickt. Sie floh und heuerte auf einem Schiff an. Die beiden Frauen lebten zusammen und standen harte Kämpfe durch. Sie liebten es, nachdem sie von ihrer Besatzung als Piratinnen anerkannt wurden, sich in prächtige Gewänder zu kleiden. Nach einem erbitterten Kampf mit der Königlichen Marine wurden sie im November 1720 verhaftet und zum Tod durch den Strang verurteilt. Um Zeit zu gewinnen, behaupteten beide, schwanger zu sein. Mary Read starb Anfang Dezember 1720 in einem jamaikanischen Gefängnis. Das weitere Schicksal von Anne B. ist unbekannt.

Boran, Behice, türkische Soziologin und Politikerin (Bursa 1. 5. 1910 – 10. 10. 1987 Brüssel).
Für ihren Einsatz für die Demokratisierung der Türkei und für die Einheit der linken Bewegung hat sie Berufsverbot, Verhöre, Gefängnisaufenthalte und letztlich das Exil in Brüssel auf sich genommen. Während ihres Soziologiestudiums an der Universität von Michigan/USA wurde Behice B. Marxistin, nach ihrer Promotion kehrte sie 1939 in die Türkei zurück. Neben ihrer Dozentur an der Universität von Ankara und soziologischen Forschungen – sie war eine Mitbegründerin der modernen Soziologie in der Türkei –, veröffentlichte sie zahlreiche politische Schriften, deretwegen wiederholt Verfahren gegen sie eingeleitet wurden. 1948 erhielt sie endgültig Berufsverbot und mußte die Universität verlassen.
1950 wurde sie Vorsitzende der von ihr mitgegründeten »Friedensgesellschaft der Türkei«. Auf Grund ihres Protestes gegen die Entsendung von türkischen Soldaten nach Korea wurde sie zu 15 Monaten Gefängnisstrafe verurteilt. Während der Haftzeit kam ihr Sohn Dursun zur Welt. Auch in den folgenden Jahren wurde sie wiederholt festgenommen, im Prozeß gegen die Kommunistische Partei jedoch aus Mangel an Beweisen freigesprochen. 1962 trat sie der 1961 gegründeten Arbeiterpartei der Türkei (TIP) bei, die sich zu einer marxistischen Partei entwickelte. 1965 Abgeordnete im türkischen Parlament und 1970 Vorsitzende der TIP.
Nach dem Militärputsch von 1971 wurde die TIP insbesondere wegen ihrer Unterstützung der Rechte und des demokratischen Kampfes des kurdischen Volkes verboten, Behice B. u. a. wegen Kommunismuspropaganda zu 15 Jahren Haft verurteilt. Nach der Generalamnestie im Jahre 1974 wurde sie in der 1975 neukonstituierten TIP Parteivorsitzende.
Nach dem Militärputsch 1980 Emigration nach Brüssel, Mitglied des Sekretariats des Weltfriedensrates. Trotz ihrer schweren Herzkrankheit führte sie ihren politischen Kampf weiter. Nur drei Tage nach der Pressekonferenz, auf der sie ihr Lebenswerk, die Vereinigung der TIP und der TKP, bekanntgeben konnte, starb sie.

Boudicca oder Bodicea, keltische Kriegerin, Königin der Icener und Aufständische (1. Jh. n. Chr.).
»Sie war riesig, ihre Erscheinung er-

schreckend; sie hatte eine rauhe Stimme und langes rotes, glänzendes Haar, bis zu den Knien ... Sie streichelte eine lange Lanze, um ihren Zuschauern Angst einzuflößen.« So beschrieb sie der griechische Historiker Cassius Dio. Nach der römischen Besatzung hatte der keltische König Prasutagus die Hälfte seines Reichs Nero vermacht. Die Römer gaben sich aber damit nicht zufrieden, überfielen das Stammesgebiet, peitschten seine Frau Boudicca aus und vergewaltigten beide Töchter. Da revoltierte das bretonische Volk. Boudicca wurde zur Königin ernannt und führte mit 120 000 Männern den Aufstand gegen die Römer 61 n. Chr. an. Tacitus überlieferte ihre Rede an das Volk: »Boudicca auf ihrem Heerwagen, und mit ihr ihre beiden Töchter, versicherte, daß sie, obwohl die Bretonen daran gewöhnt waren, von einer Frau im Kampf gegen den Feind geführt zu werden, jetzt nicht als Nachkomme ihrer edlen Ahnen kam, um ihr Reich und dessen Reichtümer zu verteidigen, sondern um ihre verlorene Freiheit zu rächen, ihren geschlagenen Körper und die befleckte Ehre ihrer Töchter ... In diesem Kampf müsse man siegen oder sterben. Es war ihr Entschluß als Frau: Die Männer könnten das Leben und das Sklaventum wählen.« Nach der Niederlage vergiftete sie sich mit ihren Töchtern.

Bouhired, Djamila, algerische Widerstandskämpferin (1935).
Sie stammt aus einer kinderreichen Familie und engagierte sich für die Unabhängigkeit Algeriens, zunächst in der Befreiungsfront FLN, für die sie Verbindungsagentin war. 1957 wurde sie tagelang gefoltert und zum Tode verurteilt, da sie angeblich zwei Bomben gelegt hatte. Bei der Verhandlung im April 1957 erklärte sie: »Ich bin gegen die Kolonialherrschaft, ich bin nicht gegen Frankreich. Wahr ist, daß ich mein Vaterland liebe, daß ich es frei sehen will und deshalb den Kampf der Nationalen Befreiungsfront billige.« Der bekannte Rechtsanwalt Jacques Vergès verteidigte sie, später heiratete sie ihn. Mit der Unabhängigkeit Algeriens kam sie frei und lebt seitdem dort.

Boulanger, Lili Juliette Marie Olga, französische Komponistin (Paris 21. 8. 1893 – 15. 3. 1918 Mézy b. Paris).

Boulanger, Nadia und Lili (links)

Immer im Schatten ihrer großen und älteren Schwester →Nadia Boulanger stehend, ist es Lili erst seit den Bemühungen der Frauenmusikforschung gelungen, posthum ein Profil zu erlangen. Doch sie war die eigentlich Begabtere, als Komponistin wohlgemerkt. Sie begleitete ihre Schwester zum Musikunterricht am Pariser Conservatoire, trat öffentlich als Geigerin und Pianistin

auf und schrieb mit 14 Jahren schon Psalmvertonungen. 1913 nahm sie am Wettbewerb um den »Prix de Rome« teil. Gegen alle männlichen Konkurrenten und Intrigen hinter den Kulissen gewann ihre Kantate *Faust et Hélène* den ersten Preis: eine Sensation, denn diesen berühmten Wettbewerb hatten bisher nur Männer gewonnen. Die Komponistin ging nach Rom in die Villa Medici, wurde aber durch eine nie ausgeheilte Lungenentzündung zunehmend schwächer. Zu Beginn des ersten Weltkrieges kehrte sie nach Frankreich zurück, komponierte weitere große Psalmen und Chorwerke (so etwa den Liederzyklus *Clairières dans le Ciel*) und begann die Arbeit an einem Maeterlinck-Stoff *La Princesse Maleine*. Es blieb ein Fragment. Ihr Gesamtwerk ist erhalten und dank ihrer Schwester Nadia der Nachwelt im Druck überliefert.
Lit.: Leonie Rudenstein, Lili Boulanger. Zeichen und Spuren, 1996.

Boulanger, Nadia, französische Komponistin (Paris 16. 9. 1887 – 22. 10. 1979).
Kein Kompositionslehrer dieses Jh.s ist populärer gewesen als Nadia Boulanger. Wie ein Magnet zog sie die gesamte musikalische Nachwuchselite zu sich nach Paris. Ob Grazyna Bacewicz, Jean Françaix, Aaron Copland, Samuel Barber, George Gershwin oder Dinu Lipatti: Sie alle kamen und blieben von einem Monat bis zu drei Jahren. »Mademoiselle Boulanger«, wie sie sich bis zu ihrem Tode anreden ließ, hatte Komposition am Pariser Conservatoire bei Fauré, Vidal, Guilmant und Vierne (Orgel) studiert und war schnell zu einem Geheimtip für Studenten geworden. Nach dem Tod ihrer kompositorisch weit begabteren jüngeren Schwester →Lili Boulanger gab Nadia B. das Komponieren auf und widmete sich ganz dem Unterricht und dem musikalischen Erbe ihrer Schwester. Nach den Studienjahren wurde sie Lehrbeauftragte an der École Normale de Musique. Mit Kriegsausbruch ging sie in die USA, lehrte dort u. a. an der Juilliard School, kehrte 1946 nach Frankreich zurück, um am Conservatoire zu unterrichten, und gründete 1950 das Amerikanische Konservatorium in Fontainebleau. Ihre Privatkurse wurden von Hunderten junger Musiker und Musikerinnen, vor allem aus den USA und den östlichen Ländern, besucht. Auch Komponisten der sog. U-Musik wurden von ihr musikalisch begleitet, darunter →Marguerite Monnot, die für →Edith Piaf unzählige Lieder schrieb, oder Astor Piazzolla, der »König des Tangos«. Der englische Barock-Dirigent John Elliot Gardiner, der amerikanische Pianist Keith Jarrett sind zwei Musiker der mittleren Generation, die bei Nadia B. lernten und Weltruhm erlangten. In ihrer Wohnung Rue Ballou in Paris empfing die von Tausenden Musikliebhaber/innen und -schüler/innen Hochverehrte nach ihrer Pensionierung jeden Mittwochnachmittag Fans und Musiker/innen aus aller Welt. »Les mercredis de Mademoiselle Boulanger« wurden zu dem, was die Salons des 19. Jh.s waren: Treffpunkt der Kunst- und Musikszene.
Lit.: Jérôme Spychet, Nadia Boulanger, Lausanne 1987.

Boupacha, Djamila, algerische Freiheitskämpferin (Saint-Eugène/Algier 9. 2. 1938).
Sie engagierte sich für die Befreiungsfront FLN, arbeitete als Verbindungsagentin, wurde 1960 in Algier verhaftet und gefoltert. Die französische feministische Anwältin →Gisèle Halimi verteidigte sie. →Simone de Beauvoir

Djamila Boupacha

setzte sich für sie in »Le Monde« ein und Françoise Sagan im »Express«. Nach Frankreich verschleppt, wurde sie in mehreren Gefängnissen eingesperrt. Kurz vor der Unabhängigkeit Algeriens im Jahr 1962 ließ man sie frei. 1981 war sie beim Protest gegen das reaktionäre Familiengesetz in Algier dabei.

Bourgeois, Louise, US-amerikanische Bildhauerin französischer Herkunft (Paris 25. 12. 1911).
Die Eltern besaßen eine Galerie mit Tapisserien, später ein Restaurierungsatelier. Louise B. hörte zunächst Mathematik an der Sorbonne, um sich dann auf das Kunststudium zu konzentrieren: Malerei, u. a. bei Fernand Léger, Paul Colin und Gromaire. Sie hielt Kontakte zu Surrealisten wie André Breton und Max Ernst. Nach ihrer Hochzeit mit einem amerikanischen Kunsthistoriker übersiedelte sie nach New York, wo sie sich der Skulptur widmete. Ihr Werk, das jedes denkbare Material nutzt (von Latex bis zu Marmor, von Gummi bis zur Bronze), provoziert: so die überdimensionale Spinne aus Stahl, Wasser und Tinte, so die Zellen und Käfige und so das gläserne Haus als »eine der zentralen Metaphern eines Werkes, das Erinnerung umkreist ... ein Haus der Mysterien«. Sie bearbeitet Themen wie die Geschlechterbeziehungen, Sex, Angst, Tod und Einsamkeit.
Von sich sagt die Künstlerin: »Was französisch an mir ist, hat mein Werk motiviert, aber die Ausführung ist ganz und gar amerikanisch.«
Lit.: Louise Bourgeois, Katalog zur Ausstellung, hg. von der Kestner-Gesellschaft, Hannover 1994.

Bourke-White, Margaret, US-amerikanische Fotografin (New York 14. 6. 1904 – 27. 8. 1971 Stamford).
Sie war eine der ersten Bildjournalistinnen, ist wohl die berühmteste aller Fotografinnen und ein Beispiel an Mut, Ausdauer und Willenskraft. Die Amerikanerin aus »gutem Hause« arbeitete zunächst als Architektur- und Industriefotografin, liebte großformatige, als männlich geltende Kameras, waghalsige Situationen und Herausforderungen. Bilder aus dieser Zeit zeigen sie u. a. in halsbrecherischer Lage auf Wolkenkratzern. Der Titel der ersten Ausgabe von »Life« vom November 1936 zeigte eines ihrer Fotos. 21 Jahre zählte sie zu den Meisterfotograf/innen dieser Zeitschrift. Kritisch, engagiert, parteilich, ehrgeizig, auch rücksichtslos in ihrem Arbeitsstil und sehr neugierig, beherrschte sie alles in ihrem Metier bis hin zur künstlerisch-grafischen Fotografie. Bildunterschriften und ihre Fotoreportagen textete sie selbst. Als erste westliche Reporterin fotografierte sie seit 1930 mehrmals in der Sowjetunion. *Eyes on Russia* (1931) und *U.S.S.R. Photographs* (1934) gehören zu den besten ihrer zahlreichen Buchpublikationen. 1942 wurde sie die erste Kriegsberichterstatterin der USA, berichtete aus Großbritannien, Nordafrika, Italien und Deutschland. Erschütternd ihre

dokumentarischen Fotos aus dem KZ Buchenwald nach der Befreiung. Der Koreakrieg, Indien und Südafrika waren weitere Stationen der rastlosen Fotoreporterin. Unter ihren vielen guten Arbeiten gehören die Porträtserien der amerikanischen Bevölkerung (1937 und 1941) zu den besten; zu den für sie wertvollsten und liebsten Fotos zählte das von zwei südafrikanischen Minenarbeitern aus den fünfziger Jahren. 1957 beendete Margaret B.-W. aus gesundheitlichen Gründen ihre Arbeit. Zwei Jahre später wurde die Parkinsonsche Krankheit diagnostiziert, gegen die sie mit der ihr eigenen Willenskraft und Energie ankämpfte.
Vicky Goldberg, Margaret Bourke-White: A Biography, New York 1986; Jonathan Silverman, For the World to See: The Life of Margaret Bourke-White, New York 1983.

Boxcar Bertha, eigentlich Bertha Tompson, US-amerikanische Hobo (Geburts- und Todestag unbekannt).
Aufgewachsen im Camp, in einer Community der Anarchisten, beschloß sie mit etwa 17 Jahren, ein freies, ungebundenes Leben als Wanderarbeiterin und Landstreicherin (Hobo) zu führen und auf Güterwagen (boxcars) durch Amerika zu ziehen – nach dem Wahlspruch ihrer anarchistischen Mutter: »Wir wurden niemals beschämt, weil es nichts gab, was wir als Schande gelten ließen.« Sie arbeitete als Spülerin, Putzfrau, Sekretärin. Sie half in einer Abtreibungsklinik, ging auf den Strich oder betteln, wurde häufig verhaftet. Sie verliebte sich in einen anarchistischen Agitator, begegnete Aussteigern, Drogensüchtigen, Zuhältern, besuchte die legendären Hobo-Akademien. »Eine strahlende Person«, so nennt sie Eva Demski, voller »Neugier, Reisewut und explodierender Lebensfreude«. Ben Reitman, der Arzt, der für das Recht auf Abtreibung kämpfte, der Geliebte von →Emma Goldman, hat ihre Lebensgeschichte aufgezeichnet.
Lit.: Boxcar Bertha. Eine Autobiographie, Zürich 1995.

Braumüller, Ellen, deutsche Sportlerin (Berlin 24. 12. 1910).
Die Leichtathletin siegte 1932 bei den Frauenweltspielen in Prag im Dreikampf, ihre Schwester Inge im Hochsprung. Diese Frauenweltspiele waren vom 1921 gegründeten »Internationalen Frauensportverband« initiiert worden, weil das »Internationale Olympische Komitee« und der »Internationale Leichtathletikverband« die Aufnahme leichtathletischer Frauenwettbewerbe in das olympische Programm verwehrt hatten. Die Frauenweltspiele fanden alle vier Jahre statt, zuletzt 1934 in London. »Königin Simba« wurde mehrfach Deutsche Meisterin im Fünfkampf, war Weltrekordlerin im Speerwerfen (1932) und erkämpfte bei den Olympischen Spielen 1932 eine Silbermedaille. In der Sportpresse hieß es: »22 Jahre alt, löwenmähnige Heilgymnastin, Masseuse und Orthopädin, Nachfahre der seligen Brünhilde; schmeißt den Speer 42,28 m weit und versteht auch, mehr zu kämpfen (248 Punkte). Doch hat ihr noch keiner den Gürtel geraubt.«

Braun, Lily Amalie, deutsche Sozialistin, Feministin und Schriftstellerin (Halberstadt 2. 7. 1865 – 9. 8. 1916 Berlin).
Die Tochter des Generals der preußischen Armee, Hans von Kretschmann, erlebte eine unbeschwerte Kindheit. Als ihr Vater gegen den Kaiser auftrat und in den Ruhestand versetzt wurde, ging ihre Verlobung mit einem Adligen zu

Bruch. Mit 28 Jahren heiratete sie Georg von Gizycki, Professor und Herausgeber der Zeitschrift »Ethische Kultur«, und begann, sich für die Lage der Frauen, vor allem der Arbeiterinnen, zu interessieren. Sie lernte →Helene Lange, →Minna Cauer kennen, arbeitete im Verein »Frauenwohl« mit und traf →Clara Zetkin, für deren Zeitschrift »Die Gleichheit« sie bis 1902 schreiben sollte. 1895 wurde die temperamentvolle, leidenschaftliche Frau und glänzende Rednerin ein – später oft umstrittenes – Mitglied der Sozialdemokratie. Nach Gizyckis Tod 1896 Heirat mit dem Sozialisten Heinrich B., Chefredakteur des »Vorwärts«, mit dem sie später die Zeitschrift »Die Neue Gesellschaft« gründete. In der Broschüre *Frauenarbeit und Familienwirtschaft* setzte sich Lily B. u. a. für Gemeinschaftsküchen ein. Ihre Forderung nach einer Mutterschaftsversicherung und ihr Bemühen um eine Zusammenarbeit der bürgerlichen und der proletarischen Frauenbewegung führte zu ernsten Meinungsverschiedenheiten mit Clara Zetkin und anderen Sozialistinnen. 1901 veröffentlichte sie eine vielbeachtete Untersuchung über die Probleme erwerbstätiger Frauen und Mütter: *Die Frauenfrage, ihre geschichtliche Entwicklung und wirtschaftliche Seite.* Die Jahre danach zog sie sich aus der aktiven Politik zurück, arbeitete vorwiegend literarisch, brachte einen Sohn zur Welt und trat für die freie Liebe ein. Zwischen 1909 und 1911 kamen ihre *Memoiren einer Sozialistin* heraus. Ab 1914 gehörte sie – ganz im Widerspruch zu ihrem früheren Engagement – zu den Befürwortern des ersten Weltkriegs und des deutschen Nationalismus.

Breitling, Gisela, deutsche Malerin und Autorin (Berlin 27. 5. 1939).

Gisela Breitling

Sie wuchs in Lindau auf, wo sie eine Lehre als Musterzeichnerin absolvierte. Danach Studium an der Textilingenieurschule Krefeld und an der Staatlichen Hochschule für Bildende Künste Berlin. Stipendium in Paris, Studienaufenthalt in der Villa Massimo/Rom, Lehraufträge in Berlin. Zahlreiche Einzel- und Gruppenausstellungen in der Bundesrepublik und im Ausland. Viele Veröffentlichungen zu Frauen und Kunst in Zeitschriften und Anthologien. In ihrem Buch *Die Spuren des Schiffs in den Wellen – eine autobiographische Suche nach den Frauen in der Kunstgeschichte* (1980) hinterfragt sie die künstlerischen Bedingungen für Frauen. In *Der Verborgene Eros. Weiblichkeit und Männlichkeit im Zerrspiegel der Künste* (1990) stellt sie Überlegungen zu den Geschlechterverhältnissen und deren Auswirkungen an. Sie ist Mitinitiatorin des »Verborgenen Museums« in Berlin, das die Kunst von Frauen in öffentlichen Sammlungen dokumentiert.

Brentano, Tremezza von, deutsche Malerin (Innsbruck 28. 11. 1942).

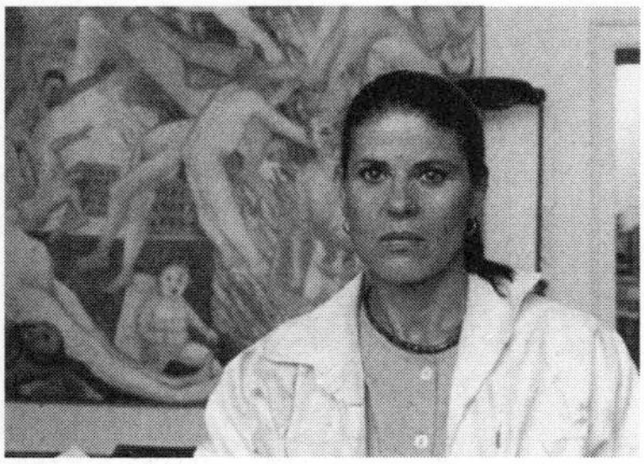

Tremezza von Brentano

Studium der Künste in Mannheim, Stuttgart und Austin/Texas. Studienaufenthalte in den USA. Lebt seit 1971 in Köln. Einzel- und Gruppenausstellungen. Arbeitet in einer realistischen Malweise und setzt sich mit Bildern der Kunstgeschichte auseinander (Bilder: u. a. *Künstlerinnen*, nach Selbstbildnissen von Adélaide Labille Guiard, Catharina van Hemmessen, →Paula Modersohn-Becker, →Frida Kahlo, Thérèse Schwartze und →Elisabeth Vigée-Lebrun, 1988; *Künstlerinnen 2*, 1988; *Madonnen*). Ausstellungsreihe 1996/97/98: *Medien Leben Filmbilder – Werbebilder – Kunstbilder. Übergänge und Fortführungen.*

Lit.: Tremezza von Brentano, Classics – Die Geschichtlichkeit der Bilder, Köln 1991; Tremezza von Brentano, Medien Leben, Bielefeld 1996.

Brik, Lilja, russische Literatin (Moskau 11. 11. 1891 – August 1978).

Lilja Kagans Vater war Rechtsanwalt, ihre Mutter Klavierlehrerin. Als junges Mädchen heiratete sie Ossip Brik, den Schriftsteller und Literaturtheoretiker. 1915 lernte sie über ihre Schwester →Elsa Triolet den Dichter und Revolutionär Wladimir Majakowski kennen, der bis zu seinem Freitod im April 1930 mit den Briks zusammenlebte. Lilja beendete ihre Liebesbeziehung zu ihrem Mann, als sie für zehn Jahre Majakowskis Geliebte und Muse wurde. Viele seiner Gedichte sind ihr gewidmet. 1931 Heirat mit V. M. Primakow, der 1937 zusammen mit anderen Militärs ohne jegliche Schuld erschossen wurde. Ein Jahr später Heirat mit W. A. Katanjan, wieder Zusammenleben zu dritt mit O. Brik, mit dem sie bis zu seinem Tod 1945 befreundet blieb. Lilja B. hat selbst viel geschrieben, über ihre Jugend, ihre Reisen, über Majakowski, dessen Werke sie kopierte, redigierte und kommentierte. Sie übersetzte aus dem Französischen, schrieb umfangreiche Tagebücher und korrespondierte mit aller Welt. Befreundet war sie mit vielen avantgardistischen, vor allem futuristischen Künstlern, unterstützte sie weiter, als sie in stalinistische Ungnade fielen. Sie selbst blieb vom Stalinismus nicht verschont. Ihre Essays wurden von der Kritik zerrissen, und als der Mann ihrer Schwester, der französische Kommunist Louis Aragon, gegen den Einmarsch der Sowjetarmee in Ungarn und der ČSSR protestierte, wurde Lilja B.s Name überall getilgt, selbst aus Fotos, auf denen sie gemeinsam mit Majakowski zu sehen war, wurde sie herausretouchiert. Keine Frau der sowjetischen Literatur hat, so der Sohn ihres vierten Mannes, »so viel Interesse auf sich gezogen ... und über keine andere ist so unterschiedlich ... bald begeistert, bald verteufelnd, geschrieben worden wie über sie«.

Lilja B. schuf auch Plastiken, so eine Büste von Majakowski, und sie arbeitete mit am Aufbau des Majakowski-Archivs.

Erst 1989, elf Jahre nachdem sich Lilja B. das Leben genommen hatte, wurden

ihre Lebenserinnerungen in Moskau veröffentlicht.
Lit.: Lilja Brik, Schreib Verse für mich. Erinnerungen an Majakowski, Berlin 1991.

Brinkmann, Beatriz, deutsch-chilenische Politikerin (Valdivia 3. 7. 1942).
Nach dem Spanisch- und Germanistikstudium in Chile kam sie zur Promotion 1968 nach Marburg. Dozentin am Akademischen Auslandsamt und am Lessing-Kolleg in Marburg. Nach dem Militärputsch vom September 1973 in Chile engagierte sie sich in der bundesweiten »Kinderhilfe Chile« und im »Chile-Komitee«. Im Frühjahr 1985 kehrte Beatriz B. in ihre Heimat zurück, um an der Deutschen Schule in Valdivia zu arbeiten. Dort schloß sie sich der oppositionellen Lehrergewerkschaft AGECH an und war in der illegalen kommunistischen Partei tätig. In der Nacht zum 19. 9. 1986 wurde sie von Agenten der Geheimpolizei CNI in ihrer Wohnung verhaftet und in ein geheimes Folterlager gebracht, wo sich bereits weitere Gefangene befanden. Nach fünf Tagen Isolation und Folter brachte man sie ins öffentliche Gefängnis und unterzog sie einem von der Militärjustiz geführten Prozeß. Dank einer internationalen Solidaritätskampagne wurde sie nach einem Jahr Haft freigelassen, allerdings unter der Auflage, nach Deutschland auszureisen. Anfang 1990 kehrte Beatriz B. nach Chile zurück, wo im März die Militärdiktatur von einer gewählten Regierung abgelöst wurde. Seither ist sie bei CINTRAS tätig, einer Menschenrechtsorganisation, die Opfer körperlicher und psychischer Folter sowie die Angehörigen von Verschleppten und Hingerichteten kostenlos psychotherapeutisch betreut. Außerdem arbeitet sie bei mehreren Organisationen aktiv mit, die sich dafür einsetzen, daß die Menschenrechtsverletzungen aufgeklärt und die Verantwortlichen bestraft werden.

Brontë, Emily Jane, englische Schriftstellerin (Thornton 30. 7. 1818 – 19. 12. 1848 Harworth/Yorkshire).
Zeitlebens schrieben sie und ihre Schwestern **Anne** B. (17. 1. 1820 – 28. 5. 1849) und **Charlotte** B. (21. 4. 1816 – 31. 3. 1855) aus der Enge eines puritanischen englischen Pfarrhauses heraus. Emilys Werke, ihre Gedichte und vor allem ihr Roman *Wuthering Heights* (Sturmhöhe) von 1847 (dt. 1851) erlangten immense Bedeutung in der Weltliteratur. Trotz ihres abgeschiedenen Lebens am Rande des Yorkshire-Moores blieb sie nicht unberührt von den entscheidenden Auseinandersetzungen ihrer Zeit. In der Nähe lag ein Industriegebiet, in dem um 1831 heftigste Maschinenstürmerkämpfe (Ludditen) stattfanden. Zusammen mit ihrer Schwester Charlotte besuchte sie 1842 ein Lehrerinnenseminar in Brüssel, das von den revolutionären Bewegungen in Frankreich geprägt war. Die Brontë-Schwestern veröffentlichten ihre Gedichte und Romane zunächst unter den männlichen Pseudonymen Ellis, Currer und Acton Bell, um Vorurteilen zu entgehen und Schwierigkeiten der Drucklegung zu überwinden. Die Erfahrungen der Emily B., ihre literarische Bildung, die Beschäftigung mit dem Mystizismus und der Romantik und ihre Charakterfestigkeit verdichteten sich in der literarischen Reife des einzigen Romans ihres kurzen Lebens, der zu den ersten gehörte, die Frauen überhaupt geschrieben haben, und der ebenso Pionierarbeit wie ein literarisches Meisterstück ist.
Charlotte, die bekannteste der Schwe-

stern, schrieb aus eigener Erfahrung die Lebensgeschichte einer Gouvernante, *Jane Eyre*. Annes autobiographischer Roman trägt den Titel *Agnes Grey. Aus dem Leben einer Erzieherin.*
Lit.: Werner Waldmann, Die Schwestern Brontë, Reinbek 1990.

Brown, Trisha, US-amerikanische Choreographin und Tänzerin (Aberdeen/Washington 25. 11. 1936).
Sie studierte bei den bekannten Choreographen Merce Cunningham und José Limon, gründete 1962 das »Judson Dance Theatre« und 1970 die »Trisha Brown Dance Company«. Heute leitet sie in New York eines der renommiertesten Tanzensembles. Sie ist eine der bedeutendsten Vertreterinnen der experimentellen Choreographie. Für ihre Arbeit bekam sie u.a. die Anerkennung des »Chevalier de l'Ordre des Arts et des Lettres« 1988.
Unter ihren bekanntesten Choreographien: *Walking on the Walls, Roof Piece 1973, For M.G.: The Movie, 1991.*

Brüning, Elfriede, deutsche Schriftstellerin (Berlin 8. 11. 1910).
Gymnasium, Büroangestellte und Redaktionssekretärin. Ab 1929 schrieb sie für das »Berliner Tageblatt«, die »Vossische« und die »Frankfurter Zeitung«, 1930 trat sie der KPD bei und arbeitete für die »Rote Fahne«. 1933 illegale Arbeit, Roman *Und außerdem ist Sommer* (1934), Verhaftung 1935. Heirat 1937 mit dem Schriftsteller J. Barckhausen. Eine Tochter, Christiane, die auch Schriftstellerin wurde, und das Buch ... *damit du weiterlebst* (1949). In den fünfziger Jahren wurde sie freie und in der DDR vielgelesene Schriftstellerin. Auf unterhaltende Art setzte sie sich mit der Rolle der Frau und mit privaten Beziehungen auseinander, was ihr den Vorwurf der »Kleinbürgerlichkeit« einbrachte. Insbesondere Frauen liebten ihre Bücher, sie sahen sich unterstützt durch Elfriede B.s Überzeugung, daß Frauen auch ohne Väter Kinder großziehen können. *Ein Kind für mich allein* (1950), *Septemberreise* (1972) und *Partnerinnen* (1978). Viele Auszeichnungen.
Lit.: Elfriede Brüning, Und außerdem war es mein Leben. Aufzeichnungen einer Schriftstellerin, Berlin 1994.

Buchhold, Marie, deutsche Sportlehrerin und Siedlerin (Darmstadt 6. 10. 1890 – 6. 2. 1983 Schwarzerden).
Ihren Beruf gab sie, ebenso wie ihre Freundin Elisabeth Vogler (Kassel 23. 2. 1892 – 2. 5. 1975 Schwarzerden), 1915/16 auf Grund ihrer Kritik am öffentlichen wie privaten Schulsystem auf. Sie lebte in Offenbach und Darmstadt, besuchte 1913 Paris und 1918 München. Ihre Nähe zum Stefan-George-Kreis und die Begegnungen mit Rilke und →Ricarda Huch bezeichnete sie als wesentlich für ihren weiteren Lebensweg. 1922 zog sie in die Rhön. In Gersfeld arbeitete sie mit Elisabeth Vogler zunächst als Gymnastiklehrerin. Nachdem die beiden schon einmal in Frankenfeld b. Darmstadt Frauensiedlungen gegründet hatten, die nach einem Jahr scheiterten, gründeten sie 1923 mit vier weiteren Frauen eine Siedlung in Schwarzerden. Sie hielten Vieh, bebauten das Land, lebten in Gütergemeinschaft und versuchten in der Nahrungsproduktion autark zu sein. Um Einnahmen zu erzielen, stellten sie in einer Flechtwerkstatt Körbe, Matten und Teppiche her. Ab 1925 führten sie Ausbildungskurse für Wohlfahrtspflegerinnen, Ferienkurse für Junglehrerinnen, Kindergärtnerinnen und Krankenschwestern durch. Auf Initiative der Schwarzerdener Frauen wurde 1925 in

Gersfeld ein Luftbad für Schul- und Kleinkinder errichtet. Dort standen Gymnastik, Sport, Spiel und Baden auf dem Programm. Über das Verhalten der Siedlungsfrauen während des Nationalsozialismus ist wenig bekannt. Obwohl Marie B. sich in einigen Artikeln eindeutig gegen den Antisemitismus aussprach, trat sie 1933, was sie später bereute, der NSDAP bei, sei es, weil sie sich von der Gesundheitspolitik der Nazis blenden ließ, sei es, weil sie die Schule vor dem totalen Zugriff der Machthaber bewahren wollte.

Büchner, Luise, deutsche Frauenrechtlerin (Darmstadt 12. 6. 1821 – 28. 12. 1877 Darmstadt).
Sie stand zunächst im Schatten ihrer berühmten Brüder, des sozialkritischen Schriftstellers und Revolutionärs Georg Büchner und des materialistischen Philosophen Ludwig Büchner. Und sie war geprägt vom gutbürgerlichen Elternhaus. Nach der Schule bildete sie sich durch private Lektüre weiter, vor allem im historischen Bereich. Ihr ganzes Leben engagierte sie sich für Frauenrechte, forderte Bildung und Erwerbsmöglichkeiten für Mädchen und Frauen. Dies tat sie in Wort und Tat: als Autorin von mehreren Büchern zur Frauenfrage (u. a. *Die Frau und ihr Beruf – Ein Buch der weiblichen Erziehung*, 1855), als »Dozentin« (in ihrem Haus veranstaltete sie jährlich Vorlesezyklen über »Weltgeschichte für Damen«) und als Vereinsfrau – mit Hilfe der Prinzessin Alice, später Großherzogin von Hessen, gründete sie den »Alice-Verein für Frauenbildung und Erwerb«, deren stellvertretende Vorsitzende sie wurde. Und sie war Mitbegründerin und Mitarbeiterin der Monatsschrift »Frauenanwalt«. Der »Alice-Verein« schuf einen Basar, ein Lyzeum, eine Industrieschule und ein Seminar für Handarbeitslehrerinnen. Anfang der siebziger Jahre wurde Luise Ehrenmitglied des »Lette-Vereins«, entwickelte dort Richtlinien für Mädchenbildung und trat für eine allgemeine Mädchenbildung bis zum 18. Lebensjahr in einer von Frauen geleiteten Schule ein.
Ihr Engagement war nicht ohne Widerspruch, ihr Eintreten für Frauenerwerb zwiespältig. Auf die Forderung nach Abschaffung der Frauenerwerbsarbeit innerhalb der Arbeiterbewegung (Eisenacher Kongreß 1869) reagierte sie böse. Aus diesen antifeministischen Forderungen lasse sich die bei Männern vorherrschende Meinung ableiten, die Hälfte bis zwei Drittel der Frauen seien im freien Völkerstaat überflüssig und sofort nach der Geburt zu töten. Andererseits beschrieb sie in ihrer Schrift *Die Frau und ihr Beruf* Haus und Familie als Lebensinhalt der Frau: »Man vergesse niemals, daß die erste und nächste Pflicht des Mädchens der Familie angehöre.« Und während einer Diskussion über Selbsthilfe im »Allgemeinen Deutschen Frauenverein« erklärte sie, daß »die Frauen nur bei den Männern Hilfe suchen und sie finden würden«.
Luise B. blieb eine Frau »zwischen den Zeiten«, angeregt durch die 48er Revolution und zugleich noch verhaftet in bürgerlichen Moralvorstellungen.
Lit.: »Gebildet, ohne gelehrt zu sein.« Essays, Berichte, Briefe von Luise Büchner, hrsg. von Margarete Dierks, Darmstadt 1991.

Bullock-Workman, Fanny, US-amerikanische Bergsteigerin (1858 – 1922).
Sie kam aus einer reichen Familie und begann mit 40 Jahren ihre Bergsteigerinnen-Karriere. Mit ihrem Mann und dem Bergführer Zurbriggen unternahm sie zahlreiche Aufstiege im Himalaya-

Gebirge. Als erste Frau wanderte sie auf einer Höhe von über 6 000 Metern. 1905 gelang ihr der Aufstieg zum Chogo (6555 Meter) und zum Lungma (6880 Meter), 1906 zum Pinnacle Peak (6930 Meter). Auf dem Himalaya ließ sie sich 1912 mit einem Transparent für das Frauenstimmrecht fotografieren, »Votes for Women«. Einer der Gipfel des Himalaya trägt seit 1938 ihren Namen, Fanny.

Bunke, Tamara, genannt Tania la Guerrillera, lateinamerikanische Partisanin deutscher Herkunft (Buenos Aires 19. 11. 1937 – 31. 8. 1967 Rio Grande/ Bolivien).

Tamara Bunke

Die Familie Bunke mußte während der Nazizeit emigrieren – der Vater war Sportlehrer, Kommunist. Die Mutter, »nichtarischer Herkunft«, unterrichtete neben einem Architekturstudium Deutsch an der sowjetischen Handelsvertretung. Tania wuchs bis zum 14. Lebensjahr in Argentinien auf. Nach Deutschland (Eisenhüttenstadt/DDR) mit ihrer Familie zurückgekehrt, studierte Tania Romanistik. 1960 begegnete sie Che Guevara auf einer Konferenz in Leipzig, wo sie dolmetschte. 1961 entschied sie sich, »für die Revolution von Lateinamerika zu kämpfen«, und fuhr zur »Insel der Rebellen«, nach Kuba. Dort wurde sie zunächst in der »Revolutionären Miliz« aufgenommen, studierte Journalistik, arbeitete als Übersetzerin im Erziehungsministerium und für das Radioprogramm der Frauenorganisation. 1964 wurde sie von Che Guevara mit einer Mission nach Bolivien geschickt. Die Organisatorin, Kundschafterin, Völkerkundlerin und Aufklärerin wurde am Rio Grande hinterrücks erschossen.
Kurz vor ihrem Tod schrieb sie in ihrem Tagebuch: »Eine Erinnerung lassen ... Wenigstens Blumen, wenigstens Lieder!«
Lit.: Eberhard Panitz, Der Weg zum Rio Grande. Ein biographischer Bericht über Tamara Bunke, Dortmund 1973; Marta Rojas/Mirta Rodríguez Calderón, Tania La Guerrillera, Berlin 1998.

Bunsen, Marie von, deutsche Reisende, Schriftstellerin und Malerin (London 17. 1. 1860 – 28. 6. 1941 Berlin).
Sie stammte aus einer adligen preußischen, politisch liberalen Familie (die Mutter kam aus einer vermögenden englischen Quäkerfamilie). Früh entdeckte sie das Alleinreisen in Europa und Asien für sich. Sie war »unterwegs, zu Fuß, mit eigenem Boot, zu Pferd und Esel, mit Sänfte, Wagen und Büffelkarren, per Auto, Eisenbahn und Schiff«. Marie von B. veröffentlichte viele Reisebücher, die sie mit eigenen Bildern schmückte. »Stets bin ich ruhebedürftig heimgekehrt, aber sehr beglückt und

bereichert.« Sie schrieb u.a. *Im Ruderboot durch Deutschland* (1914), *Im fernen Osten* (1934). Politisch war sie eher konservativ bis reaktionär.

Butler, Josephine, englische Vorkämpferin des Abolitionismus/Sozialreformerin (Milfield 13. 4. 1828 – 30. 12. 1906 Wooler/Northumberland).
Mit ihren Freundinnen der »Ladies' National Association«, darunter →Florence Nightingale, Harriett Martineau und Mary Carpentier, veröffentlichte sie in den »Daily News« vom 31. 12. 1869 ein Manifest, in dem sie der staatlichen Regelung der Prostitution den Kampf ansagte, ebenso ein Gesetz, das den Umgang mit Geschlechtskrankheiten regeln sollte. 1875 gründete sie in Genf die »Internationale Abolitionistische Föderation«, die sich für die Menschenwürde der Prostituierten einsetzte. Unter ihren Veröffentlichungen: *Woman's Work and Woman's Culture* (1869), *Personal Reminiscences of a Great Crusade* (1894).
Lit.: Anne-Marie Käppeli, Sublime Croisade, Genf 1990.

C

Caccini, Francesca, italienische Komponistin und Hofsängerin (Florenz 18. 9. 1587 – ca. 1640 Florenz).
Noch 1992 meinte der Literaturkritiker Marcel Reich-Ranicki, es gäbe keine von Frauen komponierten Opern. Francesca C. hätte ihn eines Besseren belehren können, denn sie schrieb die erste uns überlieferte, 1625 unter ihrer Mitwirkung uraufgeführte Oper. *La Liberazione di Ruggiero dall'Isola d'Alcina* heißt das abendfüllende Stück, das die Tochter des Komponisten Francesco Caccini am Hof der Medici in Florenz zu Ehren des polnischen Prinzen schrieb. Sie hatte zuvor die Oper *Rinaldo innamorato* (1616) geschrieben und sich als Hofsängerin längst einen Namen gemacht. Da die Medici, unter ihnen Christine da Medici, ein hohes Bildungsideal hatten, das die Frauen nicht ausschloß, hatte Francesca C. eine umfassende Ausbildung in Lauten- und Gitarrenspiel und als Cembalistin erhalten. Als Opernsängerin war sie über die Grenzen Frankreichs hinaus bekannt. Der französische Hof wollte sie unbedingt als Hofsängerin berufen. Doch sie kehrte nach Florenz zurück. Die Oper *La Liberazione* wurde 1980 von der Kölner Dirigentin →Elke Mascha Blankenburg wiederaufgeführt (1. Frauen-Musikfestival in Deutschland). Bis heute warten die Frauen-Musikforscherinnen auf eine deutsche Bühne, die sich dieses frühbarocken Stückes annimmt.

Calamity Jane, US-amerikanische Westernheldin (Princeton/Miss. Mai 1852 – 1. 8. 1903 nahe Deadwood).
Ihr Vater war Prediger bei den Indianern. Mit 21 verließ Martha Jane Canarry ihre Familie und streifte im Westen umher. Die Frau mit dem Colt trug Männerkleidung, kaute Tabak und spielte Poker. Sie wurde schnell berühmt, arbeitete als Postkutscherin, Krankenschwester, Gelegenheitsarbeiterin, später oft auf Jahrmärkten. Viele Jahre lebte und arbeitete sie mit Wild Bill Hickok (Buffallo Bill) zusammen. Ihre Tochter mußte sie einer Pflegefamilie überlassen, die jedoch sehr gut für sie sorgte. Jane schrieb viele Briefe

an ihre Tochter, die jedoch nie erfuhr, daß Jane ihre Mutter war. »Stimmt, ich war und bin oft einsam. Gehöre halt nirgendwohin. Nicht zu den Cowboys, den Scouts und auch nicht zu den Siedlerfrauen ... zu den Freudenmädchen gehöre ich auch nicht. ... Wenn es etwas gibt, was die Welt haßt, so ist es eine Frau, die sich um ihre Angelegenheiten kümmert.« 1984 wurde ihr Leben verfilmt: *Sie nannten sie Calamity Jane.*
Lit.: Calamity Jane, Briefe an meine Tochter, Zürich 1996.

Callas, Maria, griechisch-italienische Sopranistin (New York 2. 12. 1923 – 16. 9. 1977 Paris).
Die Tochter armer griechischer Eltern, aufgewachsen in New York, war nach Caruso und Gigli die erste Primadonna, die das Opernpublikum über knapp zwei Jahrzehnte in Atem hielt. Sie setzte als »Primadonna Assoluta« die Tradition einer Malibran und Viardot fort.
Mit zehn sang sie bereits Arien. Mit 15 ging die Mutter mit ihr nach Athen zurück, wo Maria Unterricht bei Elvira de Hidalgo nahm und mit 15 Jahren als Santuzza in *Cavalleria Rusticana* debütierte. Von »Divina« bis zur »großen häßlichen Stimme« reichten die Kritikermeinungen. In 600 Inszenierungen stand sie auf der Bühne, ob an der Mailänder Scala, in Covent Garden in London, an der New Yorker Met oder der Pariser Oper.
1949 heiratete sie den Veroneser Anwalt Meneghini, der fortan ihr Manager und Begleiter war. Wie in ihren mittlerweile 20 Biographien zu lesen ist, wurde aus ihr ein bühnenreifer, weltweit umjubelter Star, der Stolz der Mailänder Scala – und die Zielscheibe von Angriffen der Gegner/innen. Maria C. ließ sich allzuoft provozieren von Agenten und der Presse, und plötzlich war sie nicht nur der umjubelte Star, sondern die skandalumwitterte Sängerin. Nach 157 Aufführungen verließ sie die Scala. 1958 traf sie den griechischen Reeder Onassis, ließ sich von seinem Geld und dem Glamour seiner Einladungen blenden, verliebte sich in ihn. Er kleidete sie ein, »dirigierte« sie, seine Yacht »Christina« war nun ihr Wohnsitz. Sie wollte heiraten, ein Kind bekommen: »Ich will nicht mehr singen, sondern leben wie eine ganz normale Frau.« Auf der Bühne wurde es zunehmend schwieriger, es kam zu regelrechten Zweikämpfen mit den Konkurrentinnen bei diffizilen Gesangspartien. Onassis wandte sich 1965 zugunsten Jackie Kennedys von ihr ab: »Was bist du schon? Nichts.« Die letzten 12 Jahre Maria Callas' waren geprägt von Comeback-Versuchen, auch wollte sie endlich einmal unterrichten und Regie führen. Die Liaison mit Giuseppe di Stefano brachte ein europäisches Comeback, allein in London lagen 24 000 Kartenbestellungen vor.
Lit.: Jürgen Kesting, Maria Callas, Düsseldorf 1990; Callas. Gesichter eines Mediums, mit einem Essay von Attila Csampai und einer Würdigung von Ingeborg Bachmann, München/Paris/London 1993.

Camargo, Marie-Anne de, französische Tänzerin (Brüssel 14. 4. 1710 – 20. 4. 1770 Paris).
Die Tochter einer Spanierin und eines Musikers und Tanzlehrers war in Paris die unbestrittene »Königin des Tanzes«, Solotänzerin an der Pariser Oper. Sie führte als erste den absatzlosen Tanzschuh ein und war die Erfinderin des Tutus, des kurzen Ballettröckchens, sowie der Vorläuferin der Strumpfhose (caleçon de précaution). Sie schuf über

80 Ballettstücke. Zu den Liebhabern der gefeierten Tänzerin zählte der Herzog von Richelieu. Die Chefköche der Zeit nannten ihre Gerichte nach der Camargo. Ihre Großzügigkeit war sprichwörtlich, führte sie aber auch am Ende ihres Lebens an den Rand der Armut. Zu einem der Gebrüder Grimm sagte sie über die sie umgebenden Hunde und Katzen: »Heute sind sie mein Hof. Und diese Höflinge sind übrigens genausoviel wert wie andere.«.

Cameron, Julia Margaret, englische Fotografin (Kalkutta 11. 6. 1815 – 26. 1. 1879 Kalutara/Ceylon, jetzt Sri Lanka).
Die in Indien geborene Tochter einer französischen Mutter und eines englischen Vaters begann erst mit 48 Jahren zu fotografieren. Ihre Kindheit und Jugend verbrachte Julia Margaret C. überwiegend bei der Großmutter in Frankreich; 24jährig heiratete sie den wohlhabenden Kaufmann und Teeplantagenbesitzer Charles Hay C. und lebte bis zu ihrer Übersiedlung 1848 nach England abwechselnd in Frankreich, Schottland, Indien und Ceylon. Die Mutter von sechs Kindern bekam 1863 von ihrer einzigen Tochter den neuesten Londoner Zeitvertreib, eine Fotoausrüstung, geschenkt: »Vielleicht, Mutter, macht es dir während deines Alleinseins Spaß, die Fotografie auszuprobieren...« Es sollte kein Zeitvertreib, sondern eine lebenslange Passion werden und Julia Margaret C. eine Pionierin der englischen Fotografie. Zu fotografieren war damals noch eine umständliche Angelegenheit. Die Fotoplatten aus Glas mußten beschichtet und sensibilisiert werden, die Ergebnisse waren oft überraschend. Die langen Belichtungszeiten erforderten Geduld und Regungslosigkeit der Porträtierten. Julia Margaret C. machte aus dem Gewächshaus ihr Atelier, aus einem Kohleschuppen die Dunkelkammer und hatte nach knapp einem Monat ein erstes vorzeigbares Ergebnis: *Annie, my first success*. Sie inszenierte mit Nachbarn, Freundinnen, Verwandten und Bekannten zahllose allegorische und mythologische Bilder. Bekannt und berühmt aber wurde sie durch ihre Porträts, darunter ihr Meisterwerk *Stella*, ihre Nichte und die Mutter von →Virginia Woolf. Gegen den Trend der Zeit zu Präzision und Helligkeit entwickelte sie den ihr eigenen Stil: Fotos wie mit dem Weichzeichner gemacht, Akzentuierung nur einer Partie der Porträtierten, unscharfer, dunkler Hintergrund, Arbeiten mit Gegenlicht, markante Hell-Dunkel-Wirkung. Ihren ersten großen Erfolg hatte sie schon 1865 mit einer Einzelausstellung in London; 1866 erhielt sie den ersten Preis auf einer Fotoausstellung in Berlin. Bis zu ihrem Tod arbeitete sie wie eine Besessene.
Lit.: Colin Ford, The Cameron Collection, London 1975; Amanda Hopkinson, Julia Margaret Cameron, London 1986; Jeremy Howard, Whisper of the Muse. The World of Julia Margaret Cameron, London 1990.

Cannon, Anny Jump, US-amerikanische Astronomin (Dover/Delaware 11. 12. 1863 – 13. 4. 1941 Cambridge/Mass.).
Sie hat zahlreiche veränderliche Sterne entdeckt und war eine der führenden Spezialisten für die Spektralklassifikation von Fixsternen. Ihr ist die sog. Harvard-Klassifikation, die Zuordnung der Sterne nach ihren Temperaturen, zu verdanken. Für die »Bibel der modernen Astronomie«, den »Henry-Draper-Katalog«, untersuchte sie 300 000 Sterne. Sie erhielt als erste Frau die Eh-

rendoktorwürde der Universität Oxford und wurde 1929 als eine der »zwölf größten lebenden amerikanischen Frauen« geehrt. Den Preis Ellen Richards, den sie 1932 bekam, stiftete sie einer Vereinigung zur Unterstützung von Astronominnen.

Canth, Minna, finnische Schriftstellerin (Tammersfors 19. 3. 1844 – 12. 5. 1897 Kuopio).
Minna Johannson, Tochter eines Fabrikarbeiters, wurde bereits mit 35 Jahren Witwe. Ihr Mann, ein Seminardirektor, ließ sie mit sieben Kindern mittellos zurück, und sie führte von nun an das vom Vater übernommene Garngeschäft. Beeinflußt und angeregt u. a. von John Stuart Mill und Henrik Ibsen, schrieb sie Theaterstücke, Romane und Novellen. Sie war die erste Vertreterin einer realistischen Erzählweise in Finnland und prägte das moderne skandinavische Theater mit. Ihr eigenes Leben brachte sie zum Engagement für die sozial Schwachen und vor allem für die Rechte der Frauen, deren Gleichstellung im öffentlichen und privaten Leben sie forderte. Finnland ist das erste europäische Land, in dem dank Minna C. bereits im Jahr 1907 das Frauenwahlrecht eingeführt wurde.

Carlotta, US-amerikanische Ballonfahrerin (1851 – 1932).
Mary Myers wurde Partnerin ihres Mannes, eines Farmersohnes, bei Ballonaufstiegen. Die »Lady im Ballon« flog über 60 Fahrten innerhalb von zwei Jahren und veröffentlichte darüber das Buch *Luftabenteuer im Wolkenland* (1883). Das Ehepaar eröffnete 1889 eine »Ballon-Farm«, in der Ballons hergestellt und erprobt wurden. 1909 flog Carlotta erfolgreich rund um New York, bekam dafür die höchste Anerkennung und eine goldene Medaille. Sie beendete ihre Karriere als Artistin, nicht aber als Luftschifferin.

Carlson, Carolyn, US-amerikanische Tänzerin und Choreographin finnischer Herkunft (Oakland 7. 3. 1943).
Sie tanzte als Solistin im Alwin Nikolais Dance Theatre von San Francisco, bevor sie sich in Frankreich niederließ. Dort wurde sie zur »Stern-Choreographin« erkoren. Sie gründete die Gruppe der theatralischen Forschung und nutzte die Techniken der Avantgarde und das Audiovisuelle für den Tanz, so in *Wind, Water, Sand* (1976), *Writing in the Wall* (1979). Ihre Tanzkonzeption geht zugleich vom Abstrakten und vom Theatralischen aus. »Für mich reduziert sich der Tanz auf das Sein.« Heute lebt sie in Frankreich.

Carriera, Rosalba, italienische Malerin (Venedig 7. 10. 1675 – 15. 4. 1757).
Der Vater, Hausverwalter, erkannte ihr Zeichentalent und ließ sie unterrichten. Mit der Bemalung von Fächern und Dosen verdiente sie ihr erstes Geld. Mit den Porträts in Pastell wurde sie in ganz Europa bekannt und die wohl berühmteste Malerin des Rokoko. Sie erhielt so viele Aufträge, u. a. vom dänischen König und vom Kurfürsten von Sachsen, daß sie neben ihren Schwestern weitere junge Malerinnen beschäftigte. In Paris porträtierte sie den Maler Watteau und wurde als erste Frau Mitglied der königlichen Malerakademie. Karl VI. über die »Königin der Pastellmalerei«: »Begabt mag sie ja sein, aber hübsch ist sie nicht.« Die sehr anziehende Rosalba C. hatte viele Verehrer, heiratete jedoch nie. Sie erblindete 1746 und verfiel der Schwermut.

Carrington, Leonora, englische Malerin und Schriftstellerin (Clayton Green/Lancashire 6. 4. 1917).
Sie stammt aus einer streng katholischen Familie der Oberschicht, malte und schrieb schon als Kind, rebellierte als junges Mädchen gegen die ihr auferlegten Konventionen. Nach ihrem gesellschaftlichen Debüt studierte sie Kunst in London und wurde in Kreisen der Surrealisten bald anerkannt. »Der Surrealismus enthielt jene Welt, in die ich aus mir unbekannten Gründen hineingeboren wurde.« Von 1937 an lebte sie über 12 Jahre mit Max Ernst zusammen, der sie »meine Windsbraut« nannte. In Südfrankreich schrieb sie u. a. ihre »magischen Erzählungen« *Die ovale Dame* (1939, dt. 1982). Nachdem M. Ernst von französischen Truppen interniert worden war, erlitt sie einen Nervenzusammenbruch und mußte mehrere Monate in einer psychiatrischen Anstalt in Nordspanien verbringen. »Die Gewalt der Erfahrung hat mich einfach umgeworfen.« Über diese Zeit schrieb sie *Unten* (1944, dt. 1981). Heirat mit einem mexikanischen Diplomaten und Aufenthalt in New York, wo nach dem Krieg viele Surrealisten lebten. Danach Heirat mit dem Ungarn Emerico Weiz, zwei Söhne. Viele Jahre lebte und arbeitete sie in Mexiko. Hier entstanden u. a. der Einakter *Das Flanellnachthemd* (dt. 1985) und der Roman *Das Hörrohr* (1974, dt. 1985). Sie protestierte gegen die Unterdrückung der Studentenbewegung 1968 und engagierte sich in der mexikanischen Frauenbewegung. 1985 ging sie nach dem Erdbeben nach New York und kehrte 1990 nach Mexiko City zurück. Leonora C. schuf Gemälde, viele »Traumbilder« mit fabelhaften Menschen- und Tiergestalten, Plastiken und Wandteppiche. Ihr Werk ist beeinflußt von Märchen, Mythen, von der Psychoanalyse und vom Feminismus.
Lit.: apropos Leonora Carrington. Mit einem Essay von Tilman Spengler, Frankfurt/M. 1995.

Carson, Rachel Louise, US-amerikanische Biologin und Naturwissenschaftlerin (Springfield/Penns. 27. 5. 1907 – 14. 4. 1964 Silver Spring/Maryland).

Rachel Carson

Da ihre ökologischen Erkenntnisse, veröffentlicht u. a. in ihren Büchern *Geheimnisse des Meeres* und *Der stumme Frühling* (1962), ökonomisch und politisch unbequem waren, wurde sie als »exzentrische alte Jungfer«, »Kommunistin« und »Anhängerin eines mystischen Kults« diffamiert. *Der stumme Frühling* sorgte für Aufruhr in den USA: Er dokumentiert die verheerenden ökologischen Auswirkungen des DDT-Einsatzes und gilt als einer der grundlegenden Texte der modernen Ökologie.

Lit.: Patricia Hynes, Als es Frühling war. Von Rachel Carson zur feministischen Ökologie, Berlin 1980.

Casanova, Danielle, französische Widerstandskämpferin (Ajaccio 9. 1. 1909 – 12. 6. 1943 Auschwitz).
Sie stammte aus einer korsischen Lehrerfamilie. Studium in Marseille und in Paris. Anschließend wurde sie Zahnärztin, engagierte sich frühzeitig in der kommunistischen Jugendbewegung, gründete 1936 die »Union junger Französinnen«, deren Präsidentin sie wurde. Und sie leitete die illegale Zeitung »Die Stimme der Frauen«. Sie vertrat die Ansicht, daß es eine besondere »Ausbeutung und Versklavung der Frau« gebe und dies daher eine separate Organisation von Frauen erforderlich mache. Bereits 1940 organisierte sie die großen Hausfrauendemonstrationen gegen Pétain, die Volksfrauenkomitees. Sie wurde 1942 verhaftet und nach Auschwitz deportiert, wo sie an Typhus starb.

Cassatt, Mary, US-amerikanische Malerin (Pittsburgh/Penns. 22. 5. 1845 – 15. 6. 1926 Schloß Beaufresne, Les Mesnil-Théribus/Frankreich).
Die Tochter eines Bankiers besuchte eine Kunstschule in Philadelphia, studierte die alten Meister in Frankreich, Holland, Italien und Spanien. Ab 1874 lebte sie in Paris. Zwei Vorurteile verfolgen das Werk Mary C.s bis heute: Sie malte nicht nur, wie oft behauptet, Mütter und Kinder, und sie war nie Schülerin von Edgar Degas. Dieser schätzte jedoch ihre Bilder so sehr, daß er sie dazu brachte, sich den Impressionisten anzuschließen. Von 1879 an nahm sie an deren Ausstellungen teil, kaufte selbst Bilder von Impressionisten und vermittelte sie nach Amerika. Mary C. gilt heute als bedeutendste amerikanische Malerin des 19. Jahrhunderts. 1974 wurde ihr Gemälde »In der Oper« als eines von nur 42 Bildern einer Ausstellung zu Hundert Jahren Impressionismus in Paris gezeigt.

Cauer, Minna, deutsche Frauenrechtlerin (Freyenstein 1. 11. 1841 – 3. 8. 1922 Berlin).
Die Pfarrerstochter besuchte die höhere Töchterschule, heiratete mit 21 und war mit 24 bereits Witwe. Ihr zweiter Mann, der Schulrat Eduard Cauer, führte sie in liberale Kreise ein und regte sie zur Beschäftigung mit der Frauenfrage an. Nach seinem Tod 1881 erforschte sie die Geschichte der Frau, 1888 gründete sie in Berlin den Verein »Frauenwohl«, der 1894 als erster bürgerlicher Frauenverein das Wahlrecht forderte, und 1899 zusammen mit →Anita Augspurg den »Verband fortschrittlicher Frauenvereine«, dessen Vorsitzende sie wurde. 1902 war sie Mitbegründerin und über Jahre Vorstandsmitglied des »Vereins für Frauenstimmrecht«. Von 1895 bis 1919 gab sie die Zeitung der radikalen Feministinnen, »Die Frauenbewegung«, heraus und von 1912 bis 1918 die »Zeitschrift für Frauenstimmrecht«. Im Unterschied zur gemäßigten Richtung sah Minna C. den Parlamentarismus recht kritisch, trat während des ersten Weltkrieges konsequent für den Pazifismus und für Völkerverständigung ein und plädierte stets für die Zusammenarbeit mit der proletarischen Frauenbewegung. Sie glaubte »felsenfest«, so sagte sie einmal, an »den Sieg des Geistes, des Rechtes und der Freiheit«.

Chaaraoui, Hoda, Pionierin der ägyptischen Frauenbewegung (Geburtsdatum unbekannt – 12. 12. 1944).
Sie kam aus einer wohlhabenden Familie, durfte aber nicht an die Oberschule,

da es eine solche für Mädchen nicht gab. Mit 13 Jahren wurde sie an ihren Vormund verheiratet, dessen Kinder älter als sie waren. Sie war die erste Frau, die den Schleier abwarf. 1923 gründete sie die »Feministische Union Ägyptens«, deren erste Vorsitzende sie viele Jahre hindurch war. 1924 organisierte die »Feministische Union« eine Frauendemonstration, auf der sie die Unabhängigkeit des Landes forderte. Die Union trat für das Stimmrecht und für die Zulassung zur Bildung (1924 wurde die erste Oberschule für Mädchen eröffnet) ein und legte das Mindestalter von 16 Jahren für die Eheschließung bei Mädchen fest.

Chaminade, Cécile, französische Komponistin (Paris 8. 8. 1857 – 13. 8. 1944 Monte Carlo).

Fast alles, was sie komponierte – und sie schrieb viel –, wurde gedruckt, vor allem ihre Klaviermusik. Und ihr berühmtestes Werk, das Concertino für Flöte und Orchester von 1902, gehört zum Repertoire jedes berühmten Flötisten. Sie wurde als drittes Kind einer wohlhabenden bürgerlichen Familie geboren. Die Mutter, Pianistin und Sängerin, erteilte ihr den ersten Unterricht. Schon als Kind begann Cécile C. zu komponieren. Zum Glück gehörte der berühmte Komponist Georges Bizet zum Freundeskreis und riet ihr zur Ausbildung in Klavier, Kontrapunkt und Komposition am Conservatoire de Paris. Als Pianistin und Komponistin wurde sie Mitglied der »Societé Nationale de Musique«. Cécile C. schrieb in den siebziger und achtziger Jahren des 19. Jh.s zahlreiche Ballettmusiken, eine komische Oper, *La Sévillane*, eine dramatische Sinfonie, *Les Amazones*, und vieles mehr. Schließlich widmete sie sich der Klaviermusik und verfaßte rund 120 Tänze und Klavierstücke mit programmatischen Titeln, von denen einige heute als »Salonmusik« gelten. Im Ausland feierte man sie, in den USA gab es zahlreiche »Clubs Chaminade«. Mit dem Philadelphia Orchestra unternahm sie eine große Amerikatournee und wurde triumphal gefeiert. Im Jahre 1902 erteilte ihr das Pariser Konservatorium den Auftrag für eine Komposition zu einem Wettbewerb. Es entstand das bekannte *Concertino* op. 107, ihr meistgespieltes Werk, hoch virtuos, eingängig und ein richtiger »Hit«. Chaminade schrieb insgesamt mehr als 350 Werke; darunter auch Orgelwerke wie der *Cortège nuptial*, ein Hochzeitsmarsch, der zur Jahrhundertwende oft in Kirchen gespielt wurde. Die französische Regierung verlieh ihr den Orden der Ehrenlegion. Zum Ende ihres ruhmreichen Lebens war Cécile Chaminade jedoch (fast) vergessen.

Charrat, Janine, französische Tänzerin und Choreographin (Grenoble 24. 7. 1924).

Mit 12 Jahren wurde sie von Serge Lifar entdeckt und bekam ihre ersten Rollen in der Pariser Oper. Begegnung mit Roland Petit, mit dem sie von 1941 bis 1944 tanzte. Nach dem Krieg trug sie zur Erneuerung des Tanzes entscheidend bei. Arthur Honegger komponierte die Musik vieler ihrer Ballette, →Leonor Fini und Jean Cocteau schufen das Dekor. Sie kreierte mehr als 80 Ballette, darunter *Das Massaker der Amazonen*, *Columbus*, *Die Algen*. Von 1962 bis 1964 war sie im Grand Théâtre de Genève für den Tanzbereich verantwortlich. 1970 gründete sie eine Tanzschule in Paris, 1974 war sie zuständig für den Tanz im Grand-Théâtre de Lille. Heute leitet sie den Bereich Tanz im Centre Pompidou.

Châtelet, Emilie, geb. Le Tonnelier de Breteuil, Marquise du, französische Philosophin, Schriftstellerin und Mathematikerin (Paris 17. 12. 1706 – 10. 9. 1749 Lunéville).

Die Tochter aus einer angesehenen Familie am Hof Ludwigs XIV. verkehrte bereits als Kind im Salon ihrer Eltern mit den Philosophen Fontenelle und Voltaire. Im Alter von 19 Jahren ging sie die damals übliche Vernunftehe mit dem Marquis du Châtelet ein, der bald starb. Auch wenn sie privilegiert war, zunächst von ihrem Vater und später von ihrem Geliebten Voltaire gefördert und unterstützt wurde, empfand Emilie die Ausgrenzung der Frau aus der Bildung als ein gravierendes Hindernis: »Ich bin davon überzeugt, daß viele Frauen ihre Talente aufgrund der fehlenden Erziehung entweder ignorieren oder diese aufgrund von Vorurteilen und von fehlendem Mut verbergen.« Für sie war die Unterordnung der Frau sozial und durch die geringe Bildung bedingt. Eine Möglichkeit, Unabhängigkeit und Glück zu erreichen, sah sie im Studium.

Emilie du C. war eine vielseitige Frau, so Voltaire: »Alles gefällt und ziemt ihrem umfassenden Genie: die Bücher, die Schmuckstücke, die Kompasse, die Pompons, die Verse, die Diamanten, das Biribi (Roulette-Spiel), die Optik, die Algebra, die Soupers, das Latein, die Jupons, die Oper, die Prozesse, der Ball und die Physik.« Sie war vor allem eine der gelehrtesten Frauen des Landes, berühmt durch ihre Schriften über Leibniz, die Übersetzung von Newtons Werk *Principia*, das sie kommentierte, und ihren Briefwechsel mit Voltaire, mit dem sie von 1734 bis 1748 zusammenlebte. Gemeinsam mit Voltaire verfaßte sie *Die Elemente der Philosophie Newtons*. Voltaire nannte sie »Pompon-Newton«: »Sie war ein großer Mann, dessen einziger Fehler war, eine Frau zu sein. Eine Frau, die Newton übersetzte und deutete ... mit einem Wort, ein wirklich großer Mann.« Sie starb an Kindbettfieber nach der Geburt ihrer Tochter, die sie am Schreibtisch geboren haben soll.

Lit.: Elisabeth Badinter, Emilie, Emilie. Weiblicher Lebensentwurf im 18. Jahrhundert, München/Zürich 1984; Samuel Edwards, Die göttliche Geliebte Voltaires. Das Leben der Emilie du Châtelet, Stuttgart 1989.

Chicago, Judy, eigentlich Judy Cohen, US-amerikanische Künstlerin (Chicago 20. 7. 1939).

»... die Erfahrung der Frauen, ins Zentrum des Kunstgeschehens zu rücken und anhand von Beispielen zu beweisen, daß weibliches Erleben genausogut den Stoff zu allgemeingültigem Kunstschaffen liefern kann wie die männliche Erfahrung«, das ist das große Anliegen von Judy C. Sie absolvierte eine Ausbildung als Bildhauerin, verwarf und zerstörte jedoch ihre frühen Werke, u. a. großformatige Acryl- und Glasfaserskulpturen. In den siebziger Jahren gründete sie mit Miriam Shapiro das »Feministische Kunstprogramm«, 1975 veröffentlichte sie ihre Autobiographie. »Frau sein, Künstlerin zu sein bedeutete nichts anderes als Schmerz.« Weltweit bekannt wurde sie durch ihr Projekt »Dinner Party«, das sie von 1974 bis 1979 mit vielen anderen Frauen zusammen schuf: ein dreieckiger Tisch, jede Seite mehr als 14 Meter lang, auf dem 39 Gedecke jeweils an eine bedeutende Frau der Menschheitsgeschichte erinnern.

Lit.: Judy Chicago, The Dinner Party, 999 Kurzbiographien berühmter Frauen, Frankfurt 1985; dies., Durch die Blume.

Meine Kämpfe als Künstlerin. Mit einem Vorwort von Anaïs Nin, Hamburg 1984.

Christ, Lena, deutsche Volksdichterin (Glonn b. München 30. 10. 1881 – 30. 6. 1920 München).
Nichtehelich geboren, in Pflege gegeben, ein ungeliebtes, geschlagenes Kind, weggelaufen von zu Hause und aus dem Kloster. Selbstmordversuch. Ehe mit einem Säufer, sechs Geburten. Scheidung. 1911 wurde sie vom Schriftsteller Peter Jerusalem (später Benedix) als Schreibkraft angestellt, der sie dazu anregte, ihr Leben aufzuschreiben. Das Buch *Erinnerungen einer Überflüssigen* (1912) entstand. Heirat mit Benedix. Zwei weitere Romane, Erzählungen und ein Fragment hat die Vorläuferin der realistischen Heimatliteratur geschrieben. Als ihr Mann im Krieg war, verliebte sie sich in einen anderen. Finanzielle Not ließ sie Bilder von unbekannten Malern mit den Namen bekannter signieren und verkaufen. Als eine Gerichtsverhandlung drohte und der Ehemann ihr die nichteheliche Beziehung nicht verzieh, sah sie nur einen Ausweg. Auf dem Münchner Waldfriedhof nahm sie Zyankali.

Cixous, Hélène, französische Schriftstellerin, Feministin (Oran/Algerien 5. 6. 1937).
Sie stammte aus einer jüdischen Familie, ihre Mutter war Deutsche, und verlebte ihre Kindheit in Algerien. Nach einem Studium in Paris war sie Lehrerin im Südwesten Frankreichs, Assistentin an der Sorbonne, Professorin für Anglistik. Sie war Mitbegründerin der Universität Vincennes, die erstmals Studierende ohne Abitur, aber mit fachlicher Qualifikation zuließ, und des Forschungszentrums für Feministische Studien (dessen Leiterin sie war). In

Hélene Cixous

den siebziger Jahren war sie Sprecherin einer der wichtigen Gruppen der neuen Frauenbewegung, »Psy & Po« (Psychologie und Politik), und setzte beruflich zwei Schwerpunkte: das weibliche Schreiben und die weibliche Sexualität. Viele Veröffentlichungen, darunter Gedichte, Studien über James Joyce (1969), *Le Livre de Prométhéa* (1983). Einige ihrer Stücke wurden von →Ariane Mnouchkine inszeniert. Für *Dedans* (1969) bekam sie den Literaturpreis Médicis.

Claudel, Camille, französische Bildhauerin (Fère-en-Tardenois/Aisne 8. 12. 1864 – 19. 10. 1943 Mondevergues/Avignon).
Lange Zeit war Camille Claudel bekannt als die Schwester von (dem Dichter Paul Claudel), die Geliebte von (dem Bildhauer Rodin), die Freundin

von (dem Komponisten Debussy). Erst in den letzten Jahren wurde ihr eigenes Talent entdeckt.
Die Frau »mit der herrlichen Stirn über den wundervollen (dunkelblauen) Augen«, so ihr Bruder, wuchs in der reichen französischen Champagne auf, in einer streitsüchtigen Familie. 13jährig formte sie schon Ton, bearbeitete Steine, modellierte; mit 17 Jahren zog sie nach Paris und richtete mit anderen Frauen ein Atelier ein, da Frauen an der École des Beaux Arts nicht zugelassen wurden. Zwischen 1885 und 1898 wurde sie Gehilfin, Mätresse, Mitarbeiterin und Muse von Rodin. (Rodin konnte sich zwischen Camille und seiner Lebensgefährtin Rose nicht entscheiden.) Sie hatte materielle Schwierigkeiten, erlebte nach 1899 Elend und Vereinsamung. War sie verstört, als man sie für dreißig lange Jahre in eine Anstalt einwies? Die Spuren verschwinden. Es bleiben verzweifelte Briefe an ihre Familie. Es bleiben Fragen nach Paul Claudels Beziehung zu seiner Schwester. Es bleibt eine bittere Anklage an ein Jahrhundert, das Künstlerinnen totschwieg und in dem Frauen diffamiert oder gar einsperrt wurden. Und es bleibt das Werk einer wunderbaren Bildhauerin, dieser »Revolte der Natur«, der »genialen Frau schlechthin« (so der Kunstkritiker Octave Mirbeau), einer talentierten Künstlerin der »kleinen Form«, die erstmalig die »Frau als Subjekt künstlerischer Darstellung, ... als lebendiger sich dem Alltag stellender Mitmensch« (Barbara Krause) verbildlichte. Unter ihren bekanntesten Skulpturen: *Der Walzer, Klotho oder Die Parze, Das reife Alter, Die Schwätzerinnen.*
Lit.: Anne Delbée, Der Kuß, München 1988; Anne Rivière, Die Verbannte, Frankfurt/M. 1986; Reine-Marie Paris, Camille Claudel, Frankfurt/M. 1989; Barbara Krause, Camille Claudel. Ein Leben in Stein, Berlin 1991.

Cochran, Jacqueline, US-amerikanische Pilotin (Pensacola/Florida 1907 – 9. 8. 1980 Palm Springs/Kalifornien). Das Findelkind arbeitete zunächst als Dienst- und Laufmädchen. Als Vertreterin benutzte sie erstmalig das Flugzeug und wußte nun, daß ihr Wunschberuf das Fliegen war. Sie absolvierte eine Flugschule, beteiligte sich an Wettbewerben und war Mitte der dreißiger Jahre eine erfolgreiche Pilotin. Im zweiten Weltkrieg organisierte sie das Pilotinnenkorps der US-Luftwaffe: »The Women's Flying Training Detachment«. 1944 wurde die Anerkennung des militärischen Status der »Women's Airforce Service Pilots« vom US-Kongreß abgelehnt. Jacqueline C. und ihre Kolleginnen empfanden dies als schweren Schlag, nachdem sie am Kampf gegen den deutschen Faschismus teilgenommen hatten. Die »schnellste Frau der Welt« erzielte mehrere Flugweltrekorde und durchbrach als erste Frau die Schallmauer.

Colette, Sidonie-Gabrielle, französische Schriftstellerin (Saint-Sauveur-en-Puisaye 28. 1. 1873 – 3. 8. 1954 Paris). Die Tochter eines Offiziers heiratete mit 20 den 15 Jahre älteren Autor Henry Gauthier-Villars, der sie zum Schreiben ermutigte, ihre ersten, die *Claudine*-Romane, jedoch unter seinem Namen veröffentlichte. 1906 ließ sie sich von ihm scheiden und arbeitete als Schauspielerin, Tänzerin und als Journalistin. 1912 Heirat mit dem Journalisten Henri de Jouvenel, Scheidung 1924. Ihr Roman *Chéri* hat ihr 1920 den Durchbruch und die Anerkennung als Schriftstellerin gebracht. 1935 Heirat mit dem Schriftsteller Maurice Goudeket und

Aufnahme in die Académie Belge. 1944 wurde sie in die Académie Goncourt gewählt. »Symbol und Stolz Frankreichs« nannte man die Colette, wenngleich ihre poetischen Geschichten über die Liebe nicht unumstritten waren. Für Paul Claudel war sie »Frankreichs größte Schriftstellerin«, und André Gide konnte nicht umhin festzustellen: »Ich kann mir nicht helfen – aber diese Frau ist ein Genie!«
Lit.: Claude Francis/Fernande Gontier, Colette. Biographie, Hamburg 1998.

Condé, Maryse, Schriftstellerin aus Guadeloupe (Pointe-à-Pitre 11. 2. 1937).
Das Studium in Paris und London beendete sie mit einer Dissertation der vergleichenden Literatur an der Sorbonne. Sie wurde Journalistin, Lehrerin, Kritikerin, Herausgeberin einer Sammlung frankophoner Literatur, Professorin für afrikanische Literatur an der Sorbonne. Nach zwölf in Afrika verbrachten Jahren kehrte sie 1970 in ihre Heimat zurück. Unter ihren bekanntesten Büchern: *Ich, Tituba, Die schwarze Hexe von Salem* (1988), *Segu, Die Mauern aus Lehm* (dt. 1988), *Wie Spreu im Wind* (dt. 1993). Ihre Themen sind die Sklaverei und Polygamie, Unterdrückung und Machtkämpfe, die Konfrontation von Islam und Naturreligionen, die Konflikte zwischen Mann und Frau. 1987 erhielt sie den »Großen Literaturpreis der Frau«.

Conti, Anita, französische Ozeanographin (Ermont 17. 5. 1899 – 24. 12. 1997 Douarnenez)
Die »Dame des Meeres« stammte aus einer reichen Familie – der Vater war Chirurg aus Armenien. Zwei Leidenschaften prägten die Kindheit: Das Meer und die Lektüre. 1927 heiratete sie den Botschaftsattaché Marcel Conti. Die Kunstbuchbinderin gab ihren Beruf auf, um sich dem Meer zuzuwenden. Sie wurde zur ersten Ozeanographin, war Umweltschützerin und Initiatorin des wissenschaftlich-ozeanographischen Instituts Ifremer. Mit widerständischen Fischern verließ sie das besetzte Vichy-Frankreich, um die alliierten Armeen zu versorgen. 1943 wurde sie von der Regierung in Algier mit der Erforschung der traditionellen Fischerei beauftragt. Ab dann widmete sie sich den Problemen der Überfischung, des Reichtums und der Bewahrung des Meeresgrunds sowie der Aquakultur.
Die Wissenschaftlerin war auch eine Abenteuerin, Dichterin und Fotografin, die von Neufundland und Grönland, Portugal und Japan bis nach Afrika unterwegs war. In den 50er Jahren jagte sie nach Haifischen in Senegal – für die Verbesserung der Nahrungslage der Kinder –, eröffnete eine Fischerei in Guinea. 180 Tage lang war sie auf Kabeljaufang in Grönland, mit 60 Männern zusammen ... Als 70jährige überquerte sie noch immer die Meere. Ein »Leben mit den Flügeln des Windes und mit den Stößen des Wassers ...«

Corrigan, Mairead, irische Friedenskämpferin (Belfast 27. 1. 1944).
Auf ihre eigene und die Initative von Betty Williams (22. 5. 1943) fand am 14. 8. 1976 in Belfast der erste Friedensmarsch der »Mütter des Friedens« mit rund 10 000 Frauen statt. Sie war die Tante von drei Kindern, die kurz zuvor in einer bewaffneten Auseinandersetzung zwischen britischen Soldaten und der IRA ums Leben gekommen waren. In kurzer Zeit entstanden in 168 Orten Gruppen der Frauenfriedensbewegung. Weitere Demonstrationen schlossen sich an, und am 27. November folgte

eine Friedensrallye nach London unter der Losung »Peace-by-Peace« (Stück für Stück – Frieden für Frieden). Die beiden Frauen wurden mit der Carl von Ossietzky-Medaille, dem Friedenspreis des norwegischen Volkes und dem Friedensnobelpreis geehrt und gelten als die Gründerinnen der nordirischen Friedensbewegung.

Cotton, Eugénie, französische Wissenschaftlerin und Frauenrechtlerin (Soubise/Charente maritime 13. 10. 1881 – 16. 6. 1967 Sèvres).
Von bescheidener Herkunft – der Vater war Handelsvertreter, die Mutter hatte einen kleinen Laden –, gelang es Eugénie Cotton, die Hochschule zu besuchen. Als erste Frau verließ sie das Höhere Lehrerinnenseminar von Sèvres mit einem Physikdiplom (ihre Lehrer waren Pierre und →Marie Curie und Paul Langevin). Während der Volksfront wurde sie Direktorin des renommierten Lehrerinnenseminars in Sèvres, während der Nazibesetzung von der Vichy-Regierung entlassen und in den Ruhestand versetzt. Ihr Mann, ebenfalls Physiker, wurde von der Gestapo verhaftet.
Im Dezember 1945 war sie Mitbegründerin der IDFF in Paris, deren Vorsitzende sie bis zu ihrem Tod blieb. Die Ritterin der Ehrenlegion, Doktor der Wissenschaft, Mitglied des Präsidiums des Weltfriedensrats wurde in der Zeit des Kalten Kriegs wegen ihres Engagements gegen den Vietnamkrieg verfolgt. Die engagierte Wissenschaftlerin wollte weder auf Beruf und gesellschaftliche Tätigkeit noch auf Partnerschaft und Kinder verzichten. Sie wollte – und hatte – ein erfülltes Leben. Die Benachteiligung von Frauen empfand sie als unerträglich.
Ihr Traum: »Eine bessere Welt, befreit von Hunger, Unwissenheit, Unterdrükkung und Krieg.«

Craven, Elizabeth, englische Reisende (Spring Gardens/England 17. 12. 1750 – 1828).
Sie war die Tochter des Earl of Berkeley und der Lady of the Bedchamber of the Princess of Wales. Die junge Adlige heiratete standesgemäß und bekam sieben Kinder, widmete sich dem Drama, bevor sie eine dreizehnmonatige Reise nach Rußland und ins osmanische Reich unternahm. »Wenn ich auf dem Fluge bin, will ich Höfe und Völker besuchen, die wenig Frauenzimmer gesehen haben ...« Die »Lady on Tour« betrieb auch Frauenstudien, so z. B. in Konstantinopel (*Briefe der Lady Elizabeth Craven über eine Reise durch die Krim nach Konstantinopel*, 1789). 1786 entschied sie sich, bei dem Markgrafen von Ansbach zu leben. Mit ihm richtete sie ein Theater ein (*Denkwürdigkeiten der Markgräfin von Ansbach*, 1826) und zog 1791 nach Ostende und Lissabon, um schließlich nach England überzusiedeln.

Cruz, Juana Inés de la, eigentlich Juana Inés de Asbaje, mexikanische Dichterin und Nonne (San Miguel de Nepantla 12. 11. 1651 – 17. 4. 1695 Mexiko).
Als Wunderkind lernte sie Latein, Rhetorik, Philosophie und Mathematik im frühen Alter. Mit acht Jahren begann sie zu dichten. Mit 17 Jahren wurde sie Ehrendame der Vizekönigin, mit 18 Nonne. Sie war die bedeutendste Literatin der hispano-amerikanischen Kolonialzeit, genannt die »Zehnte Muse«, »der Phönix von Mexiko«. Berühmt wurden ihre *Suenos*, Sonette, sowie Strophen »gegen die Ungerechtigkeit der Männer, wenn sie von den Frauen sprechen.« Sie komponierte auch Lie-

Juana Inés de la Cruz

der mit spanisch-indianischen Kehrreimen und setzte sich gegen die Inquisition zur Wehr.
Lit.: Octavio Paz, Sor Juana Inés de la Cruz oder die Fallstricke des Glaubens, Frankfurt/M. 1991.

Cunningham, Imogen, US-amerikanische Fotografin und Chemikerin (Portland 12. 4. 1883 – 23. 6. 1976 San Francisco).
Angeregt von dem Werk →Gertrude Käsebiers beschloß die 18jährige, Fotografin zu werden. Nach dem Studium der Chemie arbeitete sie zwei Jahre als Assistentin im Studio von Edward Curtis, studierte 1909 bis 1910 an der TH in Dresden Fotochemie und eröffnete 1910 ihr eigenes Fotostudio. Seit dieser Zeit entstanden ihre romantischen, unscharfen, von der Malerei beeinflußten Arbeiten. In der Zeit, als ihre drei Kinder sie stark beanspruchten, spezialisierte sie sich auf künstlerische Pflanzenfotografie. Edward Weston präsentierte 10 dieser Pflanzenstudien 1929 in der Stuttgarter Ausstellung »Film und Foto«. In den dreißiger Jahren spezialisierte sich Imogen C. auf dokumentarische Fotografie, ohne das Experimentieren aufzugeben. Im Laufe der Jahre und Jahrzehnte fotografierte sie Filmstars, Politiker und Politikerinnen, Dichter der Beat-Generation und »Blumenkinder« der sechziger Jahre. Sie war eine der ersten Fotografinnen, die männliche Akte veröffentlichte. Bis ins hohe Alter lebendig, kreativ und aktiv, begann sie als 92jährige mit dem Projekt »Menschen über 90«. Der Fotoband *After Ninety* erschien 1977, ein Jahr nach ihrem Tod.
Lit.: Imogen! Imogen Cunninghams Photographs, 1910-1973, Seattle and London 1974; Imogen Cunningham, Die Poesie der Form, Kilchberg/Zürich 1993.

Curie, Marie, geb. Sklodowska, französische Physikerin und Chemikerin (Warschau 7. 11. 1867 – 4. 7. 1934 Sallanches/Schweiz).

Marie Curie (links) und Irène Curie

Sie wuchs in polnischen intellektuellen Kreisen auf, bevor sie 1891 nach Paris übersiedelte. Nach einem Studium an der Sorbonne erforschte sie die Erscheinung der Radioaktivität und entdeckte die radioaktiven Elemente Polonium

und Radium. Zusammen mit ihrem Mann Pierre Curie und mit Henri Becquerel bekam sie als erste Frau 1903 den Nobelpreis für Physik und 1911 für Chemie. Sie mußte das für ihre Forschung notwendige Geld als Mädchenschullehrerin verdienen, versorgte nebenher Haushalt und ihre beiden Töchter →Irène Joliot-Curie und Eve nach dem tödlichen Unglück ihres Mannes (1906). Als erste Frau bekam sie einen Lehrstuhl an der Sorbonne.
Kurz vor ihrem Tod schrieb sie eine zweite Abhandlung über Radioaktivität. Einstein hat über sie gesagt: »Von allen berühmten Menschen ist Madame Curie der einzige, der vom Ruhm nicht korrumpiert wurde.«
1994, mehr als 60 Jahre nach ihrem Tod, wurden die sterblichen Überreste der Nobelpreisträgerin in den Ruhmestempel der französischen Nation, das Panthéon, überführt. Sie war die erste Frau, die dort beigesetzt wurde.
Lit.: Peter Ksoll/Fritz Vögtle, Marie Curie mit Selbstzeugnissen und Bilddokumenten, Reinbek 1988.

D

David-Néel, Alexandra, französische Weltreisende (Saint-Mandé 25. 10. 1868 – 8. 9. 1969 Digne).
Ihr Vater war Franzose, ihre Mutter skandinavischer Herkunft. Sie war die erste Frau aus dem Westen, die 1923 die Verbotene Stadt in Lhasa/Tibet erreichte, verkleidet als Bettlerin. Sie reiste drei Jahrzehnte allein durch die Länder Asiens, zu Fuß oder auf einem Esel. Sie arbeitete vorübergehend als Opernsängerin in Hanoi, heiratete »mehr aus Bosheit als aus Zärtlichkeit«, studierte die religiösen Praktiken des Buddhismus und die verschiedenen Sprachen. Die anerkannte Spezialistin für Asien wurde Buddhistin. »Ein Land durchforsten heißt, das Leben mit seinen Einwohnern teilen.« In »Féminisme rationnel« schrieb sie 1909: »Wenn wir den festen Willen haben, uns zu emanzipieren ... wird es zunächst einmal notwendig sein, uns von der inneren Unmündigkeit, in die wir uns selbst bringen, zu befreien. Der Mann hat einen zu wichtigen Platz im Leben der Mehrheit der Frauen.« Kurz vor ihrem 100. Geburtstag hat sie »für alle Fälle« noch einmal ihren Reisepaß verlängern lassen.
Lit.: Alexandra David-Néel, Mein Weg durch Himmel und Höllen, München 1995; Antje Windgassen, Alexandra David-Néel. Auf der Suche nach dem Licht. Biographischer Roman, München 1998.

Davis, Angela Yvonne, US-amerikanische Politikerin, Autorin und Feministin (Birmingham/Alabama 26. 1. 1944).
Ihr Vater war Lehrer, später Tankstellenbesitzer, ihre Mutter Lehrerin. Schon als Mädchen erlebte sie bewußt den Rassismus, Gewalt und Bombenattentate, die »existentielle Erfahrung des Südens«. Als sie mit 12 Jahren gemischte Studiengruppen organisierte, griff die Polizei ein. Sie studierte französische Literatur in Waltham und an der Sorbonne (wo sie sich gegen den Algerienkrieg engagierte), Philosophie und Soziologie in Frankfurt/M. u. a. bei Adorno. Sie galt als Spezialistin für Kant und Hegel und hatte eine Dozentur für Philosophie inne. Von 1968 an kämpfte sie um gleiche Rechte für Far-

bige, gegen den Rassismus. Sie unterrichtete in »Black Studies« und Seminaren der Frauenforschung. Weil sie seit 1968 Mitglied der KP der USA war, wurde sie auf Betreiben Ronald Reagans fristlos entlassen, vorübergehend wieder eingestellt, ihr Vertrag jedoch nicht verlängert. Im Oktober 1970 Verhaftung, nachdem sie monatelang zu den zehn gefährlichsten Verbrechern der USA gezählt worden war und das FBI sie in einer Großfahndung gesucht hatte. Die Anklage gegen die militante Schwarze lautete auf Mord und kriminelle Verschwörung. Sie soll, so hieß es u. a., für eine Befreiungsaktion der »Soledad Brothers« eine Waffe gekauft haben. 16 Monate lang saß sie in Untersuchungshaft, ihr drohte die Todesstrafe. Eine große, breite internationale Protestaktion entwickelte sich, bis sie beim (Indizien-)Prozeß (mit weißen Geschworenen) in San José in Kalifornien im Juni 1972 freigesprochen wurde.
Angela D. reiste in alle Welt, um für die erhaltene Solidarität zu danken, betonte aber immer, daß sie selbst sich nicht frei fühlen könne, solange es noch einen einzigen weiteren politischen Gefangenen gäbe. Neben anderen Ehrungen erhielt sie in Moskau den Lenin-Friedenspreis. Ab 1977 Professorin für ethnische Studien (Black Studies) und Frauenforschung. Zweimalige Kandidatur zur amerikanischen Vizepräsidentin für die KP. 1981 erschien ihr international anerkanntes Buch *Women, Race and Class*, die Geschichte der schwarzen Frauen in den USA, ihrer rassistischen und sozialen Unterdrükkung und des Befreiungskampfes. Angela D. verließ die KP, ihre Kritik: zu wenig Veränderungen; sie kämpft aber weiterhin gegen Rassismus und politische Repression. Sie unterrichtet, schreibt weiter über die Emanzipation der Frauen und der Farbigen und kämpft gegen die Todesstrafe und gegen die unmenschlichen Zustände in den zunehmend privat geführten Gefängnissen der USA.
Lit.: Angela Davis, Mein Herz wollte Freiheit. Eine Autobiographie, München 1975; dies., Sexismus und Rassismus, Schwarze Frauen und Klassenkampf in den USA, Berlin/West 1982.

Delaunay-Terk, Sonia, französische Malerin ukrainischer Herkunft (Gradiesk/Ukraine 14. 11. 1885 – 5. 12. 1979 Paris).
Design- und Malerei-Studium in Karlsruhe und Paris. 1908 Heirat mit dem Kunsthändler Wilhelm Uhde. In dessen Galerie traf sie die Maler Picasso, Braque und Robert D., den sie nach der Scheidung von Uhde 1910 heiratete. Eine »Arbeitsgemeinschaft von höchster schöpferischer Produktivität« begann, so der deutsche Museumsdirektor Gustav Vriesen, »bei der oftmals nicht auszumachen ist, von welcher Seite der zündende Funke kam«. Sonia D.-T. fertigte Theater- und Filmkostüme und -dekorationen. 1924 eröffnete sie ein Modeatelier in Paris, dem bald Zweigstellen in anderen Ländern folgten. Sie entwarf eine phantasievolle Kleidung, die ähnlich wie ihre Wandbilder mit »Simultanfarben« aus Stoffstücken zusammengestellt war, so daß sie zum abstrakten Gemälde wurde. Ein Wandgemälde für die Weltausstellung 1937 in Paris stammt von ihr. Viele Künstler/innen wurden von den Werken des Paares beeinflußt und zur Weiterentwicklung ihres Stils angeregt. Nach dem Tod ihres Mannes lebte Sonia D.-T. mit →Sophie Taeuber-Arp und anderen Künstlerfreund/innen in Grasse in Südfrankreich. Sie erhielt hohe Ehrungen, und ihr Leben wurde ver-

filmt. 1975 entwarf sie im Auftrag der UNESCO ein Plakat zum Internationalen Jahr der Frau.

Lit.: Sonia Delaunay, A retrospective, Albright-knox Art Gallery Buffalo, New York 1980.

Devi, Mahasveta, indische Schriftstellerin (1926).

Sie stammt aus der bengalischen Mittelschicht, hat die berühmte, von dem Dichter Rabindranath Tagore gegründete experimentelle Hochschule Shantiniketan mit dem Magister in Anglistik abgeschlossen. Seit 1965 kämpft sie für die Rechte der Ureinwohner. »Als ich erkannte, daß es nicht genug war, mit den Stämmen zu fühlen und über sie zu schreiben, begann ich, mit ihnen zu leben. Versuchte ich die Probleme zu lösen, indem ich ihren Blickwinkel einnahm.« So enstand der sorgfältig recherchierte historische Roman über den Munda-Aufstand von 1899/1900. *Aranyer Adhikar* (Das Recht auf/für den Wald) erschien 1978, es ist ein Buch, das nicht nur Geschichte dokumentiert, sondern selbst Geschichte macht. Von der Stammesbevölkerung wurde es als Beginn einer Heilung aufgenommen, als der erste Versuch, ihrer Kultur und Integrität gerecht zu werden. Mahasveta D. wurde zum Sprachrohr der Widerstandsbewegung der Ethnien. Als Journalistin macht sie auf akute Menschenrechtsverletzungen aufmerksam, wendet sich mit Forderungen an die zuständigen Autoritäten. Für die Alphabetisierungsbewegung schreibt sie Bücher in einfacher Sprache über die Rechte der Ethnien und gründete zu deren Durchsetzung verschiedene Organisationen, u. a. 1986 das »Tribal Unity Forum«, das das gegenseitige Morden unter den Stämmen verhindern soll. »Seitdem tötet kein Santal mehr einen Lodha, die Regierung ist ziemlich wütend darüber.« Mahasveta D. versteht sich als Schrifstellerin in einem postkolonialen Land, ihre Arbeit soll zur Dekolonialisierung beitragen. Besondere Aufmerksamkeit verdient dabei ihre Sprache, denn indische Literatur ist sehr lange nur in englischer Sprache geschrieben worden. Devis Stil, eine Collage aus literarischem Bengali, bürokratischem und Straßenbengali, aus verschiedenen Stammessprachen sowie englischen Ausdrücken, ist an sich ein Regelverstoß.

In Indien wird die vorzügliche Qualität ihrer Arbeit allgemein anerkannt und mit vielen Preisen ausgezeichnet. Skeptisch sieht die bürgerliche Leserschaft ihre Inhalte, aufgrund derer man sie wegen (Links-)Extremismus anklagte. Solidarität und Bewunderung findet sie bei ihren linken Leser/innen.

Dia, Beatrice de, provenzalische Troubadoura (ca. 1150 – 1212).

Weder das Mandolinenspiel unter dem Fenster der Geliebten noch die Liebesdichtung, noch die öffentliche Darbietung solcher Kunst ist – wie wir seit kurzem wissen – einzig und allein den Männern, den Troubadouren des Mittelalters überlassen gewesen. Aus der Zeit zwischen 1150 und 1250 kennen wir rund 20 Dichterinnen, die gleichzeitig Liedermacherinnen und Komponistinnen waren. Die meisten ihrer Werke sind verschollen, doch einige Namen sind geblieben: Azalais de Porcairages, Marie de Ventadorn, Isabelle, Lombarda, Castelloza, Guillelma de Rosers, Donna H. Alais, Carenza und vor allem Beatrice de Dia. Ihr Name ist für uns – seit →Irmtraud Morgners Veröffentlichung über *Das Leben der Spielfrau Laura*, die Troubairitz, wie sie auf provenzalisch heißt – ein wenig geläufiger. Und von ihr ist ein Lied überliefert und erhalten: *A chantar m'er de so.* Es handelt von ihrer Liebe zu Raimbaut d'Orange, einer Liebe, zu der sie sich mit diesem Lied öffentlich bekannte. Ihr Lied *Plang* wurde auf einem Festival altprovenzalischer Musik ausgezeichnet und auch auf Schallplatte vertont (auch *A chantar* gibt es in mehreren Versionen). In einem Text aus dem 13. Jahrhundert aus Frankreich heißt es: »... eine schöne und gütige Dame. Sie verliebte sich in En Raimbout d'Orange und komponierte viele schöne Chansons zu seinen Ehren ...« Die Liebesdichterin lebte und starb in Südfrankreich.

Dickinson, Emily Elizabeth, US-amerikanische Dichterin (Amhurst 10. 12. 1830 – 15. 5. 1886).
»Ich bin entzückt über das Leben an sich!« Mit Mallarmé, Rilke und Nietzsche verglichen, oft als »die amerikanische Droste« bezeichnet, von der literarischen Menge nie wirklich geschätzt – und bis heute eine der »rätselhaftesten Frauen der Literaturgeschichte«. Die Tochter eines angesehenen Anwalts und Politikers studierte am Holyoke-College Literatur und schrieb in der Einsamkeit ihres Elternhauses fast 1200 Gedichte, die nach ihrem Tod in alten Truhen aufgefunden wurden. Verse, die von großer seelischer Zerrissenheit, aber auch von ungeheurer Poesie zeugen, neuartige Lyrik mit eigenwilligem Sprachgebrauch. Im Briefwechsel mit dem Schriftsteller und Menschenrechtler Thomas W. Higginson bezeichnete sie ihn als »Meister«, wie auch andere Lehrer, an denen sie sich literarisch orientierte. Daß Higginson ihr Genie nicht erkannte, bleibt unverständlich. Andererseits gab sie ihm literarisch und menschlich mehr Rätsel auf als jede andere Zeitgenossin. »Ich wohne in der Möglichkeit / Ein fensterreiches Haus / Viel heller als die Wirklichkeit / Mit Türen – ein und aus.« Zu ihren Lebzeiten sind nur einige wenige Gedichte (anonym) veröffentlicht worden, ihr Gesamtwerk wurde 1955 von der Havard University Press verlegt. Paul Celan hat einige ihrer Gedichte übersetzt, und zahlreiche Komponist/innen dieses Jahrhunderts haben ihre Verse vertont.
Lit.: Emily Dickinson, Dichtungen, Mainz 1995.

Diem, Lieselott, deutsche Sportlehrerin (Wiesbaden 18. 9. 1906 – 25. 4. 1992 Köln).
Nachdem Lieselott Bail ihr Sportstudium an der Deutschen Hochschule für Leibesübungen in Berlin (1924 – 1927) als Semesterbeste abgeschlossen hatte, wurde sie mit der Leitung der Studentinnenausbildung betraut. 1930 heiratete sie Carl Diem, einen der einflußreichsten und bekanntesten Sportfunktionäre. Weil sie jüdischer Abstammung war, wurde sie 1933 entlassen. Da sie keine Anstellung mehr erhielt, ließ sie sich zur Gymnastiklehrerin ausbilden und nahm hin und wieder Lehraufträge an Schulen an. Von 1947 bis zu ihrer Emeritierung 1974 war sie an der deutschen Sporthochschule in Köln tätig; 1965 war sie zur ordentlichen Professorin ernannt, 1967 zur Rektorin der Sporthochschule gewählt worden, ein Amt, das sie bis 1969 innehatte. Lieselott D. leitete viele sportwissenschaftliche Projekte, unternahm zahllose Vortragsreisen und veröffentlichte über 1000 Bücher, Broschüren und Artikel. Ihre Hauptforschungsgebiete waren: Leibesübungen der Frauen, Sport im Vorschulalter, Kleinkinderturnen, Sport im Alter und die Olympische Bewegung.

Seit ihrer Studienzeit trat die Präsidentin der »International Association of Physical Education for Girls and Women« für die Selbstbestimmung der Frau im Sport ein. 1987 schrieb sie: »Die Zeit, des Schweigens ist vorbei. Was für die Frau im Talar oder in der Robe gilt, das zeigt sich auch im Sport. ... Weder ärztlich noch pädagogisch gibt es irgendwelche Bedenken. ... Behindert werden Frauen immer noch in der Sportführung, der Verwaltung, der Wissenschaft und in der Einstufung in eine höhere Qualifikation.«

Dien, Raymonde, französische Friedenskämpferin (Mansigné/Sarthe 1925).
Not und Elend durch den Krieg erfuhr sie als junges Mädchen: Der Vater, Bauarbeiter, wurde Kriegsgefangener, ihre Mutter mußte bei den deutschen Besatzungstruppen arbeiten. Von ihren Eltern wurde sie zur Kommunistin erzogen. Mit 20 Jahren arbeitete sie im Parteibüro. Am 23. Februar 1950 organisierte sie eine Protestdemonstration an verschiedenen Baustellen im Eisenbahnknotenpunkt Saint-Pierre-des-Corps bei Tours. Zu zwei- bis dreihundert Personen standen sie vor dem Zug mit den Panzern auf den Schienen. Die Lokomotive setzte sich in Bewegung. Raymonde D. legte sich auf die Schienen und brachte den Transportzug zum Stehen, der Waffen für den französischen Kolonialkrieg in Indochina geladen hatte. Dafür wurde sie zu einem Jahr Gefängnis auf Bewährung verurteilt.

Dietrich, Amalie, deutsche Botanikerin (Siebenlehn/Sachsen 26. 5. 1823 – 9. 3. 1891 Rendsburg).
Von neidvollen Kollegen wurde sie »Frau Naturforscherin« oder auch »Wissenschaftsfanatikerin« genannt. Mit ihrem Mann war sie wochenlang zu Fuß mit einem von einem Hund gezogenen Wagen unterwegs, um Pflanzen zu sammeln, wie ihre Tochter später schilderte. Oft quälte Amalie D. der Vorwurf, in ihrem Kind eine Bürde, in der Arbeit dagegen das Glück zu sehen. 1865 konnte Amalie D. dank eines reichen Mäzens ihre große Forschungsreise nach Australien antreten, wo sie über zehn Jahre die dortige Pflanzen- und Tierwelt erforschte. Pflanzen, so die »Acacia Dietrichiana« und »Bonomia Dietrichiana«, und zwei Algenarten wurden nach ihr benannt.

Dietrich, Marlene, deutsche Filmschauspielerin (Berlin 27. 12. 1901 – 6. 5. 1992 Paris).
In Berlin wurde sie geboren, in Berlin wurde sie pompös beerdigt – dazwischen liegen lange Jahre einer ambivalenten Beziehung zwischen der Dietrich und Deutschland.
1922 begann sie als Filmschauspielerin zu arbeiten, 1930 kam der weltweite Durchbruch unter der Regie Josef von Steinbergs: Als Nachtclubsängerin Lola Lola im »Blauen Engel« stahl sie Emil Jannings die Show. Sternberg holte sie nach Hollywood und drehte bis 1935 sechs weitere Filme mit ihr, die sie unsterblich machten: u. a. Shanghai Express, Blonde Venus, The Scarlet Empress. Danach arbeitete sie mit anderen großen Regisseuren wie Ernst Lubitsch, Billy Wilder, Fritz Lang. Doch es gab nicht nur den mythischen Star Marlene Dietrich. Als überzeugte Antifaschistin kümmerte sie sich ab 1933 um deutsche Flüchtlinge in den USA. 1939 nahm sie aus Protest gegen Hitler die amerikanische Staatsbürgerschaft an, wurde fortan in Deutschland als »Vaterlandsverräterin« geschmäht. Diese Vorwürfe be-

gleiteten sie bis an ihr Lebensende. Sie sammelte bei zahllosen Auftritten Kriegsanleihen für die USA, ging schließlich als Truppenbetreuerin an die Front.
1953 begann sie eine neue Karriere als Diseuse. Ihr Repertoire umfaßte neben den erotischen Liedern aus ihren Filmen zunehmend Antikriegs- und Protestlieder. Bis 1975 trat sie in aller Welt auf, auch in der UdSSR und Polen. Ihre letzten Lebensjahre verbrachte sie zurückgezogen in Paris.

Djebar, Assia, algerische Schriftstellerin und Regisseurin (Cherchell 4. 8. 1936).
Während des Algerienkrieges verließ Assia D. die »École Normale Supérieure de Sèvres« in Paris (sie war als erste Algerierin an der Eliteschule zugelassen worden), um für die Zeitung der algerischen Befreiungsfront »El Moudjadid« Reportagen über algerische Flüchtlinge an der algerisch-tunesischen Grenze zu schreiben. Von 1957 bis 1976 veröffentlichte sie vier Romane *Der Durst* (dt. 1957), *Die Ungeduldigen* (dt. 1958), *Les enfants du nouveau monde* (1962) und *Les Alouettes naives* (1967), die das Ringen der Frauen um Emanzipation mit dem Kampf Algeriens um seine Unabhängigkeit verknüpften. Die Frauen sind für sie das kollektive Gedächtnis Algeriens und werden somit auch zum Sprachrohr einer radikalen antikolonialen Kritik. In ihren dokumentarischen Filmen *Die Nouba der Frauen vom Berg Chenoua*, ausgezeichnet auf der Biennale in Venedig 1979, und *Zerda und die Gesänge des Vergessens* von 1978 – 1982 überliefern Frauen die mündlichen Traditionen der eigenen Kultur und die Ereignisse der Kolonialzeit und bewahren sie damit vor dem Vergessen.
Seit 1980 lebt Assia D. in Paris; dort entstanden eine Novellensammlung *Die Frauen von Algier* (dt. 1980) sowie weitere Romane *L'Amour, La Fantasia* (1985), *Die Schattenkönigin* (dt. 1987), die »den Worten der Frauen eine Stimme verleihen wollen«. In der Distanz zur Heimat und zur eigenen Geschichte sieht sie auch eine Chance, zu sich selbst zu finden: »Mit *Frauen von Algier* und *Fantasia* habe ich zu einer Erzählweise gefunden, die es mir ermöglicht, jenen Frauen das Wort zu geben, denen man es verbietet, und dabei gleichzeitig von mir selbst zu sprechen.« Ihre jüngsten Veröffentlichungen *Fern von Medina* (dt. 1991), *Weißes Algerien* (dt. 1995) und *Nächte in Straßburg* (1999) kreisen um die aktuellen Entwicklungen des politischen, »fundamentalistischen« Islam in Algerien, die jegliche Emanzipationsbewegungen zunichte machen und für Frauen in Algerien eine – nicht selten tödliche – Bedrohung darstellen. Assia D. erhielt u. a. den Neustadt-Literaturpreis (1996) und den Marguerité-Yourcenar-Preis (1998).

Dinh, Nguyen Thi, vietnamesische Politikerin (Provinz Ben Tre 1920).
Schon als Zehnjährige mußte sie nachts zum nächsten Markt rudern, um dort Fisch zu verkaufen. Sie war dabei, als ihr Bruder und andere Jugendliche und Männer öffentlich gefoltert wurden, weil sie gegen die Ausplünderung und Unterdrückung durch die Großgrundbesitzer und die im Sold der französischen Kolonialherren stehenden vietnamesischen Amtsträger aufbegehrt hatten. Mit 16 begann sie, Flugblätter zu verteilen. Damals stand auf politische Agitation Gefängnis, wenn nicht gar der Tod. Seither galt ihr Leben dem Befreiungskampf, und dieser hat tief in

ihr privates Leben eingegriffen. Mit ihrem Mann, Vorsitzender der KP Indochinas in der Provinz Ben Tre, konnte sie nur einmal eine Woche lang zusammensein. Drei Tage nach der Geburt ihres Sohnes wurde er verhaftet, 1940 auch sie festgenommen, verschleppt, gefoltert. Als sie mit 23 Jahren aus dem Gefängnis entlassen wurde, erfuhr sie, daß ihr Mann ermordet worden war. Im dreißigjährigen Befreiungskampf ihres Landes organisierte sie die »Bataillone der Langhaarigen«, Gruppen von Frauen, die die im Dienst der USA kämpfenden vietnamesischen Soldaten agitierten. 1961 wurde sie stellvertretende Oberbefehlshaberin der südvietnamesischen Befreiungskräfte und nach der Befreiung 1975 Ministerin. Ho Chi Minh über sie: » ... ein Vorbild für die vietnamesischen Frauen, sie verkörpert die Tugenden des Heldentums, der Unbesiegbarkeit, der Treue und der allseitigen Begabung.«

Dmitrieff, Elisabeth, russische Revolutionärin (Volok/Rußland 1. 11. 1850 – 1919 Moskau).

Elisabeth Dmitrieff

Sie wurde als nichteheliche Tochter einer Krankenschwester und eines Großgrundbesitzers geboren. Mit 17 Jahren heiratete sie einen älteren Kolonel des russischen Zarenreichs: mehr oder weniger eine Scheinehe, die ihr dazu diente, nach Genf zu fahren und Kontakt mit den exilierten Revolutionären aufzunehmen. Dort blieb sie zwei Jahre, schrieb, mischte sich in die Politik ein und fuhr mit 20 Jahren nach London, um Marx einen Brief zu übermitteln. Sie wurde Vertraute von Marx' Töchtern, diskutierte mit Marx, der sie zur Pariser Commune als »Korrespondentin« schickte (er nannte sie »The Russian lady«). Während der Pariser Commune war sie führend im »Bund der Frauen zur Verteidigung von Paris« tätig und für die Neuorganisation der Arbeit mitverantwortlich, sie kämpfte auf den Barrikaden. Nach dem Scheitern der Pariser Commune floh Elisabeth D. nach Rußland, wo sie sich in einen Abenteurer verliebte. Ihm folgte sie für zwanzig Jahre in die Deportation nach Sibirien. Ihre Spuren verlieren sich dann. Nach Moskau ist sie zurückgekehrt, wann sie genau gestorben ist, läßt sich nicht feststellen.
Lit.: Sylvie Brabant, Elisabeth Dmitrieff, aristocrate et pétroleuse, Paris 1993.

Dohm, Hedwig Marianne Adelaide, deutsche Schriftstellerin und Frauenrechtlerin (Berlin 20. 9. 1831 – 4. 6. 1919).
Im Roman von 1899 *Schicksale einer Seele* schilderte sie ihre Kindheit und die ihr fehlende Mutterliebe in der jüdischen Fabrikantenfamilie Schleh. Während der Revolution von 1848 mußte sie einen politischen Mord mitansehen, ein Erlebnis, das sie nachhaltig prägte. Mit 19 heiratete sie Ernst D., Redakteur der politisch-satirischen Zeitschrift

»Kladderadatsch«, mit dem sie fünf Kinder hatte. Als diese groß waren, begann sie zu schreiben. In einer glänzenden Mischung aus Analyse, Spott, Satire und Polemik nahm sie die frauenfeindlichen Positionen von Theologen, Naturwissenschaftlern und Philosophen zur Frauenfrage aufs Korn (u. a. in *Was die Pastoren denken*, 1872, und *Die Antifeministen,* 1912). Sie kämpfte mit scharfen Worten für die politische, rechtliche und wirtschaftliche Gleichstellung und Unabhängigkeit der Frau, forderte als erste bürgerliche Radikale 1873 das Frauenstimmrecht (*Der Jesuitismus im Hausstande)* und setzte sich für Aufklärung der Mädchen und für das Medizinstudium der Frau ein (*Die wissenschaftliche Emanzipation der Frau*, 1874). Sie kritisierte den Antifeminismus auch bei Frauen (*Der Frauen Natur und Recht*, 1876) und stellte eine »angeborene Mutterliebe« in Frage (*Die Mütter,* 1903). Die Großmutter von Katja Mann stand der Frauenbewegung nahe, gründete 1888 mit anderen den »Frauenverein Reform«, der sich für Koedukation und eine freie Berufswahl von Mädchen und Frauen einsetzte. Neben ihren emanzipatorischen Schriften verfaßte die Kriegsgegnerin Romane, Novellen und Gedichte.
Lit.: Julia Meißner, Mehr Stolz, Ihr Frauen! Hedwig Dohm – eine Biographie, Düsseldorf 1987; Heike Brandt, »Die Menschenrechte haben kein Geschlecht«. Die Lebensgeschichte der Hedwig Dohm, Weinheim/Basel 1989.

Drewitz, Ingeborg, deutsche Schriftstellerin (Berlin 10. 1. 1923 – 26. 11. 1986 West-Berlin).
Ihr Vater war Ingenieur, die Mutter Pianistin. Studium der Geschichte, Germanistik und Philosophie in Berlin, 1945 Promotion, 1946 Heirat, drei Töchter. Mitbegründerin des Verbandes deutscher Schriftsteller (VS) und von 1969 bis 1980 (mit einem Jahr Unterbrechung) dessen stellvertretende Vorsitzende. Seit 1964 Mitglied des PEN-Zentrums der BRD und mit kurzen Unterbrechungen dessen Vizepräsidentin. Ihr Leiden an ihrer Zeit, ihr Zorn auf Dummheit, Ignoranz, Unmenschlichkeit und Unterdrückung waren ihre Motivationen zum Schreiben. Früh schon hat sie die Rolle der Frau in der Gesellschaft beschrieben, *Gestern war Heute – Hundert Jahre Gegenwart* (1978) zählt zu ihren bedeutendsten Werken: Die Veränderungen der Frauenrolle durch vier Generationen enden mit Gabriele, der Hauptfigur. Gabriele erreicht zwar einen hohen Grad an Unabhängigkeit und Selbstfindung. Doch ist sie vom Emanzipationsideal weit entfernt. Das Spiegelbild dieser Zerrissenheit sind die eigenen Töchter: Die ältere wählte die emanzipatorische Entwicklung, die jüngere verhielt sich traditionell. Weitere Romane: *Oktoberlicht* (1969), *Wer verteidigt Kathrin Lambert?* (1974), *Das Hochhaus* (1975) und *Bettina von Arnim. Romantik, Revolution, Utopie* (1984).
Ingeborg D.s Einsatz für die Randgruppen der Gesellschaft, ihre Proteste gegen Ungerechtigkeiten aller Art, ihr Eintreten für Chancengleichheit wiesen ihre integere Menschlichkeit aus. Diese rastlos tätige Frau hat eine große Menge literarischer Arbeiten vorgelegt. Sie hat sich aber nicht nur mit ihren Schriften eingebracht, sondern auch mit gesellschaftlicher Knochenarbeit. Berufsverbote, Zensurpraxis des Schulbetriebs, Strafrechtsreform (seit 1986 trägt ein Preis für Gefangenenliteratur ihren Namen), Neonazismus und Folter, Abrüstung und Entspannung, dies alles waren für sie Konfliktbereiche, in die

Schriftsteller/innen der Gegenwart einzugreifen haben, ebenso wie in die Emanzipations-, Sozialismus- und Terrorismusdiskussion, kurz in alle Bereiche des gesellschaftlichen Lebens.

Droste-Hülshoff, Annette von, deutsche Dichterin (Schloß Hülshoff b. Münster 10. 1. 1797 – 24. 5. 1848 Meersburg).
»Der Droste würde ich gerne Wasser reichen, in alte Spiegel mit ihr sehen ...« schrieb Sarah Kirsch 1969 in einem Gedicht. Anna Elisabeth Freiin von Droste-Hülshoff, aus einer konservativen, katholischen Adelsfamilie, erhielt eine umfassende Bildung. Sie versuchte sich bereits als kleines Mädchen an der Poesie. Nach dem Tod des Vaters lebte sie zurückgezogen mit ihrer strengen Mutter, die ihren literarischen Bemühungen ablehnend gegenüberstand, auf deren Witwensitz Rüschhaus, schrieb mit ihrem »Scharfsehen im Kleinen« (Schlüter) Gedichte, Balladen über die Landschaften der Heimat, zeichnete und komponierte. 1838 erster Gedichtband, aus Rücksicht auf ihre Familie anonym. Auf Reisen ins Rheinland lernte sie literarische Kreise ihrer Zeit kennen, so auch den Schriftsteller Levin Schücking. Ab 1841 nutzte sie die häufigen Aufenthalte bei ihrer Schwester Jenny in Meersburg am Bodensee, um der Enge der Familie und der Konvention zu entfliehen. Schücking war inzwischen dank ihrer Vermittlung Bibliothekar auf der Meersburg, sie traf ihn meist täglich, liebte den 17 Jahre jüngeren Mann, ihren engsten Freund und Kritiker. Es war die intensivste und produktivste Zeit ihres Lebens – in nur einem halben Jahr entstanden über 50 Gedichte. 1842 erschien die Novelle *Die Judenbuche*, eine der frühen Kriminalgeschichten, und 1844 eine gemeinsam mit Schücking zusammengestellte Sammlung v. a. psychologisch-impressionistischer Naturlyrik sowie einige persönliche Gedichte. Daß ihr Freund sie verließ, um eine andere zu heiraten, verzieh sie ihm wohl nie. Dank der Honorare für ihre Bücher wurde sie 1843 endlich finanziell unabhängig, und sie kaufte sich das sog. »Fürstenhäuschen« in den Weinbergen von Meersburg. Die Droste, bedeutendste deutsche Dichterin des 19. Jahrhunderts, fühlte sich zeit ihres Lebens vor allem der Wahrheit verpflichtet: »Grad, gerade führt der Weg wie Strahl der Sonnen.«
Lit.: Annette von Droste-Hülshoff, Werke in einem Band, hg. von C. Heselhaus, München 1995; dies., Sämtliche Briefe, München 1995; Irina Korschunow, Das Spiegelbild, Hamburg 1992.

Dumont, Louise, eigentlich Hubertine Maria Louise Heynen, deutsche Schauspielerin und Theaterleiterin (Köln 22. 2. 1862 – 16. 5. 1932 Düsseldorf).
Nach →Friederike Karoline Neuber war sie eine der ganz großen Frauen des Theaters, arbeitete in Berlin, am Wiener Burgtheater, in Stuttgart, auf Gastspielreisen bis nach Petersburg. Mit Max Reinhardt gründete sie in Berlin das »Kleine Theater« und mit ihrem Mann Gustav Lindemann 1905 das Düsseldorfer Schauspielhaus, das sie viele Jahre leitete. Ihre Schauspielkunst war hervorragend, vor allem in den Frauenrollen von Ibsen, und die Düsseldorfer Uraufführungen (u. a. von Franz Werfels Stücken) unter ihrer Leitung gehörten zu den bedeutendsten Theaterereignissen und -neuerungen ihrer Zeit.
Lit.: Wolf Liese, Louise Dumont. Ein Leben für das Theater, Düsseldorf 1971; Otto Brües, Louise Dumont. Umriß von Leben und Werk, Emsdetten 1956.

Duncan, Isadora, US-amerikanische Tänzerin (San Francisco 27. 5. 1878 – 14. 9. 1927 Nizza).
Ihr Vater, der bald die Familie verließ, war schottischer Herkunft, die Mutter eine Irin. Um zu überleben, gab diese Klavierunterricht. Isadora D. erhielt eine klassische Tanzausbildung. Nachdem die Familie bei einem Brand in Chicago alles verlor, richtete sie sich in London ein. Dort erste Auftritte in Salons und Galerien. Sie trat für die Reform des künstlerischen Tanzes im Sinne des griechischen antiken Chortanzes ein, tanzte als erste nach berühmten klassischen Musikwerken, führte den psychologisch begründeten freien Tanz ein. Sie schockierte das puritanische Amerika, weil sie sich fast nackt auf der Bühne zeigte, sich gegen die Ehe auflehnte und ihre Lieben leidenschaftlich auslebte. »Alles ist nichts neben ihrem Feuer, ihrem Schwung« (Jean Cocteau). »Miss Duncan bringt das Leben an sich in den Tanz ein« (Auguste Rodin). Ihr privates Leben verlief tragisch. Beide Kinder ertranken in einem Auto, das ins Wasser stürzte, weil die Bremse nicht gezogen war. Ihr Mann, der russische Dichter Sergej Jessenin, beging ein Jahr nach der Trennung Selbstmord. Kurz danach verunglückte sie tödlich bei einem Autounfall in Paris. Isadora D. leitete in Deutschland die Epoche des »modernen Tanzes« ein.
Lit.: Maurice Lever, Primavera. Tanz und Leben der Isadora Duncan, München/Hamburg 1986; Carola Stern, Isadora Duncan und Sergej Jessenin, Berlin 1996.

Duncker, Käte, deutsche marxistische Pädagogin und Frauenrechtlerin (Lörrach 23. 5. 1871 – 2. 5. 1953 Bernau).
»Ich werde Lehrerin«, entschloß sich die Kaufmannstochter mit 15 Jahren. Sie setzte sich durch, gegen den Willen der Mutter und des Vormunds, die andere Pläne für das wißbegierige Mädchen hatten. Sollte sie doch eine gutbürgerliche Partie machen. Als Lehrerin an einer Volksschule in Thüringen wurde Käte Duncker mit der Not der Kinder konfrontiert. In Leipzig bekam sie persönlichen Kontakt zur Arbeiterbewegung; hier hörte sie →Clara Zetkin sprechen, hier lernte sie ihren späteren Mann Hermann D. kennen. Ihre Verbindungen zur Sozialdemokratie wurden im Schulkollegium ungern gesehen; ihre Vorgesetzten bezeichneten sie als »höchstgefährliches Frauenzimmer, mit dem die schutzbedürftigen Gymnasialküken ja kein Wort mehr reden dürfen«. Sie mußte den Schuldienst in Leipzig aufgeben. In Hamburg trat sie in eine private höhere Mädchenschule ein.
Hin und her gerissen zwischen ihrem Beruf und der politischen Arbeit, entschied sie sich für die letztere. Sie wurde Agitatorin der SPD, lehrte im Arbeiterbildungsverein in Leipzig und wurde Mitarbeiterin von C. Zetkin in der Redaktion der »Gleichheit« (sie verfaßte und redigierte die Beilage *Für unsere Kinder*).
Mit C. Zetkin nahm sie an der II. Internationalen Frauenkonferenz in Kopenhagen teil und stellte mit ihr zusammen den Antrag, einen Internationalen Frauentag durchzuführen. Nach dem Krieg wurde sie Mitbegründerin der KPD, arbeitete als Pädagogin und als Journalistin für »Der Weg der Frau«. 1933 emigrierte sie mit ihrem Mann in die USA und kehrte 1947 nach Berlin zurück.
Lit.: Ruth Kirsch, Käte Duncker. Aus ihrem Leben, Berlin 1982.

Durack, Sarah, genannt Fanny, australische Schwimmerin (27. 10. 1892 – 21. 3. 1956).

1904 begann sie mit dem aktiven Schwimmsport und war zusammen mit Wilhelmina Wylie bald eine der weltbesten Schwimmerinnen. Ihre Reise zu den Olympischen Spielen in Stockholm, bei denen erstmalig Schwimmwettbewerbe für Frauen auf dem Programm standen, wäre fast gescheitert, gehörten beide doch der »New South Wales Ladies Swimming Association« an, die strikt gegen eine Teilnahme an Wettbewerben war, bei denen auch Männer an den Start gingen bzw. zuschauten. In diesem Verband wurde mehrfach über Fanny D.s Wunsch nach Teilnahme abgestimmt, und weil die Mehrheit sich dafür aussprach, trat die Vorsitzende zurück. Doch dann fehlte das Geld für die Reise, da der australische Schwimmverband nur Männer schicken wollte. Die Sydneyer Zeitung »Sun« rief zu einer Sammlung auf, die rasch das nötige Geld brachte. Dazu kamen Einnahmen aus einem eigens für diesen Zweck durchgeführten Schwimmfest. In Begleitung ihrer Schwester Mary, die in Stockholm offizielle Betreuerin der beiden australischen Schwimmerinnen war, fuhr Fanny D. über England, wo sie mehrere Wettkämpfe gewann, nach Stockholm. Sie gewann über 100 m Freistil die Goldmedaille. Beteiligung an Wettkämpfen in England, Deutschland und den USA. Elf Weltrekorde im Freistil. Kurz vor den Olympischen Spielen 1920 in Amsterdam erkrankte sie und beendete ihre Karriere. Bis an ihr Lebensende war sie als Jugendtrainerin tätig. 1967 wurde sie posthum mit der Aufnahme in die »International Swimming Hall of Fame« in Fort Lauderdale, Florida, geehrt.

Durand, Marguerite, französische Schauspielerin und Journalistin (Paris 24. 1. 1864 – 16. 3. 1936).

Traditionelle religiöse Erziehung einer Tochter aus gutem Hause. Nach einem Studium am Pariser Conservatoire wurde sie Schauspielerin an der Comédie Française. Die Bühne verließ sie, um sich dem Journalismus (1897 Herausgeberin und Redakteurin der Tageszeitung »La Fronde«, die von Frauen verfaßt und redigiert wurde) und dem Kampf um das Frauenstimmrecht zu widmen. Die große Dame des Feminismus führte auf Wahlveranstaltungen für die Nationalversammlung ihren schwachsinnigen Gärtner als Kandidaten vor, um die Absurdität der Wahlbeschränkung auf Männer aufzuzeigen. Sie setzte sich für die Förderung der weiblichen Kultur ein und gründete 1931 ein feministisches Dokumentationszentrum in Paris: Die Bibliothèque Marguerite Durand umfaßt heute über 25 000 Titel. Marguerite D. starb in ihrer Bibliothek.

Lit.: La Bibliothèque Marguerite Durand, Histoire d'une femme, mémoire des femmes, Paris 1992.

Durand-Wever, Anne-Marie, deutsche Ärztin und Frauenrechtlerin (Paris 30. 10. 1889 – 14. 9. 1970 Overrath-Heiligenhaus b. Köln).

Sie studierte Medizin in Marburg, Straßburg und München, eröffnete 1927 ihre erste Praxis in Berlin. Die Begegnung mit →Margaret Sanger, einer der Vorkämpferinnen für Familienplanung, prägte ihre künftige Arbeit. Von 1928 bis 1933 leitete sie die »Vertrauensstelle für Verlobte und Eheleute« in Berlin. Gründerin und Leiterin des »Überparteilichen Frauenbunds zur Reform der Sexual-Gesetzgebung«. Nach der Machtergreifung Hitlers legte

Anne-Marie D.-W. alle ihre Ämter nieder, beriet aber trotz Bespitzelung durch die Polizei weiter junge Frauen und Paare in Fragen der Verhütung. Während des Krieges arbeitete sie in einer Luftschutzrettungsstelle. 1945 eröffnete sie wieder ihre Praxis, die völlig zerstört worden war. Im »Zentralen Frauenausschuß« Berlins trat die parteilose Ärztin für eine soziale Indikation beim § 218 Strafgesetz ein. Der 1947 in Berlin gegründete »Demokratische Frauenbund Deutschland« (DFD) wählte sie zu seiner ersten Vorsitzenden.

Duras, Marguerite, eigentlich Donnadieu, französische Schriftstellerin (Gia Dinh/Südvietnam 4. 4. 1914 – 3. 3. 1996 Paris).
Der Vater war Mathematiklehrer, die Mutter war ebenfalls Lehrerin und mußte neben ihrem Beruf noch Klavierunterricht geben. Die Eltern starben früh. Mit 17 Jahren verließ Marguerite D. Vietnam, kam nach Frankreich, wo sie Rechts- und Politische Wissenschaften sowie Mathematik studierte und als Sekretärin im Ministère des Colonies arbeitete. 1943 fing sie an zu schreiben (*Die Schamlosen*), war Drehbuchautorin und Regisseurin. Weil sie sich der Résistance angeschlossen hatte, wurde sie von den Faschisten nach Deutschland verschleppt, ihr Mann, Robert Antelme, wurde nach Dachau deportiert. Nach dem Krieg arbeitete Marguerite D. als Journalistin und engagierte sich in der Frauenbewegung. Sie schrieb mehrere Bücher über die Besetzung Frankreichs, u. a. *Der Schmerz* (1985). Die Vertreterin des »Nouveau Roman« wurde mit dem Drehbuch zu *Hiroshima mon amour* (1959) international bekannt. Ihre Themen drehten sich um zwei Problemkreise: Zeit und Zweifel. Weitere Werke: *Moderato Cantabile* (1958), *Emily L.* (1988), *Der Liebhaber* (1985, dt. 1988). Dieser Roman wurde mit dem renommierten Literaturpreis Prix Goncourt ausgezeichnet. Alkoholsucht brachte sie mehrmals »an den Rand des Todes«, und in den letzten Jahren war das Schreiben für sie »eine tödliche Notwendigkeit«.

Durieux, Tilla, eigentlich Ottilie Godefroy, österreichische Schauspielerin französisch-kroatischer Abstammung (Wien 18. 8. 1880 – 21. 2. 1971 Berlin).
Nach der Wiener Schauspielschule arbeitete sie in Olmütz, Breslau und in Berlin mit Max Reinhardt seit der Eröffnung seines »Neuen Theaters«. Sie finanzierte Erwin Piscators Bühne in Berlin mit, spielte so gut wie alle großen Frauenrollen der Dramatik der Welt, wie Ibsens Hedda Gabler, Hebbels Judith, Strindbergs Fräulein Julie und Wedekinds Franziska und Lulu, und prägte wie kaum eine andere die Schauspielkunst ihrer Zeit. Ab 1933 durfte sie nicht mehr auftreten und ging ins Exil. Sie unterstützte aktiv die Partisanenbewegung in Jugoslawien, und in Zagreb leitete sie später die technische Abteilung des Puppentheaters. 1952 kehrte sie zurück und spielte auf vielen deutschen Bühnen und im Film, so z. B. in *Die letzte Brücke*. Sie schrieb 1928 den Schauspielerinnenroman *Eine Tür fällt ins Schloß* und 1952 ihre Lebenserinnerungen *Eine Tür steht offen*: »Welchen hohen Preis ich auch bezahlen mußte, wiesehr ich mich auch bemühte, ich bin auch heute erst im äußeren Ring der Wollenden und nicht im inneren Ring der Wissenden und Könnenden.« Wenige Monate vor ihrem Tode wurde sie Ehrenmitglied des Deutschen Theaters.

Duse, Eleonora, italienische Schauspielerin (Vigevano/Lombardei 3. 10. 1858 – 21. 4. 1924 Pittsburgh).
Schon zu Lebzeiten wurde sie zum Mythos. Jahrelang zog Amalia Giulia Eleonora, die bereits als kleines Kind auf der Bühne stand, mit Komödiantengruppen durchs Land. 1879 kam in Neapel mit der Ophelia die erste große Chance; 1884 wurde sie in Turin mit der *Cavalleria rusticana* endgültig zur »Prima Donna«. 1887 gründete sie ihre eigene Truppe, führte aus finanziellen Gründen das gängige Repertoire auf. Dabei träumte sie von der Erweiterung der Grenzen des Theaters und sehnte sich nach einem Schriftsteller, der ihr neue Rollen auf den Leib schrieb. Als sie 1897 Gabriele d'Annunzio kennenlernte, war sie überzeugt, einen wahren Erneuerer gefunden zu haben. Bis 1904 dauerte die Liebes- und Arbeitsbeziehung zu dem Dichter, der sie als Frau und als Künstlerin betrog. Beiden gemeinsam war der Wille, ein neues Theater zu schaffen. Sie stürzte sich in Schulden, um die immens teuren Inszenierungen d'Annunzios zu finanzieren, unterwarf sich seiner Regie, die sie einengte und ihrer Darstellungskunst eher schadete. Aber nicht nur seine Stücke brachte sie auf die Bühne. 1891 spielte sie erstmalig in Italien ein Stück von Ibsen, den sie sehr verehrte und dessen Stücke sie bis zu ihrem Tod immer wieder aufführte.
Ausgebrannt nahm sie 1909 von der Bühne Abschied und gründete 1914 eine Bibliothek für Schauspielerinnen in Rom, gedacht als Ort der Bildung und des Austausches, aber auch als zeitweiliger Wohnort für Frauen, der jedoch 1915 wegen Geldmangels geschlossen wurde. 1921 kehrte sie auf die Bühne zurück, ihre Ersparnisse waren aufgebraucht. Auf einer der vielen beschwerlichen Gastspielreisen starb sie in einem Hotelzimmer an einer Lungenentzündung. »Flamme bist du, die sich selbst verzehrt.« (d'Annunzio über seine Geliebte).
Außergewöhnlich an ihrer Schauspielkunst war das Verschmähen der großen Pose; sie war berühmt für die kleine Geste. Wie keine zweite soll sie innere Vorgänge sichtbar gemacht, dabei absolut »natürlich« gewirkt haben. Sie legte Wert darauf, einen inneren Bezug zu den von ihr übernommenen Frauenrollen herzustellen. Selbst keine Feministin, war sich die Duse der Bedeutung von Frauenrollen in Zeiten des gesellschaftlichen Wandels wohl bewußt. Gepaart mit dem Wunsch, ihre künstlerischen Grenzen auszuweiten, führte dies weg von Frauen, die als Opfer der Gesellschaft dargestellt wurden, hin zu zwar leidenden, aber starken, lebensspendenden Frauen, die stolz auf ihre Andersartigkeit waren.
Lit.: Doris Maurer, Eleonora Duse, Reinbek 1988.

Duttenhofer, Luise, deutsche Scherenschneiderin (Waiblingen 5. 4. 1776 – 16. 5. 1829 Stuttgart).
Christiane Luise Hummel stammte aus einer Pfarrersfamilie. Ihr Wunsch, Malerin zu werden, ließ sich nicht realisieren, also zeichnete sie und begann sehr früh mit Scherenschnitten. Sie heiratete ihren Vetter, den Kupferstecher Christian Friedrich Traugott D., mit dem sie sieben Kinder hatte. Mit ihm zusammen hielt sie sich eineinhalb Jahre in Rom auf und später mehrere Monate in München. Die »äußerst geistreiche Frau« (Mörike) arbeitete meist ohne Vorzeichnen aus der Hand und mit doppelt gelegtem Papier. Ihre originellen und phantasievollen Scherenschnitte zeigen Blumen, Landschaften,

Familienszenen mit romantischen und klassizistischen Einflüssen sowie humorvolle bis leicht satirische Porträts zeitgenössischer Persönlichkeiten. Der Schriftsteller F. Haug an »Madame Duttenhofer«: »Allein – Ich sag's mit Offenheit -/ Trotz heimlicher Betroffenheit/ Bewundr' ich die Getroffenheit.« Ihre Arbeiten wurden zu Lebzeiten nur zweimal öffentlich ausgestellt, dann vergessen, erst in diesem Jahrhundert wieder wahrgenommen und u. a. in Waiblingen gezeigt.

Amelia Earhart

E

Earhart, Amelia, US-amerikanische Fliegerin (Kansas 24. 7. 1898 – 3. 7. 1937 Pazifik).
Die Tochter eines Juristen wollte Fliegerin werden, seit sie 1920 anläßlich einer Flugschau in Kalifornien erstmalig einen Rundflug erlebte. Die berühmte Pilotin, das weibliche Idol der zwanziger Jahre, erreichte als erste Frau eine Flughöhe von über 4200 Metern. Sie war 1928 die erste Passagierin im Atlantikflug und 1932 die erste Frau, die den Atlantik im Alleinflug überquerte, eine Leistung, die die Welt begeisterte und die ihr viele Ehrungen eintrug. Amelia E. kämpfte für die Gleichberechtigung in der Luft, wollte die Leistungsfähigkeit der Pilotinnen beweisen und ermunterte u. a. in ihren Büchern *The Fun of it* und *Last Flight* Frauen, ihren Traum vom Fliegen zu realisieren. Von ihrem letzten Rekordflug 1937, einem Flug um die Welt in einer zweimotorigen Lockheed-Elektra, kam sie nicht mehr zurück. Sie blieb im Pazifik verschollen. »Ich jedenfalls hoffe, daß Frauen eines Tages keine Benachteiligungen aufgrund ihres Geschlechts mehr erfahren werden, sondern daß sie so frei und unabhängig sein werden, ihr Leben zu leben, wie die Männer es sind – unabhängig von dem Kontinent oder der Nation, in der sie leben.«
Lit.: John Burke, Winged Legend. The Story of Amelia Earhart, New York 1970.

Eberhardt, Isabelle, französische Autorin und Abenteuerin russischer Herkunft (Meyrin/Schweiz 17. 1. 1877 – 21. 10. 1904 Ain Sefra/Algerien).
Sie wuchs in der Schweiz mit ihrer exilierten Mutter, ihrem Hauslehrer (der wahrscheinlich auch ihr Vater war) und ihren Geschwistern auf. Dort studierte sie Russisch, Französisch, Deutsch und Arabisch. Mit 23 Jahren fuhr sie allein, unter dem Namen Si Mahmoud Essadi, nach Nordafrika,

verkleidet als arabischer Reiter. Sie machte Ausflüge in die Wüste, führte ein Nomadenleben, heiratete einen muslimischen Offizier und wurde aus Algerien ausgewiesen. Später nach Algerien zurückgekehrt, schrieb sie Reportagen für mehrere Zeitungen. Die »Mata Hari der Sahara«, die eine mystische Variante des Islam praktizierte, starb in Ain Sefra bei einer Überflutung ihres Zeltes. Sie hinterließ Schriften und Zeichnungen (*Sandmeere*, 1981).
Lit.: Edmonde Charles-Roux, Un désir d'Orient; La jeunesse d'Isabelle Eberhardt, Paris 1988; dies., Nomade j'étais, Les années africaines d'Isabelle Eberhardt, Paris 1995.

Ebner-Eschenbach, Marie von, österreichische Schriftstellerin (13. 9. 1830 Zdislawitz/Mähren – 12. 3. 1916 Wien).
»Als eine Frau lesen lernte, trat die Frauenfrage in die Welt.« Die Gräfin Marie Dubsky, deren Mutter nach ihrer Geburt starb, wurde von Kinderfrauen und Gouvernanten erzogen, lernte Tschechisch und Französisch, lebte im Sommer auf dem elterlichen, später ehelichen Landsitz, im Winter in Wien, wo sie regelmäßig das Burgtheater besuchte. Mit 18 Jahren Heirat mit ihrem Vetter, Physiker und später Feldmarschalleutnant. Die ersten Veröffentlichungen der Freifrau waren detailreiche Dorfgeschichten; sie schrieb Erzählungen, Novellen. Auch am Theater, am Drama probierte sie sich, einem Jugendwunsch entsprechend, jedoch erfolglos. Erst mit fünfzig Jahren erfuhr die bedeutendste österreichische Schriftstellerin des 19. Jh.s den Erfolg, als 1880 ihre Erzählung *Lotti, die Uhrmacherin* veröffentlicht und von einem breiten Publikum angenommen wurde. Im gleichen Jahr erschienen die viel beachteten *Aphorismen*. Ihr bekanntester Roman *Das Gemeindekind* von 1887 schildert soziale Probleme und deren psychologische Folgen. 1898 wurde ihr als erster Frau das österreichische Ehrenzeichen für Kunst zuerkannt.
Lit.: Marie von Ebner-Eschenbach, Gesammelte Werke, 9 Bde., Zürich 1978; Brigitte Kayser, Möglichkeiten und Grenzen individueller Freiheit. Eine Untersuchung zum Werk Marie von Ebner-Eschenbachs, Frankfurt/M. 1974.

Eden, Emily, englische Schriftstellerin und Zeichnerin (Westminster 3. 3. 1797 – 5. 8. 1869 bei Richmond).
Reisen wollte sie eigentlich nicht, folgte aber ihrem Bruder, dem britischen Gouverneur, nach Indien, wo sie sechs Jahre als First Lady fungierte. Dort entstanden Aquarelle, Zeichnungen und unzählige Briefe. Nach ihrer Rückkehr nach England schrieb sie Romane. *The Semi-Detached House* und *The Semi-Detached Couple* erschienen 1859 und 1860, ihr populärstes Buch war eine Auswahl ihrer Briefe aus Indien *Up the Country* (1866). Über ihr Leben als britische Repräsentantin schrieb sie: »Ich wünschte, die Regierung würde auch einmal in Betracht ziehen, daß trotz der Beförderung eines Mannes in eine hohe Position die Frauen im Hintergrund so arm wie eh und je bleiben.«

Ederle, Gertrude, deutsch-US-amerikanische Schwimmerin (New York 23. 10. 1906).
1922/23 war sie die beste Schwimmerin der Welt; sie hielt alle Rekorde bis 500 m. 1925 wurde sie Berufsschwimmerin und Schwimmlehrerin. 1926 gelang es ihr nach mehreren vergeblichen Versuchen, als erste Frau den Ärmelkanal zu durchschwimmen. Trudy, wie sie genannt wurde, brauchte dazu vierzehneinhalb Stunden und war schneller

als die fünf Männer, die vor ihr den Kanal durchquert hatten. Ob London oder Paris, überall lagen Trudy die Menschen zu Füßen. Auf dem Rückweg nach New York wurde ihr Schiff von Sirenen und Dampfersignalen im Hafen begrüßt. Es folgten offizielle Empfänge und Ehrungen. Der Preis des Ruhms war allerdings hoch: Der lange Aufenthalt im Salzwasser verursachte Gehörschäden bis zur Taubheit. Die Wasserrevue, bei der sie unter Vertrag war, verklagte sie, weil sie nach der Diagnose ihrer Krankheit das Bassin zerschlagen hatte, die Ärzte verlangten horrende Honorare, und der Börsenkrach raubte ihr das letzte Geld. Sie fand Arbeit in einer Flugzeugfabrik und verletzte sich so schwer, daß sie fast völlig gelähmt war und für etwa fünf Jahre in einem Streckverband liegen mußte. Nach jahrelangem Training lernte sie wieder gehen und schwimmen, engagierte sich im Jugendsport und für taubstumme Kinder.

Edinger, Anna, deutsche Frauen- und Friedenspolitikerin (Frankfurt/Main 1863 – Dezember 1929 vermutlich Frankfurt/Main).
Die Frankfurterin, der trotz ihrer naturwissenschaftlichen Begabung ein Studium verwehrt war, richtete ihre ganze Energie auf die Fürsorge und Sozialpolitik. Entsprechend ihrem Wahlspruch: »Du sollst an das Unmögliche glauben, es wartet auf das Werk deiner Hände« kümmerte sie sich um Kranken- und Armenpflege, setzte sich für die Einrichtung von Kinderspielplätzen und Sitzgelegenheiten für Verkäuferinnen ein, engagierte sich für Schulpflicht und Berufsberatung für Mädchen. Die Vorsitzende des »Verbandes Frankfurter Frauenvereine« wurde von der Stadt Frankfurt für ihre vielfältigen und erfolgreichen Aktivitäten ausgezeichnet; ihr Haus war Mittelpunkt des geistigen und künstlerischen Lebens ihrer Heimatstadt. Als Angehörige der »Deutschen Friedensgesellschaft« (DFG) und der »Internationalen Frauenliga für Frieden und Freiheit« (IFFF) war sie auch bemüht, vor allem die Frauen für friedenspolitisches Engagement zu gewinnen.

Edib, Halide, türkische Schriftstellerin (Istanbul 1882 – 9. 1. 1964).

Halide Edib

Im Mittelpunkt ihrer 21 Romane, der Erzählungen und Theaterstücke stehen starke Frauenpersönlichkeiten, die Verteidigung der Rechte und der Selbstbestimmung der Frauen.
In ihrem bewegten Leben war Halide E. in vieler Hinsicht eine Pionierin. Als er-

stes türkisches Mädchen absolvierte sie 1901 das »Amerikanische Mädchen-Kolleg« in Istanbul. 1908 unterstützte sie den Aufstand der Jungtürken. Sie mußte 1909 nach Ägypten fliehen. Reise nach England und Kontakt mit Feministinnen. Als ihr Ehemann 1910 eine weitere Frau heiratete, trennte sie sich sofort von ihm, nahm ihre beiden Söhne zu sich und arbeitete als Lehrerin und Inspektorin für die Mädchenbildung.

Politisch konservativ eingestellt, vertrat sie den Pantürkismus (Turanismus) und sah vorübergehend in einem amerikanischen Mandat eine Lösung für ihr Land. 1919 sprach sie auf Protestaktionen gegen die ausländische Besatzung, forderte auf einer berühmten Versammlung in Istanbul die dort anwesenden 200 000 Menschen zur Teilnahme am Befreiungskampf auf. Während des Unabhängigkeitskrieges war sie an der Seite von Mustafa Kemal an der Front und wurde mit dem Rang eines Feldwebels ausgezeichnet. In den zwanziger Jahren stand sie in Opposition zum Kemalismus und ging zusammen mit ihrem zweiten Ehemann, Dr. Adnan Adivar, auf zehn Jahre verbannt, ins Ausland. Sie lebte lange Zeit in Paris, machte ausgedehnte Reisen und war u. a. als Dozentin in den USA tätig.

1939 kehrte sie nach Istanbul zurück und wurde Professorin für Englische Philologie. Von 1950 bis 1954 gehörte Halide E. als unabhängige Abgeordnete dem türkischen Parlament an.

Ehre, Ida, deutsche Schauspielerin und Theaterregisseurin/-leiterin (Prerau/Mähren 9. 7. 1900 – 15. 2. 1989 Hamburg).

Die Tochter eines jüdischen Kantors wuchs in Wien in bescheidenen Verhältnissen auf und erhielt eine Ausbildung an der Akademie für Musik und darstellende Kunst. 1918 debütierte sie als Goethes Iphigenie. Als Schauspielerin an verschiedenen Theatern tätig. Zwölf Jahre Berufsverbot, rassische und politische Verfolgung. Auf dem Weg in die Emigration 1939 wurde sie vom Kriegsausbruch überrascht – das Schiff mußte nach Hamburg zurückkehren. Sie entging im letzten Augenblick dem Transport nach Auschwitz, während ihre Mutter und ihre Schwester in Theresienstadt starben. Nach dem Krieg war sie Leiterin der Hamburger Kammerspiele und inszenierte 1947 die aufsehenerregende Uraufführung von *Draußen vor der* Tür von Wolfgang Borchert. Die »Prinzipalin« wurde »die Mutter Courage des Theaters« genannt. Ehrenbürgerin der Stadt Hamburg. Engagiert in der Friedensbewegung.

Lit.: Ida Ehre, Gott hat einen größeren Kopf, mein Kind ..., Reinbek 1991; Verena Joos, »Mutter Courage des Theaters«, München 1999.

Einsele, Helga, deutsche Juristin und Dozentin für Kriminologie (Halle/Saale 9. 6. 1910).

Die Schülerin von Gustav Radbruch übernahm 1947 die Leitung des Frauengefängnisses in Frankfurt-Preungesheim und machte es zu einem »Musterfall der Humanisierung« im Strafvollzug. 1973 richtete sie das erste »Mutter-Kind-Haus« ein, in dem inhaftierte Frauen mit ihren kleinen Kindern zusammenleben. Sie setzte sich für eine bessere Entlohnung von Gefangenen und gegen Strafen und Vergeltungsgedanken nicht nur im Jugendstrafvollzug ein. »Im Grunde klauen alle, nur die Erwischten werden bestraft.« Bereits in den sechziger Jahren und später in den Achtzigern war sie aktiv in der Anti-

atombewegung, so auch beteiligt an der Blockade in Mutlangen. 1992 erhielt sie, die »Sozialistin, Friedensbewegte und politische Intellektuelle«, den Toni-Sender-Preis der Stadt Frankfurt/M.
Lit.: Helga Einsele, Mein Leben mit Frauen in Haft, Stuttgart 1994.

Eliot, George, englische Schriftstellerin (South Farm b. Nuneaton/Warwickshire 22. 11. 1819 – 22. 12. 1880 London).
Mary Ann Evans, Tochter eines Verwalters, mußte im viktorianischen England ihre psychologischen Sittengemälde *Adam Bede*, *Die Mühle am Fluß*, *Middlemarch* und vier weitere Romane zwar unter Pseudonym veröffentlichen, war damit jedoch sehr erfolgreich und im literarischen Betrieb hoch angesehen. Wirklich gesellschaftsfähig wurde sie aber nie, weil sie in »wilder Ehe« mit einem verheirateten Mann zusammenlebte, dem bekannten Goethe-Biographen George Henry Lewes. →Virginia Woolf charakterisierte sie als »höchst impulsiv und unausgeglichen ... ich wünschte nur, sie hätte heute gelebt und ihr wäre so der ganze Unfug erspart geblieben ... Es war für sie ein unglücklicher Umstand, die erste Frau ihres Zeitalters zu sein. Aber sie schneidet eigentlich sehr gut dabei ab.«
Lit.: Elsemarie Maletzke, George Eliot, Frankfurt/M./Leipzig 1993.

Elisabeth von Thüringen, Landgräfin (Saros Patak/Ungarn 1207 – 17. 11. 1231 Marburg/Lahn).
Ihr Vater war Andreas II. von Ungarn, ihre Mutter Gertrud von Andechs-Meeranien. Mit vier Jahren wurde sie als Verlobte des künftigen thüringischen Landgrafen Hermann auf die Wartburg geschickt. Fünf Jahre später starb Hermann; mit 14 Jahren heiratete sie dessen Bruder Ludwig und bekam im gleichen Jahr ihr erstes Kind. Ihre Berater waren Franziskaner, denen sie zu Hospitälern verhalf. Während einer großen Hungersnot 1225/1226 regierte Elisabeth – Ludwig war beim Hoftag in Cremona – , und sie zeigte sich dabei von ungewöhnlicher Großzügigkeit. Sie gab die herrschaftlichen Vorräte an die Armen, verkaufte sogar ihr Eigentum, gründete ein Hospital, in dem sie selbst pflegte. Unerhört für ihre Zeit und ihren Stand habe sie sich – so ein Chronist – mit den Dienstboten geduzt und ihren Mann in aller Öffentlichkeit bei seiner Rückkehr »tausendmal« geküßt. Ludwig starb 1227 auf einem Kreuzzug. Ein Jahr später wurde Konrad von Marburg, der oberste päpstliche Ketzerverfolger, ihr »Beschützer«, der ihr als erstes die vertrauten Hofdamen nahm. Im gleichen Jahr zog Elisabeth nach Marburg. Auch hier gründete sie ein Hospital und verschenkte einen Großteil ihres Vermögens. Bereits vier Jahre nach ihrem Tod wurde die von der Bevölkerung verehrte und geliebte Frau heiliggesprochen, die »als Angehörige des Hochadels« begonnen hatte, »die moralisch-ideologische Legitimation des Feudalismus anzuzweifeln«. (J. Kahl)

El Saadawi, Nawaal, ägyptische Ärztin, Schriftstellerin, Feministin (Kafr Tahla 27. 10. 1931).
Nach einem Studium in Kairo war sie von 1965 bis 1972 Leiterin des Gesundheitsministeriums; danach arbeitete sie als Psychiaterin und Schriftstellerin (über 28 Romane, Kurzgeschichten und Theaterstücke, darunter *Women and Sex*, 1971, *The Fall of the Imam*, 1987). Ihre Bücher wurden 1981 in Ägypten verboten. Wegen *Frauen und Sex*, das sich mit durch sexuelle Probleme verursachten Neurosen und mit Kli-

torisbeschneidung (sie war selbst Opfer dieser grausamen Sitte) auseinandersetzt, verlor sie ihre Arbeit im Gesundheitsministerium, ihre Stelle als stellvertretende Vorsitzende der ägyptischen Ärztevereinigung und ihren Posten als Chefredakteurin der Zeitschrift »Gesundheit«. Sie wurde verhaftet. Im Libanon und in Äthiopien arbeitete sie für die Vereinten Nationen. Sie ist Mitbegründerin und Präsidentin der 1982 ins Leben gerufenen AWSA (Arab Women's Solidarity Association), die sich gegen den Schleierzwang wendet, zivile Rechte auch für Frauen sowie eine Demokratisierung der arabischen Staaten fordert. Das Büro der AWSA wurde geschlossen, deren Zeitschrift verboten und deren Konto 1991 eingezogen. Ihr Motto: »Für die Entschleierung der Vernunft«. Nawaal El S. bekam mehrere Literaturpreise.

Elssler, Fanny, österreichische Tänzerin (Gumpendorf 23. 6. 1810 – 27. 11. 1884 Wien).
Sie wuchs in kleinen Verhältnissen auf; der Vater war »Leibcopist« Joseph Haydns, die Mutter Modistin. Mit zwölf Jahren tanzte sie ihre ersten Solopartien – Neapel, Berlin, Paris, Petersburg und Amerika: Die »Venus aus dem Meere« eroberte ihr Publikum mit ihrer »natürlichen« Tanzkunst. Die Universität Oxford verlieh ihr den Titel eines Doktors der Tanzkunst. Sie war eine Vertreterin des romantischen, gefühlsbetonten Stils, wurde als der »tanzende Körper mit Begierden« (Grillparzer) gerühmt. 1851 gab sie ihre Abschiedsvorstellung in Wien und stand nun als sachkundige Ratgeberin den Burgschauspielerinnen zur Seite. Auf ihrer Gedenktafel steht: »Sie ist das Lächeln ihres Jahrhunderts gewesen.«

Elsner, Gisela, deutsche Schriftstellerin und Hörspielautorin (Nürnberg 2. 5. 1937 – 13. 5. 1992 München).

Gisela Elsner

Die Tochter eines Siemens-Direktors studierte Philosophie, Germanistik und Theaterwissenschaft in Wien, gehörte wie →Ilse Aichinger und →Ingeborg Bachmann der »Gruppe 47« an. Lebte am Starnberger See, in Frankfurt, Hamburg, Rom, London, Paris, New York. Ihre schonungslose Kritik am deutschen neureichen Klein- und Spießbürgertum in der Zeit des Wiederaufbaus und der Verdrängung des Faschismus: *Die Riesenzwerge* von 1964 (übersetzt in 14 Sprachen) machten sie mit einem Male berühmt. Julius-Campe-Stipendium und Prix Formentor. Kritiker warfen dem »enfant terrible« des Bürgertums aber auch vor, daß sie als Frau ihre Gesellschaftsschicht entlarvte: »Was dem männlichen Geist zur kriegerischen Zierde gereicht, wird dem weiblichen leicht zum Makel.« (»Süddeutsche Zeitung«). Weitere Werke der »Humoristin des Monströsen, das im

Gewöhnlichen zum Vorschein« kommt (Enzensberger): *Der Nachwuchs* (1968), *Berührungsverbot* (1970), *Der Punktsieg* (1977), *Abseits* (1982), *Die Zähmung* (1984), die Geschichte einer karrieremachenden Frau und ihres Mannes, der zum Putzteufel wird, *Das Windei* (1987) und schließlich *Fliegeralarm* (1989). Daß sie in ihren Romanen über die Jahre immer kritischer mit der herrschenden Ideologie abrechnete, verzieh ihr der Literaturbetrieb nicht, ebensowenig wie ihre Absicht und Forderung, über das Anprangern gesellschaftlicher Mißstände hinaus tatsächlich Veränderungen durchzuführen (sie war Mitglied der DKP, auch über die Wende 1989 hinaus). Der Verlag, der über 25 Jahre ihre Bücher veröffentlicht hatte, wechselte den Besitzer, und eine solche Autorin paßte nicht ins Programm. Als Schriftstellerin nun völlig ins Abseits gestellt, fast mittellos, nach einem vergeblichen Versuch, in Ost-Berlin eine neue Heimat zu finden, nahm sich Gisela E. mit einem Sprung aus einem Hochhaus das Leben. August Kühn in einem Nachruf: » ... eine lang dauernde Hinrichtung, die, lange aufgeschoben, mit einigen Brosamen, endlich vollzogen war.«

Ernst, Helen, deutsche Graphikerin, Widerstandskämpferin (Athen 10. 3. 1904 – 26. 3. 1948 Schwerin).
Sie war die nichteheliche Tochter des Sekretärs des Kaiserlichen Konsulats in Athen, Otto Ernst, und seiner Hausangestellten, der Verkäuferin Bernardine Ebermann. Die Mutter wurde ihr weggenommen. Sie pendelte »seit dem 4. Lebensjahr zwischen Italien, der Schweiz und Deutschland hin und her«. In Stuttgart besuchte sie die Evangelische Höhere Töchterschule, in Berlin die Haushaltungsschule des Lette-

Helen Ernst

Vereins. Bruch mit dem Vater. Studium der Künste. In Berlin war sie Lehrerin an einer Kunstgewerbe- und Handwerksschule, zugleich freiberuflich für die Presse als Zeichnerin tätig, darüber hinaus als Graphikerin, Kostümberaterin und Modeberaterin. Sie engagierte sich in der KPD, wurde 1933 von der Gestapo verhaftet, emigrierte in die Niederlande, wo sie 1940 wegen »antideutscher Hetzpropaganda« erneut verhaftet wurde. Sie überlebte vier Jahre Ravensbrück, zerbrach jedoch später daran sowie an den Verdächtigungen, denen sie in der damaligen SBZ ausgesetzt war (die Rehabilitation kam zu spät). Ihre Zerrissenheit kommt in ihrem Werk zum Ausdruck: von den leichten Modezeichnungen zu den schweren Darstellungen des KZ-Alltags.
Lit.: Helen Ernst, Graphik und Zeichnungen, 1904-1948, Berlin – Amsterdam – Ravensbrück. Stationen einer antifaschistischen Künstlerin, Das Verborgene Museum, Berlin 1994.

Erxleben, Dorothea Christiane, deutsche Ärztin (Quedlinburg 13. 11. 1715 – 13. 6. 1762)
Der Vater, Christian Polykarp Leporin, Stadtphysikus, unterrichtete sie in Latein sowie praktisch und theoretisch in

Medizin. Ein Studium war Frauen verwehrt, weil »Weibspersonen von allen bürgerlichen und öffentlichen Bedienungen ausgeschlossen seyn und daher kein obrigkeitliches Amt führen sollen«. Friedrich II. persönlich erlaubte ihr aufgrund ihrer Eingabe in »verehrungsvollen« Versen das Studium und später auch die Promotion. Sie heiratete den Diakon Johann Christian E., einen Witwer mit vier Kindern. Ihre erfolgreiche Praxis in Quedlinburg erregte die Mißgunst der dortigen Ärzte, die ihr jegliche Berechtigung dazu absprachen. Dorothea E. promovierte 1754 in Halle als erste Frau in Deutschland zum Doktor der Medizin. Autorin der Schrift *Gründliche Untersuchung der Ursachen, die das weibliche Geschlecht vom Studieren abhalten*.

Etzdorf, Marga von, deutsche Fliegerin (Berlin 1. 8. 1907 – 28. 5. 1933 Aleppo/Syrien).
Ihr Grabstein auf dem Berliner Invalidenfriedhof trägt die Inschrift: »Der Flug ist das Leben wert!« Sie stammte aus einer Soldatenfamilie, besuchte die Fliegerschule in Berlin-Staaken. Die Trägerin der insgesamt nur sechsmal vergebenen Goldenen Ehrenplakette des deutschen Aero-Clubs gehörte zur Crème de la crème der deutschen Sportfliegerinnen. Berühmt geworden war sie durch ihre Langstreckenflüge, u. a. von Berlin nach Konstantinopel und nach Tokio. 1933 startete sie mit ihrer kleinen Sportmaschine »Kiek in die Welt« von Berlin aus zu einem Flug nach Australien. Nach einer Bruchlandung beging sie einen Tag später Selbstmord.
Lit.: Marga von Etzdorf, Kiek in die Welt. Als deutsche Fliegerin über drei Erdteile, Berlin 1931.

Export, Valie, eigentlich Waltraud Höllinger, österreichische Performance- und Multimedia-Künstlerin (Linz 17. 5. 1940).
Kunstgewerbeschule in Linz, Design-Diplom in Wien 1964. 1965 bis 1968 arbeitete sie als Komparsin, im Skript und Schnitt beim Film. 1967 begann sie, jetzt Valie E., mit ihren Performances. Spektakuläres Aufsehen erregte sie z. B., als sie 1968 in einer Aktion gegen patriarchalische Strukturen einen Kollegen am Hundehalsband durch Wien führte. Oder ihr »Tapp- und Tastkino«: Für ein bißchen Kleingeld ließ sie ihre in einem Kasten verborgenen Brüste betasten. Einzige Frau in der »Wiener Gruppe« und bei den Aktionisten um Muehl und Nitsch. Gastprofessuren an europäischen und amerikanischen Universitäten. 1977 Teilnehmerin der 6. documenta in Kassel und 1980 der Biennale in Venedig, Gabriele Münter-Preis 1997. Die Feministin war Professorin an der Universität von Wiscounsin/USA, an der Hochschule der Künste, Berlin, und hat jetzt eine Professur an der Kunsthochschule für Medien in Köln inne. Sie glaubt »auf jeden Fall, daß einer der wichtigsten Momente von Kunst darin besteht, gesellschaftskritische Visionen zu schaffen«.

Exter, Alexandra, russische Künstlerin (Belostok b. Kiew 18. 1. 1882 – 17. 3. 1949 Paris).
Alexandra Alexandrowna Grigorowitsch studierte Kunst in Kiew, ab 1908 Studienreisen nach Paris und in weitere europäische Großstädte. 1912 Übersiedlung nach St. Petersburg, Verbindung zur russischen und westeuropäischen Avantgarde. 1918 Eröffnung eines eigenen Studios in Kiew, Schule vieler später berühmt gewordener Künstler/innen, mit denen sie große su-

prematistische Kunstwerke, so etwa Propaganda-Dampfer, gestaltete. Unterricht an der Moskauer »Wchutemas«, Lehrerin an der Pariser Akademie für zeitgenössische Kunst. Sie entwarf Textilien, Kostüme, Theater- und Filmdekorationen, so z. B. 1924 für den Film *Aelita* und die Dekoration für die erste Moskauer Landwirtschafts- und Handwerksausstellung. Im gleichen Jahr emigrierte sie nach Frankreich, gestaltete dort weiterhin Entwürfe für Mode, für Innenarchitektur, für das Theater, das Ballett und den Film, sie illustrierte Bücher und gestaltete Marionetten. Viele Ausstellungen in Rußland, USA, Frankreich und Italien.

Eysoldt, Gertrud, deutsche Schauspielerin (Pirna 30. 11. 1870 – 6. 1. 1955 Ohlstadt/Oberb.).
Die »kluge und fanatisch arbeitende Künstlerin« begann ihre Laufbahn am ehemaligen Hoftheater München. Ausgezeichnete Darstellerin komplizierter Charaktere wie der »Lulu« und der »Salome«. Die Avantgardistin des Theaters wurde Bühnenleiterin am Kleinen Schauspielhaus Berlin und Ehrenmitglied des Deutschen Theaters, wo sie ab 1905 arbeitete. Beteiligung am Aufruf für die Fürstenenteignung im März 1926. Sie war, so der Schauspielerkollege Eduard von Winterstein, »eine der eigenwilligsten, absonderlichsten Schauspielerinnen, fern aller Schablone, aber auch fern aller Tradition und Konvention«. Die Stadt Bensheim verleiht seit 1986 den Gertrud-Eysoldt-Ring für herausragende Theaterarbeit.

F

Fallaci, Oriana, italienische Journalistin und Autorin (Florenz 29. 6. 1930).
Bereits mit 17 Jahren schrieb sie für eine Tageszeitung. Nach einem Studium der Medizin wurde sie Journalistin und Reporterin, sie reiste in fast alle Länder der Welt. 1967 und 1968 war sie im Krieg in Vietnam. »Ich bin hier im Krieg, weil ich ihn begreifen will.« 1969 veröffentlichte sie das Kriegstagebuch *Wir, Engel und Bestien* (dt. 1970). »Eine lange Zeit in meinem Leben krankte ich an Heldentum, und hier in Vietnam bekam ich einen Rückfall, doch jetzt habe ich mir geschworen, es von mir zu weisen. Akzeptiert man das Heldentum, akzeptiert man auch den Krieg. Und den Krieg darf und kann und will ich nicht akzeptieren.« Weitere Bücher, die Aufsehen erregten: *Briefe an ein nie geborenes Kind* (1976) und *Ein Mann* (1980). Oriana F. erhielt für ihr Werk zahlreiche Preise, darunter den Hemingway-Literaturpreis.

Farmer, Frances, US-amerikanische Film- und Theaterschauspielerin (Seattle 14. 9. 1914 – 1. 8. 1970 Indianapolis).
Die aus einer Mittelschichtfamilie stammende Frances engagierte sich als Studentin für die Rechte der Arbeiter, wofür ihr eine kommunistische Wochenzeitung 1935 eine Reise in die Sowjetunion schenkte: ein Skandal. Von Paramount-Talentsuchern entdeckt, bekam sie 1936 ihre erste Hauptrolle und ihr Image als »neue Garbo«. In schneller Folge drehte sie vier Kinofilme und stieg zum Star auf. Sie fühlte sich nicht wohl in Hollywood, wollte die typischen Klischees nicht erfüllen und floh nach New York, um Theater

zu spielen. Trotz großen Erfolges mußte sie zurück nach Hollywood, um ihre Verträge zu erfüllen. Eine Zeit der Zerrissenheit, Pendeln zwischen Theater und Film, Mißerfolge. Dazu eine gescheiterte Ehe, ein Schwangerschaftsabbruch. Frances griff zu Alkohol und Tabletten, hatte Depressionen. 1942 wurde sie von der Polizei wegen Trunkenheit am Steuer verhaftet und bekam, da sie randaliert hatte, 180 Tage Haft zur Bewährung. 1943 verpaßte sie einer Studiofriseuse eine Ohrfeige und sollte die Haft nun absitzen. Ein Psychiater überzeugte den Richter davon, daß Frances manisch-depressiv war; sie kam in eine Heilanstalt und wurde einer Insulinschockbehandlung ausgesetzt.
Frances konnte zu ihrer Mutter fliehen und sagte ihr, daß sie nie wieder einen Film drehen wollte. Jetzt war auch für die ehrgeizige Mutter klar: Ihre Tochter mußte verrückt sein. Sie erwirkte vor Gericht, daß Frances für unzurechnungsfähig erklärt wurde, ließ sie in eine Irrenanstalt einliefern. Ein siebenjähriges Martyrium: Elektroschocks, Eiswasserbäder, Zwang zur Prostitution. Und immer noch rebellierte Frances. Dann die Lobotomie, eine Gehirnoperation, die Menschen zu gefühllosen Zombies macht. Als sie 1950 endlich entkam, waren ihre Persönlichkeit und ihr Leben zerstört. 1973 stieß ein Reporter durch alte Filme auf die vergessene rätselhafte Schöne und verfolgte ihr Schicksal. 1982 wurde ihr Leben verfilmt: Hollywood hatte sie wieder.
Lit.: Frances Farmer, Will there really be a morning?, New York/London 1972.

Faßbinder, Klara-Marie, deutsche Wissenschaftlerin und Pazifistin (Trier 15. 2. 1890 – 4. 6. 1974 Bonn).
Die Tochter eines Schulrats, hochbe-

Klara-Marie Faßbinder

gabt, mit glänzendem Abitur und Promotion zum Doktor der Philosophie summa cum laude, wurde im ersten Weltkrieg nach einer kurzen Phase als »Nationale« Kriegsgegnerin und die Aussöhnung mit dem »Erbfeind Frankreich« ihre Herzenssache. Für eine solche Pädagogin war unter dem Hitlerregime kein Platz. Sie schlug sich als freie Schriftstellerin durch, übersetzte Paul Claudels Werke, was ihr, allerdings um Jahrzehnte verspätet, hohe Ehren einbringen sollte. Als ihr 1966 der französische Orden »Les Palmes Académiques« verliehen werden sollte, verweigerte der damalige Bundespräsident Heinrich Lübke seine Zustimmung. Erst drei Jahre später revidierte Gustav Heinemann diese skandalöse Entscheidung. 1947 gründete sie in Paris die internationale Organisation »Mouvement mondial des mères« (MMM), und seit 1945 war sie Professorin für Geschichte in Bonn, vermittelte ihren Student/innen ein konkretes Bild der faschistischen Diktatur, ihrer Ursachen und Verbrechen. Sachkundig wandte sie sich gegen die von Konrad Adenauer betriebene »Politik der Stärke«. Sie mahnte zur Verständigung mit dem Osten und arbeitete »natürlich und selbstverständlich« mit Kommunist/innen zusammen, »wenn es die Sache erforderte«. Die überzeugte Christin war Mitbegründerin, Herz und Motor der »Westdeutschen Frauenfriedensbewegung« (WFFB). Das politische Engagement hatte Folgen: 1953 wurde sie amtsenthoben, 1954 ohne Rechtsgrundlage in den Ruhestand versetzt. Sie schwor jedoch nicht ab: Beim Ostermarsch, im Kampf gegen die Notstandsgesetze und bei Demonstrationen für bessere Bildungschancen und mehr Demokratie stand das »Friedens-Klärchen« an der Seite der Jugend. Bei den ersten Frauengruppen, die zu den Konzentrationslagern Auschwitz, Majdanek, Lidice und Oradour fuhren, war sie dabei. Daß solches Grauen sich nie wiederhole, daß »etwas mehr Güte und Verständnis in der Welt sei«, daß der Frieden eine Chance erhält, dafür hat die streitbare und friedfertige Professorin ein Leben lang unbeirrt all ihre Fähigkeiten eingesetzt.

Fawcett, Millicent Dame, geb. Garrett, englische Suffragette (Aldeburgh/Suffolk 11. 6. 1847 – 5. 8. 1929 London).
Früh engagierte sich die Schwester von →Elizabeth Garrett Anderson in der Stimmrechtsbewegung und wurde Führerin des gemäßigten Flügels. Sie gründete das zweite Frauen-Universitätscollege in Cambridge, reiste 1901 mit einer Frauendelegation nach Transvaal, um die sanitären Verhältnisse in den Konzentrationslagern des Lord Kitchener zu verbessern. Von 1897 bis 1918 war sie Vorsitzende der »National Union of

Dame Millicent Fawcett

Women's Suffrage Societies«. Mit 80 Jahren reiste sie nach Ceylon, um den Emanzipationskampf der Frauen dort zu unterstützen. Ihre Tochter Philippa erzielte in Cambridge 1890 die besten Ergebnisse in Mathematik.

Fénelon, Fania, französische Musikerin und Komponistin (3. 9. 1920 – 26. 12. 1983 Paris).
Sie engagierte sich 1940 in der Résistance und wurde in die Konzentrationslager Ravensbrück, Bergen-Belsen und Auschwitz-Birkenau verschleppt. Dort gab es, zur »Erbauung« des Lagerkommandanten und Dr. Mengeles, ein Mädchenorchester, zusammengestellt aus 16 – 20jährigen weiblichen Häftlingen, dirigiert von Gustav Mahlers Nichte, Alma Rosé. Fania F. war mit → Esther Bejarano eine der wenigen Über-

lebenden. Ihr Bericht *Das Mädchenorchester von Auschwitz* (1980) wurde auch bei uns bekannt durch die Verfilmung mit →Vanessa Redgrave. Sie war Preisträgerin des Conservatoire de Paris.

Figner, Wera Nikolajewna, russische Revolutionärin (Nikiforowo/Kasan 24. 1. 1852 – 16. 6. 1942 Moskau).

Wera Figner

Die Arzthelferin und Hebamme ging als eine der ersten Russinnen der Oberschicht nach Zürich, um Medizin zu studieren. Von den Kommiliton/innen erfuhr sie von den Ideen des Sozialismus. Nach ihrer Rückkehr nach Rußland trat sie dem revolutionären Geheimbund »Narodnaja Wolja« (Volkswillen) bei und beteiligte sich 1881 am Attentat auf Zar Alexander II. Vier ihrer Kampfgefährten starben am Galgen, darunter →Sofia Perowskaja als die erste Frau, die aus politischen Gründen in Rußland hingerichtet wurde. Vera F. konnte fliehen und war zwei Jahre lang im Untergrund politisch aktiv, bis sie 1883 gefaßt, zum Tode verurteilt, jedoch zu lebenslanger Haft begnadigt wurde. Nach 21 Jahren Kerkerhaft in der berüchtigten Festung Schlüsselburg folgte die Verbannung, und erst 1917 konnte sie nach Rußland zurückkehren. In ihren Erinnerungen schrieb sie: »Der Preis, den ich zahlen mußte, war nicht zu hoch.«
Lit.: Wera Figner, Freiheit oder Tod. Nacht über Rußland, Jossa 1978.

Fini, Leonor, italienische Malerin (Buenos Aires 30. 8. 1918 – 18. 1. 1996 Paris).
Ihre Eltern waren spanischer, italienischer und argentinischer Herkunft. Aufgewachsen war sie in Triest, sie studierte die Renaissance- und manieristische Malerei und die der Prärafaeliten. Erste Ausstellungsbeteiligung und Auftragsarbeiten mit 17 Jahren. 1936 ging sie nach Paris. Kontakte und Freundschaften mit Dichtern und Künstlern wie P. Eluard, M. Ernst und R. Magritte. Beteiligung an den Ausstellungen der Surrealisten. 1939 erste Einzelausstellung in New York. Während des Krieges lebte sie in Monte Carlo und in Rom, kehrte 1946 nach Paris zurück. Sie malte, entwarf Theater- und Ballettdekorationen und -kostüme, so z. B. für Stücke von Anouilh, Genet und Balanchine, und Illustrationen für Bücher von Cocteau und Audiberti. Viele Einzelausstellungen in England, Japan, Frankreich, Italien und den USA. Sie lebte und arbeitete abwechselnd in Paris und im Loiretal. Ihre surrealistischen Bilder mit traumhaften, mystischen Zwitterwesen aus Frau und Katze haben sie weltberühmt gemacht.

Finnbogadottir, Vigdis, isländische Politikerin (Reykjavik 15. 4. 1930). Studium der Theaterwissenschaften, der französischen und englischen Sprache in Kanada, Paris und Island. Sie arbeitete als Französischlehrerin, als Hochschuldozentin für französisches Drama und isländische Kultur und leitete 1972 bis 1980 das Reykjaviker Theater. 1980 wurde die erste nicht parteigebundene Kandidatin das erste weibliche Staatsoberhaupt der heutigen Welt, 1984 und 1988 (mit 92,7 Prozent) wiedergewählt. Die Gegnerin der NATO setzt sich insbesondere für den Erhalt der isländischen Kultur und für die Gleichberechtigung der Frau ein. 1975 und 1985 beteiligte sich Vigdis F. am Generalstreik der Isländerinnen »im Haus und außer Haus«.

First, Ruth, südafrikanische Journalistin und Apartheid-Gegnerin (Johannesburg 4. 5. 1925 – 17. 8. 1982 Maputo/Moçambique).
Die weiße Sozialwissenschaftlerin und Publizistin, eine der führenden Frauen im Widerstand gegen die Apartheid, war engagiert in der Kommunistischen Partei und im ANC; ihr wurde Berufsverbot auferlegt. Sie wurde mehrmals verhaftet und durch eine Briefbombe in Maputo ermordet. Ihr Mann, Joe Slovo, war jahrelang das einzige weiße Mitglied des ANC-Exekutivkomitees. Ihre Lebensgeschichte wurde 1988 verfilmt, unter dem Titel: *Zwei Welten – A World Apart*, nach einem Drehbuch ihrer Tochter Shawn Slovo.
Lit.: Ruth First, Gefangener Mut – 117 Tage in einem südafrikanischen Gefängnis, Frankfurt/M. 1991.

Fittko, Lisa, deutsche Widerstandskämpferin (Uzhorod/Rußland 23. 8. 1909).
Sie wuchs in Budapest und Wien auf. Als sie 12 Jahre alt war, verließ ihre Familie Wien und ging nach Berlin. Der Vater war Pazifist; einer seiner Freunde war Erich Mühsam. »Mein Vater schrieb damals gegen das ›Ignorieren‹. Das weiß ich noch, weil er mir genau erklärte: Wenn man nichts dagegen (gegen das Ignorieren des Antisemitismus, d. A.) tut, läßt man es blühen und gedeihen. Aus dem Wegschauen kann Mithelfen werden. Das und noch vieles andere gehört zu den Erinnerungen, die mich ins Exil begleiteten und die manchmal auch halfen, den Weg zu weisen.« Lisa F. mußte aufgrund ihrer antifaschistischen Tätigkeit und jüdischen Herkunft Deutschland verlassen und ging 1933 in die Tschechoslowakei, um später in der Schweiz, in Holland und in Frankreich im Widerstand zu kämpfen. Sie wurde als »feindliche Ausländerin« im französischen Frauenlager Gurs interniert. Sie konnte nach Marseille entkommen und war dort aktiv bei der Fluchthilfe – sie brachte etwa hundert Flüchtlinge, unter ihnen den Philosophen Walter Benjamin, über die Pyrenäen an die spanische Grenze. Sie selbst flog 1941 nach Kuba. Heute lebt Lisa F. in Chicago und ist aktiv in der Friedensbewegung.
Lit.: Lisa Fittko, Mein Weg über die Pyrenäen, Ravensburg 1992; dies., Solidarität unerwünscht. Erinnerungen 1933 – 1940, München/Wien 1991.

Fitzgerald, Ella, US-amerikanische Jazzsängerin (Newport News/Virginia 25. 4. 1918 – 15. 6. 1996 Beverly Hills).
Eigentlich wollte sie Tänzerin werden, und ist doch eine der ganz großen Musikerinnen geworden. Ihre Stimme nimmt es mit jedem Instrument auf, den Scatting-Gesang hat sie zu einem Höhepunkt geführt. Sie musizierte,

sang, improvisierte mit den Besten ihrer Zeit, mit Gillespie, Parker, Basie. Für sie, »die musikalisch außerhalb jeder Kategorie steht«, haben Komponisten wie George Gershwin oder Cole Porter geschrieben. Ella F. nahm unzählige Platten auf, sie erhielt die Ehrendoktorwürde der Yale University und ist bis zuletzt eine stimmgewaltige Jazzerin geblieben, die das Urteil bekräftigt, daß »nur Schwarze Jazz singen können«.
Ella Fitzgerald wird »immer die Größte bleiben« (Oscar Peterson).
Lit.: Jim Haskins, Sing me a swing song and let me dance. Ella Fitzgerald, Die First Lady des Jazz, St. Ändrä-Wördern 1992.

Fleißer, Marieluise, deutsche Schriftstellerin (Ingolstadt 22. 11. 1901 – 1. 2. 1974)
Die Tochter eines Kaufmanns studierte Theaterwissenschaft, Germanistik und Philosophie in München, lernte über Lion Feuchtwanger die Literatenszene kennen und traf auf Bert Brecht. »Natürlich war es gefährlich, der Mann saugte sie auf. Sie hätte sich widersetzen müssen, dafür war sie zu jung. Sie grenzte sich noch nicht ab. ... der Mann war eine Potenz, er brach sie sofort. Es würde sich zeigen, ob sie es überstand, wenn nicht, war sie es eben nicht wert«, schrieb sie in der autobiographischen Erzählung *Avantgarde* (1962) über ihre Beziehung zu Brecht. 1926 wurde ihr Stück *Fegefeuer in Ingolstadt* in Berlin uraufgeführt, wo sie einige Zeit lebte. 1928 Uraufführung von *Pioniere in Ingolstadt* in Dresden und 1929 Premiere in Berlin unter der Regie Brechts, die einen Skandal hervorrief. Verlobung mit dem sie ausnutzenden und unterdrükkenden Journalisten und Dichter H. Draws-Tychsen. Trennung 1935 und Heirat mit B. Haindl, eine Vernunftehe. Ihre Bücher wurden inzwischen verbrannt, sie galten als »zersetzendes Schrifttum«. Sie arbeitete im Tabakladen ihres Mannes, und heimlich schrieb sie. Trotz ihres schlechten physischen und psychischen Zustandes wurde sie noch in den letzten Kriegsjahren in einer Munitionsfabrik dienstverpflichtet. 1950 die kaum beachtete Uraufführung ihres Stücks *Der starke Stamm* in München. Von 1952 an mußte sie hohe Schulden ihres Mannes mit abarbeiten; als dieser im Januar 1958 starb, blieb ihr nicht viel. Herzinfarkt wenige Tage später, von dem sie sich erholte, so daß sie weiter schreiben konnte. Mitte der sechziger Jahre wurden ihre Werke vor allem dank R. W. Fassbinders Fleißer-Collage *Zum Beispiel Ingolstadt* wiederentdeckt, und seit Anfang der Siebziger sind ihre Stücke erneut auf bundesdeutschen Bühnen zu sehen. »Ihr Schreiben galt den jungen Frauen und Mädchen, den in der Liebe zu kurz Gekommenen, den immer Zurückgesetzten und Ausgenutzten. Ihr Werk spiegelt die Welt der Kleinbürger von innen, eine Welt, in der zuerst das Geschäft kommt und dann die Lust. ... Marieluise Fleißer zeigt, wie das aussieht: die rücksichtslose Nutzbarmachung der Frauen zu geschäftlichen und geschlechtlichen Zwecken.« (Jürgen Serke)
Lit.: Jutta Sauer, Etwas zwischen Männern und Frauen. Die Sehnsüchte der Marieluise Fleißer, Köln 1991.

Flynn, Elizabeth Gurley, US-amerikanische Gewerkschafterin (Neuengland 7. 8. 1890 – 5. 9. 1964 Moskau).
Von ihren Feinden gehaßt und gefürchtet – »Die schreckliche sozialistische Rednerin Miss Flynn« (New York Times), von anderen geliebt und bewundert – »Die heilige Johanna von East Side«, so Theodor Dreiser. Sie

stammte aus einer Familie irischer Einwanderer. Die Mutter, Schneiderin, trat früh für die Gleichberechtigung der Frau ein. Der Vater arbeitete zunächst im Steinbruch, wurde dann Ingenieur. Das Elternhaus war sozialistisch orientiert: »Schon als Kinder lernten wir, ungerechte Kriege zu hassen, die anderen Völkern Land und Rechte raubten.« Zwei Bücher beeinflußten das 15jährige Mädchen: *Die Verteidigung der Rechte der Frau* von →Mary Wollstonecraft und Bebels *Die Frau und der Sozialismus*. Mit 15 Jahren hielt sie ihre erste öffentliche Rede zum Thema: »Was wird der Sozialismus den Frauen bringen ...« Als Rednerin auf Straßenversammlungen fühlte sie sich »wie ein Fisch im Wasser«. 1906 – sie war 16 Jahre alt – begann ihre gewerkschaftliche Karriere. Sie war Agitatorin und Streikleiterin bei der Gewerkschaft »Industrial Workers of the World« bis 1918. Sie leitete u. a. den erfolgreichen Streik der Textilarbeiterinnen 1911 (dort entstand das Lied *Brot und Rosen*); in Lawrence organisierte sie den »Kreuzzug der Kinder«. »Die Kämpfe«, so schrieb sie in ihrer Autobiographie, »für ein paar Cent mehr Lohn, für ein paar Minuten weniger Arbeit waren lang und erbittert.« Sie engagierte sich für das Frauenwahlrecht, für die Verteidigung der bürgerlichen Freiheiten und Rechte der Arbeiter/innen und der Schwarzen. Mitte der zwanziger Jahre ging sie »gänzlich im Kampf für die Befreiung Saccos und Vanzettis auf«. Sie wurde Vorsitzende der Kommunistischen Partei.
Ihr Ziel, für das sie mehrere Jahre ins Gefängnis ging, war: »Frieden auf Erden und ein Amerika, das frei ist von Elend, Ausbeutung, Habgier und Ungerechtigkeit.«
Lit.: Elizabeth Gurley Flynn, Das Rebellenmädchen, Berlin 1958.

Elizabeth Gurley Flinn

Fonda, Jane, US-amerikanische Schauspielerin (New York City 21. 12. 1937). Sie wuchs in einem schwierigen Elternhaus als verwöhntes Kind auf, mit einem berühmten Vater und einer Mutter, die sich umbrachte. Jahrelang litt sie an Bulimie. Die »Lady der Widersprüche« wurde nach einem Kunststudium in Paris Schauspielerin. Sie wirkte mit in Filmen wie *Cat Ballou*, *Nur Pferden gibt man den Gnadenschuß*, *Das China-Syndrom*, *Barbarella*. Sie engagierte sich für die Indianer und gegen den Vietnamkrieg: »Ich wurde 32 ... und entdeckte, daß ich 32 Jahre meines Lebens vergeudet hatte. Ich kam zu der Erkenntnis durch den Krieg, durch die Art von Fragen, die uns der Vietnamkrieg aufzwingt, wer wir denn sind, was unser Land bedeutet und was wir tun.« Sie geriet ins Visier des FBI und des Geheimdienstes. Daraufhin bekam

sie in Hollywood keine Rollen mehr. Ein Jahrzehnt später wurde sie erfolgreiche Filmmagnatin, millionenschwere Businesswoman (»Aerobic«). Ende der achtziger Jahre engagierte sie sich erneut für die Indianer und für jüdische Dissidenten in der Sowjetunion.
»Wir gehen mit der Erde um, als hätten wir eine zweite im Koffer.«
Lit.: Jane Fonda. Eine intime Biographie von Bill Davidson, Berlin 1995.

Fonseca, Eleonora, geb. Pimentel, Marquise, italienisch-portugiesische Schriftstellerin und Jakobinerin (Rom 13. 1. 1752 – 20. 8. 1799 Neapel).
Sie stammte aus einer adligen Familie – der Vater war Portugiese spanischer Herkunft –, die 1760 nach Neapel zog. Konvenienzehe mit dem Marquis Fonseca – Trennung. Beim Scheidungsprozeß versuchte man, sie als »Verrückte« darzustellen. Die hochbegabte Eleonora F. verkehrte in den literarischen Salons ihrer Zeit, begeisterte sich für die Französische Revolution, gründete und leitete die politische Zeitung »Il Monitoro napoletano«. Nach dem Sturz der Republik wurde sie gehängt. In ihrer Biographie (*La vie passionnée d'Eleonora Fonseca Pimentel dans la révolution napolitaine*) bezeichnete sie Maria Antonietta Macciocchi als »Gelehrte und Dichterin ... Märtyrerin der Freiheit«.

Forest, **Eva**, katalanische Freiheitskämpferin (Barcelona 3. 4. 1928).
Der Vater war ein spätimpressionistischer Maler, Anarchist. Sechs Jahre studierte sie Medizin in Madrid, dann arbeitete sie in einer psychiatrischen Privatklinik. 1955 heiratete sie ihren »Companero« Alfonso Sastre, den späteren spanischen Nationalpreisträger für Theater. 1963 wandte sie sich mit anderen Intellektuellen an die Öffentlichkeit, um gegen die Folterung von Bergarbeitern in Asturien zu protestieren. Eva F. ging zusammen mit 500 Frauen an die Öffentlichkeit. Ihr Buch *Operation Menschenfresser* (1974) über ein ETA-Kommando gegen den designierten Nachfolger Francos, Admiral Carrero Blanco, machte sie verdächtig. Sie saß von 1974 bis 1977 im berüchtigten Yeseria-Gefängnis bei Madrid, wo sie schwer gefoltert wurde. Darüber schrieb sie das *Tagebuch und Briefe aus einem spanischen Gefängnis* (1975) und *Zeugnisaussagen vom Kampf und vom Widerstand* (1977). Heute engagiert sich die Schriftstellerin und Verlegerin in den baskischen Komitees gegen Folter und für die Amnestie politischer Gefangener.

Eva Forest

Frank, Anne, deutsche Autorin des »Tagebuchs« (Frankfurt/M. 12. 6. 1929 – März 1945 Bergen-Belsen).
Die Händlerfamilie Frank mußte aus Nazi-Deutschland fliehen und emigrierte nach Holland, wo sie sich ab Juli 1942 in Amsterdam vor der Gestapo versteckte. Die 13jährige Anne schrieb ihr Tagebuch auf dem Dachboden des Hauses an der Prinsengracht. Die Familie wurde 1944 denunziert und nach Auschwitz deportiert. Anne F. starb, zusammen mit ihrer Schwester, im KZ Bergen-Belsen an Typhus. Ihr Tagebuch

mit einer Auflage von insgesamt 25 Millionen Exemplaren ist in 60 Sprachen übersetzt, verfilmt und als Theaterstück aufgeführt worden. Am 11. April 1944 notierte sie in ihrem Heft: »Einmal wird dieser schreckliche Krieg doch vorbeigehen, einmal werden wir doch wieder Menschen und nicht nur Juden sein.«
Lit.: Anne Franks Tagebuch, Fassung von Otto Frank und Mirjym Pressler, Frankfurt/M. 1991; Miep Gies, Meine Zeit mit Anne Frank, Bern 1987.

French, Marilyn, US-amerikanische Autorin und Feministin (New York 21. 11. 1929).
Literaturstudium, Promotion über *Ulysses* von James Joyce. Seit 1964 ist sie Dozentin für englische Literatur, u. a. in Harvard. Bereits ihr erster Roman *Frauen* wurde ein Welterfolg. Es folgten *Das blonde Herz, Tochter ihrer Mutter, Jenseits der Macht. Frauen, Männer und Moral.* 1992 veröffentlichte sie ihre Untersuchung der Frauenunterdrückung in der Geschichte und heute: *Der Krieg gegen die Frauen* – »eine Anklageschrift gegen unsere Kultur und ihre Werte«. »Ziel dieses Krieges ist es«, so Marilyn F., »die Herrschaft der Männer über den weiblichen Körper, insbesondere über seine sexuellen und reproduktiven Fähigkeiten, sowie über die weibliche Arbeitskraft wieder zu behaupten und zu festigen.«

Freund, Gisèle, deutsch-französische Fotografin und Internationalistin (Berlin 19. 12. 1908).
Gisèle F. begann schon als 14jährige zu fotografieren. Obwohl ihre kreativen, künstlerischen Neigungen überwogen, studierte sie ab 1931 Soziologie und Kunstgeschichte in Freiburg, ab 1932 an der Universität Frankfurt u. a. bei K. Mannheim, T. W. Adorno und N. Elias. Der Jüdin, Mitglied des sozialistischen Studentenbundes, gelang 1933 unter abenteuerlichen Umständen die überstürzte Flucht nach Paris. In ihrem Gepäck: eine Kamera und ein belichteter Film von dem Überfall eines Terrorkommandos der Nazis auf eine Studentengruppe. Die Autodidaktin verdiente ihren Lebensunterhalt mit Fotoreportagen und beendete 1936 ihre Dissertation *Zur kulturgeschichtlichen Bedeutung der Photographie*, die später zu einem Standardwerk der Fotografie wurde. Zwischen 1935 und 1940 (seit 1938 in Farbe) entstanden ihre berühmten Porträts von Schriftstellern und Intellektuellen sowie ab 1939 Arbeiten u. a. für »Time Magazine«, »Life«, »Vu«, »Paris Match«. 1940 floh sie wieder vor den Nazis, zunächst nach Südfrankreich, 1942 nach Argentinien, wo später u. a. ihr beeindruckender Bildbericht über Evita Perón entstand. Seit 1950 in Mexiko, erhielt sie wegen freundschaftlicher Beziehungen zu kommunistischen Künstler/innen in den fünfziger Jahren Einreiseverbot in die USA und wurde 1954 von der Fotografenvereinigung »Magnum«, der sie seit 1947 angehörte, ausgeschlossen. Neben vielen Porträts machte sie in den folgenden Jahrzehnten auch Fotoreportagen u. a. in Japan, dem Nahen Osten und den USA. Nach zahlreichen Ausstellungen in Frankreich und Südamerika wurden ihre Fotografien 1963 auch in Berlin ausgestellt und langsam in Deutschland wiederentdeckt. 1987/88 hielt sie sich zu einem Studienjahr in den USA auf, um ihre Forschungen zum Thema »Fotografie und Gesellschaft« fortzusetzen. Ihre Kurzbiographie nannte sie *Memoiren des Auges.* Gisèle Freund lebt in Paris.
Lit.: Gisèle Freund, Le Monde et ma ca-

méra, Paris 1970; dies., Photographie und Gesellschaft, München 1976; Gisèle Freund – Die Frau mit der Kamera, Hamburg/München 1992 (Ausstellungskatalog); Gisèle Freund. Fotografien 1932-1977, Rheinisches Landesmuseum, Bonn 1977 (Ausstellungskatalog); Hans-Joachim Neyer, Gisèle Freund, Berlin 1990.

Friedan, Betty, US-amerikanische Feministin, Psychologin und Sozialwissenschaftlerin (Peoria/Illinois 4. 2. 1921).
Nach dem Studium der Psychologie und Soziologie widmete sie sich dem Kampf um die Rechte der Frau. International bekannt wurde sie durch ihr 1963 veröffentlichtes Buch *Der Weiblichkeitswahn*, eines der in der Frauenbewegung am meisten gelesenen Bücher über die Weiblichkeitsideologie und über die Folgen der Rollenbeschränkung von Frauen auf Vororthaushalt, Mann und Kind. Betty F. war Mitbegründerin der NOW (»National Organization for Women«), deren Ziele v. a. die Legalisierung des Schwangerschaftsabbruchs und die Lohngleichheit waren, und in den sechziger Jahren deren Präsidentin. 1970 war sie bei den Initiatorinnen der größten Demonstration der »Women's Lib«. Vortragsreisen in aller Welt, Beiträge für Zeitschriften, weitere Bücher: *Der zweite Schritt*, *Das hat mein Leben verändert*. In den achtziger Jahren wurde sie von Feministinnen zunehmend als zu wenig radikal kritisiert. Sie befaßte sich nun mit der Diskriminierung alter Menschen und schrieb *Mythos Alter* (1995). »Das Streben nach Jugend hat uns blind gemacht für die Möglichkeiten des Alters.« Gastprofessuren an den Universitäten von New York und Southern California.

Frölich, Rose, deutsche Journalistin (Witten 27. 5. 1888 – 15. 12. 1987 Frankfurt/M.).
Die Kaufmannstochter wurde Lehrerin; sie trat im Kaiserreich der Sozialdemokratie bei, wurde Mitbegründerin der KPD, setzte sich für die Emanzipation der Arbeiter und der Frauen ein, war eine temperamentvolle Rednerin und Agitatorin. Ihre Lehrerin →Rosa Luxemburg ermunterte sie 1913: »Lassen Sie sich durch die Hetze von gewisser Seite nicht entmutigen. Machen Sie es wie ich: Pfeifen Sie auf die Erbärmlichkeiten und gehen Sie Ihren Weg weiter.« Die radikale Kriegsgegnerin wurde mehrmals verhaftet. 1918 wurde sie in den Düsseldorfer Arbeiter- und Soldatenrat gewählt. Sie arbeitete in Kinderschutzkommissionen, zeigte ein starkes soziales Engagement. Anfang der dreißiger Jahre wechselte Rose F. zur neu entstandenen Sozialistischen Arbeiterpartei über. Nach Hitlers Machtergreifung flüchtete sie zunächst nach Brüssel. Inzwischen schrieb sie für die schweizerische und norwegische sozialistische Presse. In Paris wurde sie interniert und kam ins Frauenlager Rieuceros, aus dem sie 1941 fliehen konnte. Nach der Emigration in die Vereinigten Staaten kehrte sie 1950 mit ihrem Mann zurück und engagierte sich in der SPD. Als Mitglied der IG Druck und Papier, heute IG Medien, gründete sie die Sparte der Journalisten mit, aus der die »deutsche journalisten union« (dju) hervorging.

Fürth, Henriette, deutsche Politikerin (Gießen 15. 8. 1861 – 8. 6. 1938 Bad Ems).
Henriette Katzenstein wurde als Tochter einer jüdischen Familie geboren, nach ihrer Heirat lebte sie in Frankfurt. Sie hatte acht Kinder. 1891 machte sie mit

einer Publikation auf die Mängel und Mißstände im Pflegekinderwesen aufmerksam, 1907 erschien ihr Buch *Mutterschutz durch Mutterschaftsversicherung.* Sie arbeitete in der privaten Fürsorge, in einer Rechtsschutzstelle für Frauen. Ein besonderes Anliegen war ihr der Kampf für die Rechte der Frauen, insbesondere das Wahlrecht. So schrieb sie im Oktober 1918: »Wir durften mitarbeiten, so wollen wir auch mitentscheiden. Wir mußten das Ungewitter dieses Krieges zerstörend über uns hinbrausen lassen. So wollen wir die Mitsorge dafür übernehmen, daß niemals wieder ein solches Menschenmorden komme. ... Wir markten nicht und feilschen nicht. Wir fordern nur das Selbstverständliche ...«
Von 1919 bis 1924 war sie Stadtverordnete der SPD, 1931 erhielt sie für ihre Verdienste in der sozialen Arbeit die Ehrenplakette der Stadt Frankfurt. 1933 nahmen ihr die Nazis alle Ämter ab, sie erhielt Berufsverbot und verließ Frankfurt.

Fuller, Loïe, US-amerikanische Tänzerin (Fullersburg/Ill. 15. 1. 1862 – 1. 1. 1928 Paris).
Das Mädchen aus der Provinz von Illinois begann ihre Karriere als fahrende Schauspielerin, sie war Beleuchtungskünstlerin – »ich skulptiere Licht« – und Schauspielerin zugleich, sozusagen eine frühe Multimediakünstlerin. 1891 kreierte sie ihren berühmten »Serpentinentanz«, der durch die damals neuartige Verwendung von wallenden Schleiern und raffinierten Scheinwerfereffekten auffiel. Die »göttliche Loïe« wurde zur Symbolfigur des Jugendstils und war eine Pionierin des freien Tanzes, die gegen das erstarrte klassische Ballett rebellierte.

Loïe Fuller

Fuller, Sarah Margaret, US-amerikanische Schriftstellerin und Feministin (Cambridgeport/Mass. 23. 5. 1810 – 16. 7. 1850 auf See/Long Island).
Sie stammte aus einer puritanischen, intellektuellen Familie, der Vater war Rechtsanwalt. Nach dem Studium der Literatur und Philosophie unterrichtete sie an verschiedenen Schulen und wurde Redakteurin und Auslandskorrespondentin, u. a. bei der »New York Tribune«. In Boston organisierte sie erste Gesprächskreise für Frauen. 1845 schrieb sie die erste umfassende Abhandlung über die geistige, politische und gesellschaftliche Stellung der Frau, *Woman in the Nineteeth Century*, und trat für deren selbständige Existenz ein. In Europa unterstützte sie den Kampf um die italienische Unabhängigkeit.

G

Garrett Anderson, Elizabeth, erste englische Ärztin und Frauenrechtlerin (London 1836 – 17. 12. 1917 Aldeburgh/Suffolk).
Die Pionierin des Frauenstudiums promovierte 1870 in Paris, da ihr ein Ab-

schluß in England nicht ermöglicht wurde. Sie eröffnete eine Apotheke für arme Frauen und Kinder, die sich zum »New Hospital for Women and Children« entwickelte. Erst 1876 gelang es durch Parlamentsbeschluß, die Zulassung von Frauen zu Prüfungen durchzusetzen. Elizabeth G. A. war zu ihrer Zeit das einzige weibliche Mitglied der British Medical Association. Sie war beteiligt am »Schwarzen Freitag«, der Suffragettenbewegung im November 1910. Hunderte von Frauen wurden bei einer Demonstration von der Polizei geschlagen, über 100 verhaftet, zwei starben an den Folgen ihrer Verletzungen. Elizabeth G. A. lehrte an der London School for Women und gründete die amerikanische Frauenuniversität Girten.

Garske, Charlotte, deutsche Sportlerin (Berlin 1906 – 16. 12. 1943 Berlin-Plötzensee).
Sie soll an die vielen Frauen in der Arbeitersportbewegung erinnern, die heute weitgehend vergessen sind, u. a. weil sie keine Rekorde errungen und keine Schlagzeilen gefüllt haben. Charlotte G. stammte aus einer Arbeiterfamilie; ihr Vater starb 1919 an einer Kriegsverwundung. Sie erlernte einen kaufmännischen Beruf, war zeitweise, wenn sie nicht gerade arbeitslos war, als Kontoristin tätig, heiratete, bekam ein Kind und wurde 1930 geschieden. Ihre Freizeit gehörte dem Sport; 1930 trat sie dem größten Arbeitersportverein Deutschlands, dem Berliner Turn- und Sportverein »Fichte«, bei. Sie wurde Vorturnerin und beteiligte sich mit ihrem zweiten Mann aktiv an vielen Veranstaltungen und Demonstrationen. Nach der Machtergreifung der Nationalsozialisten waren sie und ihr Mann im Widerstand aktiv; sie gewährten Verfolgten Unterschlupf, stellten illegale Zeitungen her und versuchten, in einem neuen Sportverein, der »Spielvereinigung 1911«, die ehemaligen Arbeitersportler/innen wieder zu sammeln. Im Januar 1943 wurden Charlotte und Erich G. verhaftet und im Dezember hingerichtet.

Gentileschi, Artemisia, italienische Malerin (Rom 8. 7. 1593 – 1653 Neapel).
Zuerst wurde sie von ihrem Vater, dem bekannten Maler Orazio G., unterrichtet und mit 14 Jahren von Agostino Tassi, dem nachgesagt wurde, er sei für den Tod seiner Frau verantwortlich gewesen. Tassi tat Artemisia G. Gewalt an, mißbrauchte sie. Der Prozeß und seine Verurteilung zu acht Monaten Gefängnis fanden große öffentliche Aufmerksamkeit in Rom, blieben aber auch für Artemisias Ruf nicht ohne Folgen. Sie galt nun als »leichtfertig« und als »Künstlerin der Liebe«. Heirat mit dem Florentiner Pietro Strattesi, Umzug nach Florenz. 1618 Geburt der Tochter Palmira, bald danach Trennung von ihrem Mann. Im gleichen Jahr wurde Artemisia G. in die Accademia del Disegno aufgenommen. 1624 ging sie mit ihrer Tochter nach Rom, wo sie im eigenen Atelier zur Absicherung des Lebensunterhaltes vor allem an Porträtaufträgen arbeitete. Von 1630 an lebte und arbeitete sie in Neapel. Reise nach England, wo ihr Vater inzwischen Hofmaler des Königs war. Mitarbeit an der Ausgestaltung des Queens House in Greenwich und Erstellung von Porträts, die ihr große Anerkennung und hohe Bezahlung brachten.
Artemisia G. bevorzugte Themen, in denen starke Frauen im Vordergrund standen. Ihre Darstellungstechnik war jedoch keineswegs solcher Art, die man

als »weiblich« bezeichnete, sondern voller Kraft und Leidenschaft mit einem ausgeprägten Sinn für Dramatik. Vielfach malte sie Heldinnen des Alten Testaments, wie z. B. Susanna, Lukrezia oder Judith, die sie am häufigsten darstellte, so in ihren Bildern *Judith und ihre Dienerin* und *Judith mit dem Haupt des Holofernes.*
Lit.: Susanna Stolzenwald, Artemisia Gentileschi. Bindung und Befreiung in Leben und Werk einer Malerin, Stuttgart/Zürich 1991; Anna Banti, Artemisia, München 1992.

Gercke, Doris, deutsche Schriftstellerin (Greifswald 7. 2. 1937).
Für die Medien war sie bereits mit ihrem ersten Krimi »der unumstrittene Shooting-Star der Krimiszene«. Doris G. zog, vorwiegend als Hausfrau, zwei Kinder groß, arbeitete dann in der Frauenpolitik der DKP, studierte nach dem Begabtenabitur mit über 50 Jahren Jura und begann, Kriminalromane voller Kritik am Gesellschaftssystem der BRD (»korrupt, kaputt, patriarchal, kapitalistisch«) zu schreiben. Sie schuf mit der Kommissarin Bella Block (genannt nach Alexander Block, dem russischen Lyriker und Essayisten, einem Ururonkel von Doris G.) eine (auch eigene) Traumfrau: »selbständig, Anfang 50 und dementsprechend erfahren, energisch, lebensklug, mit feministischem Biß«. Sie ist die Heldin der Romane, u. a. *Weinschröter, du mußt hängen; Nachsaison; Moskau, meine Liebe; Der Krieg, der Tod, die Pest; Kinderkorn.* In *Auf Leben und Tod* hat sich Bella Block verändert: »... wer heute den Begriff Utopie in den Mund nimmt, macht sich geradezu lächerlich. Darum finde ich, daß man über Deutschland nichts mehr schreiben kann. Zu diesem Land fällt mir nichts mehr ein. Und darum ist eben auch Bella immer niedergeschlagener geworden.«

Germain, Sophie, französische Mathematikerin und Philosophin (Paris 1. 4. 1776 – 27. 6. 1831).
Die Tochter des Direktors der Banque de France entdeckte Archimedes und beschäftigte sich gegen den väterlichen Rat heimlich nachts damit. Später bekam sie die Möglichkeit, mit den großen Gelehrten der Zeit zu korrespondieren, darunter der bekannte Mathematiker Carl Friedrich Gauß. Für ihre Theorie der Vibration elastischer Platten wurde sie 1815 mit dem Grand Prix der Französischen Akademie der Wissenschaften ausgezeichnet. Ihre Beobachtungen über den Zustand der Literatur und der Wissenschaften in den verschiedenen Zeiten ihrer Kultur brachten ihr die Anerkennung als Philosophin.

Gert, Valeska, eigentlich Valeska Gertrud Samosch, deutsche Tänzerin (Berlin 11. 1. 1900 – 15. 3. 1978 Kampen).
Sie war eine der bedeutendsten Tänzerinnen im Berlin der zwanziger Jahre und die Erfinderin des Grotesktanzes. Während des Nationalsozialismus emigrierte sie in die USA. Nach ihrer Rückkehr trat sie bis zu ihrem 82. Lebensjahr in Kampen auf. »Ich wollte über alle Grenzen hinaus, meine Bewegungen streckten sich und wurden übergroß, mein Gesicht verwandelte sich in Masken, mein Rhythmus wurde knallig ... die Leute schrieen.« Sie gestaltete als erste in Ausdruck und Bewegung etwas, das für ihre Zeit charakteristisch war, die Unausgeglichenheit. Sie wollte das Publikum aufrütteln und schockieren, sie sprengte durch ihre Aufführungen die Ketten der herrschenden Ideale und Erwartungen. Grotesktanz bedeutete

Valeska Gert

Bruch mit den Traditionen. So kam es auch, daß sie von der Polizei zum Vortanzen »geladen« und mitgenommen wurde, da der Verdacht bestand, sie tanze »unzüchtig«. Valeska G. trat auch in Filmen auf, z. B. in *Die freudlose Gasse* von 1925.

Giehse, Therese, deutsche Schauspielerin (München 6. 3. 1898 – 3. 3. 1975).
Nach privater Schauspielausbildung in München Engagements, u. a. an den Kammerspielen. 1933 Emigration nach Zürich. Dort gründete sie mit Erika und Klaus Mann das politische und antifaschistisch ausgerichtete Kabarett »Die Pfeffermühle«. Sie war die »Mutter Courage« in der Uraufführung von *Mutter Courage und ihre Kinder. Eine Chronik aus dem Dreißigjährigen Krieg* von Bertolt Brecht 1941. Die Kritik rühmte sie als »Bühnenfigur von shakespearischer Größe«. Bis 1952 arbeitete sie mit Brecht und →Helene Weigel am Berliner Ensemble, ab 1953 an den Kammerspielen in München. F. Dürrenmatt schrieb für sie sein Theaterstück *Besuch der alten Dame.* Filme u. a. *Mädchen in Uniform*, Bundesfilmpreis 1955. Ab 1966 trat sie mit eigenen Brechtprogrammen auf.
Lit.: Therese Giehse, »Ich habe nichts zum Sagen«, Gespräche mit Monika Sperr, München/Gütersloh/Wien 1978.

Gogh, Willemina Jacoba van, holländische Feministin (Groot Zundert 16. 3. 1861 – 17. 5. 1941 Veldwijk/Ermelo).
Die jüngste Tochter aus calvinistischer Pastorenfamilie unternahm einige vorsichtige Schritte zur Selbstbehauptung, sie schrieb literarische Texte und erarbeitete Übersetzungen. Talent wurde ihr bestätigt und einiges veröffentlicht. Die in den Büchern über den Maler Vincent van Gogh meist nur als »die Schwester« auftauchende Willemina betreute die Mutter nach dem Tod des Vaters und arbeitete verschiedentlich als Krankenpflegerin. Vor allem durch die Brüder Vincent und Theo und deren künstlerisches Umfeld wurde die junge Holländerin mit den kulturellen Umbrüchen der Zeit konfrontiert und geistig angeregt.
Mitten in dem Bemühen, eine eigenständige berufliche Existenz aufzubauen, verlor sie zuerst Vincent, dann auch Theo, die ihr beide sehr nahegestanden haben. Nur unter großer Anstrengung konnte sie ihr seelisches Gleichgewicht wiederfinden. Sie beendete ihre Ausbildung und arbeitete einige Jahre als Religionslehrerin in Leiden und später in Den Haag.
In den neunziger Jahren kam Willemina van Gogh in Kontakt mit der Frauenbewegung, und sie beteiligte sich an

einem »Gemeinschaftswerk« – setzte damit in die Tat um, was der Malerbruder sein Leben lang ersehnt hatte. Sie übernahm große Verantwortung in der Vorbereitung und Durchführung der Nationalen Frauenausstellung Frauenarbeit 1898 in Den Haag. Ein mutiger Schritt für eine Frau aus der holländischen Provinz, handelte es sich doch um ein unerhörtes, bisher nie dagewesenes Ereignis: Frauen forderten in aller Öffentlichkeit ihr Recht auf Arbeit und Bildung und auf Beteiligung am öffentlichen Leben.
Doch die Lebenskraft der »Feministin der ersten Stunde« war früh erschöpft. Willemina van G. wurde 1902 in eine psychiatrische Klinik eingeliefert, wo sie bis zu ihrem Tod 1941 verbleiben sollte, eine fast genauso lange Spanne also wie ihr bisheriges Leben.

Göldin, Anna, schweizerische »Hexe« (Sennwald/St. Gallen Ende August 1734 – 18. 6. 1782 Glarus).
Aus ärmlichen Verhältnissen stammend – der Vater war Bauer –, ging sie in Stellung bei einem Garnherrn, bei einem Buchbinder und in einem Pfarrhaus. Die Mutter von zwei nichtehelichen Kindern arbeitete zuletzt als Dienstmagd bei einem Arzt in Glarus. Die selbständige Frau wurde als Kindsmörderin vor Gericht gezerrt. Unter der Folter gestand sie, sie habe die Tochter ihres Dienstherrn »verderbt«, dem Kind mit dem Essen »Nagelsamen« eingegeben. Das Kind hätte 106 Stecknadeln, Nägel und kleine Eisendrähte erbrochen. Im Zeitalter der Aufklärung war sie die letzte Frau, die man als Hexe in Europa hinrichtete.
Lit.: Eveline Hasler, Anna Göldin. Letzte Hexe, Zürich/Köln 1982.

Göppert-Mayer, Maria, deutsche Physikerin (Kattowitz/Polen 28. 6. 1906 – 20. 2. 1972 San Diego/Kalifornien).
Ihr Vater, Professor für Kinderheilkunde, unterstützte ihre Begabung und warnte sie vor dem Hausfrauen- und Mutterdasein (»Werde nie eine Frau, wenn du groß bist«, soll er gesagt haben), die Mutter war Sprach- und Klavierlehrerin. Maria G. besuchte in Göttingen eine private Mädchenschule, eine »Suffragetten-Schule«, studierte Mathematik, später Physik und schließlich Quantenphysik. Stipendium in England, Vorlesungen bei dem Atomphysiker E. Rutherford. Studium bei Max Born und Promotion 1930. Heirat mit dem amerikanischen Chemiker J. E. Mayer, mit dem sie nach Baltimore ging. Weil ihr Mann dort und später in New York eine Professur innehatte, durfte sie nicht auch Professorin werden. Sie arbeitete jedoch weiter wissenschaftlich, war kurz vor dem ersten Atombombentest in Los Alamos. Nach dem Krieg trat sie gegen die weitere Arbeit an der Bombe und für eine friedliche Nutzung der Atomenergie ein. Erst 1960 erhielt sie ihre erste ordentliche Professur in San Diego. Nach →Marie Curie war Maria G.-M. 1963 die zweite Frau, der (für ihre neue Theorie über den Aufbau der Atomkerne) der Nobelpreis für Physik zuerkannt worden ist.

Goldman, Emma, russische Anarchistin und Publizistin (Kowno/Litauen 27. 6. 1869 – 14. 5. 1940 Toronto).
In einer konservativen, russisch-jüdischen Familie aufgewachsen, wanderte Emma G. mit ihrer Halbschwester Helena 1885 in die USA aus. 1889 schloß sie sich in New York den anarchistischen Kreisen von russischen und deutschen Emigranten an. Seitdem

setzte sie sich zeitlebens in ihren Vorträgen und Schriften aktiv für den Anarchismus ein, für Rede- und Pressefreiheit, das Selbstbestimmungsrecht der Frau, für Geburtenkontrolle, den Achtstundentag, kämpfte gegen politische Verfolgung und Unterdrückung. Ihre streitbaren Reden machten Emma G. bald in den USA und in Europa bekannt, führten 1893 zu einer einjährigen Gefängnisstrafe (wegen Anstiftung zum Aufruhr) und zu einem Eintrag ins deutsche Polizeiregister (als außerordentlich gefährliche Person). 1895 ging sie für ein Jahr nach Wien, um sich zur Hebamme ausbilden zu lassen. Seit 1906 gab Emma G. die Zeitschrift »Mother Earth« heraus und publizierte 1911 *Anarchism and Other Essays*. Mit Ben Reitman, ihrem Freund und Manager, unternahm sie in den USA bis 1917 zahlreiche Vortragsreisen, deren Themenspektrum von Politik über modernes Drama bis zu Homosexualität, Abtreibung, Ehe und Liebe u. v. a. m. reichte. 1916 wurde sie wegen Propagierung einer öffentlichen Geburtenkontrolle inhaftiert und 1917 mit Alexander Berkman, ihrem lebenslangen politischen Weggefährten, wegen Agitation gegen die Wehrpflicht zu zwei Jahren Gefängnis verurteilt. Auf die Haft folgte ihre Deportation in die Sowjetunion, wo ihre anfängliche Begeisterung für die russische Revolution bald einer Ernüchterung wich: Sozialrevolutionäre und Anarchisten wurden verfolgt, die revolutionären Räte abgeschafft, so daß sie mit Berkman 1921 das Land wieder verließ. Danach lebte Emma G. im Exil in Schweden, Deutschland, England, Frankreich, Spanien und Kanada. Sie trat weiterhin als Rednerin auf und publizierte u. a. Schriften zur Frauenemanzipation, politischen Gewalt, über die Sowjetunion, zu moderner Literatur und dramatischer Kunst. 1931 veröffentlichte sie ihre Autobiographie *Living My Life* (Gelebtes Leben). 1936 nahm sie am Spanischen Bürgerkrieg teil. Sie starb während einer Vortragsreise in Toronto.

Lit.: Emma Goldman, Gelebtes Leben, Berlin 1980; Candace Falk, Liebe und Anarchie & Emma Goldman. Ein erotischer Briefwechsel. Eine Biographie, Berlin 1987.

Goldschmidt, Henriette, deutsche Sozialpolitikerin (Krotoschin 23. 11. 1825 – 30. 1. 1920 Leipzig).

Henriette Goldschmidt

Die klassischen Dichter wie Herder, Lessing und Schiller prägten sie, und der junge Herwegh zündete mit seinen Gedichten in ihr einen Funken, der verstärkt durch die Erlebnisse der Revolution 1848 ihr Streben nach Humanismus und Menschlichkeit bestimmte. Ihr wohlhabendes jüdisches Elternhaus weckte in ihr den Wunsch nach geistiger Vervollkommnung, ohne ihr eine Ausbildung ermöglichen zu können –

Impuls für ihr lebenslanges Studieren und Wirken für Frauenrecht und Frauenbildung. Heirat mit dem liberalen Rabbiner Abraham Meyer Goldschmidt, drei Söhne. Umzug über Warschau 1858 in die Handels- und Kulturstadt Leipzig. 1865 gehörte sie zu den »Gründerinnen des Allgemeinen Deutschen Frauenvereins« (ADF). Neben →Louise Otto-Peters, →Auguste Schmidt u. a. forderte sie eine neue rechtliche und allgemein menschliche Stellung der Frau in der Gesellschaft und die Hebung ihres Bildungsniveaus. Und sie wollte, daß Frauen Pflichten in Gemeinde und Staat übernehmen. »Wir haben wohl Väter der Stadt, wo bleiben die Mütter?«
Die Frauenfrage war für sie eine Kultur- und somit auch eine Erziehungsfrage. Die Pädagogik Fröbels bezeichnete sie als Kulturfortschritt und den Erziehungsberuf als den Kulturberuf der Frau. 1871 gründete sie den Verein für Familien- und Volkserziehung, der sich der Pflege des Kindergartens, der Ausbildung von Kindergärtnerinnen und der Verbreitung Fröbelscher Ideen annahm. In kurzer Zeit konnte sie vier Volkskindergärten, ein Seminar für Kindergärtnerinnen und ein Lyzeum für Damen eröffnen. Durch eine Stiftung des Musikverlegers Hinrichsen konnte sie 84jährig ihr Lebenswerk krönen und 1911 die erste »Hochschule für Frauen« in Europa eröffnen. Ihre Bücher *Ideen über weibliche Erziehung* und *Was ich von Fröbel lernte und lehrte* sind auch heute noch lesenswert. Ihr Leben war, wie sie selbst sagte, »kein Schlendern über Blumenmatten!«

Goldstein, Vida, australische Frauenrechtlerin (Portland/Viktoria 1869 – 15. 8. 1949).
Sie wuchs in einer christlichen Familie auf; ihre Mutter engagierte sich für soziale Gerechtigkeit und Frauenfragen. Sie selbst trat für soziale Reformen und für die Selbstbestimmung der Frau ein. Die Publizistin und Pazifistin Vida G. war seit 1899 führend in der australischen Frauenbewegung tätig und gründete 1900 die erste Frauenzeitschrift »The Australian Woman's Sphere«. Nach der Erringung des Frauenwahlrechts 1902 gründete sie eine Frauenpartei. Sie trat für soziale Reformen ein, wollte Familienleben und Emanzipation miteinander verbinden – auf der Grundlage der Selbstbestimmung der Frau. Mit 80 Jahren unterhielt sie noch Kontakte zur internationalen Frauenbewegung.

Goll, Claire, deutsche Schriftstellerin (Nürnberg 29. 10. 1891 – 30. 5. 1977 Paris).
In München wuchs Klara Aischmann auf, Kind einer nichtehelichen Beziehung der Mutter (im KZ Auschwitz ermordet), die wohl aus Schuldgefühlen die Tochter mit Härte und Schlägen traktierte. Mit 20 Heirat mit dem Verleger H. Studer, weil sie ein Kind erwartete, und Umzug nach Leipzig. Liaison mit Kurt Wolff, ebenfalls Verleger, 1916 Scheidung von Studer. Übersiedlung nach Genf und Begegnung mit dem expressionistischen, später surrealistischen Dichter, Pazifisten und politischen Kämpfer Yvan Goll, mit dem sie bis zu seinem Tod eine heftige und konfliktreiche Liebes- und Arbeitsbeziehung verband. Über zwei Jahre war Claire G. die Geliebte von R. M. Rilke. Erste Veröffentlichung von Gedichten *Mitwelt* (1918) und einer Novelle *Die Frauen erwachen* (1918). Von 1919 bis 1939 lebten Claire und Yvan G. in Paris, ihre Wohnung war Treffpunkt der

Avantgarde-Künstler, von Malern wie Chagall, Picasso und Braque, Schriftstellern wie Joyce, Breton und Gide. Claire G. schrieb expressionistische und surrealistische Gedichte, sozialkritische Erzählungen und Romane, z. B. *Eine Deutsche in Paris* (1927), *Ein Mensch ertrinkt* (1931), *Arsenik* (1933). Sie war Mitautorin von Yvan G.s Gedichtbänden und übertrug seine Werke aus dem Französischen ins Deutsche. Für den Lebensunterhalt arbeitete sie in Paris wie in der amerikanischen Emigration als Übersetzerin, Werbetexterin, u. a. für Helena Rubinstein, und als Journalistin. Selbstmordversuch, weil Yvan sie wegen der Lyrikerin Paula Ludwig verlassen wollte. Er kam zurück, und mit dem letztmöglichen Schiff flüchtete das Paar in die USA. 1947 Rückkehr nach Paris, wo Yvan G. nach langer Krankheit 1950 starb. 1952 bis 1954 Vortragsreise durch die USA. Autobiographische Romane: *Der gestohlene Himmel* (1962) und *Traumtänzerin* (1971). In ihrem Lebensbericht *Ich verzeihe keinem. Eine literarische Chronique Scandaleuse unserer Zeit* (1978) schilderte sie auf schockierende Weise offen und sarkastisch den Haß auf ihre Mutter, die Liebe zu Yvan, das künstlerische Leben und Arbeiten, die Bekanntschaften mit Geistesgrößen aus Literatur und Kunst, ihre Freundschaften und Liebesbeziehungen, vor allem aber ihre letzte erotische Beziehung, die begann, als sie 76 und ihr Liebhaber 20 Jahre alt war.

Gontscharowa, Natalia, russische Malerin (Ladyskino b. Tula 4. 6. 1881 – 17. 10. 1962 Paris).
Sie stammte aus einer verarmten Adelsfamilie; ihre Großmutter war eine Tochter von Puschkin, ihr Vater Architekt. Mit 17 Jahren begann sie ein Studium der Bildhauerei an der Moskauer Kunstakademie, wechselte dann aber zur Malerei. 1898 lernte sie den Maler und künftigen Arbeits- und Lebensgefährten Michail Larionoff kennen. Natalia G. beteiligte sich an großen Ausstellungen in Moskau und wurde 1906 von Diaghilew zum Pariser Herbstsalon eingeladen. Unter den russischen Künstlerinnen der Aufbruchzeit war sie die produktivste und bekannteste. Beteiligung am »Blauen Reiter« in München. 1913 unterzeichnete sie mit anderen Künstler/innen das »Rayonistische Manifest«, eine wichtige Etappe der abstrakten Malerei. Nach Jahren des Reisens ließ sich das Paar 1919 in Paris nieder. Sie nahm an internationalen Ausstellungen teil und entwarf viele Bühnenbilder und Kostüme für S. Diaghilew, u. a. zum Ballett *Der Feuervogel* von I. Strawinsky, ihr größter Erfolg. Mit 64 Jahren heiratete sie Larionoff. Bis heute hält sich das Vorurteil, er sei ihr Lehrer gewesen. In Wirklichkeit aber haben beide voneinander profitiert und sich gegenseitig angeregt. Natalia G.s Werk zeichnet sich dadurch aus, daß sie moderne Entwicklungen der Malerei mit russischer folkloristischer Kunst zusammenführte.

Goodall, Jane, englische Forscherin (London 3. 4. 1934).
Sie arbeitete als Kellnerin, um den Flug nach Nairobi/Kenia finanzieren zu können, wo sie bei dem bekannten Paläontologen L. Leakey ihre Forschungsarbeit begann. Von 1960 an untersuchte und beobachtete sie das Leben der Schimpansen in Tansania. Neben der Forschung Studium und Promotion in Verhaltenswissenschaft in Cambridge. Gründung des »Combe Stream Research Center« 1965. International bekannt wurde sie durch ihr Buch *Wilde*

Schimpansen von 1971. Gastprofessuren in Kalifornien und Tansania. Sie kämpft für das Überleben der wenigen in Afrika noch frei lebenden Schimpansen und spricht sich gegen deren Verwendung in Tierversuchen aus. »Schließlich stimmen ihre Gene mit denen des Menschen zu 98,4 Prozent überein. ... Die Ähnlichkeit sollte dazu führen, daß sie erhalten und nicht vernichtet werden.« Gründerin vieler Kinder-Umweltgruppen »Roots and Shoots« (Wurzeln und Sprößlinge), in denen Kinder Natur kennenlernen durch Beobachten und Lernen, mit »Geduld, Liebe, Verständnis und Fleiß«.
Lit.: Jane Goodall, Ein Herz für Schimpansen. Meine 30 Jahre am Gombe-Trom, Hamburg 1991.

Gordimer, Nadine, südafrikanische Schriftstellerin (Springs b. Johannesburg 20. 11. 1923).
Die jüdischen Eltern (die Mutter kam aus England, der Vater, Uhrmacher, aus Litauen) gehörten dem die Apartheid unterstützenden Kleinbürgertum an. 15 Jahre war sie alt, als ihre erste Erzählung veröffentlicht wurde. Heirat mit einem deutschen Emigranten, der vor dem zweiten Weltkrieg nach Südafrika geflohen war, eine Tochter, die in der Provence/Frankreich lebt. Die engagierte Literatin und Gegnerin der Apartheid, die viele Reisen nach Europa und Amerika unternahm, sagt von sich: »Ich bin eine weiße Afrikanerin, und deswegen bleibe ich in meinem Heimatland, wo ich weiter für die gleichen Rechte aller Menschen eintrete.«
In ihren Erzählungen und Romanen appelliert sie an die Vernunft und an die Moral der Weißen, ruft zum Widerstand gegen Rassismus auf, beschreibt die Gewalt, die Gewalt gebiert. Unter ihren ersten Romanen: *Die weiche Stimme der Schlange* und *Lügentage*; manche wurden zensiert wie *Burgers Tochter* (1979); bekannt sind u.a. *Eine Stadt der Toten, eine Stadt der Lebenden*, *Der unbesiegbare Sommer* und *Der Ehrengast*, *Der Besitzer* (1989), *Geschichte meines Sohnes*. In ihren Romanen ergreift sie Partei für Gleichheit und Gerechtigkeit. Für ihre Versöhnungsarbeit zwischen Schwarzen und Weißen erhielt sie 1985 den Nelly-Sachs-Preis und 1991 den Literaturnobelpreis.
Ihr Roman *Niemand, der mit mir geht* (1995) ist ein Roman der Übergangszeit, über den Wandel in Südafrika, in dem starke Frauen eine wichtige Rolle spielen.
Lit.: Nadine Gordimer, Die spätbürgerliche Welt, Frankfurt/M. 1994; dies., Nicht zur Veröffentlichung, Erzählungen, Frankfurt/M. 1997; Die Hauswaffe, Berlin 1998.

Gottsched, Luise A. V., deutsche Journalistin und Schriftstellerin (Danzig 11. 4. 1713 – 26. 6. 1762 Leipzig).
Louise Adelgunde Victoria Kulmus, die Tochter eines Arztes, lernte zwei Fremdsprachen, verfolgte die literarischen Debatten ihrer Zeit und war schon in der Jugend schriftstellerisch tätig. Während die Streitfrage, ob die Frauen gebildet sein könnten und dürften, die Gemüter von Gelehrten, Pfarrern und Politikern erhitzte, fand Louise ihren eigenen Weg. Johann Christoph Gottsched, der berühmteste Literaturtheoretiker und Kritiker seiner Zeit, gehörte zu jenen, die die Frauenbildung energisch befürworteten. Er war Herausgeber von »Die vernünftigen Tadlerinnen«, der ersten Wochenzeitschrift, die sich speziell an Frauen wandte. Louise Adelgunde Kulmus war gerade vierzehn, als sie den gefürchteten Literaturpapst kennenlernte, doch schon da schätzte er ihre intellek-

tuellen und literarischen Fähigkeiten. Nach der Heirat 1735 wurde sie zur »Gottschedin«, zu seiner »geschickten Freundin«. Er habe es verstanden, so heißt es in einer Biographie von 1939 über sie, » in der Ehe ihre nie ermüdende Schaffenskraft und ihren lebhaften kampfesfrohen Geist seinen gelehrten Zielen nutzbar zu machen«.
Die »Gottschedin« wurde die erste vollberufliche Journalistin Deutschlands. Mit spitzer Frauenfeder – Ironie und Satire waren ihre Spezialität – schrieb sie für die von Gottsched herausgegebenen »Moralischen Wochenschriften«. Eines ihrer Anliegen war der Kampf für eine bessere Frauenbildung. »Was sollen wir aber den Männern sagen, ... welche schon zittern und beben, aus Furcht, daß sie keine dummen Weiber mehr haben werden?« Auch wenn nur wenige ihrer Artikel gezeichnet sind, so gibt es heute keinen Zweifel daran, daß sie die Zeitschriften, die unter dem Namen ihres Mannes erschienen, maßgeblich mitgestaltete.
Die »Frau Professor Gottschedin«, unermüdlich als seine Gehilfin tätig, schaffte sich durch ihre Dramen, Lustspiele und Übersetzungen auch einen eigenen Namen. Aber das scheint der Herr Professor Gottsched nicht ertragen zu haben, und er soll sich daraufhin als eifersüchtiger, griesgrämiger und geiziger Gatte entpuppt haben. Kurz vor ihrem Tod schrieb sie enttäuscht, entfremdet, doch voller Sehnsucht – wieder unter ihrem eigenen Namen: »Nie mehr würde ich einen berühmten Mann heiraten.«
Lit.: Renate Feyl, Idylle mit Professor, Berlin/Ost 1986.

Gouges, Olympe de, eigentlich Marie Gouze, französische Feministin und Schriftstellerin (Montauban 7. 5. 1748 – 3. 11. 1793 Paris).
Während der Französischen Revolution war sie eher eine Außenseiterin, eine Einzelkämpferin. Die Schauspielerin aus der Provinz, die mit 17 Jahren heiratete und mit 18 Witwe war, verstand sich als »Anwältin der Unterdrückten«; sie war in der Frauensache radikal, in der Politik jedoch gemäßigt, Gegnerin Robespierres und konstitutionelle Monarchistin. Ihre *Erklärung der Rechte der Frau und der Bürgerin* (1791) mit dem emanzipatorischen Artikel »Die Frau ist frei geboren und bleibt dem Manne gleich in allen Rechten«, damals kaum gelesen, ist eines der faszinierendsten Dokumente der Revolution. Ihr Werk umfaßt ca. 4000 Seiten (u. a. *Denkschrift der Madame de Valmont*, dt. 1993).
Sie starb unter der Guillotine. Im Artikel X ihrer Erklärung hatte sie geschrieben: »Die Frau hat das Recht, das Schafott zu besteigen, gleichermaßen muß ihr das Recht zugestanden werden, eine Rednertribüne zu besteigen.«
Lit.: Paul Noack, Olympe de Gouges 1748-1793. Kurtisane und Kämpferin für die Rechte der Frau, München 1992; Lottemi Doormann, Ein Feuer brennt in mir. Die Lebensgeschichte der Olympe de Gouges, Weinheim/Basel 1993; Olympe de Gouges, Mensch und Bürgerin. »Die Rechte der Frau«, hg. und eingeleitet von Hannelore Schröder, Aachen 1995.

Gourd, Émilie, Pionierin der Schweizer Frauenbewegung (Genf 19. 12. 1879 – 4. 1. 1946).
Die »Feministin von Beruf«, wie sie sich gern selbst bezeichnete, hat die Frauenbewegung in der Schweiz während der ersten Jahrzehnte dieses Jh.s nachhaltig

geprägt. Ihr Leben wurde bestimmt durch das Zusammenwirken ihrer großzügigen und charismatischen Persönlichkeit mit dem Milieu, dem sie entstammte: dem aufgeklärten liberalen protestantischen Bürgertum des 19. Jh.s. Entscheidend war ihre Begegnung 1909 mit Auguste de Morsier, einem der Vorkämpfer der Schweizer Frauenbewegung, durch den sie mit dem militanten Feminismus in Berührung kam. Von diesem Zeitpunkt an nahm sie bis zu ihrem Tode dank ihrer Dynamik und ihres außergewöhnlichen Arbeitsvermögens eine führende Stellung in der Frauenbewegung auf lokaler, nationaler und internationaler Ebene ein.

Zu Beginn der zwanziger Jahre engagierte sie sich so intensiv in der internationalen Bewegung, daß sie 1923 den Sekretärinnenposten des Internationalen Bundes für Frauenstimmrecht übernahm und als »fahrende« Sekretärin auf eigene Kosten von Land zu Land reiste. Ihr Wunsch, der »Sache zu dienen«, und auch ihre Freude am Schreiben brachten sie dazu, Reiseberichte zu verfassen und in der Zeitschrift »Le Mouvement Féministe« zu veröffentlichen.

Wo immer es um die Sache der Frau ging, war Émilie G. dabei: sei es die Frage der Kranken- und Mutterschaftsversicherung, für die sie sich als eine der ersten einsetzte, oder das Recht der jungen Mädchen auf freie Berufswahl; sei es die Lohngleichheit oder der Zugang zu Berufen, die bisher nur von Männern ausgeübt wurden (wie Friedensrichterinnen, Fabrik-Inspektorinnen, Polizistinnen usw.). Vor allem aber setzte sie ihr Leben lang unermüdlich all ihre Energie dafür ein, Männer und Frauen von ihrem Ideal der Gleichberechtigung zu überzeugen. Ihr Schaffen hat sie überlebt, denn ihr wichtigstes Werk, die Zeitschrift »Le Mouvement Féministe«, existiert noch heute unter dem Namen »Femmes Suisses«.

Gournay, Marie Le Jars, genannt de Gournay, französische Philosophin (Paris 6. 10. 1566 – 1645).

Sie wurde als ältestes von sechs Kindern geboren und wuchs in der Picardie auf, nördlich von Paris. Ihr Vater war Schatzmeister des Königs. Ihre Ausbildung erwarb sie sich heimlich. Mit 18 Jahren entdeckte sie den Philosophen Montaigne: Zwischen dem schon älteren Philosophen und der jungen Autodidaktin begann eine intensive geistige Zusammenarbeit (Roman und Gedichte: *Proumenoir de Monsieur de Montaigne*). 1591 ging Marie de G. nach Paris. König Heinrich IV. nahm sie als Mitglied in die von ihm geförderte »Académie du Palais« auf, einen Vorläufer der »Académie Française«, und unterstützte sie mit einer kleinen Pension. Nach Montaignes Tod 1595 gab sie eine ergänzte Auflage seiner Essays heraus und führte einen der ersten gelehrten Salons. Sie mischte sich in die aktuellen Debatten um Poesie und Sprache ein und erntete für ihr Engagement gegen die Sprachschinder nur Hohn und Spott.

Sie veröffentlichte zwei Schriften: die Abhandlung *Über die Gleichheit der Männer und der Frauen* (1622) und das polemische Traktat *Die Beschwerde der Damen* (1626). Dort wendet sie sich gegen die angeblich natürliche Minderwertigkeit der Frau und gegen männliche Vorurteile und verweist auf die Ebenbildlichkeit beider Geschlechter mit Gott.

Lit.: Marie le Jars de Gournay, Zur Gleichheit von Frauen und Männern, Aachen 1997.

Graham, Martha, US-amerikanische Tänzerin und Choreographin (Pittsburgh/Penns. 11. 5. 1894 – 1. 4. 1990 New York).

Martha Graham

Der Vater war Psychiater. Mit 16 Jahren entdeckte Martha G. die Tänzerin →Ruth St. Denis und ihre eigene Berufung. Mit 19 Jahren erlernte sie das Tanzen, Studium bei Ruth St. Denis. Die Tanzpädagogin und Choreographin gründete 1926 in New York ihre eigene Tanzschule, die »Martha Graham Dance Company«, an der heute rund 500 Studierende aus über 40 Ländern unterrichtet werden. Begonnen hat sie mit ihrer Kunst aus Protest gegen Stagnation und Leere im klassisch-akademischen Tanz von damals. »Ich begann ganz allein, hatte wenig Geld, viel Enthusiasmus«, erinnerte sie sich später. »Immer wieder habe ich Neues probiert, neue Themen und Ausdrucksformen gesucht, fremde Einflüsse von meinen Reisen, z. B. aus Asien verarbeitet ... Man muß unbedingt Leben in sich aufnehmen.« Ihr erstes Ballett befaßte sich mit der aztekischen Kultur, *Xochtil*, das Stück *Primitive Mysteries* mit den indianischen Wurzeln und ihr Ballett *Death and Entrances* (1943), mit den →Brontë-Schwestern. Sie wandte sich den großen Mythen der europäischen Antike und des Nahen Ostens zu (*Clytemnestra*, 1958) und schuf 176 Choreographien. Fast immer stehen Frauen im Mittelpunkt: »Weil ich die weibliche Seele am besten verstehe.« Ihr letztes Stück: *Maple Leaf Rag* (1990). Bis zu ihrem Tod im Alter von 96 Jahren hat sie getanzt und choreographiert.

Lit.: Martha Graham, Der Tanz – Mein Leben, München 1992.

Gréco, Juliette, französische Sängerin und Schauspielerin (Montpellier 7. 2. 1927).

Stammt aus einem engagierten großbürgerlichen Elternhaus – die Mutter war in der Résistance und wurde mit ihrer Schwester ins Konzentrationslager deportiert, sie selbst wurde von der Gestapo verhaftet. Sie galt im Nachkriegsfrankreich als die Sängerin der Existentialisten (Texte von Sartre, Camus und Queneau), die »in Erwartung des atomaren Weltuntergangs in den Kellern hausen, tanzen, trinken und lieben«. Die »schwarze Muse« des Künstlerviertels Saint-Germain-des-Prés wurde auch als Verkörperung einer selbstbewußten, freien Existenz bekannt. In zweiter Ehe heiratete sie den Schauspieler Michel Piccoli. Texte für ihre Lieder haben Georges Brassens, Jacques Brel und J. P. Sartre geschrieben.

Lit.: Juliette Gréco, Ich bin, die ich bin, München 1983.

Greer, Germaine, australische Feministin und Autorin (Melbourne 29. 1. 1939).
Sie stammt aus einer protestantisch-puritanischen Familie. Früh engagierte sie sich für die Frauenemanzipation. In Cambridge erwarb sie ihren Doctor's Degree in Literatur und hatte eine Dozentur inne. 1969 veröffentlichte sie *Der weibliche Eunuch*, in dem sie für freie Liebe plädierte. 1981 gründete sie das Zentrum für Frauenliteraturforschung an der Universität Tulsa. Nach mehreren Reisen nach Indien, Äthiopien und Afrika veröffentlichte sie *Geschlecht und Schicksal* (1986). Sie lebt heute in England und unterrichtet Literatur an der Universität von Warwick.

Grisi, Carlotta, italienische Tänzerin (Visinada 28. 6. 1819 – 20. 5. 1899 Saint-Jean/Schweiz).
An der Scala in Mailand ausgebildet, konnte sie sich lange nicht entscheiden, ob sie sich dem Tanz oder dem Gesang zuwenden sollte. Bereits mit fünf Jahren wurde sie Primaballerina des Kinderballetts. Sie tanzte in vielen europäischen Städten, bekam einen Vertrag mit der Pariser Oper. Mit dem Schriftsteller Théophile Gautier, der für sie das Ballett *Giselle* schuf, war sie verheiratet. Sie war – neben →Fanny Elssler und Maria Taglioni – eine der drei großen romantischen Tänzerinnen. Ihre Kusinen Guiditta und Giulia waren berühmte Sopranistinnen.

Grossman, Chaika, polnische Widerstandskämpferin (Bialystok 20. 11.1920 – 29. 4. 1996).
Sie war eine der Anführerinnen des jüdischen Widerstands im von den Hitler-Truppen besetzten Polen. Ihr Vater war Lederfabrikant und wurde von den Nazis ermordet. Mit zehn Jahren schloß sie sich der »Haschomer Harzair«, einer Organisation der marxistischen und zionistischen Jugendorganisation »Hechalutz«, an. Sie besuchte das hebräische Gymnasium in Bialystok. Aus dem Wunsch, in Jerusalem zu studieren, wurde nichts; 1939 marschierte die deutsche Wehrmacht in Polen ein. Sie wurde Kurierin und Mitglied der nationalen Führung der »Hechalutz« im Untergrund, sammelte Geld und Informationen, transportierte diverses Material und baute schließlich eine Widerstandsorganisation in ihrer Heimatstadt auf.
Als eine der wenigen Überlebenden fuhr Chaika G. 1949 nach Israel, wurde dort Sekretärin eines Kibbuz; seit Ende der sechziger Jahre ist sie Abgeordnete der linkszionistischen Partei »Mapam« in der Knesset. »Wenn ich immer wieder gezweifelt ... , ob der Kampf das Richtige für mich selbst ist, hätte ich nicht überlebt.«
Lit.: Chaika Grossman, Die Untergrundarmee. Der jüdische Widerstand in Bialystok. Ein autobiographischer Bericht, mit einem Vorwort von Ingrid Strobl, Frankfurt/M. 1993.

Groult, Benoîte, französische Schriftstellerin (Paris 31. 1. 1920).
Die feministische Schriftstellerin verlebte eine wohlbehütete, von einer künstlerischen Atmosphäre geprägte Kindheit und Jugend im besetzten Paris (vgl. *Tagebuch vierhändig*, zusammen mit ihrer Schwester Flora geschrieben). Nach dem Studium der Literaturwissenschaft arbeitete sie als Lehrerin, später als Rundfunkjournalistin. Sie wurde Schriftstellerin, Mitbegründerin des renommierten »Magazine F«, Mitglied der Jury für den Literaturpreis Femina. Unter der Frauenministerin Yvette Roudy leitete sie eine Kommission, die

männliche Berufsbezeichnungen durch weibliche Formen ersetzen sollte. 1975 erschien *Ainsi soit-elle* – deutscher Titel *Ödipus' Schwester* –, eine Art Manifest gegen jegliche Unterdrückung und Verstümmelung des weiblichen Geschlechts. Es folgen Romane, Vorstellungen und Porträts der Pionierinnen der Frauenbewegung wie Olympe de Gouges und Pauline Roland (*Wie die Freiheit zu den Frauen kam*, 1993). *Salz auf unserer Haut* wurde, vor allem in Deutschland, zu einem Bestseller. Benoîte G., die mit dem bretonischen Schriftsteller Paul Guimard verheiratet ist und drei Töchter hat, pendelt zwischen der Bretagne, Paris und Südfrankreich. Sie sieht im Feminismus eine Voraussetzung für das Erlangen neuer Freiheiten und für die Verteidigung errungener Rechte. Literatur ist für sie dabei ein Aktionsmittel.
Lit.: Florence Hervé, »Salz der Freiheit«, Benoîte Groult, München 1999.

Grundig, Lea, deutsche Grafikerin und Zeichnerin (Dresden 23. 3. 1906 – 10. 10. 1977 auf einer Mittelmeerreise). Lea Langer, ihr Vater war Kaufmann, beide Eltern jüdischen Glaubens, studierte an der Dresdner Kunstakademie. Die Begegnung mit Otto Dix' Radierungen *Der Krieg* war für sie ein »Markstein meiner Entwicklung«. Beitritt zur KPD 1926 zusammen mit ihrem späteren Mann, dem Maler Hans G. 1929 gehörten beide zu den Gründer/innen der Künstlergruppe ASSO. Engagement in der Bewegung gegen den § 218. »Ich ging in viele Versammlungen, in fremden Städten zu fremden Frauen. Froh machte mich ihre tiefe, vertrauensvolle Verbundenheit, ihre Tüchtigkeit, ihr Humor und ihr wunderbarer Grimm gegen ihre Feinde. So lernte ich viele Frauen kennen, und ihre Gesichter

Lea Grundig

kehrten wieder in meinen Zeichnungen.« Porträts von Arbeiter/innen, Zeichnungen über deren soziale Not. Radierungen über die Auswirkungen des Faschismus auf den Alltag: *Frauenleben, Unterm Hakenkreuz, Krieg droht.* Lea und Hans G. wurden 1936 und 1938 für mehrere Monate verhaftet, Hans G. 1940 in das KZ Sachsenhausen verschleppt. Lea G. konnte 1939 nach Palästina emigrieren, wo sie die Zyklen *Im Tal des Todes* und *Antifaschistische Fibel* schuf und als Buchillustratorin arbeitete. Ausstellungen in Kibbuzim, in Tel Aviv und in Jerusalem. 1949 kehrte Lea G. in die DDR zurück, wurde 1950 Professorin für Graphik an der Kunsthochschule Dresden, deren erster Rektor Hans G. 1946 geworden war. Naturbetrachtungen und vor allem großformatige Porträtzeichnungen. 1965/66 entstand ihr Zyklus *Fragen und Mahnungen*, und 1973 bis 1975 arbeitete sie an ihrem Chile-Zyklus.

Lit.: Lea Grundig, Gesichte und Geschichte, Berlin 1958/1978.

Gubaidulina, Sofia, russische Komponistin (Tschistopol/Wolga 24. 10. 1931). Obwohl sie zu den renommiertesten Vertreterinnen der Neuen Musik gehörte, war sie für uns bis Ende der achtziger Jahre eine völlig Unbekannte. Die Werke *Schnittke* und *Dnissow* kannte man von Aufführungen, daß sich in der Moskauer Musikszene jedoch eine Frau verbarg, die moderner als alle anderen komponierte, war vielen unbekannt. Sofia G. hat tartarische Vorfahren, sie begann ihr Kompositionsstudium am Moskauer Konservatorium. 1975 gründete sie die Improvisationsgruppe »Astreja« (mit Artjomow und Suslin). Mehrmals war sie in die Bundesrepublik Deutschland eingeladen worden, durfte jedoch erst 1986 ausreisen. Sie hatte sich in Moskau zum Christentum bekannt, war dadurch noch isolierter geworden, als sie es schon als Komponistin Neuer Musik war. Ihr Werk, oft mit literarischen Titeln versehen, ist von reicher Vielfalt und reicht von der Klaviermusik bis zum großen Chorwerk. Heute lebt Sofia G., eine der meistgespielten Komponistinnen in Europa, in der Nähe von Hamburg.

Günderrode, Karoline von, deutsche Dichterin (Karlsruhe 11. 2. 1780 – 26. 7. 1806 Winkel am Rhein).
Da sie als Tochter einer verarmten adligen Familie ohne Mitgift nicht standesgemäß verheiratet werden konnte, wurde sie von ihrer Familie mit 17 Jahren in ein Damenstift abgeschoben; eine Einrichtung, die unverheiratete junge Frauen aufnahm, denen die Gesellschaft nicht erlaubte, alleine zu leben. Die Verpflichtungen im Stift waren für ein freiheitsliebendes Mädchen demütigend, war es z. B. den Bewohnerinnen, die um 21 Uhr im Stift zu sein hatten und keinen eigenen Hausschlüssel besaßen, unter Strafe verboten, sich zu schmücken, zu tanzen und zu spielen. Karoline von G. konnte sich aus finanziellen Gründen keinen Privatunterricht leisten, sie unterrichtete sich daher selbst in Philosophie, Geographie und Geschichte. Ihre Freundin →Bettina Brentano, verh. von Arnim, und deren Bruder Clemens unterstützten ihren Bildungseifer, gaben ihr Anregungen für ihre Dichtung. 1804 veröffentlichte sie unter dem Pseudonym Tian *Gedichte und Phantasien*. Die Anerkennung als Dichterin blieb ihr jedoch versagt, und auch die persönliche Lebenssituation wurde ihr unerträglich, war doch ihre Liebe zu dem Heidelberger Professor Friedrich Creuzer ohne Zukunft. Sie erdolchte sich am Ufer des Rheins. 1840 setzte Bettina Brentano in ihrem Buch *Die Günderrode* der Freundin ein literarisches Denkmal. Und doch wären ihr Leben und ihre Leiden heute vergessen, gäbe es nicht *Karoline von Günderrode. Der Schatten eines Traumes*, Gedichte, Prosa, Briefe, Zeugnisse von Zeitgenossen, hg. und mit einem Essay von →Christa Wolf.

Guggenheim, Alis, schweizerische Künstlerin (Aargau 8. 3. 1896 – 2. 9. 1958 Zürich).
»Für die Schweizer bin ich nur eine Jüdin. Für die Juden bin ich nur eine Kommunistin. Für die Kommunisten bin ich nur eine Künstlerin. Für die Frauen nur ein Fräulein mit Kind.«
Sie war das dritte von sieben Kindern und verbrachte ihre Kindheit in einem kleinen Dorf im schweizerischen Aargau. Mit 13 Jahren arbeitete sie bei einer französischen Familie am Genfer See. Mit 14 Jahren begann sie eine Lehre als

Modistin in Zürich. Liebe zu dem Russen Mischa, dem sie 1919 in seine Heimat folgte. Arbeit in einer Moskauer Fabrik als Näherin. Rückkehr in die Schweiz 1920 mit ihrem Kind. Arbeit als Näherin, als Bildhauerin, als Zeichnerin. Dann lebte sie in Paris und zog schließlich aufs Land im Tessin.
Lit.: Alis Guggenheim, »Als ob ich selber nackt in Schnee und Regen stehe ...«, hg. vom Aargauer Kunsthaus Aarau, 1992.

Guilbert, Yvette, französische Chansonsängerin (Paris 20. 1. 1866 – 8. 2. 1944 Aix-en-Provence).

Yvette Guilbert

Aus einem ärmlichen Elternhaus stammend, mußte sie früh als Näherin arbeiten. Mit 18 Jahren bekam sie einige Theaterrollen, bevor sie zur originellen, u. a. von Toulouse-Lautrec gefeierten und gemalten frechen Sängerin und zum Varieté-Star wurde. Die Frau mit den roten Haaren und den langen schwarzen Handschuhen interpretierte Texte von Dichtern aus dem Mittelalter, unter ihnen F. Villon, und schrieb selbst mehrere Bücher, u. a. *La Chanson de ma vie* (1927), *La Passante émerveillée* (1929) und ihre Memoiren (1929).

Guimard, Marie-Madeleine, französische Tänzerin (Paris 27. 12. 1743 – 4. 5. 1816).
Die nichteheliche Tochter begann mit 15 Jahren an der Comédie Française. Die bald unumstrittene Ballerina tanzte an der Großen Oper von Paris, in Opernballetten, in über 50 Divertissements, u. a. in *Jason et Médée* (1770), *Les Horaces, Les Petits Riens* (1778), und schuf u. a. *Le Déserteur* (1784) und *Le premier Navigateur* (1785). Sie verband eine große technische Sicherheit mit einem Luxus an Kostümen (robes à la Guimard). Man nannte sie »die Spinne« oder »das Grazienskelett«. Unter ihren zahlreichen Liebhabern war auch der Erzbischof von Orléans. Ihr Salon wurde zum Zentrum der Opposition gegen den Bischof von Paris. Die Maler Fragonard, Boucher und David porträtierten die große Tänzerin.

Guy-Blaché, Alice, französische Filmregisseurin (Paris 1. 7. 1873 – 24. 3. 1968 Mahwab/New Jersey).
Die erste Spielfilmregisseurin der Welt (und über 15 Jahre lang die einzige), deren Name nur in wenigen Filmlexika zu finden ist, begann mit 22 Jahren als Stenotypistin im Pariser »Comptoir de la Photographie« von Léon Gaumont. Das war 1895, im Geburtsjahr des Films. Während aber Gaumont eher an der technischen Seite des neuen Apparats interessiert war, mit dem die Brü-

der Lumière ihre erste Filmvorführung im »Grand Café« veranstalteten, reizten Alice Guy von Anfang an die künstlerischen Möglichkeiten. Bis 1907 drehte sie bei Gaumont über 400 Filme, sogenannte »one-reels«, inspiriert vom Alltag, von Zeitungsmeldungen, Gedichten und Büchern. Nach der Heirat mit dem zehn Jahre jüngeren Kameramann Herbert Blaché, der 1906 zur Firma Gaumont kam, verließ sie ihr Heimatland Frankreich und ging mit ihm nach Amerika. Sie gründeten ihre Filmfirma »Solax«, und Alice G. arbeitete weiter in ihrem Metier, immer noch die einzige Filmregisseurin. Das brachte ihr zunächst besondere Aufmerksamkeit ein, und sie war eine begehrte Interviewpartnerin. Doch bald mußte sie erfahren, daß in Amerika der Kommerz zählt und nicht die Kunst. Ihren letzten Film *Der geschädigte Ruf* realisierte sie 1920. Nach dem geschäftlichen Mißerfolg ihres Mannes, dem die Scheidung folgte, ging Alice G. mit ihren beiden Kindern 1922 nach Europa zurück, wo sie trotz vieler Bemühungen in der Filmbranche nicht mehr Fuß fassen konnte. 1955 bekam sie die Medaille der Ehrenlegion. Zusammen mit ihrer Tochter verbrachte sie die letzten Lebensjahre in Amerika. Zehn Jahre nach ihrem Tod erschienen ihre Lebenserinnerungen. Engagierte Frauen der »Association Musidora« begannen, ihre Filme aufzuspüren und ihr Lebenswerk vor dem Vergessen zu bewahren.

Lit.: Alice Guy, Autobiographie einer Filmpionierin 1873 – 1968, Frankfurt/ Dülmen 1981.

H

Hahn-Hahn, Ida Gräfin von, deutsche Schriftstellerin (Tressow/Mecklenburg 22. 6. 1805 – 12. 1. 1880 Mainz).

Der Vater hatte eine Leidenschaft für das Theater, die ihn zu finanziellen Verlusten und zur Trennung von der Familie führte. Die Mutter lebte in bescheidenen Verhältnissen mit den Kindern zusammen. Als Ida von H.-H. mit 24 Jahren finanziell unabhängig wurde, begann sie zu reisen (Europa, Orient) und zu schreiben – Lyrik, zahlreiche Romane entstanden (*Aus der Gesellschaft*, 1838, *Gräfin Faustine*, 1841, *Orientalische Briefe*, 1844). Sie wurde zu einer Erfolgsautorin des Biedermeier. 1850 trat sie zur katholischen Kirche über, lebte fortan in einem Kloster. Ihre Werke sind eine Mischung aus Snobismus und Feminismus. Ihre frühen Romane handeln von der Unterdrückung der Frau und vom Streben nach Freiheit.

Halimi, Gisèle, französische Rechtsanwältin, Schriftstellerin und Politikerin (La Goulette/Tunesien 27. 7. 1927).

Nach ihrer Schulausbildung in Tunis studierte sie in Paris. Sie war von 1949 bis 1956 Anwältin in Tunis, anschließend in Paris. Während des algerischen Unabhängigkeitskriegs war sie für die Befreiungsbewegung FLN tätig. Danach vertrat sie Intellektuelle und die Frauenbewegung, war juristische Beobachterin in Spanien und Griechenland, Leiterin der Kommission zur Untersuchung der Kriegsverbrechen in Vietnam 1966. Sie war Begründerin (1971) und Präsidentin der feministischen Bewegung »Choisir la Cause des Femmes«, die u. a. für das Recht auf Schwangerschaftsabbruch eintrat, und Botschafterin Frankreichs bei der UNESCO.

Autorin von vielen Büchern, darunter: *Choisir de donner la vie* (1978), →*Djamila Boupacha* (1991), *La Cause des femmes* (1992).

Hallgarten, Constanze, deutsche Pazifistin und Frauenrechtlerin (Leipzig 12. 9. 1881 – 25. 9. 1969 München).
»Da standen wir Seite an Seite und weinten um alle, die wir verloren hatten, und wohl in keiner Stunde unseres Lebens empfanden wir so tief, daß das Muttergefühl nicht an Ländergrenzen gebunden ist. Unser Leid verschmolz zu einem Leid und zu einem Gelöbnis, daß wir gemeinsam unser Leben weihen wollten dem Kampf gegen den Krieg.« Dieses Erlebnis des Züricher Frauenfriedenskongresses im Jahr 1919 prägte die politische Arbeit der Pazifistin. Bis 1933 engagierte sie sich in der Leitung der Münchner Ortsgruppe der IFFF, der DFG und im »Bund Sozialistischer Frauen«. Sie gründete die »Mütterliga« und organisierte zu Beginn der dreißiger Jahre eine Friedenskundgebung aller Münchner Frauenorganisationen. Weil sie bereits in den zwanziger Jahren die Nationalsozialisten offen bekämpft hatte, mußte Constanze H. 1933 in die USA emigrieren. Nach dem zweiten Weltkrieg kehrte sie ungebrochen nach München zurück: »Nur durch die aktive Gegnerschaft gegen die Gewalten, die uns und unsere Kinder mit Tod und Verderben bedrohen, ist das Leben heute wert, gelebt zu werden.«
Lit.: Constanze Hallgarten, Als Pazifistin in Deutschland, Stuttgart 1956.

Hannsmann, Margarete, deutsche Schriftstellerin (Heidenheim 10. 2. 1921).
Ihr Pseudonym war Sancho Pansa. Nach einem Schauspielstudium in Stuttgart arbeitete sie als Lehrmittelhändlerin, als Anzeigenakquisiteurin, Puppenspielerin und Schauspielerin. In der Nazizeit war sie zunächst Jungmädelscharführerin, Grenz- und Auslandsreferentin der Hitlerjugend, ehe sie sich zur Gegnerin entwickelte. Seit den sechziger Jahren veröffentlichte sie neben Lyrik – sie ist Autorin von mehr als dreißig Gedichtbänden – zwei autobiographische Romane, in denen sie sich mit der Nazizeit auseinandersetzte, und Hörspiele. Die Partnerschaft mit HAP Grieshaber von 1961 bis 1981 entwickelte sich zu einer produktiven Zusammenarbeit (*Pfauenschrei. Die Jahre mit HAP Grieshaber*). Gemeinsame Werke, u. a. *Aufzeichnungen über Buchenwald* (1978), und gemeinsamer Kampf gegen die Militärdiktatur in Griechenland, gegen den Mißbrauch der Natur und für das Recht auf Arbeit und Kultur.

Harel, Marie, französische Schöpferin des Camemberts (Vimoutiers 8. 4. 1781 – 14. 5. 1855).
Die Bauersfrau aus der Normandie gewährte einem Priester Unterschlupf, der sie in die Geheimnisse der Brie-Herstellung einweihte. Marie, die Käsespezialistin, nutzte die neuen Kenntnisse für ihre Käsezubereitung und kreierte den Camembert, den König unter 365 Käsesorten. 1928 wurde ihr in Vimoutiers/Normandie ein nationales Monument gewidmet. Der bekannte Koch Savarin: »Es ist besser, ein neues Gericht zu erfinden, als einen neuen Stern zu entdecken. Wieviel wertvoller die Erfindung eines neuen Gerichts, wovon Kranke wie Gesunde profitieren können! Und dies ist das Verdienst der Mme. Harel.«

Harper, Frances Ellen Watkins, schwarze US-amerikanische Schriftstellerin (Baltimore 1825 – 1911)
Mit drei Jahren wurde sie Waise, mit dreizehn Jahren mußte sie arbeiten gehen. Die Autodidaktin veröffentlichte mit 20 ihr erstes Gedicht- und Prosabuch *Forest Leaves*. Ihr Buch *Iola Leroy: or Shadows uplifted* (1892) war einer der ersten Romane, die von einer schwarzen Frau geschrieben wurden. Sie war zu ihrer Zeit eine der populärsten Dichterinnen. Außerdem engagierte sie sich in den amerikanischen Bewegungen gegen die Sklaverei, gegen den Alkoholismus und für Frauenrechte. Ihr Buch *Moses* (1851) hatte bis 1871 zwanzig Auflagen erreicht.

Hatschepsut, erste Pharaonin von Ägypten (1490 – 1470 v. Chr. Regierungszeit).
Obwohl die männliche Thronfolge galt, wurde Hatschepsut von ihrem Vater als seine Nachfolgerin bestimmt, wie ein Sohn ausgebildet, noch zu seinen Lebzeiten war sie Mitregentin. Heirat mit ihrem Halbbruder, für Pharaonenfamilien durchaus nichts Ungewöhnliches. Nach dessen Tod drei Jahre später ließ sie sich zum Pharao krönen und übernahm für zwanzig Jahre die Alleinherrschaft. Als Zeichen ihrer Macht trug sie ab und an den Bart der Pharaonen. Unter Hatschepsuts Regierung herrschte Frieden wie weder vor noch nach ihrer Zeit. Sie entwickelte Handelsbeziehungen zu den Nachbarvölkern und erreichte damit den Wohlstand ihres Landes, was ihr wichtiger war als kriegerische Konflikte und Eroberungen. Sie richtete Expeditionen in ferne Länder aus, so nach Punt, heute Somaliland/Äthiopien. Die Förderin der Künste aus der 18. Dynastie regte mit ihren Tempeln eine neue Blüte der ägyptischen Baukunst an. Ihr Stief- und Schwiegersohn, der sie gezwungen haben soll, sich selbst zu vergiften, ließ alle ihm zugänglichen Bilder und Hinweise auf die »Tochter des Re« vernichten.
Lit.: Pauline Gedge, Die Herrin vom Nil. Roman einer Pharaonin, Hamburg 1981; Hanns Kneifel, Hatschepsut. Die Pharaonin, München 1995.

Hatzfeld, Sophie von, deutsche Sozialistin (Berlin 10. 8. 1805 – 25. 1. 1881 Wiesbaden).
Ihr Vater war Zivilgouverneur von Berlin, Fürst Franz Ludwig von Hatzfeld-Schönstein zu Trachenberg. Mit 17 Jahren auf elterlichen Druck Heirat mit dem reichen, verschwenderischen und untreuen Vetter, Graf Edmund von Hatzfeld-Wildenburg. Drei Kinder. Nach elf Jahren Ehe Ausbruch und Flucht nach Berlin, Dresden und nach Italien. 1839 Versöhnung mit dem Grafen, der wenig später die Scheidung verlangte, um sich die Kinder und ihr Vermögen anzueignen. Vertreten wurde Sophie v. H. bei den über Jahre dauernden Scheidungsprozessen von dem 20 Jahre jüngeren Philosophiestudenten und Sozialisten Ferdinand Lassalle, später Mitgründer des »Allgemeinen Deutschen Arbeitervereins«, des Vorläufers der SPD. Er sah in ihrem Fall einen politischen Prozeß und eine »Passionsgeschichte der menschlichen Freiheit«. Der Graf beschuldigte sie, Bier zu trinken und Zigaretten zu rauchen. Wohl noch schlimmer war für ihr adliges Umfeld, daß sie sich mit einem Revolutionär liierte und an den Aktivitäten der Republikaner beteiligte. Die Öffentlichkeit verfolgte mit Interesse und Sympathie die Geschicke der rebellischen Adligen. 1854 sicherte sie in einem Vergleich Rechte und Vermögen und verfügte aus Dankbarkeit eine Jah-

resrente für Lassalle. Die Beziehung zwischen den beiden war spannungs- und konfliktreich. Lassalle trat für die Freiheit beider Geschlechter auch in Liebesdingen ein, theoretisch in seinen Schriften und vielfach praktisch in Beziehungen zu anderen Frauen; von Sophie verlangte er »pünktlichen und blinden Gehorsam«. Sie empfand schließlich vor allem mütterliche Gefühle für ihn. Beim Duell um eine Frau wurde Lassalle 1864 in der Schweiz tödlich verwundet. Sophie v. H. pflegte, zum Teil recht unkritisch, auch weiterhin sein Ansehen. »Sowenig, wie ich mich durch meine Familie und die Versprechungen, die sie mir machte, habe bewegen lassen, den lebendigen Lassalle zu verlassen, ebensowenig tue ich es jetzt, wo er tot ist.« Noch mit über 70 Jahren unterstützte sie die Sozialdemokratie während der Repressionen durch das Bismarcksche Sozialistengesetz.

Lit.: Christiane Kling-Mathey, Gräfin Hatzfeld. 1805-1881. Eine Biographie, Bonn 1989; Manfred Gebhardt, Sophie von Hatzfeld. Ein Leben mit Lassalle. Biographie, Berlin 1991.

Haushofer, Marlen, österreichische Schriftstellerin (Frauenstein 11. 4. 1920 – 21. 3. 1970 Wien).

Ihr Vater war Förster, ihre Mutter Kammerzofe. Internat bei den Ursulinerinnen, Arbeitsdienst, Studium der Germanistik in Wien und Graz. Heirat mit einem Zahnarzt, zwei Söhne. Sie schrieb Jugendbücher, u. a. *Schlimmsein ist auch kein Vergnügen*, gegen den Willen ihres Mannes, bewies ihm, daß Schreiben »kein Hobby ist wie Häkeln«. Scheidung und erneute Ehe mit demselben Mann. Erzählungen, Hörspiele und Romane, u. a. *Eine Handvoll Leben* (1955), *Die Tapetentür* (1957), *Wir töten Stella* (1958). Der Roman *Die Wand*, 1963 erschienen und für Jahre vom Literaturbetrieb abgelehnt, ist die Geschichte einer Frau, die sich (nach einem Atomschlag) völlig alleine findet. Die namenlos bleibende Protagonistin organisiert sich ihr Leben zusammen mit einigen Tieren im Überlebenskampf gegen die Natur, reflektiert dabei ihre eigene Geschichte. Marlen H. erhielt bedeutende Ehrungen, u. a. den Großen Staatspreis für Literatur in Österreich. Ihr letzter Roman *Die Mansarde* (1969) thematisiert ebenfalls die Einsamkeit. Eines ihrer Manuskripte, die Geschichte von Frauen, die planmäßig einen Mann ermorden und davonkommen, ist bis heute verschollen. Marlen H. starb an Krebs. »Vermutlich schrieb sie, weil sie so, wie sie sein wollte, nicht werden durfte. Deshalb ging sie in die innere Emigration, lebte ihr eigentliches Leben in ihrer Literatur, in der sie litt, mehr als im Leben draußen, für die andern, aber auch an sich.« (Klaus Antes)

Head, Bessie, südafrikanische Schriftstellerin (Pietermaritzburg 6. 7. 1937 – 17. 4. 1986 Serowe/Botswana).

Die Tochter einer reichen weißen Mutter und eines schwarzen Stallknechts wuchs in einem Waisenhaus auf. Sie wurde Lehrerin und Journalistin (u. a. für »The Golden City Post« und »Drum«). Mit 27 Jahren verließ sie das Land der Apartheid und zog mit ihrem Sohn nach Botswana, wo sie als Lehrerin und Gärtnerin ihr Brot verdiente. Sie wurde durch ihre Novellen bekannt, u.a. *Die Farbe der Macht* (dt. 1987), *Die Schatzsammlerin* (dt. 1988). Sie galt als »eine der größten Schriftstellerinnen des afrikanischen Kontinents«.

Hegewald, Heidrun, deutsche Malerin (Meißen 21. 10. 1936).
Nach einem Studium an der Ingenieurschule für Bekleidungsindustrie, Fach Modegestaltung, in Berlin/Ost, studierte sie an der Kunsthochschule Graphik. Seit 1975 lebt und arbeitet sie als freischaffende Malerin, Graphikerin und Zeichnerin in Berlin. Mehrere Ausstellungen im In- und Ausland und Auszeichnungen. Anläßlich der Verleihung des Max-Lingner-Preises der Akademie der Künste der DDR sagte Wolfgang Heise: »Heidrun Hegewalds bildlichen Äußerungen liegt eine hautlose, schmerzhafte Empfänglichkeit zugrunde, eine Empfänglichkeit dafür, was Menschen einander sind, sein könnten, was sie einander antun.« Heidrun H. ist zugleich Autorin von *Freiheit – Das deutsche Schindluder* (1991) und von *Frau K. Die zwei Arten zu erbleichen* (1993).

Heidenreich von Siebold, Marianne Theodore Charlotte, geb. Heiland, erste deutsche Frauenärztin (Heiligenstadt/Eichsfeld 12. 9. 1788 [Tauftag] – 8. 7. 1859 Darmstadt).
Ohne die Unterstützung durch die (Mediziner-)Familie, ohne den Einfluß des Vaters wäre es ihr zur damaligen Zeit wohl nicht gelungen, trotz vieler Widerstände an der Universität Göttingen 1817 zu promovieren. Ihr Thema: »Über Schwangerschaft außerhalb der Gebärmutter und über eine Bauchhöhlenschwangerschaft insbesondere«. Sie warnte u. a. vor dem zu schnellen Gebrauch der Geburtszange – auch eine Kritik an ihrem Lehrer und Kollegen Professor Osiander, der auf typisch männliche Weise reagierte: »... ich glaubte nie, daß beim Unterricht charakterloser Weiber und Mädchen viel Erfreuliches herauskomme ... Das Schwangerwerden steht ihnen auf jeden Fall besser an, als über Schwangerschaft zu schreiben.« Da die einstige Schülerin sich auf Theorie und Praxis ihres Berufes verstand, gelang es ihr, den Lehrer in beiden Bereichen zu überflügeln. Sie holte Fürstenkinder wie die spätere Queen Victoria auf die Welt; ihren Beruf verstand sie jedoch vor allem als soziale Aufgabe. Mit Bitten und Darstellungen der armseligen Verhältnisse auf dem Land wandte sie sich an die »hohen Häuser« – oft fehlten die nötigsten Dinge, etwa ein Geburtslager. Als 53jährige heiratete sie – Skandal und Sensation – einen 14 Jahre jüngeren Mann. In Dr. Heidenreich fand sie einen leidenschaftlichen Mitstreiter für ihre Sache: die Einrichtung eines Instituts für Geburtshilfe. Nach ihrem Tod gründeten Darmstädter Frauen die »Heidenreich-von-Siebold-Stiftung für Arme und verschämt arme Wöchnerinnen«.

Heinrich, Jutta, deutsche Schriftstellerin (Berlin 4. 4. 1940).
Die älteste von fünf Töchtern wuchs in einer großbürgerlichen, künstlerisch interessierten Familie in Bayern auf (der Vater ist Jurist, die Mutter ausgebildete Malerin). Sie arbeitete u. a. als Betriebsleiterin im väterlichen Betrieb, in Büros, als selbständige Geschäftsfrau, bevor sie sich fürs Schreiben entschied. Mit 32 Jahren holte sie die Hochschulreife nach, ab 1975 Studium der Germanistik und Literaturwissenschaften. Danach verschiedene Stipendien und Auszeichnungen. Sie ist Autorin von Romanen, Prosatexten und Essays (*Das Geschlecht der Gedanken*, 1978, *Mit meinem Mörder ZEIT bin ich allein*, 1987, *Alles ist Körper*, 1991, *Im Revier der Worte*, 1994, *Unheimliche Reise*, 1998) und von Theaterstücken. Jutta

H. lebt seit 1959 in Hamburg, seit 1975 als freie Schriftstellerin. Mit Ironie, Phantasie und Schärfe setzt sich Jutta H. in ihren Texten u. a. mit der Misogynie, dem Fremdenhaß, mit Politik, Kunst und Literatur auseinander. »Schreiben ist für mich auch entblößen, bloß-stellen, um das Herausgestellte mit anderen Gedanken, anderen Handlungsweisen – vielleicht richtigeren – zu füllen.«

Hellman, Lilian Florence, US-amerikanische Theater- und Buchautorin und Journalistin (New Orleans 20. 6. 1905 – 30. 6. 1984 Boston/Mass.).

Lilian Hellman

»Ein zorniges Kind« mit einem »unüberwindlichen Hang zur Extravaganz« (Lilian H.) verlebte Kindheit und Jugend in New Orleans und in New York. Mit 19 Jahren Beginn der Arbeit bei einem New Yorker Avantgarde-Verlag. Lektorin über sechs Jahre. Nach der ersten Heirat arbeitete sie u. a. als Pressereferentin und begann, Kurzgeschichten zu schreiben. 1926 Aufenthalt in Paris und 1929 in Bonn, wo die Jüdin erstmals Antisemitismus erlebte. In Hollywood traf sie Dashiell Hammet, ehemaliger Detektiv, bekannter Autor von Kriminalromanen (*The Thin Man* u. a.), Kommunist und ihr Lebensgefährte für dreißig Jahre. Das Paar stimmte in wichtigen politischen und moralischen Fragen überein, auch wenn Lilian H. nie Mitglied einer Partei wurde. Als Kriegsberichterstatterin und Journalistin unternahm sie abenteuerliche Reisen, vom Spanischen Bürgerkrieg berichtete sie direkt von der Front und als »kulturelle Botschafterin« der USA aus Rußland und Sibirien im Kriegswinter 1944. Bekannt, beliebt und finanziell außerordentlich erfolgreich wurde Lilian H. durch ihre Theaterstücke (*Die kleinen Füchse, Die Wacht am Rhein* u. a.), die teilweise auch verfilmt wurden, und Drehbücher für den Film (*Infam, Puppen unterm Dach, Julia, Ein Mann wird gejagt*). Anfang der fünfziger Jahre gehörten Lilian H. und D. Hammet zu den wenigen, die vor dem berüchtigten »Ausschuß gegen unamerikanische Umtriebe« standhielten und sich weigerten, Kolleg/innen zu denunzieren. »Ich kann mein Gewissen nicht nach der letzten Mode maßschneidern.« Die Folgen: Keine Aufträge aus Hollywood mehr, ihre Farm mußte verkauft werden, Hammets Gesundheitszustand verschlechterte sich. Nach seinem Tod 1961 schrieb sie vor allem an ihren Lebenserinnerungen. 1969 erschien ihre Autobiographie, 1974 ein Band autobiographischer Erzählungen und 1976 ihr Buch über die Zeit der Verfolgung durch den »McCarthy-Ausschuß«. In den letzten Jahren war sie oft von Zweifeln geplagt, die

scharfzüngige, eigensinnige (»hart und wertvoll wie ein Diamant«, D. Hammet) und hervorragende Schriftstellerin.
Lit.: Lilian Hellman, Eine unfertige Frau. Ein Leben zwischen Dramen, Frankfurt/M. 1970; dies., Julia und andere Erzählungen, München 1978; dies., Die Zeit der Schurken, Frankfurt/M. 1979.

Henoth, Catharina, deutsche Postmeisterin (Geburtsdatum unbekannt – 19. 5. 1627 Köln).
Sie stammte aus einer alteingesessenen, einflußreichen Kölner Familie. Ihr Vater war kaiserlicher Postmeister und stand in Konkurrenz zur Grafenfamilie Taxis, die später ein landesweites und monopolähnliches Postwesen aufbaute, den Vorläufer der heutigen Bundespost. Nach seinem Tod vertrat die angesehene Catharina H. die Interessen der Familie. 1626 wurde sie von einer Nonne, die angeblich vom Teufel besessen war, als Hexe bezeichnet, im Januar 1627 vom Rat der Stadt verhört und an das Hohe Gericht ausgeliefert. Eine Narbe auf der Stirn galt nun als Hexenmal und Beweis, sie wurde angeklagt, ein Kind zu Tode gezaubert und eine Fehlgeburt herbeigeführt zu haben u. a. m. Trotz fünffacher Folter beteuerte sie bis zuletzt und auch schriftlich ihre Unschuld. »Ach was falsche Lügen ... Halt ahn, das wir uns moge verdedigen, damit ich nit unschuldig umbkom«, schrieb sie drei Tage vor ihrem Tod an ihre Familie. Catharina H. wurde erwürgt und dann verbrannt.

Hensel, Fanny Cäcilie, deutsche Komponistin und Pianistin (Hamburg 14. 11. 1805 – 14. 5. 1847 Berlin).
Die überaus begabte Komponistin der Romantik ist ein Modellfall für die patriarchale Unterdrückung eines Talents in der Familie: Sowohl der Vater wie der berühmte Bruder, Felix Mendelssohn Bartholdy, waren strikt gegen eine Drucklegung ihrer Werke, obschon letzterer das Können seiner Schwester hoch einschätzte. »Deine Komposition ist herrlich, aber wenn Du so weitermachst, was wird dann aus Deiner Familie?« In den »Sonntagsmusiken« im Elternhaus organisierte sie Konzerte, dirigierte Oratorien und spielte selbst am Klavier. Von ihrem Mann, dem Maler Wilhelm Hensel, unterstützt, konnte sie kurze Zeit vor ihrem Tod noch eigene Kompositionen veröffentlichen. Fanny H. hinterließ rund 400 Werke, darunter ein Oratorium, Kantaten, Chöre (*Gartenlieder*), fast 300 Lieder, Klaviermusik und Kammermusik.
Lit.: Antje Olivier, Mendelssohns Schwester Fanny Hensel, Musikerin, Komponistin, Dirigentin, Düsseldorf 1997.

Hepburn, Audrey, US-amerikanische Filmschauspielerin (Brüssel 4. 5. 1929 – 21. 1. 1993 Lausanne).
Das »liebenswürdigste Geschöpf der Welt« wuchs in Internaten und in Holland als Edda Baronin van Heemstra auf. Ihre Mutter war eine holländische Adlige, ihr Vater anglo-irischer Geschäftsmann. Nach einem Abend im Ballett, am Vorabend des Einmarsches der deutschen Faschisten, beschloß sie, Tänzerin zu werden. Einer ihrer Onkel und ein Cousin wurden wegen Sabotage und Widerstand hingerichtet. Audrey H. besuchte die Ballettschule, überbrachte Nachrichten für die Untergrundbewegung und besorgte durch Tanzauftritte Geld für die Widerstandsorganisationen. Ballettschule in London, Revueengagements, Fotomodell, kleinere Filmrollen. Auf Vorschlag von →Colette war sie die *Gigi* am Broadway in der Bühnenfassung von Anita Loos.

Die großen Filmerfolge begannen mit *Ein Herz und eine Krone* (Oscar). Das Publikum liebte das knabenhafte Geschöpf, seinen zauberhaften Charme, und Billy Wilder, Regisseur ihres zweiten Filmes *Sabrina,* sagte: »Dieses Mädchen ganz allein wird vielleicht den Busen zu einer Sache der Vergangenheit machen.« *Krieg und Frieden,* Heirat mit Mel Ferrer, die unvergeßliche Holly Golightly in *Frühstück bei Tiffany.* »Sie ist einzigartig. Es gibt keine wie sie.« (B. Wilder). Bis kurz vor ihrem Tod setzte sich Audrey H. als Sonderbotschafterin der UNICEF für heimatlose Kinder auf der Welt ein.

Hepburn, Katharine, US-amerikanische Schauspielerin (Hartford/Conn. 8. 11. 1909).
Die promovierte Philosophin, Absolventin der Frauenuniversität Bryn-Mawr, trat öffentlich gegen die Hetzjagd des McCarthy-Ausschusses auf linke Intellektuelle und Künstler ein. »Bringt die Künstler zum Verstummen, und ihr habt die Stimme des Volkes erstickt.« Ihre Mutter war für das Frauenstimmrecht aktiv gewesen, trat mit →Margaret Sanger für Geburtenkontrolle ein und demonstrierte auch schon mal vor dem Weißen Haus für bessere Arbeitsbedingungen für Frauen. Ihr Vater, Arzt, engagierte sich auf dem Gebiet der Sozialhygiene und handelte sich mit Grundstücken ein Vermögen ein. Nach dem College wollte Katharine H. unbedingt Schauspielerin werden. Zunächst kaum erfolgreiche kleinere Rollen am Theater, Schauspiel- und Tanzunterricht. 1928 Heirat mit L. O. Smith, drei Wochen später die Trennung, 1932 kam der Ruf nach Hollywood, erste große Erfolge und Popularität, mit *Morgenrot des Ruhms* 1933 der erste Oscar und eine aufgeregte Presse aufgrund ihres streitbaren Wesens und unkonventionellen Verhaltens. Nicht sie habe sich Hollywood angepaßt, so der Regisseur G. Cukor, sondern »Hollywood sich ihr«. 1941 traf sie Spencer Tracy, mit dem sie bis zu seinem Tod 1967 zusammenlebte und in vielen Filmen zusammenarbeitete (*Die Frau, von der man spricht,* 1942, *Ehekrieg,* 1949, *Rat mal, wer zum Essen kommt,* 1967, u. a.). Beide ließen sich von ihren jeweiligen Ehepartnern nie scheiden. Großartige Leistungen in *African Queen* (1951), *Plötzlich im letzten Sommer* (1959), *Der Löwe im Winter* (1968), *Die Trojerinnen* (1971), *Am goldenen See* (1981). Mit 60 Jahren wieder Theaterrollen, z. B. im Musical *Coco* (Chanel), und aktiv in der Bewegung für das Recht der Frauen auf Selbstbestimmung. Ihre vier Oscars machten Katharine H. zur erfolgreichsten Filmschauspielerin unserer Zeit, 1995 wurde sie in einer Umfrage zur besten Schauspielerin der gesamten Filmgeschichte gewählt.
Lit.: Katharine Hepburn, Ich, Geschichte meines Lebens, München 1991; Ronald Bergan, Katharine Hepburn, München 1996.

Herrmann, Lilo, deutsche Widerstandskämpferin (Stuttgart 23. 6. 1909 – 20. 6. 1938 Berlin-Plötzensee).
Sie stammte aus einer wohlhabenden Ingenieursfamilie und hatte die Möglichkeit, Biologie und Chemie an den Universitäten in Berlin und Stuttgart zu studieren. Doch ihre kommunistischen Ansichten waren den Nazis nicht genehm: 1935 wurde sie von der Universität ausgeschlossen, weil sie einen antifaschistischen Aufruf unterschrieben hatte. Nach der Geburt ihres Sohnes – der Vater wurde von den Nazis erschlagen – kehrte sie zu den Eltern

zurück und arbeitete als Schreibkraft im väterlichen Büro. Abends illegale Versammlungen. Sie sammelte Informationen über die Rüstungsproduktion und leitete sie weiter. Verhaftung, Verhör und Folterung. In vielen Ländern Europas bildeten sich Frauenkomitees für ihre Befreiung. Vergeblich – sie wurde mit dem Fallbeil hingerichtet. Ihr letzter Wunsch war, ihr Sohn möge vor faschistischen Ideen geschützt werden. Vor Gericht erklärte sie, als man von ihr verlangte, einen Genossen zu verraten: »Was wollen Sie, meine Herren, sie haben mich zum Tode verurteilt, und Tote sprechen nicht mehr.« Der Arzt und Schriftsteller Friedrich Wolf über sie: »Lilo Herrmann handelte nach ihrer Erkenntnis und nach ihrem Gewissen. Sie nahm als junge Frau den Kampf gegen den Krieg auf, in den Millionen Männer hineinstolperten.«

Herschel, Karoline, deutsche Astronomin (Hannover 16. 3. 1750 – 9. 1. 1848).
Sie wuchs als Tochter eines Militärmusikers auf. Nach dem Willen des Vaters sollte sie Konzertsängerin, nach dem Plan der Mutter Weißnäherin werden. Die bis zur Selbstverleugnung bescheidene Frau, die »liebe Lina«, die »kleine Schwester«, zog 1772 zu ihrem Bruder, dem Regimentsmusiker Wilhelm H., nach England; neben dem Haushalt, zwischen Musikstunden und Konzerten wandte sie sich mit ihm der Astronomie zu. Die arbeitsame Astronomin entdeckte 1786 ihren ersten Kometen. Von den 62 Kometen, die im 18. Jahrhundert gefunden wurden, entdeckte sie acht. Neidische Sterngucker nannten sie abwertend »die Kometenjägerin«. 1835 wurde sie Ehrenmitglied der »Royal Astronomical Society«, 1846 erhielt sie die Goldene Medaille der Preußischen Akademie der Wissenschaften. Gemeinsam mit ihrem Bruder baute sie ein Teleskop, mit dessen Hilfe er den Planeten Uranus entdeckte. Bis zum Ende ihres Lebens leugnete sie die eigene Leistung und wies voller Bewunderung auf ihren Bruder hin. Die Wissenschaftlerin errang Selbständigkeit und Ruhm – beides wollte sie nicht.

Herwegh, Emma, deutsche Demokratin (Berlin 10. 5. 1817 – 24. 3. 1904 Paris).
Eine »Republikanerin comme il faut« sah Georg Herwegh in Emma Siemund, die, umfassend gebildet, aus einer wohlhabenden, assimilierten jüdischen Familie stammte. Die Ehe mit dem Dichter, dessen radikal-demokratische Ideale sie teilte, führte sie 1843 in die Emigration in die Schweiz und nach Frankreich. 1847 setzte sie sich entschieden für in Berlin inhaftierte polnische Revolutionäre ein. Für die »Deutsche demokratische Legion«, mit der Herwegh im April 1848 in die badische Revolution einzugreifen versuchte, fungierte Emma H. als Emissärin; sie führte die Verhandlungen mit Friedrich Hecker. Nach dem Scheitern des Unternehmens in Baden als Hochverräterin steckbrieflich gesucht, legte sie in einer Schrift über die Legion aus Paris Rechenschaft ab. Nach dem Ende der 1848er Revolution bildete ihr Haus in Zürich Zufluchtsstätte und Treffpunkt für Verbannte und politische Flüchtlinge. Sie engagierte sich für den italienischen Freiheitskampf gegen Napoleon III. und verhalf durch Sägeblätter, die sie in die Festung San Giorgio in Mantua einschmuggelte, dem italienischen Patrioten Felice Orsini zur Flucht. Ihre revolutionäre Begeisterung galt nach dem Tod Orsinis dem Freiheitskampf Garibaldis, für dessen Einigungsideen

sie durch die Übersetzung seiner *Memoiren* (1860) warb. Zur Ehrenrettung Garibaldis und seines Freikorps nach der Verhaftung im Sommer 1862 übersetzte und edierte sie die Schrift *Der Tag von Aspromonte. Eine Stimme aus den Gefängnissen*. Der Militarismus Preußens blieb ihr zeitlebens verhaßt. Neben dem Exil in der Schweiz und in Frankreich wäre für sie auch in Amerika eine »freie unabhängige Existenz« möglich gewesen.
Lit.: Emma Herwegh, Zur Geschichte der deutschen demokratischen Legion aus Paris. Von einer Hochverräterin, Grünberg 1849.

Herz, Alice, deutsche Pazifistin (Hamburg 25. 5. 1882 – 17. 3. 1965 Detroit).

Alice Herz

Sie hatte eine Tochter und einen Sohn, der blind geboren und nur ein Jahr alt wurde. Ihr Mann, der Chemiker Paul Herz, starb 1929. 1931 floh die Jüdin mit ihrer Tochter Helga vor dem Rassenwahn der Nationalsozialisten über die Schweiz und Frankreich in die Vereinigten Staaten. Dort war sie als Korrespondentin für Schweizer Zeitungen tätig, nach dem Krieg auch wieder für deutsche Blätter wie »Das Andere Deutschland« von Fritz und Ingeborg Küster. Ihr Engagement galt dem Frieden und der sozialen Gerechtigkeit, ihre Solidarität dem vietnamesischen Volk, ihr Kampf dem eskalierenden »schmutzigen« Krieg der Amerikaner in Vietnam. Sie arbeitete in pazifistischen Bewegungen mit und bei »Women Strike for Peace«. Anfang März 1965 veröffentlichte sie ein »Weltrundschreiben«, das an den Generalsekretär der UNO gerichtet war. Als »drastische Unterstreichung« ihres Anliegens, die Menschen aufzurütteln, wählte sie eine spektakuläre Aktion: Sie verbrannte sich selbst auf dem Campus der Wayne-Universität in Detroit. Ein Jahr später wurde in Tokio die »Friedensstiftung in Erinnerung an Alice Herz« gegründet, die sich der Solidarität mit Vietnam widmete.

Herz, Henriette, deutsche Schriftstellerin (Berlin 5. 9. 1764 – 22. 10. 1847).
Die Jüdin Henriette de Lemos erhielt eine umfassende Bildung und erlernte neun Sprachen, darunter Sanskrit und Malaysisch. Sie wurde im Alter von 12 Jahren mit dem wesentlich älteren Arzt und Lieblingsschüler Kants, Marcus Herz, verlobt, den sie mit 15 heiratete. Sie gründete einen freimaurerischen »Tugendbund« zur Pflege der Freundschaft, dem u. a. auch die Brüder Humboldt, →Sophie Mereau-Brentano und →Rahel Varnhagen angehörten. Ihr literarischer Salon, der erste in Berlin, war Treffpunkt der Romantiker. Ludwig Börne (»Fünf Männchen meinesgleichen könnte man aus ihr schnitzen,

und es blieben noch Späne genug übrig«) unternahm ihretwegen einen Selbstmordversuch. Als ihr Mann starb, zog sie sich aus dem öffentlichen Leben zurück und konvertierte zum Christentum. Ab 1813 bildete sie junge Mädchen für den Beruf der Erzieherin aus.

Heymann, Lida Gustava, deutsche Pazifistin und Frauenrechtlerin (Hamburg 15. 3. 1868 – 31. 7. 1943 Zürich).
Die Tochter eines wohlhabenden Kaufmanns nutzte ihr Vermögen für sozialpolitische Aktivitäten. Sie richtete einen Mittagstisch für Arbeiterinnen ein, einen Kinderhort und ein Frauenzentrum; sie gründete einen Verein für Kleiderreform, eine Handelsschule für Mädchen und ein Reformgymnasium. Als Leiterin des Hamburger Vereins »Frauenwohl« gehörte sie dem »Verband fortschrittlicher Frauenvereine« an, und in den neunziger Jahren engagierte sie sich in führender Position für das Frauenstimmrecht und für den Frieden, denn: »Wenn die Vermeidung von Kriegen in Zukunft erreicht werden soll, kann auf die Stimme der Frauen nicht länger verzichtet werden. Die Frauen befinden sich in einer durch ihr Geschlecht bedingten ständigen Abwehr dem Kriege gegenüber, deshalb sind sie in erster Linie berufen, den Völkern die Wege zu dauerndem Frieden zu weisen.« Die radikale Pazifistin wurde zum Motor der Frauenfriedensbewegung im ersten Weltkrieg und in der Weimarer Republik. Sie hob 1915 die »Internationale Frauenliga für Frieden und Freiheit« mit aus der Taufe und stellte sich ganz in deren Dienst. 1917 wurde sie wegen »pazifistischer Umtriebe« aus Bayern ausgewiesen, wo sie mittlerweile seit 18 Jahren mit →Anita Augspurg lebte. Nach ihrer Rückkehr im Jahr 1919 nahm sie am Münchner Rätekongreß teil. 1933 stand Lida Gustava H. auf der schwarzen Liste der Nationalsozialisten; nach einem Auslandsaufenthalt kehrte sie deshalb 1933 nicht nach Deutschland zurück, sondern emigrierte mit Anita Augspurg in die Schweiz.
Lit.: Lida Gustava Heymann/Anita Augspurg: Erlebtes – Erschautes, hg. von Margit Twellmann, Frankfurt/M. 1992.

Hildegard von Bingen, deutsche Mystikerin, Heilkundlerin, Komponistin (Bermersheim b. Alzey 1098 – 17. 9. 1179 Ruppertsberg).
Mit acht Jahren zu einer Klausnerin gegeben, wurde sie seit frühester Jugend auf ein Leben im Kloster vorbereitet. 1141 ließ sie das Kloster Rupertsberg bei Bingen bauen. Die universal gelehrte Benediktinerin war Mystikerin, Dichterin, Biologin, Anthropologin, Heilkundlerin, soweit wir wissen, die erste Homöopathin (*Causae et curare)*, und sie komponierte. Über 70 Hymnen und Antiphonen gibt es von ihr, die sie im eigenen Kloster von den Schwestern singen ließ. Als ihr musikalisches Hauptwerk gilt das älteste überlieferte, geistliche Musikdrama *Ordo virtutum*. Sie war Beraterin des Kaisers Barbarossa und des Papstes Eugen III. Von diesem als Prophetin anerkannt, unternahm sie ausgedehnte Reisen, um mit ihren oft kirchenkritischen Predigten die Gläubigen direkt anzusprechen. Ihr Leben lang kämpfte sie gegen die Prälaten in Mainz, die ihr das Singen der eigenen Antiphonen verboten.
Heiliggesprochen wurde sie offiziell nie, obwohl der Volksmund sie heilig nennt und sie sogar in wissenschaftlicher Literatur als die »Heilige Hildegard« bezeichnet wird. Das Kanonisierungsverfahren wurde vom Vatikan begonnen und wortlos eingestellt. Ihre gewagten

Schriften z. B. über das Sexualleben von Melancholikern, zu denen sie sich selbst zählte, verhindern bis heute ihre Aufnahme in die Reihe der Heiligen. Der Popularisierung ihres Werkes tat dies keinen Abbruch: Vom Kochbuch bis zur Heilkunde, von der »Meditationsmusik« bis zu ihrer Mystik ist heute alles zugänglich.
Lit.: Hildegard von Bingen, Wisse die Wege (Scivias), Salzburg 1954; dies., Welt und Mensch, Salzburg 1965; dies., Lieder, Salzburg 1969; Eduard Gronau, Hildegard von Bingen. Eine Biographie, Aschaffenburg 1985.

Hillesum, Etty, holländische Widerstandskämpferin (Middelburg 1914 - 30. 11. 1943 Auschwitz).
Die Mutter kam aus Rußland, der Vater war Gymnasiallehrer. Etty H. studierte in Amsterdam Rechtswissenschaften, Psychologie und slawische Sprachen. Sie setzte sich mit dem Judentum auseinander und ahnte früh die sich anbahnende Vernichtung. Sie schrieb in ihrem Tagebuch: »Gut, diese neue Gewißheit, daß man unsere totale Vernichtung will, nehme ich hin. Ich weiß es nun. Die eine Gewißheit darf durch die andere nicht angetastet noch entkräftet werden. Ich lebe weiter mit derselben Überzeugung und finde das Leben sinnvoll, trotzdem sinnvoll, auch wenn ich mich das kaum noch in Gesellschaft zu sagen getraue.«
Lit.: Das denkende Herz, Die Tagebücher von Etty Hillesum, Reinbek 1985.

Höch, Hannah, deutsche Malerin, Fotomonteurin und Objektkünstlerin (Gotha 1. 1. 1889 – 31. 5. 1978 Berlin/West).
Schon als Kind schnitt sie Bilder aus Illustrierten und stellte sie in eigenen Büchern zusammen. Abendkurse in Malerei, Studium an der Kunstgewerbeschule Berlin, die Akademie war ihr als Frau verschlossen, erste Collagen. Arbeit für den Ullstein-Verlag, eigenes Atelier. Kontakt mit den Dadaisten. Mit Raoul Hausmann lebte und arbeitete sie eine Zeitlang zusammen, der über die Freiheit der Frau theoretisierte, im realen Leben jedoch Unterordnung verlangte. Gemeinsam entwickelten sie die Technik der Fotomontage. Hannah H. war in der Berliner Dada-Bewegung die einzige Frau, sie schuf Dada-Puppen, abstrakte Collagen und meisterhafte Fotomontagen, deren Formensprache sie in die Malerei einführte. Berühmt wurde ihr Bild *Roma* von 1925, auf dem der Stummfilmstar Asta Nielsen Mussolini aus dem Bild, aus Rom und aus der Welt verweist. Häufig kritisierte bzw. ironisierte sie auf ihren Bildern die den Frauen zu- und vorgeschriebenen Rollen als Ehefrau, Hausfrau, Mutter und Sexualobjekt. Von Ende der zwanziger bis Mitte der dreißiger Jahre lebte sie mit der Dichterin Til Brugman zusammen. 1937 heiratete sie Kurt Matthies; ihre Werke wurden als »Kulturbolschewismus« diffamiert, sie erhielt Berufsverbot. Während des Nationalsozialismus »innere Emigration«, in ihrem Haus in Heiligensee versteckte sie Werke ihrer Künstlerkolleg/innen und Dokumente der Dada-Zeit. Im Gegensatz zu den männlichen Dada-Künstlern war sie lange Zeit vergessen. Erst in den siebziger Jahren wurde ihr Werk in großen Ausstellungen in New York, Paris und Berlin wieder einem breiten Publikum vorgestellt.
Lit.: Julia Dech/Ellen Maurer (Hg.), Dada zwischen Reden. Zu Hannah Höch, Berlin 1991.

Hoffmann, Reinhild, deutsche Choreographin (Sorgau/Schlesien 1. 11. 1943).

Nach einer Ausbildung an der Folkwang-Hochschule in Essen erhielt Reinhild H. ihr erstes Engagement bei Hans Kresnik in Bremen. Stipendiumaufenthalt in New York. Heute ist sie Leiterin des Tanztheaters am Bochumer Schauspielhaus. Reinhild H. schuf einen stark expressionistischen Tanz. Besonders bekannt wurde sie durch ihre Soloabende, z. B. *Solo mit Sofa* (1977), *Soloabend mit Reinhild Hoffmann* (1993). Neben →Pina Bausch und →Susanne Linke ist Reinhild H. eine der bedeutenden Vertreterinnen des modernen Tanzes in Deutschland.

Holiday, Billie, US-amerikanische Jazzsängerin (Baltimore 7. 4. 1915 – 17. 7. 1959 New York).

»Lady Day« gehörte zu den »Top Five« der Jazzmusik, sie hat wie viele schwarze Musikerinnen höchste Ruhmeshöhen und tiefste Verlassenheit gekannt. Als Eleanora Gough Mac-Kay zur Welt kam, war ihre Mutter 13 und ihr Vater, später Opfer des Rassismus, 15 Jahre alt. Im sog. »Negerviertel« erlebte sie Hunger und Not, Verzweiflung und rassistische Diskriminierung. Mit 10 Jahren vergewaltigt, in Konflikt mit dem Gesetz, etliche Male festgenommen, Auftritte als Minderjährige in Nachtclubs, um ein bißchen Geld zu verdienen. Dort hörte sie der Produzent John Hammond und engagierte sie. Sie nahm Platten auf mit Benny Goodmann, mit Teddy Wilsons Studioorchester, darunter ihr berühmter Song gegen den Rassismus: »Strange Fruit«. 1941 heiratete sie Jimmy Monroe, kam durch ihn zum Opium, neun Monate Gefängnis. Sie litt unter tiefen Depressionen nach dem Drogenkonsum, aber auch unter den ständigen Diskriminierungen, die ihr selbst als Star verboten, Hotels durch den Haupteingang zu betreten.

Ihre Stimme war ein begnadetes Instrument, das sie auch als solches nutzte (heute nennt man diese Technik Scatting). Ihre selbst geschaffenen Songs zeigen eine abgrundtiefe Trauer, wie bei vielen Blues-Sängerinnen. Billie H. sang bei Count Basie, gründete eine eigene Band und wurde als erste Jazzsängerin in die New Yorker Met eingeladen und triumphal gefeiert. Dazwischen schwere Rückschläge im Drogenkonsum, der sich künstlerisch verheerend auswirkte, und immer wieder Entzug. Ein Triumph in der Carnegie-Hall 1947 versöhnte ihre Fans. 1954 unternahm sie mit Leonard Feathers ihre erste spektakuläre Europatournee. Eine Plattenserie (insgesamt nahm sie mehr als 350 Jazz- und Bluestitel auf) bei Amerikas bekanntestem Produzenten Norman Granz folgte, die TV-Show »The Sound of Jazz«, Auftritt beim Newport-Jazzfestival. Nach einem Benefiz-Konzert in Phoenix/Arizona mit Schlägereien erlebte sie den ganzen Rassenhaß der weißen Amerikaner. Verletzt wurde sie ins Krankenhaus eingeliefert, und die Polizisten verließen ihr Zimmer nicht mehr, bis sie an einer Lungenentzündung starb.

Lit.: Donald Clarke, Billie Holiday – Wishing on the Moon. Eine Biographie, München 1995

Holmès, Augusta Mary Anne, französische Musikerin und Komponistin irischer Herkunft (Paris 16. 12. 1847 – 28. 1. 1903).

Die französische Regierung wählte 100 Jahre nach der Französischen Revolution keinen männlichen Komponisten aus, um zur Feier ein musikalisches

Spektakel zu absolvieren, sondern man beauftragte Augusta H., damals 42jährig, mit der Komposition. *Ode triomphale* heißt ihr Stück für Soli, Chor und Orchester, das damals vor 15 000 Zuschauer/innen im Palais de l'Industrie aufgeführt wurde. Augusta H. hatte Komposition studiert bei César Franck und bei Camille Saint-Saëns, der mehrmals um ihre Hand angehalten haben soll. Doch vergebens. Jahrzehntelang hatte sie ein Verhältnis mit dem französischen Dichter und Romancier Catulle Mendès, mit dem sie fünf Kinder hatte. Auguste H., für ihre Zeit mindestens ebenso revolutionär wie →Ethel Smyth um die Jahrhundertwende in London, war als Musikdramatikerin so erfolgreich, daß ihr kaum frauenfeindliche Kritiken im Wege standen. Sie komponierte große Orchester- und Chorwerke, darunter auch eine Hymne an den Frieden – *Hymne à la Paix.* Als sie hochgeehrt, als Komponistin wahrlich anerkannt und aufgeführt, starb, ließen ihre Freunde und Freundinnen auf ihrem Grab in Versailles ein Denkmal errichten.

Horn, Rebecca, deutsche Künstlerin (Michelstadt/Odenw. 24. 3. 1944).
Wer sie fragt, wo sie zu Hause ist, bekommt zur Antwort: »auf Reisen«. Sie studierte in Hamburg und London, lebte und arbeitete in New York und San Diego. Gastdozenturen. Seit 1989 ist sie Professorin für Bildhauerei in Berlin. Hohe Kunstpreise, u. a. 1992 nach H. Moore und J. Beuys den Goslaer Kaiserring als erste Frau. Dreimal war sie bereits auf der documenta in Kassel vertreten. Große Ausstellungen in New York, Eindhoven, Berlin, London. Zeit und Raum, Bewegung und Eingeschlossensein, Zauberei, Träume, Erinnerungen und Ängste sind ihre Themen, die sie in einer Zusammenführung von bildhauerischen, filmischen und Performance-Elementen umsetzt. Zu ihrer Installation *Das Hotel. Das Bordell. Das Sanatorium* schrieb sie: »Häutung bis ins Innere der Verletzbarkeit ... Beklemmung, eine dieser Türen zu öffnen, um in die Zone der Gefühle einzudringen.« Zuerst selbst mit ihrem Körper in ihren Objekten integriert, übernahmen später Motoren und Tonträger die Bewegungen und Geräusche. Langer Sanatoriumsaufenthalt, durch die Arbeit mit Polyester war ihre Lunge schwer angegriffen. Danach drehte sie Filme (u. a. *Buster's Bedroom)* und entwickelte ihre großen und komplizierten Raummaschinen (u. a. *Raum des Wassers, Raum des Kreises).* Die international hoch angesehene Künstlerin gibt ihrem Publikum Rätsel auf, erklärt ihre Arbeiten nicht: »Ich möchte nur meine stachelige Energie in die Welt setzen.«
Lit.: Rebecca Horn, Ausstellungskatalog, Berlin, Wien u. a., Stuttgart 1994.

Hornik-Ströhmer, Anna, österreichische Vertreterin der proletarischen Frauenbewegung (13. 5. 1890 – 1966).
1911 war Anna H.-S. an der Vorbereitung des ersten Internationalen Frauentages in Wien maßgeblich beteiligt. 1912 gründete sie die erste Mädchengruppe der Sozialistischen Jugend. 1915/16 war sie unter den Gründer/innen des geheimen »Aktionskomitees der Linksradikalen« und im Januar 1918 führend im historischen Jännerstreik (Generalstreik, von der SPÖ ausgerufen); Mitbegründerin der Kommunistischen Partei Österreichs und befreundet mit →Clara Zetkin. Während der Nazi-Zeit war sie in der englischen Emigration politisch aktiv. Nach dem zweiten Weltkrieg wurde sie die Präsi-

dentin der Wiener Organisation des »Bundes demokratischer Frauen Österreichs«.

Huber, Therese, erste deutsche Redakteurin (Göttingen 7. 5. 1764 – 15. 7. 1829 Augsburg).
Therese Huber schrieb über 60 Romane und Erzählungen, übersetzte aus dem Englischen und Französischen und arbeitete bei der Cottaschen Tageszeitung »Morgenblatt für gebildete Stände« in Stuttgart (von 1807 bis 1829, darunter sechs Jahre als hauptamtliche »Redaktrice«). Ihre wahren Talente sah sie jedoch in ihrem Mutter- und Hausfrauendasein. Dennoch hat sie die Öffentlichkeit immer wieder gesucht: Für die nur kurz regierende württembergische Königin Katharina hatte »Madame von Huber«, wie sie sich zeitweilig nannte, »Ideen zu einem Töchterinstitut« entworfen, die bei der Gründung des Katharinenstifts, des ersten »Höheren Töchterinstituts«, Stuttgart 1818, als Konzeption einflossen. In Stuttgart wurde sie außerdem als einzige Frau Mitglied im Literatursalon »Iffländ'sches Kränzle«.
Therese Heyne stammte aus einem Göttinger Professorenhaushalt (wie ihre gleichzeitig gehaßte und geliebte Freundin →Caroline Schlegel-Schelling). 1785 Heirat mit dem Naturforscher, Weltreisenden und späteren Mainzer Jacobiner Georg Forster. Trotz ihrer profranzösischen und revolutionsfreundlichen Einstellung floh sie mit zwei Töchtern aus dem französisch besetzten Mainz über Straßburg nach Neuchâtel und heiratete dort nach Forsters Tod 1794 den schon in Mainz in einer »ménage à trois« geliebten Hausfreund, Dramatiker und Redakteur Ludwig Ferdinand Huber und zog mit ihm 1798 nach Stuttgart, wo er Redakteur der »Cotta'schen Allgemeinen Zeitung« wurde. Erst nach Hubers Tod entdeckte sie ihre eigene, unter seinem Namen oder anonym geführte Autorinnenschaft. Um sich und ihre vier überlebenden Kinder (von elf geborenen) zu versorgen, übernahm sie 1817 das Angebot Cottas zur festangestellten Redaktionsarbeit, während der sie Qualität und Bedeutung des »Morgenblatts« steigern konnte.

Therese Huber

Huch, Ricarda, deutsche Schriftstellerin (Braunschweig 18. 7. 1864 – 17. 11. 1947 Schönberg/Taunus).
Sie studierte als eine der ersten Frauen in der Schweiz Geschichte, Philologie und Philosophie und promovierte zur Dr. phil. Zu ihren Werken zählen *Der große Krieg in Deutschland* und *Der Kampf um Rom*. 1893 schuf sie in den *Erinnerungen von Ludolf Ursleu dem Jüngeren* einen Frauentypus von »selbständiger Weiblichkeit«, den sie in ihren Büchern über *Die Romantik* als das Ideal der Romantiker hervorhob. Thomas Mann urteilte 1924: »Die größte Frau Deutschlands«. 1926 wurde sie Mitglied der Preußischen Akademie der Künste; 1931 erhielt sie den Goethepreis der Stadt Frankfurt. 1933 wurde sie aufge-

Ricarda Huch

fordert, eine Loyalitätserklärung für die faschistische Regierung abzugeben. Sie verweigerte dies, trat aus Protest gegen den Ausschluß von →Käthe Kollwitz aus der Akademie der Künste aus. Weitere Werke: *Fra Celeste*, *Der Fall Deruga*. 1947 wurde sie Ehrenvorsitzende des Demokratischen Frauenbundes Deutschland. 1946 hatte sie sich mit einem Aufruf an die Öffentlichkeit gewandt, um die Geschichte des deutschen antifaschistischen Widerstandes zu schreiben. Die vielen bei ihr eingegangenen Materialien übergab sie wenige Wochen vor ihrem Tod dem Schriftsteller Günther Weisenborn, der sie 1953 in seinem Buch *Der lautlose Aufstand* veröffentlichte. Über sich selbst sagte Ricarda H. einmal: »Ich war ein geborener Protestant mit einer Vorliebe für Revolutionen und Rebellionen ... Das Wort Freiheit war das Zauberwort, das mein Herz schrankenlos öffnete.«
Lit: Cordula Koepcke, Ricarda Huch. Ihr Leben und Werk, Frankfurt/M. 1996.

Hypatia, griechische Philosophin und Naturwissenschaftlerin (Alexandria um 370 – März 415).

Der Mathematiker Theon wollte aus seiner intelligenten und schönen Tochter »einen vollkommenen Menschen« machen und sorgte für eine ausgezeichnete Ausbildung. Als erste Frau lehrte sie am neuplatonischen Museion von Alexandria, dessen Leiterin sie später wurde, Philosophie (Platon und Aristoteles) und die damals dazugehörende Geometrie, Mathematik und Astronomie. Ihre Schüler verehrten sie, Christen jedoch galt die Lehre der unverheirateten, sich frei bewegenden Frau als »heidnisches« Wissen. Hypatia wurde von einer fanatisierten christlichen Menge bestialisch ermordet. Die Männer zogen sie nackt aus, »zerfleischten ihren Leib mit Scherben. Glied um Glied rissen sie die Frau in Stücke« und verbrannten sie, so ein zeitgenössischer Bericht. Bis heute wird sie in Lexika oder in der Philosophiegeschichte kaum erwähnt, allenfalls als »schöne Freidenkerin«, die den Lynchtod fand (T. Mommsen). Der Mord an Hypatia sei, so der Autor A. Zitelmann in seinem Jugendbuch, »das erste Blutopfer jenes Frauenhasses, der sich später in den Hexenverfolgungen zum Blutrausch steigerte. Hypatia steht für Hunderttausende von Namenlosen. Ihr Name darf darum nicht aus der Geschichte verschwinden.«
Lit.: Arnulf Zitelmann, Hypatia, Weinheim 1988.

I

Ibarruri, Dolores, spanische Freiheitskämpferin (Gallarta 9. 12. 1895 – 14. 11. 1989 Madrid).
Die Bergarbeitertochter, das achte von elf Kindern, mußte mit 15 Jahren die Schule verlassen und ihr Geld als Näherin und Dienstmädchen verdienen. 1930 wurde sie als erste Frau ins Zentralkomitee der Kommunistischen Partei Spaniens gewählt, war dann Mitglied des Politbüros und zog 1936 ins Parlament, in die Cortes. Auf der Straße, in der Mine, an der antifaschistischen Front und mit den Internationalen Brigaden, die »große Mutter in Schwarz« war stets eine Frau der Aktion. Aus ihrem Exil in der Sowjetunion kam sie 1977 nach dem Tod Francos zurück, wurde Vizepräsidentin des Parlaments und Ehrenvorsitzende der KP.
Weniger bekannt ist ihr Engagement in der Frauenbewegung. Sie gründete 1932 das Nationalkomitee der Frauen gegen Krieg und Faschismus in Spanien, 1934 die erste nationale Frauenorganisation, deren Vorsitzende sie wurde. Im August 1934 nahm sie am ersten Weltfrauenkongreß gegen Krieg und Faschismus in Paris teil. Zwei Sätze aus ihren Reden lassen ahnen, welch eine Frau sie war: »No pasaran« – sie werden nicht durchkommen, damit meinte sie die Faschisten, die Madrid schon nahezu erobert hatten – und: »Lieber aufrecht sterben als auf den Knien stehen.« Die »Pasionaria« – die Leidenschaftliche – erhielt diesen Namen, weil sie ihren ersten Artikel für Arbeiterrechte in der Passionswoche schrieb, weil ihr die Passionsblume aus der christlichen Legende gefiel, weil sie eine leidenschaftliche Streiterin für Frieden, Freiheit und sozialen Fortschritt war.

Lit.: Dolores Ibarruri, Der einzige Weg, Berlin 1985.

Ibrahim, Fatma Ahmed, sudanesische Politikerin (Khartoum 1934).
Sie besuchte die einzige Mädchenschule Sudans, studierte Journalismus, arbeitete als Lehrerin und wurde Mitbegründerin und Vorsitzende der inzwischen im Untergrund agierenden »Sudanesischen Frauenunion« sowie Chefredakteurin der »Frauenstimme«. 1965 war sie die erste weibliche Parlamentsabgeordnete im Sudan. Nach dem Putschversuch 1971 brach eine Verfolgungs- und Verhaftungswelle an – Fatmas Mann, Generalsekretär der Gewerkschaften, wurde hingerichtet. Sie bekam Berufsverbot, wurde verhaftet und ging dann ins Exil. Von 1991 bis 1994 war sie Vorsitzende der »Internationalen Demokratischen Frauenföderation« und 1995 die Initiatorin einer »Friedenskarawane« zur Durchsetzung von Friedensverhandlungen in ihrem Land. »Die Regierung unterdrückt die Frauen im Namen des Islam.«

Ihrer, Emma, deutsche Frauenrechtlerin (Glatz/Schlesien 3. 1. 1857 – 8. 1. 1911 Berlin).
Emma Rother-Faber kam aus einer kleinbürgerlichen und streng katholischen Familie. Nach der Heirat 1881 übersiedelte sie nach Velten bei Berlin und gründete 1885 mit anderen den »Verein zur Wahrung der Interessen der Arbeiterinnen«. Sie war eine »kleine lebhafte Frau, schlicht und einfach in Wesen und Kleidung, aber scharf und schneidig in der Sprache« (»Die Staatsbürgerin«). 1889 nahm sie mit →Clara Zetkin am Gründungskongreß der II. Sozialistischen Internationale in Paris teil. Ab Dezember 1890 gab sie die von ihr gegründete Zeitschrift »Die Arbei-

terin«, die erste Zeitung der proletarischen Frauenbewegung, heraus. Die finanzielle Hilfe ihres Mannes, eines Apothekers, reichte nicht aus, und so ging die Zeitschrift ein Jahr später in die erfolgreichere »Gleichheit« (Herausgeberin Emma I., Redakteurin Clara Zetkin) über. Emma I. stritt gegen Frauenfeindlichkeit und -verachtung innerhalb der Sozialdemokratie, hielt Edmund Fischer, als er gegen Frauenerwerbsarbeit auftrat, entgegen: Die Frau braucht einen Beruf, »der sie unabhängig macht von jeder Art der Bevormundung.« Sie befürwortete eine Zusammenarbeit mit der bürgerlichen Frauenbewegung in bestimmten Fragen, war Mitglied der Generalkommission der Gewerkschaften und veröffentlichte mehrere Schriften, u. a. *Die Organisation der Arbeiterinnen Deutschlands, ihre Entstehung und Entwicklung* (1893) und *Die Arbeiterinnen im Klassenkampf. Anfänge der Arbeiterinnen-Bewegung, ihr Gegensatz zur bürgerlichen Frauenbewegung und ihre nächsten Aufgaben* (1898).

Immerwahr, Clara, deutsche Chemikerin (Wojczyce 21. 6. 1870 – 2. 5. 1915 Berlin).

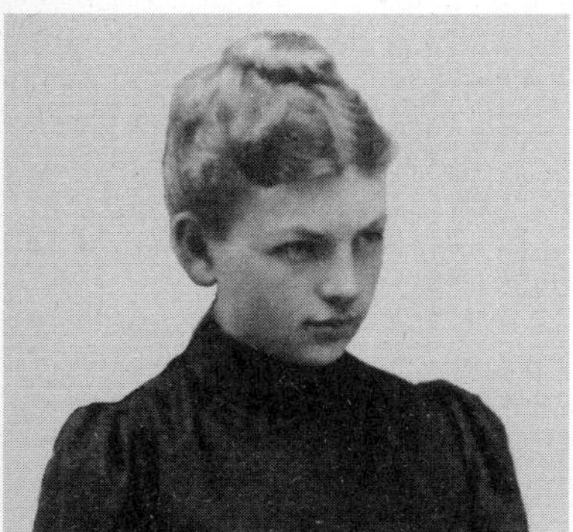

Clara Immerwahr

Ihre Jugend verbrachte die deutsche Jüdin mit ihren Schwestern auf dem elterlichen Gutshof Polkendorf in Schlesien. Privatunterricht zu Hause, dann in einer privaten »Schule für höhere Töchter«. In Breslau lernte Clara I. den Chemiker Fritz Haber kennen, dessen Werbung sie zunächst ablehnte – berechtigterweise, wie sich später herausstellen sollte. Clara schlug zunächst den einzigen für junge Frauen ihrer Schicht offenen Bildungsweg zur Lehrerin ein – und entdeckte ihre Leidenschaft für die Naturwissenschaften. Das Studium wurde für die junge Frau zum wahren Spießrutenlauf: Sie mußte sich als Gasthörerin hartnäckig die Teilnahme an Vorlesungen und Laborarbeiten erkämpfen. Mit den Ergebnissen ihres Forschungsauftrags über Salze in Edelmetallen promovierte sie als erste Frau in Chemie an der Universität Breslau – mit magna cum laude. Clara war auf der Höhe ihres Berufslebens, und gerade jetzt gab sie dem hartnäckigen Werben Fritz Habers nach, heiratete ihn und zog mit ihm nach Karlsruhe. Die Geburt ihres Sohnes 1902 ließ ihr kaum noch Zeit für die wissenschaftliche Arbeit. Sie befaßte sich mit Chemie im Haushalt, hielt Vorträge vor Frauenvereinen. Aber ihre Zuhörerinnen waren nicht gewohnt, wissenschaftliche Vorträge von einer Frau zu akzeptieren, und überzeugt, daß hinter allem der ihnen bekannte Fritz Haber stand. Clara war verzweifelt. Zu all dem kam, daß sich ihr skrupelloser und kriegsbegeisterter Mann mit Giftgas fürs Militär befaßte, was Clara in aller Öffentlichkeit als »Perversion der Wissenschaft« anprangerte. Als es im ersten Kriegsjahr zum Chlorgaseinsatz kam, ertrug Clara das Leben nicht mehr. In der Nacht, als ihr Mann seine Beförderung feierte, erschoß sie sich mit seiner Pistole. Eine

von der deutschen Sektion der »Internationalen Ärzte für die Verhütung des Atomkrieges, Ärzte in sozialer Verantwortung« verliehene Auszeichnung hat den Namen Clara Immerwahr erhalten.
Lit.: Gerit von Leitner, Der Fall Clara Immerwahr. Leben für eine humane Wissenschaft, München 1993.

Irigaray, Luce, französische Psychoanalytikerin und Philosophin (Blaton/Belgien 1939).
Dem Philosophie-Studium in Belgien folgte das Studium der Psychologie und der Linguistik in Paris. Aufgrund der Veröffentlichung ihrer Dissertation *Speculum*, in der sie sich mit der sexuellen Differenz auseinandersetzte, wurde sie von der Abteilung für Psychoanalyse ausgeschlossen. In ihrer Kritik an der Freudschen Schule schreibt sie: »Jede Theorie des Subjekts hat dem ›Männlichen‹ entsprochen. In der Unterwerfung unter eine solche Theorie verzichtet die Frau, ohne es zu wissen, auf die Besonderheit ihrer Beziehung zum Imaginären.« In ihren Büchern *Zur Geschlechterdifferenz* (dt. 1987) und *Ethik der sexuellen Differenz* (dt. 1991) setzt sie sich mit der Problematik der Geschlechterdifferenz auseinander. Wie bei →Hélène Cixous stellen weibliche Sprache und Identität sowie weibliche Sexualität die Schwerpunkte ihrer Arbeit dar.

J

Jackson, Mahalia, US-amerikanische Bluessängerin (New Orleans 26. 10. 1911 – 27. 1. 1972 Chicago).

Mahalia Jackson

Der Blues, den die Sängerin als Kind hörte, wurde von ihren frommen Eltern als »teuflisch« bezeichnet. Und doch ist sie eine der ganz großen Gospel- und Bluessängerinnen geworden. Mit fünf Jahren sang sie im Chor ihres Vaters mit, mit 15 ging sie als Dienstmädchen nach Chicago, leitete nebenher ein Gesangsquartett und eröffnete vom ersparten Geld dann einen Schönheitssalon. Den großen Durchbruch erlebte sie jedoch erst nach dem Krieg – Lieder wie *What could I do* oder *Move on a little higher* wurden millionenfach verkauft. Aufgrund ihrer religiösen Herkunft sang sie nicht nur in Konzertsälen, sondern auch immer wieder in Kirchen. 1963 trat sie beim Lincoln Memorial vor rund 200 000 Menschen auf, die sich in der Freiheitsbewegung der amerikanischen Schwarzen versammelt hatten. Sie sang für Martin Luther King und beteiligte sich oft an Wohltätigkeitsveranstaltungen für Schwarze. Mahalia J. hat den Blues aus den Kirchen geholt und ihn populär gemacht. Nach kraftzehrenden Tourneen in alle Welt wurde sie Ende 1971 in ein Krankenhaus eingeliefert, wo sie bis zu ihrem Tod verbleiben mußte. *When the saints go marching in* bleibt von unzähligen Gospel- und Bluessongs einer ihrer Welthits.

Jacobi, Lotte, deutsche Fotografin (Thorn/Westpreußen 17. 8. 1896 – 6. 5. 1990 Concord/New Hampshire).
Ihr Urgroßvater hatte das Fotografieren noch bei Daguerre in Paris gelernt. Nach dem Studium der Kunstgeschichte und Literatur sowie ihrer Ausbildung beim Vater in München begann Lotte J. 1927 im väterlichen Studio in Berlin als Porträtfotografin zu arbeiten. Durch sie wurde das Studio zu einem der führenden Porträtateliers der Stadt. Engagement und Fotoarbeit für die Kommunisten und Reise in die Sowjetunion. 1932 legte sie ihre jüdische Religionszugehörigkeit ab. Nach ihrer Emigration 1935 eröffnete sie in New York ein Fotoatelier, später eine Galerie und arbeitete in Hilfskomitees für Flüchtlinge mit. Mitte der vierziger Jahre fotografische Experimente, »Photogenics«, ohne Kamera. Mit über 60 Jahren studierte sie noch einmal Grafik, Kunstgeschichte, Gartenbau u. a. Lotte J. war eine der wenigen Fotografinnen ihrer Zeit, die bekannt wurden und es geblieben sind. Neben den Porträts waren es sparsame, avantgardistische Detailaufnahmen, Materialstilleben und Fotogramme, die ihren Ruf begründeten. Für ihr Werk erhielt Lotte J. mehrere Auszeichnungen, u. a. 1983 den »Erich-Salomon-Preis« der Deutschen Gesellschaft für Photographie.
Lit.: Lotte Jacobi 1896-1990, Berlin/New York/Deering/Essen 1990 (Ausstellungskatalog); Atelier Lotte Jacobi: Berlin – New York, Berlin 1997.

Jacobs, Aletta, holländische Ärztin und Feministin (Groningen 9. 2. 1854 – 10. 8. 1929 Baarn).
Die Tochter eines Arztes wurde – nach dem Diplom als Apothekerin – mit spezieller Genehmigung des damaligen Ministerpräsidenten 1871 als erstes Mädchen zur Universität Groningen zugelassen. Zwar mußte sie die Vorlesungen hinter einer Gardine hören, damit die männlichen Mitstudenten nicht abgelenkt wurden, aber sie durfte studieren. Nach der Promotion ließ sie sich 1879 als Ärztin in Amsterdam nieder und vermittelte als erste niederländische Ärztin in ihrer Praxis den Frauen das Pessar. Sie setzte sich dafür ein, daß Verkäuferinnen einen Hocker bekamen, um sich auszuruhen. Sie mußten zwölf bis vierzehn Stunden am Tag stehen, wodurch sie häufig aufgrund einer Gebärmuttersenkung unfruchtbar wurden. Aletta J. hielt kostenlose Sprechstunden für Arbeiterfrauen, die ihrer Ansicht nach unter »der Qual der Kinderzahl« litten, und versorgte sie mit Verhütungsmitteln.
Als praktizierende Ärztin zahlte Aletta J. Steuern. Also verlangte sie auch das entsprechende Wahlrecht, das nur den Männern zustand, die einen bestimmten Betrag an Steuern zahlten. Auf Aletta J.s Gesuch hin erließ das Parlament ein Gesetz, das erneut ausdrücklich nur Männern das Wahlrecht zugestand. Für sie Grund genug, einen langjährigen Kampf um das Frauenwahlrecht zu beginnen.
Während des ersten Weltkrieges setzte sich Aletta J., Mitbegründerin der IFFF, für den Frieden ein. 1915 ergriff sie mit anderen die Initiative zum »Internationalen Frauenkongreß für den Frieden« in Den Haag und leitete mit ihrer Freundin →Jane Addams dessen Resolutionen an die Staatsoberhäupter weiter. »Ich habe mich nicht bemüht, Kinder am Leben zu erhalten als Arzt, damit sie einige Jahre später als Soldaten auf dem Schlachtfeld sterben.«

Jacquemotte, Fanny, belgische Widerstandskämpferin (Wady-Roszkov/Bessarabien 10. 1. 1907 – Oktober 1943 Auschwitz).
In ihrer frühen Kindheit emigrierte die Familie nach Paris. Fajga Beznos, genannt Fanny, trat der kommunistischen Jugend bei, wurde 1925 von der Polizei verhaftet, als Staatenlose hatte sie gegen das Verbot der politischen Betätigung verstoßen, und nach Luxemburg ausgewiesen, wo sie auch unerwünscht war. Über die Ehe mit Ferdinand J. konnte sie ihren Aufenthalt in Belgien sichern. In den dreißiger Jahren beteiligte sie sich an antifaschistischen Aktivitäten, sie unterstützte nach Belgien geflüchtete deutsche Antifaschisten und arbeitete im Unterstützungskomitee für die Spanische Republik. Durch ihren Einsatz und ihre Begeisterung konnte sie viele Frauen zur Mitarbeit motivieren, insbesondere im »Weltfrauenkomitee gegen Krieg und Faschismus«.
Als die deutschen Truppen Belgien überfielen, wurde sie mit ihrem Mann verhaftet und nach Südfrankreich in eines der berüchtigten Lager gebracht. Es gelang ihr zu fliehen und nach Brüssel zurückzukehren. Festnahme in der Verhaftungswelle vom 22. 6. 1941, dem Tag des Überfalls auf die Sowjetunion. Im August 1942 wurde sie ins KZ Ravensbrück deportiert und im Oktober 1943 nach Auschwitz.

Jacquet de La Guerre, Elisabeth-Claude, französische Organistin und Komponistin (Paris 17. 3. 1665 – 27. 6. 1729).
Sie stammte aus einer Familie von Berufsmusikern und galt früh als Wunderkind, war in ihrer Zeit eine der bekanntesten Musikerinnen. Die offizielle Hofkomponistin bei Ludwig XIV. in Versailles veröffentlichte schon zu Lebzeiten ihre berühmten *Pièces de clavecin*. Neben Rameau und Couperin verdient auch sie ihren Platz in der Reihe renommierter französischer Cembalisten. Sie schrieb geistliche und weltliche Kantaten, u. a. ihre berühmten *Cantates françaises*, und Ballettmusiken und Bühnenwerke wie ihre berühmte Oper *Céphale et Procris*, eine »lyrische Tragödie«, für den König. Nach ihrem Tod ließ man eine Gedenkmünze für sie prägen.

Jahoda, Marie österreichische Sozialforscherin (Wien 26. 1. 1907).
Die aus dem jüdischen Bürgertum stammende Marie Jahoda schloß sich als Schülerin einer sozialdemokratischen Jugendgruppe an. Sie wäre am liebsten »sozialistische Erziehungsministerin« geworden, sie wurde zunächst Hilfslehrerin an einer Wiener Volksschule. Die alleinerziehende Mutter und politische Aktivistin wurde 1936 verhaftet, konnte jedoch 1937 nach England ins südwalisische Kohlenrevier fliehen, kurz vor ihrer Ausbürgerung durch die Nazis. Nach 1945 in den USA wurde sie Professorin und Assistentin von Max Horkheimer. Für die UNESCO schrieb sie über Rassenbeziehungen und Sozialpolitik.
»Arbeitslosigkeit führt zur Resignation, nicht zur Revolution«, schrieb sie in ihrer berühmten Studie über die »Arbeitslosen von Marienthal«. Zu Beginn der 90er Jahre setzte sie sich mit den psychologischen Wurzeln des Nationalsozialismus auseinander.
Lit.: Marie Jahoda, Ich habe die Welt nicht verändert. Lebenserinnerungen einer Pionierin der Sozialforschung, Frankfurt/M. 1997.

Jaldati, Lin, eigentlich Rebekka Brilleslijper, holländische Sängerin und Tänzerin (Amsterdam 13. 12. 1912 – 31. 8. 1988).

Lin Jaldati

Aus ärmlichen Verhältnissen stammend, mußte Rebekka Brilleslijper früh als Näherin und Fabrikarbeiterin ihren Unterhalt in Amsterdam verdienen. Daneben nahm sie gegen den Willen des Vaters Tanzunterricht. Mit ihrem Mann Eberhard Rebling erarbeitete Lin J. Programme mit jüdischen Liedern und Tänzen. Beide engagierten sich im antifaschistischen Widerstand, mußten 1942 in die Illegalität, sie wurden verhaftet und in mehrere Konzentrationslager verschleppt. Aus ihrer Familie überlebten nur sie und ihre Schwester Auschwitz. 1945 kehrten Lin J. und E. Rebling nach Holland zurück, siedelten jedoch 1952 nach Berlin/Ost über. Lin J. studierte dort bei Hanns Eisler, trat mit Liedern von Bert Brecht und Paul Dessau auf und setzte sich auch hier wieder für das jüdische Liedgut ein. Weltweite Tourneen mit E. Rebling/Klavier, mit Tochter Kathinka/Geige und Tochter Jalda/Gesang.

Lit.: Lin Jaldati/Eberhard Rebling, Sag nie, du gehst den letzten Weg. Lebenserinnerungen 1911 – 1988, Marburg 1995.

Jansen, Fasia, deutsche Politsängerin und Musikerin (Hamburg 6. 6. 1929 – 9. 12. 1997 Oberhausen).

Das nichteheliche Kind des Generalkonsuls von Liberia konnte aus rassischen Gründen keine tänzerische Ausbildung erhalten. Wegen ihrer Hautfarbe wurde sie als 14jährige zwangsverpflichtet, in der Küche des Außenlagers von Neuengamme zu arbeiten. Als Folge von medizinischen Versuchen der Nazi-Ärzte trat eine schwere Herzkrankheit ein. In den fünfziger Jahren begleitete sie die Aktionen der Arbeiter- und Ostermarschbewegung mit ihren Liedern. Seit 1979 ist sie mit und für die Frauen unterwegs: ob bei den Heinze-Frauen, die 1979 um gleichen Lohn kämpften (für sie schrieb Fasia *Keiner schiebt uns weg)*, bei den Bergarbeiterfrauen Großbritanniens, bei den Müttern El Salvadors, bei den Dortmunder Hoesch-Frauen oder bei den Frauen von Rheinhausen, im Nairobi-Friedenszelt, beim Frauenfriedensmarsch und im Friedensmobil von West über Ost nach West. Der Dichter Peter Maiwald widmete der »schwarzen Bardin von der Ruhr« und »Troubadora« ein Gedicht: »War manchmal selbst leer vom Atmen, denn Luft ist knapp hier. Dann blasen sie mir den Marsch, sagen: mach uns Luft. Du, sing noch eins.«

Janssen-Jurreit, Marielouise, deutsche Autorin und Feministin (Dortmund 1. 2. 1941).
Längere Aufenthalte in Afrika, Asien, Nordamerika und Australien. Seit 1969 befaßt sie sich mit den deutschen, holländischen und US-amerikanischen Frauenbewegungen. Freie Journalistin. Ihr Hauptwerk *Sexismus/Über die Abtreibung der Frauenfrage*, eine genaue Analyse und umfangreiche Dokumentation des Sexismus in der Geschichte und der heutigen Zeit, erschien 1976. Mit diesem Standardwerk der Frauenbewegung wurde der Begriff Sexismus (»die unentwegte offene oder unterschwellige Degradierung durch die Inhalte einer vom Mann dominierten Kultur«) in Deutschland gebräuchlich. »Die sexuelle und ökonomische Unterdrückung von Frauen ist sicher die umfassendste und am leichtesten zu praktizierende Herrschaft, aber sie stellt ebensowenig wie die Duldung einer Klassenstruktur, in der auch Männer unterdrückt werden, ein absolut notwendiges Durchgangsstadium menschlicher Gesellschaften dar, sondern tritt nur mit hoher Wahrscheinlichkeit auf.«

Jeanne d'Arc, genannt die Jungfrau von Orléans, französische Nationalheldin (Domrémy 6. 1. 1412 – 30. 5. 1431 Rouen).
Sie kam aus einer Bauernfamilie. Als sie mit 13 Jahren die Schafe hütete, hörte sie Stimmen, die sie dazu bewogen, sich für den französischen König einzusetzen. Es war zur Zeit des Hundertjährigen Kriegs, als Frankreich zum Teil von England besetzt war und Uneinigkeit im Lande herrschte. Jeanne d'Arc stellte sich an die Spitze des Widerstandskampfes gegen England. Und sie erreichte, was die unfähigen Generäle und Höflinge des Königs Karl VII. nicht fertiggebracht hatten: Sie rettete Orléans und besiegte das englische Heer. Sie wurde jedoch vom Herzog der Bourgogne gefangengenommen und an die Engländer ausgeliefert. Der Hexerei angeklagt, u. a. auch weil sie Männerkleidung trug, ihre Haare abgeschnitten hatte und mehr auf ihre inneren Stimmen als auf die Kirche hörte, wurde sie als Ketzerin verurteilt und auf dem Scheiterhaufen verbrannt. Sie wurde 1456 rehabilitiert und 1909 heiliggesprochen. Ihr Leben hat viele Künstler und Künstlerinnen inspiriert, u. a. →Christine de Pisan, Voltaire, Schiller und Honegger.

Jesenská, Milena, tschechische Journalistin und Kafka-Übersetzerin (Prag 10.8. 1896 – 17. 5. 1944 Ravensbrück).

Milena Jesenská

Der Vater, Zahnarzt und Hochschullehrer, war ein konservativer, autoritärer Patriarch. Ihre Schulzeit verbrachte sie

im emanzipatorischen Mädchengymnasium »Minerva«. Nach den »wilden Jahren« Heirat mit dem jüdischen Literaturkritiker Ernst Polak. Wiener Jahre in Intellektuellen-Avantgarde-Kreisen (»und die rasende Sehnsucht nach einem ganz anderen Leben«). Sie verkehrte mit der tschechischen Avantgarde, wurde Redakteurin, wandte sich der Kommunistischen Partei zu und brach Mitte der dreißiger Jahre mit ihr aufgrund des Stalinismus. Die letzten Jahre ihres Lebens waren gekennzeichnet durch materielle Not und eine durch Krankheit hervorgerufene persönliche Krise. Die engagierte Journalistin und Vermittlerin zwischen der deutschen und tschechischen Kultur in Böhmen war eine sensible Frau, die sich über die bürgerliche Moral hinwegsetzte (sie und ihre Freundinnen wurden in Prag als »Skandalistinnen« abgestempelt), mit einer »unwillkürlichen Liebe zum Leben«, die ihre letzten Jahre als Flüchtlingshelferin und als Trostspenderin im Konzentrationslager Ravensbrück verbrachte. Die politische Entwicklung ahnte sie schon 1938: »Ich sehe keinen Ausweg. Es kann einfach nichts Gutes mit uns geschehen.« Sie starb im vierten KZ-Jahr in Ravensbrück.
Bekannt ist sie vor allem wegen ihrer leidenschaftlichen Korrespondenz mit Kafka, als die Adressatin der *Briefe an Milena*. Kafka über ihr Schreiben: »Ich kenne ... im Tschechischen nur eine Sprachmusik, die der →Bozena Nemcova, hier ist eine andere Musik, aber jener verwandt an Entschlossenheit, Leidenschaft, Lieblichkeit und vor allem einer hellsichtigen Klugheit.«
Zwei Gesten werden sie als Vorbild das ganze Leben begleiten, so die Autorin, »Aufrecht stehen und Helfen.«
Lit.: Alena Wagnerova, Milena Jesenská. Alle meine Artikel sind Liebesbriefe, Mannheim 1994; Margarete Buber-Neumann, Milena, Kafkas Freundin, München 1977.

Jochmann, Rosa, österreichische Widerstandskämpferin (Wien 19. 7. 1901 – 1984).
Sie war das vierte Kind einer Wiener Arbeiterfamilie. Nach dem Tod der Mutter mußte sie mit 14 Jahren zum Familienunterhalt beitragen. Sie ging in die Fabrik, in einen Rüstungsbetrieb, wo sie in Nachtschicht von 7 Uhr abends bis 6 Uhr früh arbeitete, um die Geschwister versorgen zu können. »Das Leben hat mich zur Sozialistin gemacht.« Sie engagierte sich in der Sozialdemokratie und in der Gewerkschaftsbewegung, wurde 1939 von der Gestapo verhaftet und ins KZ Ravensbrück verschleppt. Nach der Befreiung war sie Zentralfrauensekretärin der SPÖ, Gewerkschaftsfunktionärin und Präsidentin der »Sozialistischen Freiheitskämpfer«. Sie blieb eine »Mahnerin« (Helga Schwarz).
»Ich habe mein Leben lang an der Seite von Frauen für die Frauen gekämpft, aber ich bin keine absolute Emanze ... Ich gehöre zu jenen Frauen, die es gerne haben, wenn ein Mann galant ist.«

Joliot-Curie, Irène, französische Physikerin (Paris 12. 9. 1897 -17. 3. 1956).
Tochter der Nobelpreisträger Pierre und →Marie Curie. Mit ihrem Mann Frédéric Joliot arbeitete sie auf dem Gebiet der Kernphysik und entdeckte das Neutron; dafür bekamen beide den Chemie-Nobelpreis 1935. Sie wurde Professorin und Leiterin des Radiuminstituts. Während der Volksfront war sie Unterstaatssekretärin im Wissenschafts- und Forschungsministerium, zu einer Zeit, als Französinnen noch nicht wählen durften! Sie engagierte

sich in der Résistance und insbesondere für Frauenrechte, für Frieden und Gerechtigkeit. Nach dem Krieg war sie kommunistische Abgeordnete der Nationalversammlung, Kommissarin für Atomenergie. Ihre Tochter Hélène Langevin wurde ebenfalls Wissenschaftlerin.
1937 schrieb Irène J.-C. in »La France vivante«: »Die wichtigste feministische Errungenschaft ist das Recht der Frau auf Berufstätigkeit ... Zunehmend junge Frauen sehen die Notwendigkeit, ihre ökonomische Unabhängigkeit durch ihre Arbeit zu sichern – ohne die es keine Freiheit geben kann.«

Jones, Claudia, Journalistin und Freiheitskämpferin aus Trinidad (Port of Spain 21. 2. 1915 – Dezember 1964 London).
Mit acht Jahren emigrierte sie mit ihrer Familie in die USA. In Harlem/New York erfuhr sie Armut und Rassismus. Nach dem frühen Tod der Mutter, die Näherin war, mußte die 12jährige in die Fabrik. Sie engagierte sich in der Arbeiter/innenbewegung und in der kommunistischen Partei, gegen Rassismus, Kolonialismus, für die Rechte der Farbigen und für die Gleichstellung der Frau. Weil sie sich politisch engagiert und man sie des angeblichen Versuchs eines gewaltsamen Regierungssturzes beschuldigt hatte, wurde sie in der McCarthy-Ära verhaftet und 1955 aus den USA ausgewiesen. Sie ging nach Großbritannien, wo sie ihren Kampf gegen Rassismus fortsetzte, die »West Indian Gazette« gründete und herausgab, die erste britische Zeitung von Schwarzen.

Jonghe, Andrée de, belgische Widerstandskämpferin (Brüssel 1916).
Sie absolvierte 1937 das Diplom als Werbegraphikerin und gleichzeitig ihr Examen als Ambulanzschwester. Zu Beginn der deutschen Okkupation in Belgien meldete sie sich als Freiwillige beim Roten Kreuz in Brüssel. Im Alter von 24 Jahren gründete sie das Flüchtlingsnetz »Comete«, sie war damit eine der wenigen Frauen, die eine Widerstandsorganisation gründete und leitete. Durch Belgien, durch das besetzte Frankreich und über die Pyrenäen begleitete sie junge Soldaten bzw. organisierte sie deren Flucht, nachdem sie mit falschen Ausweisen ausgestattet worden waren. Es gelang ihr, entlang des ganzen langen Weges nach Spanien eine Infrastruktur der Hilfe aufzubauen. Sie selbst hatte bis zu ihrer Festnahme durch die Gestapo im Januar 1943 mindestens 35mal die gefährliche Reise, die Überquerung der Pyrenäen eingeschlossen, zu Fuß hinter sich gebracht. »Comete« konnte auf diese Weise mehr als 700 Menschen nach Spanien schleusen.
Auch die Androhung der Folter konnte sie nicht zum Verrat des Netzes bewegen. Als sie »gestand«, daß sie »Comete« selbst gegründet hatte, glaubte man ihr nicht. Ab August 1943 wurde sie in verschiedene Gefängnisse und Lager verschleppt. Am Ende der Odyssee fand sie sich im KZ Mauthausen wieder, wo sie am 22. April 1945 durch das Rote Kreuz befreit wurde.
Nach dem Krieg arbeitete sie als Krankenschwester bei Lepra-Kranken im damaligen Kongo; weitere Stationen bis zur Rückkehr nach Brüssel waren Nigeria, Äthiopien und Senegal.

Joplin, Janis, US-amerikanische Rocksängerin (Port Arthur/Texas 9. 1. 1943 – 4. 10. 1970 Hollywood)
Ihr Vater war Direktor bei Texaco, ihre Mutter beim örtlichen Standesamt be-

schäftigt. Mit 17 ging sie zum ersten Mal von zu Hause weg, kehrte zurück, absolvierte einen Kurs an der Handelsschule. College in Los Angeles, dann lebte sie im legendären Haight Ashbury/San Francisco. Ihre große Stimme, das provozierende »Outfit«, die Direktheit und Ungehemmtheit ihrer Auftritte machten die »Hippie Queen of Show Business« (»Newsweek«) schnell berühmt. 1969 schrieb der Kritiker U. Olshusen über das Konzert des »Gesangswunders« in Frankfurt/M.: »Ihre Stimme schreit, röhrt, keucht, röchelt, läutet, haucht, flüstert – mit einer beängstigenden Intensität und gleichzeitig konzentrierten Musikalität.« Ihre Songs *Me and Bobby McGee* (»Freiheit ist nur ein anderes Wort dafür, daß man nichts mehr zu verlieren hat«), *My Babe, Mercedes Benz* drückten das Aufbegehren der Jugend gegen erstarrte bürgerliche und kleinbürgerliche Lebensformen aus. Gegen das zunehmende Gefühl der Einsamkeit setzte sie Alkohol und Heroin – eine Überdosis brachte sie ums Leben. Die Plattenalben *Pearl, Kozmic Blues* und *Cheap Thrills* dokumentieren die ungeheure Vitalität und unvergeßliche Stimme der großen Sängerin des Rock.
Lit.: Laura Joplin, Janis Joplin. Ein wildes kurzes Leben, München 1995.

Joseph, Helen, südafrikanische Apartheid-Gegnerin und Bürgerrechtlerin (Sussex 8. 4. 1905 – 25. 12. 1992 Soweto).
Sie wuchs in England auf, ging als Lehrerin nach Indien und kam mit 25 Jahren nach Südafrika, wo sie zunächst das Leben der privilegierten weißen Minderheit führte: Bridge, Tennis, Reiten gehörten zu ihrem Alltag. Während des zweiten Weltkriegs wurde sie Offizier der südafrikanischen Luftwaffe. In den fünfziger Jahren arbeitete sie in kommunalen Einrichtungen und in der Textilgewerkschaft. »Eine neue Welt tat sich für mich auf – neue Perspektiven, neues Wissen.« Mit dem 9. August 1956, der Demonstration der 20 000 Frauen gegen die rassistischen Paßgesetze begann ihr Leben, sagte die damals 51jährige. Ein engagiertes Leben in der Gewerkschaft, als Vorsitzende der südafrikanischen Frauenföderation. Als erste Frau wurde sie unter Bann – Hausarrest – gestellt. Mit 77 weigerte sie sich, als Zeugin der Anklage gegen Winnie Mandela auszusagen: erneut Gefängnis, Verbannung. Und ungebrochener Mut.
Lit.: Helen Joseph, Allein und doch nicht einsam – Ein Leben gegen die Apartheid, Reinbek 1987.

K

Kabir, Rokheva Rahman, Professorin und Projektleiterin aus Bangladesch (1925).
Sie wuchs als »Tochter aus gutem Hause« auf, stammte aus einer liberalen muslimischen Familie. Die Frauenrechtlerin wurde Universitätsprofessorin in Dhaka. Nach zwanzig Jahren gab sie ihre Arbeit auf, ging aufs Land, um armen Frauen zu helfen: »Für mich war damals klar, ich mußte etwas für die Benachteiligsten der Benachteiligten tun.« Sie gründete das Projekt »Septagram«, ein Projekt von Frauen für Frauen. Inzwischen betreut die »Rebellin von Dhaka«, so Gabriele Vensky in der »Zeit«, mit etwa neunzig Mitarbeiterin-

nen über 40 000 Frauen. Ihr Ziel: die materielle Selbständigkeit der Frauen. Ihre Devise: »Niemals abbringen lassen von dem, was man als richtig erkannt hat.«

Käsebier, Gertrude Stanton, US-amerikanische Porträtmalerin und Fotografin (Des Moines/Iowa 18. 5. 1852 – 13. 10. 1934 New York).
Gertrude K. begann erst mit 38 Jahren zu fotografieren. Anlaß war der Gewinn einer Kamera bei einem Wettbewerb. Die Arbeiten der Amateurin waren stark von der Malerei und ihrer Ausbildung zur Porträtmalerin (1889-1896) geprägt; ihre frühen Fotos erinnern in ihrer Weichzeichnung an →Julia Margaret Cameron. Über die Zusammenarbeit mit deutschen Chemikern arbeitete sie sich in die technische Seite der Fotografie ein (1893), eignete sich kaufmännische Kenntnisse an und eröffnete 1897/98 das erste Fotostudio in Manhattan, das sie erfolgreich führte. 1896 und 1897 zeigte sie ihre ersten Einzelausstellungen; 1900 bis 1901 war sie in Frances Benjamin Johnstons wichtiger Ausstellung von 28 amerikanischen Fotografinnen vertreten, die anläßlich einer internationalen Fotoausstellung in Paris, St. Petersburg und Moskau gezeigt wurde. Zusammen mit Alfred Stieglitz, einem Bildpublizisten, gründete sie 1902 gegen die vorherrschende konservative Richtung in der Fotografie die »Photo-Secession« und war eine der beiden ersten Frauen in der »Londoner Linked Ring«-Gruppe, einer Vereinigung von künstlerisch ambitionierten amerikanischen Fotografen. 1903 erschienen ihre Aufnahmen in der legendären Zeitschrift »Camera work«. Nach dem Bruch mit Stieglitz (1910) gründete sie eine eigene Gruppe, die »Pictorial Photographers«. Ihre Porträts von berühmten Frauen und Männern gegen den steifen Stil der Zeit, ihre Arrangements nach alten Gemälden, ihre ungewöhnlichen Aufnahmen von Siouxindianern in Buffalo Bills Wild-West-Show und von nordamerikanischen Indianer/innen – ausnahmslos Arbeiten von hoher Qualität – machten sie zu ihrer Zeit bekannt, berühmt und geehrt. Viele Jahre lang vergessen, stellte erst die Zeitschrift »Woman's Eye« 1975 Gertrude K. und ihre Fotografien einem breiteren Publikum wieder vor.
Lit.: Barbara L. Michaels, Gertrude Käsebier: The Photographer and her Photographs, New York 1992.

Kahlo, Frida, mexikanische Malerin (Coyoacan/Mexico City 6. 7. 1907 – 13. 7. 1954)
Die Mutter war eine katholische Mestizin, der Vater ein Fotograf deutsch-ungarischer Abstammung. Als ihr Geburtsjahr gab Frida Kahlo 1910 an, das Jahr des Beginns der mexikanischen Revolution. Schon früh war sie vom Schmerz gezeichnet: von 1914 an litt sie an Kinderlähmung, seit einem Unfall in der Straßenbahn 1925 war sie oft an den Rollstuhl gefesselt. Den Maler Diego Rivera heiratete sie 1929. Eine intensive, leidenschaftliche Beziehung begann, unterbrochen von zeitweiligen Trennungen, u. a. wegen einer kurzen Liebesaffäre mit Trotzki, dann Scheidung und erneute Heirat. Es folgten Jahre der künstlerischen Arbeit und der politischen Betätigung – sie wurde Kommunistin –, der Reisen und des körperlichen Schmerzes (zahlreiche Operationen u. a. an der Wirbelsäule). Frida K., vom Surrealismus beeinflußt, malte eine innerliche Welt, verbunden mit einer pantheistischen Weltsicht, die Tiere und Pflanzen, Erde und Himmel einbezog. Ab 1943 unterrichtete Frida

K. an der Schule für Malerei und Skulptur des Ministeriums für Erziehung. Sie starb im »Blauen Haus«, offiziell an einer Lungenembolie, Selbstmord ist nicht auszuschließen. Unter ihren bekanntesten Werken: *Selbstbildnis mit Affe, Die zwei Fridas, Selbstbildnis mit abgeschnittenem Haar, Die gebrochene Säule.*
Lit.: Hayden Herrera, Frida Kahlo, Bern/München/Wien 1995; Hayden Herrera, Frida Kahlo. Die Gemälde, München/Paris/London 1992; Frida Kahlo, Gemaltes Tagebuch, München 1995.

Kaléko, Mascha, deutsche Lyrikerin (Schidlow/Galizien 7. 6. 1907 – 21. 1. 1975 Zürich).
Ihr Vater war Russe, die Mutter Österreicherin, beide jüdischer Abstammung. Sie ging in Berlin zur Schule und heiratete 1928 den Philologen Kaléko. Mascha K. wurde mit ihren kekken, aufmüpfigen Gedichten, die den Reim gekonnt handhabten, sehr schnell berühmt. In den späten zwanziger und frühen dreißiger Jahren hatte ihre Art der pointierten »Asphaltlyrik« einen hohen Stellenwert. 1935 wurden ihre Bücher verboten und Unter den Linden verbrannt. Sie emigrierte leichtsinnigerweise erst 1938 mit ihrem zweiten Mann, dem Musiker Chemjo Vinauer, und wurde amerikanische Staatsbürgerin. Ihr leichter, ins Schwarze treffender Spott und die goldene Berliner Schnauze wurden jedoch in der Emigration vom Heimweh überschattet. Sie ging 1945 nach Israel, wo sie nicht heimisch wurde. Ihr Heimweh galt Deutschland. 1956 erschien *Das Lyrische Stenogrammheft* (115 000 Exemplare in vierter Auflage). Ihr Erinnerungswert fiel jedoch der Ignoranz des männlich besetzten Literaturbetriebes zum Opfer, obwohl Männer wie Heidegger, Thomas Mann, Polgar, Hesse, Einstein sie mit Literaten wie Tucholsky, Ringelnatz, Kästner und Mehring auf eine Stufe stellten.

Mascha Kaléko

Jahrelang lebte sie in Jerusalem. Nach einem letzten Besuch in ihrem geliebten Berlin – sie trug sich mit dem Gedanken, nun wieder dorthin umzusiedeln – starb sie auf der Rückreise nach Israel in Zürich.
Lit.: Gisela Zoch-Westphal, Aus den sechs Leben der Mascha Kaléko, Berlin 1987.

Karlin, Alma, slowenische Journalistin und Reisende (Celje/Slowenien 12. 1. 1889 – 14. 1. 1950).
Nach dem Lehramtsstudium (Englisch und Französisch) arbeitete sie in einem Londoner Übersetzungsbüro. Im ersten Weltkrieg hielt sie sich in Norwegen und Schweden auf. Danach kehrte sie nach Celje zurück, jedoch nicht für lange, denn von 1919 bis 1927 ging sie auf Weltreise. Sie malte und schrieb Romane, Erzählungen, Reisetagebücher,

z. B. *Der Todesdorn und andere seltsame Erlebnisse aus Peru und Panama* (1933), *Im Banne der Südsee. Die Tragödie einer Frau* (1930), *Einsame Weltreise. Erlebnisse und Abenteuer im Reich der Inkas und im fernen Osten* (1932). Ihre Reisen finanzierte sie durch gelegentliche Arbeiten u. a. als Journalistin, Dolmetscherin und Malerin.

Karlstadt, Liesl, deutsche Schauspielerin und Komödiantin (München 12. 12. 1892 – 27. 7. 1960 Garmisch-Partenkirchen).
Elisabeth Wellano, die Schwabinger Bäckerstochter, wurde zunächst Verkäuferin in einem Textilgeschäft. 1911 begann sie, sich mit Auftritten als Soubrette die kleinen Bühnen Münchens zu erobern, die das Publikum mit Gesang und Trivialfassungen der großen Klassiker unterhielten. Sie traf auf Karl Valentin, der ihr Talent zur Groteske erkannte und sie dazu überredete, mit ihm aufzutreten. Ab 1915 spielten sie gemeinsam; gemeinsam kam auch der große Erfolg. Stets ausverkaufte Häuser in München, Tourneen nach Wien und Berlin, wo ihnen die Kritiker zujubelten. Brecht und Tucholsky zeigten sich begeistert. Liesl kam auf der Bühne der Part des Normalen, Vernünftigen zu, des Gegenpols zum Valentinschen Nonsens, und das spielte sie unvergleichlich. »Wie es dieser Karlstadt, der zweiten Hälfte dieses bayerischen Monstrums Valentin, gelingt, diese andere Hälfte zu überleben, zu dirigieren, diesen stillen tötenden Blödsinn, diese Reisen ins Irreale zurückzuführen, muß man gesehen haben, man kann es nicht schildern!« (»Weltbühne«). Neben ihrer komödiantischen Begabung und ihrer Musikalität bestand ihr künstlerisches Schöpfertum in einem enormen Improvisationsvermögen. Nie hatte sie Angst vor grotesker Verkleidung und Verschandelung; oft trat sie in Männerrollen auf. Mit Karl Valentin drehte sie Filme und nahm Schallplatten auf. Dabei war die Zusammenarbeit mit ihm nicht leicht. Valentin geizte mit Lob, obwohl er genau wußte, was er an ihr hatte, und dies auch zugab. Viele Anregungen kamen von ihr, auch hier wiederum vor allem in der Improvisation. Sie nahm Schauspielunterricht, um an den großen Münchner Bühnen spielen zu können; sie arbeitete für den Rundfunk und trat vor allem in den fünfziger Jahren in vielen Filmen auf. Liesl K. war eine Volksschauspielerin im besten Sinne und wurde als solche geliebt.
Lit.: Ernestine Koch, Liesl Karlstadt. Frau Brandl, die Rolle ihres Lebens, Dachau 1986.

Karsawina, Tamara, englische Tänzerin russischer Herkunft (St. Petersburg 10. 3. 1885 – 26. 5. 1978).
Ihr Vater war Tänzer, sie begann ihre Laufbahn im Kirow-Theater. Ab 1902 arbeitete sie beim berühmten Diaghilew-Ballett. Mit Anna Pawlowa zählte sie zu den Spitzen des russischen Balletts und tanzte fast alle berühmten Rollen. Im Gegensatz zur Pawlowa war sie die Inkarnation orientalischer Üppigkeit und sinnlichen Tanzrausches. Während der Oktoberrevolution verließ sie Rußland und lebte in London, wo sie 1928 eine eigene Tanzschule eröffnete und zur Vize-Präsidentin der Royal Academy of Dancing berufen wurde. Ihre berühmteste Interpretation war der *Feuervogel* von Strawinsky 1931.

Karsch, Anna Louisa, deutsche Dichterin (bei Schwiebus/Schlesien 1. 12. 1722 – 12. 10. 1791 Berlin).
Die Tochter eines Pächters und einer

Försterstochter lebte nach dem Tod ihres Vaters bei einem Onkel, der ihre Erziehung förderte. Mit 16 Jahren Eheschließung mit einem Weber, einem brutalen Mann. Drei Kinder. Scheidung nach elf Jahren. Ein Jahr später heiratete sie den Schneider Karsch, Alkoholiker. Vier Kinder. Die Armut brachte die Autodidaktin dazu, mit Auftragsgedichten ein Zubrot zu verdienen. 1755 Übersiedelung nach Groß-Glogau, wo sie Zugang zur Literatur ihrer Zeit bekam. Bald war sie eine regionale Berühmtheit. 1761 ging sie nach Berlin, wo sie die zeitgenössischen Literaten kennenlernte, von Wieland, Herder u. a. als »deutsche Sappho« gefeiert wurde und von König Friedrich Wilhelm II. ein Haus geschenkt bekam. Die Gedichte der wohl bekanntesten Dichterin ihrer Zeit wurden in Zeitschriften und Büchern veröffentlicht, C. P. E. Bach komponierte nach ihren Texten eine Passionskantate. Die »Karschin« war die erste deutsche Frau, die sich mit dem Schreiben eine eigene Existenz sichern konnte. Ihre Tochter, Louisa von Klenke, und ihre Enkeltochter, Wilhelmina von Chezy, gehörten ebenfalls zur schreibenden Zunft.
Lit.: Anna Louisa Karsch, Auserlesene Gedichte, Nachdruck, Stuttgart 1966.

Kartini, Raden Adjeng, indonesische Schriftstellerin und Frauenrechtlerin (Majong 21. 4. 1879 – 17. 9. 1904 Rembang).
Sie kam aus einer wohlhabenden Familie, konnte bis zum 12. Lebensjahr eine holländische Schule besuchen (zur Zeit der Kolonialherrschaft), durfte aber nach den Sitten ihres Landes ab diesem Alter bis zur Heirat nicht mehr ausgehen. Sie stand in Korrespondenz mit Freundinnen in Holland und Deutschland: »Ich will unabhängig sein! Ich will keinen Mann heiraten, der mir ein Fremder ist. Ich will studieren. Ich will unseren Mädchen und meinem Volk helfen ... Ich werde kämpfen ...« Mit 16 Jahren bekam sie doch die Erlaubnis, das Haus zu verlassen. Sie trat für die Verbesserung der Lage der Frauen ein, gegen die Polygamie. Sie war Dichterin und Philosophin zugleich, und sie schrieb in holländischer Sprache.

Kaschnitz, Marie Luise, deutsche Schriftstellerin (Karlsruhe 31. 1. 1901 – 10. 10. 1974 Rom).
Marie Luise von Holzing-Berstett, ihr Vater war Generalmajor, verbrachte ihre Jugendzeit in Berlin und Potsdam. Lyzeum, Buchhändlerausbildung in Weimar und München. 1925 Heirat mit dem österreichischen Archäologen G. v. Kaschnitz-Weinberg, mit dem sie eine Tochter hatte. Reisen mit ihm nach Griechenland, Italien, Nordafrika, in die Türkei. Von 1932 bis 1955 lebte sie in Deutschland. Ab den dreißiger Jahren schrieb sie Romane, u.a. *Liebe beginnt* (1933), *Ein Wort weiter* (1965), Gedichte mit eigenen Versformen wie *Totentanz und Gedichte zur Zeit* (1947), Erzählungen wie *Ferngespräche* (1966), Hörspiele und Erinnerungen *Das Haus der Kindheit* (1956). Viele Arbeiten zeigen ihre Erschütterung über den Wahnsinn des Faschismus, des Krieges und ihr Engagement für Humanität und Frieden. »Marie Luise Kaschnitz betrachtete Öffentliches stets aus privater Sicht und erhob das Private stets zur öffentlichen Sache« (M. Reich-Ranicki). Ihr umfangreiches Werk wurde mit zahlreichen Ehrungen und Preisen gewürdigt, u. a. mit dem Büchner-Preis 1955 und dem Hebbel-Preis 1970.
Lit.: M. L. Kaschnitz, Engelsbrücke. Römische Betrachtungen, München 1995.

Kauffmann, Anna Maria Angelika Catharina, Schweizer Malerin und Radiererin (Chur 30. 10. 1741 – 5. 11. 1807 Rom).
Sie war eine der wenigen Künstlerinnen des 18. Jh.s, die schon zu Lebzeiten einen über Europa hinausreichenden Bekanntheitsgrad und internationale Erfolge erzielte. Für eine bürgerliche Frau ungewöhnlich, erlangte sie allein durch ihre künstlerische Arbeit großen Reichtum. Unter der Anleitung ihres Vaters, des Schwarzenberger Malers Johann Joseph Kauffmann, begann sie schon als Kind zu zeichnen und zu malen. Von ihrer Mutter Cleopha Lutz wurde sie in Gesang ausgebildet. Ihr *Selbstbildnis zwischen Malerei und Musik* (Puschkin-Museum Moskau) zeigt die Konfliktsituation einer Doppelbegabten. Ab dem 12. Lebensjahr erhielt sie die ersten Porträtaufträge und half ihrem Vater bei der Ausmalung der Kirche von Schwarzenberg. Von 1761 bis 1766 reiste sie mit ihm durch Italien, um durch das Kopieren der großen Meister eine solide Ausbildung zu erhalten. Als Frau in der Regel von den Akademien ausgeschlossen, wurde sie ausnahmsweise Mitglied der ehrwürdigen Akademien in Bologna, Florenz, Rom und später Venedig. In London wurde sie mit der Blumenmalerin Mary Moser eines von zwei weiblichen Gründungsmitgliedern der Royal Academy, die die nächsten 200 Jahre keine weiblichen Mitglieder aufnahm. 1766 eröffnete sie ein Atelier in London und zählte bald zu den wegweisenden Malern Englands, die mit ihren historischen, literarischen und mythologischen Gemälden den Anschluß Englands an den Neoklassizismus förderten. Zusätzlich sorgten die Reproduktionsstecher für die weite Verbreitung ihrer Werke, die als Vorlagen für Dekorationen auf Porzellan, Möbeln und Textilien dienten. 1781 heiratete sie den venezianischen Vedutenmaler Antonio Zucchi, der ihr im Atelier behilflich war. 1782 kehrte sie nach Rom zurück. Mit bedeutenden Literaten wie Goethe und Klopstock, mit der Malerin →Elisabeth Vigée-Lebrun, dem Maler J. P. Hackert und dem Bildhauer Antonio Canova knüpfte die als »cultivierteste Frau Europas« betitelte Malerin enge Freundschaften. Die Repräsentanten der europäischen Adelshäuser, unter ihnen Herzogin →Anna Amalia von Sachsen-Weimar, waren ihre Auftraggeber. Angelika K. hinterließ ein umfangreiches Werk, das in den großen Sammlungen Europas, US-Amerikas und in die Länder im Osten verstreut ist.
Lit.: Bettina Baumgärtel (Hg.), Angelika Kauffmann (1741-1807), »Eine Dichterin mit dem Pinsel«, Ostfildern 1998; Siegfried Obermeier, »Ein Weib mit ungeheurem Talent«, A. Kauffmann, München 1998.

Kautsky, Luise, deutsche Übersetzerin, Autorin und Politikerin (Wien 11. 8. 1864 – Dezember 1944 Auschwitz).
Die Frau des sozialdemokratischen Politikers Karl Kautsky, die Schwiegertochter der bekannten österreichischen Schriftstellerin und Dramatikerin Minna Kautsky, war mit →Clara Zetkin und besonders mit →Rosa Luxemburg befreundet. Über ihre Kindheit ist wenig bekannt, nur daß ihre jüdischen Eltern Besitzer einer Konditorei in Wien waren und daß ihr Vater Selbstmord beging. Sehr früh fand sie zum Sozialismus, vielleicht wegen der schwierigen Jugendjahre: Sie mußte früh in der Konditorei arbeiten. In der sozialistischen Bewegung lernte sie den Redakteur und späteren Herausgeber der »Neuen Zeit«, Karl Kautsky, kennen.

1890 heiratete sie ihn und folgte ihm nach Stuttgart. Dort wurde sie seine Mitarbeiterin, seine »brillante Sekundantin«. Sie selbst war eine bekannte Übersetzerin (aus dem Englischen und Französischen), veröffentlichte u. a. Porträts von Sozialistinnen und Sozialisten. Sie schrieb in der von Clara Zetkin herausgegebenen »Gleichheit« und gab die Briefe Rosa Luxemburgs aus dem Gefängnis an Sophie Liebknecht heraus. Mit Rosa L. blieb sie bis zu deren Ermordung eng befreundet – trotz politischer Meinungsverschiedenheiten und der scharfen Auseinandersetzungen zwischen Rosa und Karl Kautsky – und veröffentlichte 1929 die erste Biographie, *Gedenkbuch*, über ihre Freundin.
Die Freundschaft kommt in zahlreichen Briefen Rosa Luxemburgs an sie zum Ausdruck, so z. B. in einem Brief vom 24. 11. 1917 an die »liebste Lulu«, deren Augen »verraten, daß Du innerlich noch immer das tastende, suchende, ängstliche Mädchen bist. Wie ich Dich gerade für diese innere Unsicherheit liebe! ... Jetzt möchte ich draußen sein, um mit Dir zu sitzen und zu plaudern. Liebste, sei nicht verzagt, leb nicht wie ein zertretenes Fröschlein!«
Während der Weimarer Republik war Luise K. USPD-Abgeordnete in Berlin. 1924 zog sich das Paar aus der Politik zurück und übersiedelte mit den drei Söhnen nach Wien. 1938 gingen sie ins Exil nach Holland (die beiden älteren Söhne emigrierten in die USA, der jüngste Sohn wurde nach Buchenwald deportiert). Die 75jährige Luise K. wurde 1939 von der Gestapo festgenommen und in das Konzentrationslager Auschwitz überführt. Sie starb dort.

Keetmann, Gunhild, deutsche Komponistin (Elberfeld 5. 6. 1904 – 14. 12. 1990 Breitbrunn/Chiemsee).
1924 begann sie als Mitarbeiterin Carl Orffs am Münchner Institut für Tanz und Gymnastik. Sie entwickelte mit (und ohne) Orff neuartige Instrumente und experimentierte mit Xylophon, Marimba, Tambourin u. a. Nach dem zweiten Weltkrieg wurde sie Mitarbeiterin am Mozarteum in Salzburg. Begeisterte Aufnahme fand ihre »Weihnachtsgeschichte«, die bis heute von den meisten Interpreten für eine Komposition von Orff gehalten wird. Gunhild K. schrieb außerdem vier Bände *Lieder für die Schule*, *Japanische Kinderlieder* und zahlreiche Singspiele. 1970 erschien ihr wichtigstes Werk *Elementaria, erster Umgang mit dem Orff-Schulwerk*. Bis heute ist ihr Werk völlig im Schatten des Komponisten geblieben.

Keller, Helen, US-amerikanische Pädagogin und Sozialreformerin (Tuscumbia/Alabama 27. 6. 1880 -1. 6. 1968 Westport/Conn.).
Mit 19 Monaten wurde sie nach einer Krankheit blind und taub. Von Anne Sullivan wurde sie im Sprechen, Schreiben und Lesen unterrichtet, sie lernte Deutsch, Französisch und Latein sowie Mathematik und Physik. Sie studierte am Bostoner Radcliffe College und erwarb den Dr. phil. In ihrem Buch *Geschichte meines Lebens* (1903) beschrieb sie, wie sie es schaffte, mit den Behinderungen zu leben und sie zu überwinden. »Ich war stumm; jetzt spreche ich, und das verdanke ich den Händen und Herzen anderer ... Wir leben einer durch den anderen und einer für den anderen. Allein können wir so wenig tun.« *Meine Welt* (1908) und *Dunkelheit* (1909) sind weitere Werke. Eine ih-

rer wichtigsten Aufgaben sah sie darin, blinden und tauben Menschen zu helfen. Sie reiste zu Vorträgen in alle Welt, unterstützte die Ausbildung von Blinden und propagierte eine international vereinheitlichte Blindenschrift. Helen K. hat sich ihr Leben lang für den Frieden, für einen »Völkerfrieden« und gegen den Militarismus eingesetzt. 1932 trat sie der Bewegung der Internationalen Kriegsgegner bei, ab 1933 weigerte sie sich, ihre Bücher in Nazideutschland zu publizieren, nahm teil an einem Boykott deutscher Produkte. Sie beteiligte sich an der Solidaritätsbewegung mit dem spanischen Bürgerkrieg und mit der Sowjetunion, was ihr Verhöre und Bespitzelung durch das FBI einbrachte. Nach dem Krieg kämpfte sie gegen die atomare Bewaffnung. Ihr Motto: »Eine Welt oder keine.«

Kempin, Emily, Schweizer Juristin (Altenstetten/Zürich 12. 4. 1853 – 12. 4. 1901 Basel).
»Ich bitte Sie zu glauben, daß ich trotz meines Studiums die Künste und Fertigkeiten einer Hausfrau nicht verlernt habe ... Ich kann auch kochen, nähen, aber auch ein wenig schneidern, namentlich aus alten Kleidern neue machen ...« Dies schrieb keine Dienstmagd des 19. Jh.s, sondern Dr. Emilie Kempin, die erste habilitierte Juristin, derzeit ohne Anstellung, aus der Baseler Irrenanstalt im Dezember 1899. Adressat war der ortsansässige Pfarrer A. Altherr, der für seinen Haushalt »ein Fräulein oder Witwe von zuverlässigem Charakter« suchte.
Emily Kempin, Nichte der Jugendbuchautorin Johanna Spyri (*Heidi*) und Tochter des Pfarrhelfers J. L. Spyri, verlebte eine Kindheit »unter Vaters Bart«, bürgerlich, schweizerisch. Gegen Vaters Willen heiratete sie den Pfarrer und späteren Mitbegründer des Roten Kreuzes Walter Kempin. Er förderte das Talent seiner Frau, sie studierte Jura und gründete in New York eine »Law School for Women«; sie promovierte über Trusts, und sie wirkte in Berlin an der Erarbeitung des BGB mit. Doch war sie ihrer Zeit zu eigenständig, man nahm Anstoß. Kempin verlor wegen ihr sein Amt, die Ehe scheiterte. Die Familie wies sie nach einem Nervenzusammenbruch in die Baseler Irrenanstalt ein, wollte gerne, daß sie dort verblieb. Emily K. starb, ohne den Brief an Pfarrer Altherr abgeschickt zu haben. Wenige Monate nach ihrem Tod wurde das Gesetz zur Zulassung weiblicher Anwälte erlassen. Für Emily K. kam sie zu spät.
Lit.: Eveline Hasler, Die Wachsflügelfrau, München 1995.

Kempner, Friederike, deutsche Schriftstellerin (Opatow/Posen 25. 6. 1836 – 23. 2. 1904 Friederikenhof/ Breslau).
Ihre jüdische Gutspächter- und später Gutsbesitzerfamilie kaufte ihre ersten Gedichtbände, deren Drucklegung sie selbst finanziert hatte, heimlich wieder auf und vernichtete sie. Trotzdem ist sie bekannt und von vielen geliebt worden, die genialische »schlesische Nachtigall«. Die achte Auflage ihrer ironischen kleinen Gedichte mit der unfreiwilligen Komik leitete sie ein mit: »Ihr Blätter ohne Zahl / Mit regem Dankgefühl / send' ich euch wieder mal / ins menschliche Gewühl.« Das feinfühlige adlige Fräulein verteilte Brot und darin eingebackenes Geld an die Armen. Weil sie von panischer Angst besessen war, lebendig begraben zu werden, setzte sie eine generelle Frist zwischen Tod und Bestattung von fünf Tagen durch. Deshalb Mitglied der Akademie der Wissenschaften zu werden, lehnte sie ab.

Kerkovius, Ida, aus Lettland stammende, deutsche Malerin (Riga 31. 8. 1879 – 7. 6. 1970 Stuttgart).
Aus einer ursprünglich deutschen Patrizierfamilie stammend, lebte sie mit zehn Geschwistern in einem »Jugendparadies«, dem elterlichen »Rittergut« in der Nähe Rigas. Die Malerei war schon für das junge Mädchen »ihr ein und alles«. Die gewünschte Ausbildung zur Malerin führte jedoch zum Konflikt mit den Eltern, die eine musische Bildung als Voraussetzung für eine Heirat noch unterstützt hatten. Die Tochter setzte ihre Eigenständigkeit durch: Nach dem Besuch und Diplom einer Privatmalschule wurde sie 1903 in Dachau Schülerin Adolf Hoelzels. Dieser wurde 1906 an die Stuttgarter Kunstakademie berufen, und sie wurde seine Meisterschülerin. Die breite, farbige Palette ihres Kunstschaffens zeigt, daß es bei ihr immer ein Zulassen verschiedener Stile und Kunstformen gab. Zu Beginn der zwanziger Jahre lernte sie zudem im »Bauhaus« in Weimar das Weben, arbeitete auch mit Johannes Itten und Oskar Schlemmer, der die Glasmalerwerkstatt leitete. In Stuttgart wurde sie Mitglied im ältesten Malerinnenverein, dem 1893 gegründeten »Württembergischen Malerinnenverein«. Sie trug Reformkleider und bis ins hohe Alter die damals moderne Bubikopffrisur. Ihre ersten Erfolge wurden durch die Machtergreifung der Nazis nichtig: sie wurde den »Entarteten« zugerechnet und durfte nicht mehr ausstellen. Der Krieg und das Ausbomben ihres Ateliers trafen sie hart. Die aus Überzeugung allein Lebende, vom Schicksal oft geprüfte Malerin konnte 1969 zum 90. Geburtstag noch eine große Retrospektive ihres Werkes im Stuttgarter Kunstverein erleben.

Keun, Irmgard, deutsche Schriftstellerin (Berlin 6. 2. 1905 – 5. 5. 1982 Köln). Die Fabrikantentochter besuchte in Köln das Lyzeum und die Schauspielschule. Nach einigen Theaterengagements entschied sie sich fürs Schreiben. Ihr erster Roman *Gilgi – eine von uns* (1931) wurde in einem Jahr mit 30 000 Exemplaren sechsmal aufgelegt, brachte ihr den Ruhm und wurde wenig später verfilmt. Weitere Romane: 1932 *Das kunstseidene Mädchen*, 1936 *Das Mädchen, mit dem die Kinder nicht verkehren durften*, 1937 *Nach Mitternacht*, der wie weitere Romane in Amsterdam erschien. Während des Nationalsozialismus wurden ihre Bücher beschlagnahmt und auf die schwarze Liste gesetzt. Sie selbst erhielt Berufsverbot und verließ Deutschland. Ihr Mann, der Schriftsteller Johannes Tralow, von dem sie sich später scheiden ließ, blieb in Deutschland. Irmgard K. lebte eine Zeitlang in Belgien, wo sie ihre große, schwierige Liebe, den Schriftsteller Joseph Roth, und weitere Emigranten wie E. E. Kisch und E. Toller traf. Mit Roth reiste sie nach Paris, Warschau und nach Galizien. Trennung nach zwei Jahren. Irmgard K. ging in die USA und zurück nach Holland. Als die deutschen Truppen einmarschierten, floh sie mit gefälschtem Paß nach Deutschland, wo sie bleiben sollte. 1951 Geburt der Tochter Martina. Kaum Erfolge in der Nachkriegszeit, finanzielle und Alkoholprobleme. Die zeit- und gesellschaftskritische Schriftstellerin, die das Schicksal benachteiligter Mädchen und Frauen mit großen Hoffnungen beschrieb, war fast vergessen, bis sie u. a. von der Frauenbewegung wiederentdeckt und ihre Bücher neu aufgelegt wurden. Marieluise-Fleißer-Preis 1981.
Lit.: Gabriele Kreis, Irmgard Keun. »Was man glaubt, gibt es«, München 1993.

Key, Ellen, schwedische Pädagogin und Sozialreformerin (Sundsholm, Småland 11. 12. 1849 – 25. 4. 1926 Vättersee).
Zwanzig Jahre arbeitete sie als Lehrerin, wurde 1898 Dozentin in Stockholm und entwickelte eine neue Pädagogik, die die Rechte des Kindes in den Mittelpunkt stellte. Ihre Schrift *Das Jahrhundert des Kindes* (1900) hat die pädagogischen Reformen maßgeblich beeinflußt. Sie widmete es allen Eltern, »die hoffen, im neuen Jahrhundert den neuen Menschen zu bilden«. R. M. Rilke, mit dem sie über viele Jahre korrespondierte, geriet ins Schwärmen: »... daß die neue Zeit, ach, die unerhört neue, mit einem so alten Fräulein einbricht«. Ellen K. engagierte sich auch für die Rechte der Frauen, forderte ein vom Staat bezahltes »Müttergeld« auch für Unverheiratete und trat in vielen Vorträgen für das Recht auf persönliche Freiheit, für Frieden und Völkerversöhnung ein. Weitere Bücher: *Menschen, Mißbrauch weiblicher Kraft, Über Liebe und Ehe, Lebenslinien.*

Khalifa, Sahar, palästinensische Schriftstellerin (Nablus 15. 4. 1941).
Mit 18 Jahren wurde sie verheiratet und führte zunächst mit ihren zwei Töchtern das traditionelle häusliche Leben einer arabischen Frau. Ihr Mann verbot ihr eine Ausbildung als Sekretärin, also schlich sie sich heimlich zu den Kursen. Es gelang ihr der Sprung in die Selbständigkeit: Sie wurde berufstätig, ließ sich nach dreizehn Jahren Ehe scheiden, studierte acht Jahre lang englische und amerikanische Literatur in den USA. Die Universitätsdozentin für Kreatives Schreiben an der Universität von Iowa kehrte nach Palästina zurück und ist heute Leiterin eines Frauenzentrums in Nablus und Amman. Ihre Bücher, darunter die *Memoiren einer unrealistischen* Frau (dt. 1986) und *Das Tor* (dt. 1994), setzen sich auseinander u. a. mit Sexismus, mit Feminismus, mit dem Geschlechterverhältnis, »sie stellen philosophische Fragen nach dem Sinn des Lebens«. Sie wurden zeitweilig von den Israelis verboten.

Kienle, Else, deutsche Ärztin (Heidenheim 26. 2. 1900 – 19. 7. 1970 New York).
Die stets aufmüpfige Tochter einer alteingesessenen württembergischen Lehrer- und Arztfamilie erhielt den Doktortitel der Medizin 1923 in Heidelberg im Fachbereich Wiederherstellungschirurgie. Ab 1923 Assistenzärztin in den Geschlechtskrankenbaracken des Katharinenhospitals in Stuttgart. Mit Unterstützung ihres ersten Mannes, des jüdischen Bankiers Stefan Jacobowitz, eröffnete sie 1928 in Stuttgart eine eigene Klinik für Harn- und Beinleiden, in der sie auch ambulante Schwangerschaftsabbrüche vornahm. Seit 1926 gab es de facto eine medizinische Indikation, die in der Praxis aber oft verweigert wurde. Die Patientinnen wurden ihr u. a. von dem Naturarzt, Dramatiker, Kommunisten und Juden Dr. Friedrich Wolf überwiesen. Die beiden Ärzte versuchten in Vorträgen und Beratungsstellen – Else K. arbeitete ehrenamtlich in der Beratungsstelle des »Reichsverbandes für Geburtenregelung und Sexualhygiene« in Stuttgart – die Härten einer nicht existenten sozialen Indikation durch Aufklärung und staatlich nicht erlaubte Verhütungsangebote zu unterwandern. 1931 wurde die Ärztin zusammen mit Wolf unter dem Verdacht des gewerblichen Schwangerschaftsabbruchs verhaftet, nach fünf Wochen Untersuchungshaft aber nach einem Hungerstreik entlassen. Ihr heute noch aktuelles Buch

Else Kienle

Frauen. Aus dem Tagebuch einer Ärztin von 1932 (Reprint 1989) plädiert für eine neue Ethik in den menschlichen Liebes- und Sexualbeziehungen. Der Prozeß verlief im Sande, sie stand jetzt mit Wolf an der Spitze einer reichsweiten Volksaktion gegen den § 218, deren Höhepunkt 1931 eine Veranstaltung im Berliner Sportpalast mit 10 000 Besucher/innen war. Der Faschismus zwang sie zur Emigration nach New York, wo sie eine Praxis für Schönheitschirurgie eröffnete und nach drei weiteren Ehen ihr abenteuerliches Leben beschloß.

Kingsley, Mary, englische Forschungsreisende und Schriftstellerin (London 13. 10. 1862 – 3. 6. 1900 Simon's Town/Südafrika).
Die Nichte des Schriftstellers Charles Kingsley befand sich ab ihrem dreißigsten Lebensjahr in West- und Südafrika. Sie unternahm Reisen in unerforschte Gebiete (Erstbesteigung des großen Kamerunberges, 4070 m), schrieb über Sitten und Bräuche der Einheimischen (z. B. über den Kongo in *Eine afrikanische Odyssee*, 1885) und wandte sich gegen die Behandlung der Afrikaner als Sklaven. Während des Burenkriegs war sie Krankenpflegerin; sie starb am Fieber.

Kinkel, Johanna, deutsche Komponistin und Schriftstellerin (Bonn 8. 7. 1810 – 15. 11. 1858 London).
Noch heute wird darüber gerätselt, ob der Sturz aus ihrem Londoner Schlafzimmerfenster unabsichtlich oder absichtlich geschah. Johanna K. hatte sich neben ihren Kompositionen auch als Schriftstellerin und politische Kämpferin einen Namen gemacht. Es begann so harmlos in ihrer Heimatstadt, deren Prominenz sie mit der *Vogelkantate* musikalisch karikierte. (Diese Kantate ist bis heute unter falschem Namen wider besseres Wissen erhältlich.) Gegen den Widerstand der Eltern studierte sie Musik in Berlin, heiratete den Musikalienhändler Mathieu, später Gottfried Kinkel, der sich an den ersten revolutionären Unruhen in Deutschland 1848 beteiligte. Er kam ins Gefängnis; später flohen beide ins Exil nach London. Immer wieder gelang es ihr, das Leben zwischen Haushalt, vier Kindern, dem politischen Engagement und einer enormen finanziellen Notlage zu meistern. Ihr Roman *Hans Ibeles in London* (1860/1991) erzählt aus jener dramatischen Zeit, in der sie die sozialen Mißstände, den englischen Kolonialismus und vieles mehr anprangerte. Ihre hinterlassenen Kompositionen bestehen

vorwiegend aus Liedern und Chorwerken, die zu den besten der deutschen Romantik gehören.

Kirchhoff, Auguste, deutsche Pazifistin (Neuwied 23. 6. 1867 – 12. 7. 1940 vermutlich Bremen).
Auguste K., geb. Zimmermann, hatte viele Berufe: Sie arbeitete als Künstlerin, Lehrerin, Sozialarbeiterin, Journalistin – und ihre hervorragende Gabe als Rednerin setzte sie im Kampf für den Frieden ein. Mit Ausbruch des ersten Weltkrieges wurde sie in Bremen Mitglied der Deutschen Friedensgesellschaft. Ihre Teilnahme an dem Frauenfriedenskongreß 1915 in Den Haag führte zu einer nationalsozialistischen Hetzkampagne gegen ihre Person, von der sich Auguste K. aber nicht beeindrucken ließ. Sie engagierte sich in der »Internationalen Frauenliga für Frieden und Freiheit« für Kriegsdienstverweigerung und die Aussöhnung mit Polen, Dänen und Franzosen sowie gegen Antisemitismus, Giftgas und Drogenhandel. Die Mutter von fünf Kindern maß den Frauen im Friedenskampf und bei der friedlichen Erziehung der Kinder eine besondere Bedeutung bei.

Kirchner, Johanna, deutsche Widerstandskämpferin (Frankfurt/M. 24. 4. 1889 – 9. 6. 1944 Berlin-Plötzensee).
Sie stammte aus einer sozialistischen Familie und wurde selbst mit 14 Jahren ein Mitglied der Sozialistischen Arbeiterjugend, später Mitglied und Funktionärin der SPD. 1933 floh sie ins Saarland, das noch unter Verwaltung des Völkerbundes stand. Dort arbeitete sie als Küchenhilfe und Serviererin, betreute Emigranten und half den Flüchtlingen, u.a. im »Hilfskomitee für verfolgte Antifaschisten«. Zu Beginn des zweiten Weltkriegs zog sie nach Metz,

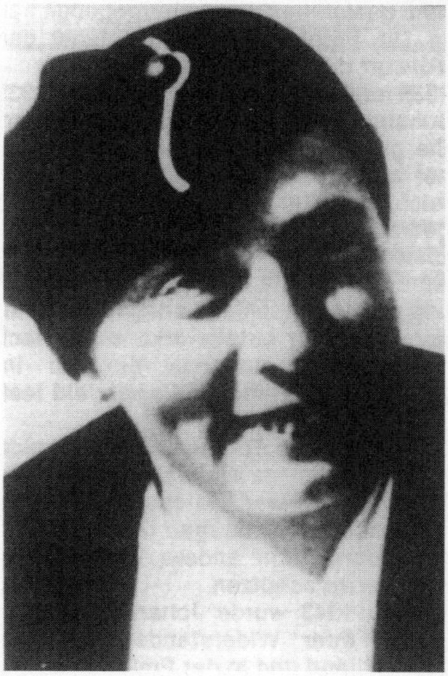

Johanna Kirchner

von wo aus sie ins Lager Gurs/Südfrankreich transportiert wurde. 1942 wurde sie an Nazideutschland ausgeliefert. Im Urteil des Volksgerichtshofs hieß es, sie habe »hochverräterisch gewühlt«, »im großen übelste marxistische Hochverratspropaganda betrieben« und »kulturelle, wirtschaftliche, politische und militärische Spionagenachrichten landesverräterisch eingezogen und weitergegeben«. Sie starb unter dem Fallbeil. Die Stadt Frankfurt/M. verleiht seit 1990 die »Johanna-Kirchner-Medaille« an Menschen, die gegen staatliche Unterdrückung kämpfen, »nein gesagt haben zu Terror, Folter und Mord«.

Klarsfeld, Beate, deutsch-französische »Nazijägerin« (Berlin 13. 2. 1939).
Sie kam als Au-pair-Mädchen 1960 nach Frankreich, arbeitete dann als Se-

Beate Klarsfeld

kretärin, Übersetzerin und im Deutsch-Französischen Jugendwerk. Über ihren französischen Ehemann, den Rechtsanwalt Serge Klarsfeld, dessen Vater nach Auschwitz deportiert und dort ermordet wurde, erfaßte sie das Ausmaß des Holocausts. Von nun an schaffte sie mit sensationellen Aktionen Öffentlichkeit über ein gern vergessenes Thema. Sie entlarvte den Ex-Nazi Kiesinger (*Die Wahrheit über Kurt Kiesinger*), fahndete nach Lischka, dem KZ-Arzt Josef Mengele und nach dem Gestapochef Klaus Barbie. Am 3. November 1968 schockierte sie das biedere Deutschland: Sie ohrfeigte den Bundeskanzler Kiesinger auf dem CDU-Parteitag und rief dabei »Nazi«. Mehrmals verhaftet, des öfteren bedroht, setzt sie bis heute ihr Engagement für die Bestrafung der NS-Verbrechen, gegen Rechtsextremismus und Neonazis fort. Beate Klarsfeld über den Grund, der sie zur Ohrfeige getrieben hat, die »Deutschland brauchte«: » ... im Namen der 50 Millionen Toten und der künftigen Generationen, ... in das abstoßende Gesicht der 50 Millionen Nazis zu schlagen, damit sie alle die gleiche Scham empfinden und sich die gleiche Röte der Ohrfeige auf ihren Wangen abzeichnet.«
Mehrmals Preisträgerin (Golda-Meir-Preis, Ritter der französischen Legion), »Heldin« von Filmen wie *Die Ohrfeige* und *Verfolgt und verjagt*.

Königsdorf, Helga, deutsche Mathematikerin und Schriftstellerin (Gera 13. 7. 1938).
Studium der Physik in Jena und Berlin. Sie hat zwei Kinder, seit ihrem 36. Lebensjahr ist sie Professorin für Mathematik. Aus diesem »schmalen intensiven Spektrum« ihres Berufes brach sie aus, begann zu schreiben. Sie leidet an einer unheilbaren Nervenkrankheit, die die Bewegungszentren beeinträchtigt und Konzentration und Sprechvermögen behindert. »Die Gier nach den Dingen, nach Macht, nach Ruhm. Einmal wird alles verblassen vor dem einfachen Wunsch zu leben.«
Hervorgehoben seien hier die Geschichten *Meine ungehörigen Träume* (1978) sowie die Erzählung *Respektloser Umgang* (1980), Traumbegegnungen mit der Physikerin →Lise Meitner, in der sie sich – wie auch in ihrem übrigen Werk – mit dem Schicksal von Frauen in einer von Männern dominierten Welt auseinandersetzt. Sie selbst meistert ihres mit bewundernswerter Widerstandskraft und Stärke. Ihre Sprache ist weder kühl noch distanziert, vielmehr emotional, originell und ironisch, auch bekenntnishaft, wenn sie uns etwa mitteilt, was für sie die wünschenswerte Wirkung von Literatur ist: »Die vornehmste Aufgabe von Literatur heute ist, zu ermutigen ... sich gegen das Unheil zu wehren.«

Kofman, Sarah, französische Philosophin (Paris 14. 9. 1934 – 15. 10. 1994). In ihrer Kindheit war sie hin und her gerissen zwischen dem Jüdischen und Nichtjüdischen. Ihr Vater, ein Rabbiner, wurde in Auschwitz ermordet. Dank einer jüdischen Widerstandsgruppe konnte Sarah K. gerettet werden. Darüber berichtete sie in dem kurz vor ihrem Tode erschienenen Buch *Rue Ordener – Rue Labat* (dt. 1995). Nach einem Studium an der Sorbonne wurde sie Lehrerin, Assistentin und schließlich Professorin für Philosophie an der Sorbonne. In ihren Büchern setzte sie sich u. a. mit S. Freud und J. Derrida, mit Fragen der Identität und des Schreibens auch nach Auschwitz auseinander: *Autobiogriffures* (1976, dt. 1985: *Schreiben wie eine Katze*), *Erstickte Worte* (dt. 1988).

Kolb, Annette, deutsch-französische Schriftstellerin (München 3. 2. 1870 – 3. 12. 1967)
Die Tochter einer Pariser Konzertpianistin und eines bayerischen Gartenbauarchitekten wuchs zweisprachig auf. Im Salon ihrer Mutter verkehrten u. a. Thomas Mann und Rainer Maria Rilke. Sie trat während des ersten Weltkrieges für Frieden und deutsch-französische Versöhnung und gegen Chauvinismus (*Dreizehn Briefe einer Deutsch-Französin*) ein. Ihr Pazifismus führte sie in die Schweiz. Ab 1933 lebte sie in der Emigration in Paris, ab 1940 in New York. Sie schrieb mehrere Biographien (u. a. über Mozart, Schubert und Wagner), Essays und Erzählungen (*Das Exemplar*, 1939, *Die Schaukel*, 1968) und kritisierte in ihren Romanen patriarchalische Verhaltensweisen sowie in ihrem *Beschwerdebuch* die Verdummung der Menschen. Sie bekam zahlreiche Auszeichnungen.
Über sich selbst schrieb sie 1932: »Sie hat es sich nicht leichtgemacht, am wenigsten mit dem Schreiben. Zum Schreiben drängte sie nicht das Talent, sondern ihre Meinungen, und in der Gedanklichkeit, was immer man euch heute über sie erzählen mag, liegt der Schwerpunkt ihrer Arbeiten.«

Kollontai, Alexandra, russische Revolutionärin (Petersburg 1. 4. 1872 – 10. 3. 1952 Moskau).
Die Tochter eines reichen Zarengenerals wurde früh mit der sozialen Not konfrontiert. »Kann man denn glücklich sein, kann man denn sich seines Lebens freuen – und das ist doch der Sinn des Lebens! –, wenn ringsum so viel Not, Unrecht und Unterdrückung herrschen? ... Dann bin ich zur Revolutionärin und Kommunistin geworden.« Die Bekanntschaft mit der russischen Revolutionärin Jelena Stassowa und die Teilnahme an einer illegalen Parteiversammlung gaben den letzten Anstoß zu ihrer Organisierung in der russischen Arbeiterbewegung. Das Begehren nach Freiheit und Gerechtigkeit bestimmte ihr Leben: »Ich wollte frei sein ... ich mochte nicht so leben wie alle meine jung vermählten Freunde und Bekannten.« Sie verließ ihren Mann und brach mit ihrem Milieu, versuchte, Frauen zu organisieren, ein Arbeiterinnenbüro zu schaffen, was auf Männerwiderstand stieß. In Schweden und in Deutschland organisierte sie die ersten Veranstaltungen zum Internationalen Frauentag. Nach der Oktoberrevolution war sie der erste weibliche Kommissar, außerdem entscheidend beteiligt an den frühen Dekreten über Scheidung, Zivilehe und rechtliche Gleichstellung nichtehelicher Kinder. Sie wurde Leiterin der Frauenabteilung beim Zentralkomitee ihrer Partei. Zu

dieser Zeit war sie auch um die Herausbildung einer linken Internationale bemüht und um die Stärkung der Sowjetunion, für die sie von 1922 bis 1945 diplomatisch tätig war – als erste Botschafterin der UdSSR in Norwegen, Mexiko und Schweden.
Nicht zuletzt ist sie als eine kompromißlose Bekämpferin der bürgerlichen Moral und Heuchelei im Sexualleben und als Verfechterin der »freien Liebe« (*Wege der Liebe*) bekannt.
Lit.: Alexandra Kollontai, Ich habe viele Leben gelebt ... Autobiographische Aufzeichnungen, Köln 1980.

Kollwitz, Käthe, deutsche Grafikerin, Bildhauerin und Malerin (Königsberg 8. 6. 1867 – 22. 4. 1945 Moritzburg b. Dresden).
Ihr Vater ermöglichte ihr den Unterricht bei einem Kupferstecher und einem Maler und das Studium an der Künstlerinnenschule in Berlin und München. Ihr Lehrer K. Stauffer-Bern brachte sie dazu, sich auf das Zeichnen zu konzentrieren. 1891 Heirat mit dem Arzt Karl Kollwitz, Umzug nach Berlin. Zwei Söhne. Grafikreihe *Ein Leben*, Beteiligung an Ausstellungen und Arbeit am Zyklus *Ein Weberaufstand*, der 1898 von A. Menzel, M. Liebermann u. a. zur Auszeichnung vorgeschlagen, von Kaiser Wilhelm II. jedoch – weil von einer Frau stammend – abgelehnt wurde. Lehrauftrag an der Künstlerinnenschule bis 1903. Erste Einzelausstellungen. Studienaufenthalte in Paris und Florenz. 1908 Zyklus *Bauernkrieg*, erste Plastiken. Im ersten Weltkrieg fiel ihr Sohn Peter. Zu ihrem 50. Geburtstag zahlreiche Ehrungen und Ausstellungen, 1919 Mitglied der Preußischen Akademie der Künste und Professorentitel als erste Frau. 1920 begann sie, beeindruckt von Barlach, eine Holzschnittfolge *Krieg*. Plakate u. a. gegen den § 218, für die Rußlandhilfe und *Nie wieder Krieg*, Bilder über das Elend der Arbeiterinnen und ihrer Kinder. 1925 Holzschnittzyklus *Proletariat*, 1927 Reise in die Sowjetunion. 1928 wurde ihr die Leitung der Meisterklasse für Grafik an der Akademie übertragen. 1929 Orden »pour le Mérite«. 1933 unterzeichneten Käthe und K. Kollwitz einen Appell für eine Arbeitereinheitsfront gegen den Faschismus. Ausschluß aus der Preußischen Akademie der Künste, Entzug der Meisterklasse in Grafik, faktisches Ausstellungsverbot, Verhöre durch die Gestapo. In dieser Zeit begann sie die Lithographienreihe *Tod*. 1940 starb ihr Mann, zwei Jahre später fiel ihr Enkelsohn Peter, die Lithographie *Saatfrüchte dürfen nicht vermahlen werden* entstand. Käthe K. mußte Berlin verlassen, ihre Wohnung, viele Drucke und Druckplatten wurden zerstört. Wenige Tage vor der Befreiung vom Faschismus und dem Kriegsende starb sie.
Gemäß ihrem Motto »Ich will wirken in dieser Zeit« hat Käthe K. als große sozialkritische Künstlerin und als politisch engagierte Bürgerin für die Unterdrückten Partei ergriffen. »Sie ist die Stimme des Schweigens der hingeopferten Völker.« (Romain Rolland 1945). In ihrem Werk standen die Frauen, ihre Stärken und ihre Leiden im Mittelpunkt, sie waren ihre Heldinnen.
Lit.: Käthe Kollwitz, Bekenntnisse, Leipzig 1981; dies., Die Tagebücher, Berlin 1989.

Kolmar, Gertrud, eigentlich Chodziesner, deutsche Schriftstellerin (Berlin 10. 12. 1894 – März 1943 Auschwitz).
Sie wuchs in einem großbürgerlichen und aufgeschlossenen jüdischen Elternhaus auf, besuchte die hauswirtschaftli-

che Frauenschule bei Leipzig, dann das dortige Lehrerinnenseminar und wurde Englisch- und Französischlehrerin. Auf Initiative des Vaters erschienen 1917 ihre ersten Gedichte. Nach 1923 arbeitete sie als Erzieherin und als Betreuerin taubstummer Kinder. 1933 erschien ihr Gedichtzyklus *Das Wort der Stummen*.
Nach der Machtübernahme der Nationalsozialisten blieb sie wegen des pflegebedürftigen Vaters in Deutschland, ihre Mutter war inzwischen verstorben. Beide mußten 1938 die schöne Berliner Villa verlassen und in ein »Judenhaus« ziehen. Kolmars dritter Gedichtband, *Die Frau und das Tier*, wurde verboten, »aus rassenpolitischen Gründen«. An ihre Schwester schrieb sie 1942: »Ich hatte das alles vorher geahnt, es kommen sehn, im voraus schon auf mich genommen. Wozu auch schon der Umstand mich führte, daß ich niemals ›die Eine‹ war, immer ›die Andere‹.«
1941 bis 1943 wurde sie zur Zwangsarbeit in einer Munitionsfabrik verpflichtet. Ihr 80jähriger Vater wurde nach Theresienstadt verschleppt, sie selbst 1943 vermutlich nach Auschwitz deportiert. Dort verlieren sich die Spuren der Dichterin.
Sehnsucht und Grenzenlosigkeit und auch das Gefühl der Verlassenheit kommen in ihren Gedichten zum Ausdruck. In einem ihrer letzten Gedichte, *Die Jüdin*, schrieb sie: »Ich bin fremd/ weil sich die Menschen nicht/ zu mir wagen,/ Will ich mit Türmen gegürtet sein,/ Die steile, steingraue Mützen tragen/ In Worte hinein.«
Lit.: Beatrice Eichmann-Leutenegger, Gertrud Kolmar. Leben und Werk in Texten und Bildern. Frankfurt/M. 1993; Gertrud Kolmar, Weibliches Bildnis. Gedichte, München 1987.

Kowalewskaja, Sofja Wassiljewna, russische Mathematikerin (Moskau 15. 1. 1850 – 10. 2. 1891 Stockholm).
Ihr Vater W. W. Korwin-Krukowski war General des Zaren, ihre Mutter entstammte einer alten deutsch-russischen Familie. Ausbildung in Mathematik durch Privatlehrer. Eine Scheinehe erlaubte ihr, nach Deutschland zu gehen und in Heidelberg zu studieren. In Berlin erhielt sie später private Vorlesungen. Promotion mit 24 Jahren »in Abwesenheit« und mit summa cum laude in Göttingen. Rückkehr nach Petersburg. Eine Tochter. Als ihr Mann gestorben war, wurde sie Professorin in Stockholm. 1888 Bordin-Preis und 1889 Mitglied der Académie des Sciences in Paris. Die Professorin wurde nun zum korrespondierenden Mitglied der Russischen Akademie der Wissenschaften in St. Petersburg ernannt. Sie setzte sich aktiv für das Hochschulstudium der Frauen ein, arbeitete in der Redaktion der Zeitschrift »Acta Mathematica« mit. Sofja K. und vor allem ihre Schwester Anna, die den Kommunarden Victor Jaclard heiratete, engagierten sich in der nihilistischen Jugendbewegung der sechziger Jahre in Rußland und für die Pariser Kommune. Ihre Kindheitserinnerungen machten sie auch als Schriftstellerin bekannt.
Lit.: Sofia Kovalevskaia, L'Aventure d'une mathématicienne, Paris 1995; Ann Hibner-Koblitz, A Convergence of Lives. Sofia Kovalevskaia: Scientist, Writer, Revolutionary, Boston 1983.

Kristeva, Julia, französische Psychoanalytikerin (Sliwen/Bulgarien 24. 6. 1941).
Sie kam 1966 nach Paris und beendete ihr Studium bei Lacan und Roland Barthes. Sie wurde Redakteurin der Zeitschrift »Tel Quel«. Die Literaturtheore-

tikerin, Sprachwissenschaftlerin (*Die Revolution der poetischen Sprache*, dt. 1978) und heute praktizierende Psychoanalytikerin und Professorin setzt sich u. a. mit der Ausgrenzung des Weiblichen auseinander. Seit 1967 ist sie mit dem Schriftsteller Philippe Sollers verheiratet. Nach einer Forschungsreise nach China schrieb sie *Die Chinesin* (dt. 1982). Für ihr Buch *Fremde sind wir uns selbst* (dt. 1990) bekam sie den Henri-Hertz-Preis. Julia K. verwirft die Theorie einer ursprünglichen weiblichen oder männlichen Identität: »Ich bin für eine Konzeption des Weiblichen, für die es so viel ›Weiblichkeiten‹ gibt wie Frauen.«

Krull, Germaine, deutsch-polnische Fotografin (Wilda Poznan/Polen 1897 – 1985 Wetzlar).
In ihrer Kindheit und Jugend lebte sie in Paris, ging 1912 mit der Mutter nach München, wo sie an der Lehr- und Versuchsanstalt für Photographie studierte (1915-1917). Mit ihrer Kollegin Wanda von Debschitz-Kunowski und dem ungarischen Kollegen Josef Pésci veröffentlichte sie 1918 eine Aktmappe mit 20 Fotografien und eröffnete ein Fotoatelier. Wegen ihrer Kontakte zur revolutionären Linken 1920 aus Bayern ausgewiesen, war sie unterwegs über Düsseldorf, Berlin, Stettin in die UdSSR, wo sie 1921 unter Spionageverdacht verhaftet wurde, aber wieder freikam. Über das Baltikum kehrte sie 1922 nach Berlin zurück, eröffnete erneut ein Fotoatelier und ging 1923 nach Holland. Aufträge für Zeitschriften führten sie um die halbe Welt. Eine Fotoausstellung in Paris 1924 machte sie mit einem Schlag bekannt. 1927 veröffentlichte sie ihr aufsehenerregendes Buch *Métal*; sie fotografierte u. a. für »Voilà«, »Vu«, »Marianne«. Industriefotografien, Porträts und ihre zahlreichen Fotoreportagen weisen sie als Vertreterin der »Neuen Fotografie« aus. In Deutschland war sie an zahlreichen Ausstellungen beteiligt: »Fotografie der Gegenwart« in Essen 1929, »Film und Foto« in Stuttgart im selben Jahr und »Das Lichtbild« in München 1930. Während der dreißiger Jahre reiste sie quer durch Europa, veröffentlichte Reportagen aus Griechenland und Siam, ging zu Beginn des Weltkrieges nach Brasilien und arbeitete bis 1944 für die französische Befreiungsorganisation »France-Libre« in Brazzaville. 1944 zurück in Frankreich, ging sie 1946 als Kriegsberichterstatterin nach Indochina. Von 1947 bis 1965 lebte sie in Bangkok, leitete dort ihr Hotel Oriental und machte zahlreiche Reisen in Hinterindien, wo viele Fotoserien entstanden. Nach der Übersiedlung nach Indien schloß sie sich der Gemeinde tibetischer Flüchtlinge in Dubra Dan an, war mit dem Dalai Lama befreundet und kehrte erst 1983 aus gesundheitlichen Gründen nach Europa zurück. Bis zu ihrem Tod lebte sie in Wetzlar. Germaine K. war neben →Lisette Model und →Gisèle Freund eine der wenigen ganz großen Frauen des europäischen Fotojournalismus.
Lit.: Germaine Krull, Métal, Paris 1927; Germaine Krull – Fotografie 1922-1966, Rheinisches Landesmuseum, Bonn 1977 (Ausstellungskatalog); Germaine Krull, 100 x Paris, Berlin 1929; dies., Tibetians in India, Bombay 1968.

Krupskaja, Nadeshda Konstantinovna, russische Pädagogin und Politikerin (Petersburg 26. 2. 1869 – 27. 2. 1939 Moskau).
»Ich haßte jede Sklaverei und wollte eine freie Schule.« Dieser Überzeugung treu, wurde Nadeshda K. »Lehrerin mit Leib und Seele«, Pädagogin, Bildungs-

Nadeshda Krupskaja

politikerin. Sie verfocht von der Vorschul- bis zur Erwachsenenbildung eine Erziehung zu »allseitig ausgebildeten Menschen mit ausgeprägter Individualität«. Konsequent vertrat sie eine polytechnische, eng mit dem alltäglichen Leben und gesellschaftlicher Arbeit verbundene Bildung und setzte sich zeitlebens für eine geschlechtsunspezifische Erziehung ein, zu der auch gehörte, daß »Jungen in ›Weiberarbeit‹ unterrichtet werden« und daß Männer diese auch tun!
Die Lehrerin an der »Arbeiter-Abend- und-Sonntags-Schule« in Petersburg (1891-1896) heiratete Lenin. Zwei Jahre Haft, drei Jahre Verbannung, bis 1917 überwiegend in der Emigration. Für sie folgte die Arbeit an der »Bildungsfront«. In wissenschaftlichen, bildungspolitischen Funktionen tätig, wurde sie 1927 Mitglied des ZK der Kommunistischen Partei und war von 1929 bis zu ihrem Tod stellvertretende Volkskommissarin für das sowjetische Bildungswesen. Die Niederlage ihres Lebens: Auch sie konnte nicht verhindern, daß 1937 die Schulwerkstätten geschlossen, über polytechnische Bildung und Arbeitserziehung nicht einmal mehr gesprochen werden durfte – ein Verbot, an das sie sich nicht hielt. Ihre Schriften zur sozialistischen Pädagogik überzeugen auch durch ihre schnörkellose Sprache, ihre ehrliche und kritische Bestandsaufnahmen. Dennoch und deshalb wurden Krupskaja und ihre Arbeit weithin verschwiegen, erst Ende der fünfziger Jahre in den sozialistischen Ländern wiederentdeckt.

Krüseman, Mina, holländische Sängerin, Schauspielerin, Schriftstellerin und Frauenrechtlerin (Den Haag 25. 9. 1839 – 1. 8. 1922 Boulogne sur Seine).
Die Tochter eines Generals verbrachte einen Teil ihrer Jugend in Niederländisch-Indien. Die begabte Sängerin reiste viel um die Welt, zwei Jahre durch die USA, lebte zeitweilig in Indonesien. Sie war eine engagierte Pazifistin und trat gegen den Kolonialismus auf. 19jährig schrieb sie eine Studie für Frauen und Mädchen über deren Stellung in Ehe und Gesellschaft: »Die Welt duldet nicht, daß eine Frau, und noch viel weniger ein Mädchen, sich außerhalb des engen Kreises ihrer eintönigen, unbedeutenden häuslichen Beschäftigung bewegt ... Man hört sie nicht gerne über wissenschaftliche Themen reden oder Urteile abgeben über Dinge, die außerhalb ihres Haushalts liegen.« Die Feministin hielt viele Vorträge zur Frauenemanzipation.

Kuhn, Annette, deutsche Wissenschaftlerin (Berlin 22. 5. 1934)
Vom faschistischen Deutschland entwurzelt, ist sie geprägt von der Erfahrung englischer und US-amerikani-

scher Emigration (1937–1948). Bereits vor Abschluß ihrer Habilitation wird sie 1964 als jüngste Professorin der BRD auf den Lehrstuhl für Mittelalterliche und Neuere Geschichte der Pädagogischen Hochschule Bonn berufen. Die außerparlamentarische und studentische Opposition nimmt sie in den 60er und 70er Jahren in ihren wegweisenden Arbeiten zur kritischen kommunikativen Didaktik und Friedenspädagogik auf. Als Professorin für Frauengeschichte (seit 1986, die erste in der BRD) trägt sie entscheidend dazu bei, daß eine andere, sich kritisch erinnernde Sicht auf Geschichte und jüngste Vergangenheit möglich und in die Richtlinien für den historisch-politischen Unterricht aufgenommen wurde. Ihr konsequenter Eigensinn brachte ihr den vorübergehenden Ausschluß aus dem Prüfungsamt ein. In ungewöhnlicher Zusammenarbeit von Wissenschaftlerinnen und Künstlerinnen entstanden unter ihrer Federführung vier große, erfolgreiche Ausstellungen zur Frauen-Kultur-Geschichte. Ihre wissenschaftliche und kulturpolitische Arbeit ist gekennzeichnet vom Mut der Gratwanderung zwischen Anerkanntem und Unerkanntem.
An der Sichtbarmachung der »anderen Erinnerung« will Annette Kuhn nach ihrer Emeritierung (1999) – mit einem unabhängigen Institut für Frauengeschichte – verstärkt weiterarbeiten.

Kyper, Elisabeth Johanna Laminia, holländische Komponistin, Dirigentin und Pianistin (Amsterdam 13. 9. 1877 – 28. 2. 1953 Lugano).
Jahrelang prozessierte sie gegen die Berliner Musikhochschule, weil diese ihr keine Rente bezahlen wollte. Gründe dafür gab es keine – es war reine Mutwilligkeit. Elisabeth K., die Kämpferin, die Dirigentin von drei Frauenorchestern, die Musikerin, die Pädagogin, die Komponistin, war in Berlin Schülerin von Max Bruch. Sie wurde mehrfach ausgezeichnet, zur Dozentin ernannt. 1908 gründete sie das zweite deutsche Frauenorchester, das »Berliner Tonkünstlerinnen-Orchester« (einige Jahre vor ihr hatte schon die Musikerin Mary Wurm ein solches in Berlin gegründet, das sich aber nicht lange halten konnte). »Meine ganze Begabung hatte mich für die Dirigententätigkeit vorbereitet. Das Orchester war die größte Leidenschaft meines Lebens.« Trotz beachtlicher Erfolge gab Elisabeth K. das Ensemble bald wieder auf, sie ging nach Holland und gründete in Den Haag 1922 wieder ein Frauenorchester. Man riet ihr, sich der amerikanischen Frauenbewegung anzuschließen, um so auch mehr Unterstützung für ihre ehrgeizigen Vorhaben zu bekommen. Sie wanderte in die USA aus und gründete in New York 1924 das »Women's Symphony Orchestra«. Auch hier war es die finanzielle Situation, die sie zum Aufgeben zwang. Aus gesundheitlichen Gründen verlegte die Musikerin ihren Wohnsitz in die Schweiz, kämpfte von dort aus unentwegt um die Drucklegung ihrer zahlreichen Kammermusik- und Orchesterwerke. Bis zu ihrem Tod hatte sie unter Geldproblemen zu leiden. Erst kurz vorher war ihr von der Berliner Musikhochschule schließlich eine Rente von 50 Reichsmark bewilligt worden – nach 13 Jahren Lehrtätigkeit.

L

Labé, Louise, französische Dichterin (Lyon um 1524 – 25. 4. 1566 Parcieux-en-Dombes).
Die Tochter und Ehefrau eines Seilers genoß eine liberale Erziehung, lernte Latein, Spanisch und Italienisch. Sie liebte Waffen und Pferde, die Sprachen und die Literatur. Bei der Belagerung von Perpignan kämpfte sie gegen die Spanier, dem Manne folgend, den sie liebte. Sie verfaßte Liebessonette nach Petrarca, Ronsard und Du Bellay sowie Prosatexte wie *Epître dédicatoire* und *Débat de folie et d'amour.* Die »schöne Seilerin« forderte das Recht der Frau auf Gleichheit mit dem Mann in Wissenschaft und Tugend – das Recht also, »ihren Geist über den Spinnröcken zu erheben«, denn: »Die Reize des Studiums sind kostbarer als Schmuck und prachtvolle Kleider«.

Lachmann, Hedwig, deutsche Dichterin und Übersetzerin (Stolp/Pommern 29. 8. 1865 – 21. 2. 1918 Krumbach/Württ.).
In einer deutsch-jüdischen Familie aufgewachsen, legte Hedwig L. 1880 in Augsburg ihr Examen als Sprachlehrerin ab. Zwei Jahre später ging sie als Erzieherin nach England, 1887 nach Ungarn und 1889 nach Berlin, wo sie dem Dichterkreis um Richard und Paula Dehmel angehörte. 1892 publizierte sie eine von ihr übersetzte Sammlung ungarischer Lyrik sowie Edgar Allan Poes Gedichte. 1902 erschien *Im Bilde. Eigenes und Nachdichtungen* mit Übertragungen der Lyrik von Algernon Swinburne, Paul Verlaine und Oscar Wilde. 1903 heiratete Hedwig L. den freiheitlichen Sozialisten Gustav Landauer, mit dem sie weitere Werke von Oscar Wilde wie auch *Der Sozialismus und die Seele des Menschen* übersetzte (1904). Durch ihre nachdichtenden Übersetzungen machte sie als eine der ersten die Lyrik des englischen und des französischen Symbolismus im deutschen Sprachraum bekannt. Ihr dichterisches Gesamtwerk *Gesammelte Gedichte. Eigenes und Nachdichtungen* wurde 1919 von G. Landauer herausgegeben.

Lacis, Asja, lettische Regisseurin, Schauspielerin und Pädagogin (19. 10. 1891 – Todestag und -ort unbekannt).

Asja Lacis

Ihr Vater war Sattler und Schneider, später Arbeiter in einer Waggonfabrik, die Eltern ihrer Mutter waren noch Leibeigene gewesen. Studierte Schauspiel, Regie und Film ab 1914 in Moskau. 1918 Verzicht auf eine Regie-Karriere zugunsten der Theaterarbeit mit Waisen und straffällig gewordenen Kindern. »Um sie aus ihrer Lethargie herauszuholen, bedurfte es einer Aufgabe, die sie *ganz* zu ergreifen und ihre traumatisierten Fähigkeiten freizusetzen vermochte. Ich wußte, welche ungeheure Kraft im Theaterspielen steckt.« In den zwanziger Jahren führte sie in Deutschland Regie, u. a. bei B. Brecht, und spielte experimentelles und revolutionäres Agitproptheater, verband ihr Leben mit Bernhard Reich, Regisseur und Theatertheoretiker. Eine Tochter, Daga. Sie lernte W. Benjamin kennen, der ihr später sein Buch *Einbahnstraße* widmete, schrieb mit ihm zusammen einen Essay *Neapel* und führte ihn mit Brecht zusammen. Ende der zwanziger Jahre arbeitete sie in der Filmabteilung der Sowjetischen Botschaft in Berlin, war Regieassistentin bei Piscator, als dieser →Anna Seghers' *Aufstand der Fischer von St. Barbara* verfilmte. Sie schrieb über Kindertheater und proletarische Regie, über Brecht, Benjamin und Piscator und *Revolutionäres Theater in Deutschland* (1935). Unter der stalinistischen Diktatur war sie zehn Jahre im Internierungslager in Kasachstan, ihr Name wurde aus Benjamins Werk getilgt. In den fünfziger Jahren setzte sie sich mit Reich zusammen für Brechts Stücke in Lettland und in der Sowjetunion ein.

Lit.: Asja Lacis, Revolutionär im Beruf. Berichte über proletarisches Theater, über Meyerhold, Brecht, Benjamin und Piscator, München 1971.

La Fayette, Marie-Madeleine Comtesse de, französische Schriftstellerin (Paris 18. 3. 1634 – 25. 5. 1693).

Die Tochter aus einer alten provenzalischen Familie war zeitweilig Ehrendame der Königin und unterhielt in Paris einen Salon, in dem u. a. die Schriftsteller La Rochefoucauld, La Fontaine und Corneille verkehrten. Sie war befreundet mit der →Marquise de Sévigné und spielte eine bedeutende Rolle am Hof. Ihr psychologischer Roman *Die Prinzessin von Clèves* (1678) erschien unter einem Pseudonym und wurde zu einem Bestseller. Nun stritt man in der Öffentlichkeit, ob die Heldin des Romans recht hatte, ihre Leidenschaft für einen Herzog ihrem Mann zu gestehen.

Lagerlöf, Selma, schwedische Schriftstellerin (Mårbacka 20. 11. 1858 – 16. 3. 1940).

Im gutbürgerlichen Elternhaus auf dem Gutshof Mårbacka im schwedischen Värmland verbrachte sie eine wohlbehütete Kindheit, allerdings beeinträchtigt durch eine Kinderlähmung, die eine Gehbehinderung zur Folge hatte. Nach dem Tod des Vaters, des Leutnants Lagerlöf, mußte der Gutshof verkauft werden. Selma L. arbeitete dann zehn Jahre lang als Lehrerin an einer Mädchenschule, und sie schrieb. Gleich mit dem ersten Roman *Gösta Berling* hatte sie Erfolg. 1906/7 erschien ihr Kinderbuch *Wunderbare Reise des kleinen Nils Holgersson* und brachte ihr weltweite Anerkennung, den Nobelpreis für Literatur im Jahre 1909 und die Aufnahme in die Schwedische Akademie 1914. Sie konnte den Gutshof zurückkaufen. In der Frauenstimmrechtsbewegung und der Friedensbewegung war sie engagiert, sie bekämpfte den Nationalsozialismus und half politischen Flüchtlingen, darunter der Schriftstellerin →Nelly Sachs.

Ihre schwedische Biographin Elin Wägner schrieb über sie: »Mit den Jahren geht in ihr eine Veränderung vor. Vorher hatte sie leidenschaftlich danach gestrebt, ihren Gedanken eine künstlerische Form zu verleihen, die allen zugänglich sein sollte, und das ist ihr gelungen. Allmählich verwandelt sie sich in einen Menschen, der in aller Stille die Wahrheit für sich selbst sucht.«

Landowska, Wanda Alexandra, polnische Cembalistin (Warschau 5. 7. 1879 – 16. 8. 1959 Lakeville/Conn.).
Als die deutschen Faschisten 1941 in Frankreich einmarschierten, fielen ihnen rund 10 000 Bücher, wertvolle Musikinstrumente und Kompositionen in die Hände. Die weltberühmte Cembalistin jüdischer Herkunft hatte gerade in der Nähe von Paris eine Musikschule aufgebaut. Bis heute sind ihre gesamte Bibliothek und viele ihrer Werke als »Beutegut« verschwunden. Lediglich das selbst entworfene Cembalo konnte von einem Freund in das amerikanische Exil nachgeschickt werden. Wanda L. hat in Berlin studiert und von 1900 bis 1913 an der »Schola Cantorum« in Paris gearbeitet. Bis 1919 leitete sie die Cembaloklasse an der Hochschule für Musik in Berlin. Im Exil arbeitete sie als Interpretin und Lehrerin in Connecticut. Ihr Ruhm als Cembalistin führte sie auf Konzertreisen in alle Welt. Der Klang des Cembalos genügte ihr nicht mehr, und sie ließ sich große, zweimanuale Instrumente mit vielen Registern und guten Bässen anfertigen. Sie war eine der ganz großen Interpretinnen dieses Jh.s. 1927 brachte die *Revista Musicale* einen Artikel über sie mit dem Titel: »Wanda Landowska et le retour aux humanités de la musique« – Wanda Landowska und die Rückkehr zur Menschlichkeit in der Musik.

Lang, Josephine, deutsche Sängerin und Komponistin (München 14. 3. 1815 – 2. 12. 1880 Tübingen).
Berühmte Hofsängerin in München und Komponistin vieler von Felix Mendelssohn Bartholdy, der auch ihr Lehrer war, hochgeschätzter Lieder. »Meine Lieder sind mein Tagebuch«, schrieb sie. 1835 erhielt sie eine unbezahlte Stelle als Sängerin am Königlich-Bayrischen Hof, die erst ab 1840 mit einem festen Gehalt honoriert wurde. Nach ihrer Eheschließung und der Geburt von sechs Kindern notierte Ferdinand Hiller besorgt: »Die Tonkunst mußte vielfach der Kochkunst weichen.« Nach dem Tode ihres Mannes, des Tübinger Juristen C. R. Köstlin, nahm sie 1856 das Komponieren wieder auf und hinterließ eine Vielzahl hervorragender Lieder und Klaviermusik.

Lange, Dorothea, US-amerikanische Fotografin (Hoboken/New Jersey 26. 1. 1895 – 11. 10. 1965 San Francisco).

Dorothea Lange

Trotz ihrer Behinderung, Folge einer Polioerkrankung mit sieben Jahren, arbeitete Dorothea L. als Porträt- und Dokumentarfotografin, veröffentlichte u. a. in »Life«, reiste und fotografierte in ganz Nordamerika mit Ausnahme von Neuengland, in Asien, Südamerika, Ägypten und dem Nahen Osten. Nach dem Pädagogik- und Fotografiestudium startete sie 1918 von New York aus, um mit ihrer Kamera die Welt zu erobern. Sie kam bis San Francisco und eröffnete dort 1919 ein Studio. Bekannt wurde sie u. a. durch ihre Mitarbeit an der Bestandsaufnahme der Lebensbedingungen der amerikanischen Landbevölkerung (1935-1942). Ihr Foto von einer alten freigelassenen schwarzen Sklavin aus der Dokumentation *Migrant Workers* (1938 – von 13 Fotografinnen und Fotografen erstellt) ist eine der berühmtesten Aufnahmen in der Fotogeschichte und erschien bis 1969 schätzungsweise in über 10 000 verschiedenen Publikationen, war Aufmacher für zahllose Informationsschriften und Aufrufe. *The Country Women*, ihr Fotoband über Landfrauen, enthält Aufnahmen, die zwischen 1935 und 1955 entstanden. »Zu den meisten Porträts gehören Zweitfotos, die das Haus und die Umgebung beschreiben, in der die Frauen leben. ... Es sind Frauen, die eine andere Art von Leben repräsentieren. Sie leben mit Mut und Entschlußkraft und sind ein Teil unserer Geschichte.« 1964/65 stellte sie für das Museum of Modern Art eine Retrospektive ihrer Arbeiten zusammen. Den großen Erfolg der Ausstellung von 1966 hat sie nicht mehr miterlebt.

Lit.: Dorothea Lange. Museum of Modern Art, New York 1966 (Ausstellungskatalog); Milton Meltzer, Dorothea Lange: A Photographer's Life, New York 1978.

Lange, Helene, deutsche Pädagogin und Frauenrechtlerin (Oldenburg 9. 4. 1848 – 13. 5. 1930 Berlin).

Die Tochter eines Kaufmanns war zunächst Erzieherin, bevor sie 1872 Lehrerin wurde. 1887 erschien ihre recht polemische, aufsehenerregende Schrift *Die höhere Mädchenschule und ihre Bestimmung*. Sie forderte die Neuordnung der Mädchen- und Lehrerinnenbildung und den Zugang zur akademischen Bildung. Allerdings war sie noch sehr in einem konservativen Frauenbild verhaftet, wünschte sie doch »eine seelische Produktivität, die nicht dem Gehirn, sondern ihrer Mütterlichkeit entspringt«. 1889 eröffnete sie »Realkurse«, die später in die erste Gymnasialbildung (mit Latein, Mathematik und Naturwissenschaften) für Mädchen umgewandelt wurden. 1890 gründete sie den »Allgemeinen Deutschen Lehrerinnenverein«. Über viele Jahre Vorsitzende des »Allgemeinen Deutschen Frauenvereins« und im Vorstand des BDF und seit 1893 Gründerin und Herausgeberin der Monatsschrift »Die Frau«. Die Zusammenarbeit mit der proletarischen Frauenbewegung lehnte Helene L. strikt ab, den radikalen Flügel der bürgerlichen Frauenbewegung unterzog sie vielfach einer harten Kritik. Zu Beginn des ersten Weltkrieges bezog sie militaristische Positionen, sie war für die Beteiligung am »Nationalen Frauendienst«. 31 Jahre lebte und arbeitete sie mit dessen Gründerin Gertrud Bäumer, die als ihre Nachfolgerin im BDF die Gleichschaltung der bürgerlichen Frauenbewegung im Nationalsozialismus maßgeblich verantwortete. Mit ihr zusammen veröffentlichte sie 1901/1902 das fünfbändige *Handbuch der Frauenbewegung*. 1921 erschien ihre Autobiographie *Lebenserinnerungen*, 1928 eine Aufsatzsammlung *Kampfzeiten*.

Langer, Felicia, israelische Rechtsanwältin (Tarnow/Polen 9. 12. 1930).

Felicia Langer

Bis 1939 behütete und glückliche Kindheit. Flucht der Familie vor den Nazis in die Sowjetunion; der Vater starb an Hunger, Erschöpfung und Krankheit. Die Exiljahre waren Leidensjahre. 1945 Rückkehr nach Polen. Die meisten Verwandten waren in den KZs umgebracht worden. Frühe Heirat mit einem Mann, der fünf KZs überlebte, und, der Mutter folgend, Auswanderung nach Israel. Das »gelobte« Land war ein fremdes Land. Geburt des Sohnes. Die Familie lebte unter elenden Bedingungen. Jurastudium. Felicia L. wurde 1965 Rechtsanwältin in Tel Aviv, dann in Jerusalem; 23 Jahre lang verteidigte sie die Palästinenser/innen. 1990 schloß sie ihre Anwaltskanzlei, um gegen das Unrechtssystem zu protestieren, das dem palästinensischen Volk jegliche Rechte verwehrt. Seit 1990 in der Bundesrepublik, um »die Wahrheit über das palästinensische Volk zu verbreiten«. 1990 alternativer Nobelpreis für ihren Einsatz für inhaftierte Palästinenser und Palästinenserinnen, »für den beispielhaften Mut ihres Kampfes für grundlegende Menschenrechte unter äußerst schwierigen Bedingungen«.

Lit.: Felicia Langer, Die Zeit der Steine. Eine israelische Jüdin über den palästinensischen Widerstand, Göttingen 1990; dies., Zorn und Hoffnung, Göttingen 1991.

Langgässer, Elisabeth, deutsche Schriftstellerin (Alzey 23. 2. 1899 – 25. 7. 1950 Rheinzabern).

Sie wuchs im katholischen Milieu auf – ihr Vater war vor seiner Hochzeit von der jüdischen zur katholischen Religion konvertiert – und wurde Lehrerin. Erste Gedichte. 1929 Geburt der nicht-ehelichen Tochter Cordelia und Entlassung, Umzug nach Berlin, 1929/30 Dozentur für Pädagogik und Methodik an der Sozialen Frauenschule Berlin. Sie verfaßte Romane, Gedichte, Erzählungen, ein von Katholizismus und vorchristlichen Mythen geprägtes Werk. 1932 Literaturpreis der »Deutschen Staatsbürgerinnen«, Engagement im Literatenkreis um die Zeitschrift »Kolonne«. 1939 Heirat mit dem Heidegger-Schüler W. Hoffmann, mit dem sie weitere drei Töchter hatte. Im gleichen Jahr Ausschluß der »Halbjüdin«, deren Roman *Der Gang durch das Ried* gerade erschienen war, aus der Reichsschrifttumskammer – faktisch ein Schreibverbot. Obwohl sie an Multipler Sklerose schwer erkrankt war, wurde Elisabeth L. 1944 in einer Rüstungsfabrik dienstverpflichtet. Ihre Tochter Cordelia wurde als »Volljüdin« nach Auschwitz deportiert, sie hat das Vernichtungslager überlebt. Elisabeth L. arbeitete trotz der Gefährdung weiter am Roman *Das unauslöschliche Siegel*, ihrer Auseinandersetzung mit dem Nationalsozialismus. Er kam 1946 heraus und brachte im Nachkriegsdeutschland den Erfolg, obwohl er von der Katholischen Kirche stark kritisiert wurde. Kurz vor ihrem Tod erhielt sie den Georg-Büchner-Preis. Ihr Roman *Märkische Argonautenfahrt* wurde posthum veröffentlicht.

Lasker-Schüler, Else, deutsch-jüdische Schriftstellerin (Elberfeld 11. 2. 1869 – 22. 1. 1945 Jerusalem).
»Ich habe Liebe in die Welt gebracht.« Else L.-S. war nach Gottfried Benn »die größte Lyrikerin, die Deutschland je hatte«. Als Erscheinung exotisch, extravagant, mit weiten Gewändern, auffallendem Modeschmuck, schlüpfte sie am liebsten (oder flüchtete?) in die Maske des Jussuf, Prinz von Theben.
Oft hatte sie nicht genug zu essen, fehlte es am Notwendigen, gab sie, was sie besaß, an Freunde, beschenkte Kinder. 1893 heiratete sie den Arzt Lasker; einen Sohn, den sie über alles liebte, verlor sie früh. 1904 Scheidung von Lasker, Heirat mit Herwarth Walden, von dem sie 1912 auf seinen Wunsch geschieden wurde. – »Alle liebten sie, niemand hielt ihr stand.« Freundschaft und Liebe zu G. Benn. 1932 erhielt sie den Kleistpreis, bei dessen Entgegennahme sie die Vision hatte, daß die 300 Zuhörer sich in Metzger mit Fleischermessern verwandelten. Selbstmordversuch. Im April 1933 wurde sie mit einer Eisenstange niedergeschlagen. Flucht nach Zürich. Blutend, zerschlagen lag sie sechs Nächte am See, wurde als Landstreicherin aufgegriffen, bis Freunde sich ihrer annahmen. »Unsere jüdischen Schwestern werden wieder auf Scheiterhaufen verbrennen.« 1939 floh sie nach Palästina. Ihren letzten Gedichtband *Mein blaues Klavier* (1943) widmete sie »Meinen unvergeßlichen Freunden und Freundinnen in Deutschland« – »Meiner geliebten Heimat!«

Lit.: Jakob Hessing, Else Lasker-Schüler. Biographie einer deutsch-jüdischen Dichterin, Karlsruhe 1985.

Latz, Inge, deutsche Pianistin (Aachen 14. 6. 1929 – 4. 4. 1994).
Unzählige Frauen erinnern sich an ihre Klavierimprovisationen, meistens in Frauenzentren aufgeführt, im kleinen Kreis, in der Stille, in den Meditationsräumen. Sie hat eine ganze Generation lang Musik für Frauen und von Frauen geschrieben, gespielt, hat sie ermutigt und ihnen mit ihrem Spiel vieles mit auf ihren feministischen Weg gegeben. Sie studierte in Berlin und Düsseldorf Musik; ihr Examen absolvierte sie an der Kölner Musikhochschule. Sie war von Anfang an vielseitig tätig, nicht nur als Pianistin klassischer Prägung. Ab 1974 führte sie Seminare und Workshops für Kinder und Erwachsene durch, gehörte zur Frauengruppe »Bonner Blaustrümpfe«, schrieb, textete, improvisierte, war Teil der Frauenbewegung der sechziger und siebziger Jahre. Berühmt wurde sie dann mit der Einspielung ihrer Improvisationen auf Tonträger, als sie in Eva Maria Bauer, München, eine engagierte Verlegerin fand, die sie bis zu ihrem Tod unterstützte. *Liebeszauber für Maria*, *Flug der Kraniche* und *Zwischen den Meeren* sind nur einige ihrer magischen Titel. Aus der Kraft und Ruhe ihrer Musik haben manche Frauen viel Ermutigung geschöpft. Inge L. schrieb das Buch *Die Stille würde mich töten. Warum die Musik weiblich ist.*

Le Beau, Luise Adolpha, deutsche Pianistin und Komponistin (Rastatt 25. 4. 1850 – 2. 7. 1927 Baden-Baden).
»Sie lassen den Herren ja gar nichts mehr übrig in bezug auf Instrumentation.« So ein süddeutscher Musikdirek-

Luise Adolpha Le Beau

tor, der ihr Oratorium *Ruth* 1882 gehört hatte. Neben →Clara Schumann galt sie als eine der besten Pianistinnen ihrer Zeit, und ihr *Klaviertrio op. 15* wird heute wieder oft gespielt. Ihre Eltern, der Vater ein hoher Beamter im Badischen Kriegsministerium, förderten ihr Talent und reisten mit der hochbegabten Tochter überallhin, wo sie sich ausbilden und niederlassen wollte. Der Hofkapellmeister Kaliwoda unterrichtete sie. Das einzige Zusammentreffen mit Clara Schumann verlief unerfreulich; die berühmte Clara schien »ihr Talent niederdrücken« zu wollen. Luises Cellosonate und Klavierstücke erhielten erste Preise und wurden gedruckt – eine Rarität bei komponierenden Frauen. Sie hatte einen Namen als Komponistin und bekam gute Kritiken. »Feines musikalisches Empfinden« wurde ihr attestiert. In Berlin hätte sie eine Professur erhalten sollen, doch dieser Titel wurde nur an Männer verliehen.
Nach der Aufführung ihrer Klavierwerke in Wiesbaden hieß es: »Unter den komponierenden Damen nimmt Frl. Le Beau entschieden eine primäre Stellung ein.« Und zu ihrer *Sinfonie op. 41:* »Eine Symphonie von einer Dame haben wir noch nicht gehört, sie dürfte auch ein Unikum sein ...« Luise Adolpha L. B. hinterließ rund 100 Werke, Klavierkonzerte, Kantaten, die Märchenoper *Der verzauberte Kalif*, Sinfonien. Sie blieb ehe- und kinderlos. Ihre *Lebenserinnerungen einer Komponistin* schloß sie mit den Worten: »Mit Genugtuung empfinde ich es auch, daß ich ... völlig frei bin im Denken und Handeln ... Alle Erfolge der Welt können es mir nicht ersetzen.«

Lee, Jeanne, US-amerikanische Jazzsängerin (1939).
Als Free-Jazz-Sängerin hat sie sich an die internationale Spitze gesungen, wird in einem Atemzug mit Ursula Dudziak und Lauren Newton genannt. 1966 machte sie ihre erste Deutschlandtournee, kam dann zum perkussiven Sound, imitierte Instrumente und Geräusche (Scat-Technik). Sie war Mitglied des berühmten Vokalensembles »Vocal Summit«. »Musik und Leben sind für mich eine Einheit«, sagt sie.
Jeanne L. gilt als eine der Mütter des vokalen Jazz. Sie lebt und arbeitet mit dem Vibraphonisten und Komponisten Gunter Hampel zusammen. Sie treten auch zusammen auf.

Leichter, Käthe, österreichische Gewerkschafterin, Widerstandskämpferin (Wien 20. 8. 1895 – Februar 1942 bei Magdeburg).
Aufgrund der damals in Österreich geltenden Studienordnung mußte sie in Deutschland Staatswissenschaften studieren. Sie wirkte in der Sozialisierungskommission der jungen österreichischen Republik mit, wurde Referen-

tin der Wiener Arbeiterkammer. Die Sozialdemokratin jüdischer Herkunft engagierte sich für die Rechte der arbeitenden Frauen: In der Befreiung der Frau sah sie einen entscheidenden Beitrag für die Befreiung der gesamten Menschheit. Von 1934 bis 1938 bemühte sie sich um wissenschaftliche Aufträge. 1934 mußte sie in die Illegalität. Als 1938 die deutschen Truppen in Österreich einmarschierten, wurde Käthe L. von der Gestapo verhaftet. 1940 KZ Ravensbrück und 1942 Tod durch Gas in einem Viehwaggon in der Nähe von Magdeburg.

Lit.: Käthe Leichter. Leben und Werk, hg. von Herbert Steiner, Wien 1973.

Leitner, Maria, deutsche Journalistin, Schriftstellerin und Antifaschistin (Varazdin/Kroatien 19. 1. 1892 – 1941 vermutlich Südfrankreich).

Maria Leitner

Die Wirren eines wiederholten Exils und lange Lebensabschnitte illegaler antifaschistischer Arbeit entzogen die Privatsphäre Maria L.s den Blicken der Öffentlichkeit. In ihren Veröffentlichungen aber kann man Lebensspuren, Bekenntnisse und Standpunkte finden, die sich mosaikartig zum Bild einer bemerkenswerten Frau fügen. Die Schaffensbilanz der in Ungarn aufgewachsenen Autorin: ein Reportagebuch *Eine Frau reist durch die Welt*, die Romane *Hotel Amerika* und *Elisabeth, ein Hitlermädchen*, die Herausgabe von *Tibetanische Märchen*, Reportagen, Erzählungen, Kommentare und Berichte u. a. im Ullstein-Magazin »Uhu«, in »Der Weg der Frau« und in der »A-I-Z«. Als Auslandskorrespondentin hatte sie bereits während des ersten Weltkrieges journalistische Erfahrungen erworben, aber weil sie in den stürmischen Monaten der ungarischen Revolution 1919 zur Kommunistin wurde, mußte sie nach dem Sieg der Konterrevolution nach Berlin emigrieren. Dann im Jugendverlag tätig. Besonders den Frauenproblemen widmete sie ihre Aufmerksamkeit.

So wurde Maria L. durch ihre keineswegs alltägliche sozialkritische Sicht einem breiten – vor allem proletarischen – Publikum zum Begriff und gleichzeitig zum weiblichen Gegenpol des »Rasenden Reporters« Egon Erwin Kisch. →Anna Seghers, die sie schon lange vor 1933 gut gekannt hatte, bezeichnete sie als »begabte Schriftstellerin und als gute und tapfere Reporterin«. Für Oskar Maria Graf galt sie als »eine sehr aktive, antifaschistische Schriftstellerin ... eine der mutigsten und bescheidensten Frauen ...« Als die Faschisten mit Mord und Terror Andersdenkende verfolgten, erschienen noch ihr antikolonialistischer Roman *Wehr dich, Akota* und die sozialkritische Serie *Frauen im Sturm der Zeit*. Nur eine »Auslandsreise« wider Willen konnte Maria L. vorübergehend retten: Prag, Paris, Forbach, Internierungslager Gurs, Toulouse und Marseille waren nachweisbar Stationen ihres Exils. Im Frühjahr 1941 in Gurs verloren sich ihre Spuren.

Lempicka, Tamara de, polnische Malerin (Warschau 16. 5. 1898 – 18. 3. 1980 Cuernavaca/Mexiko).
Als 1972 in Paris eine Retrospektive ihrer Werke eröffnet wurde, war sie nahezu unbekannt. In den zwanziger und dreißiger Jahren dagegen hat die sehr erfolgreiche, bekannte, mondäne und sich selbst inszenierende Tamara de L. Aufsehen erregt. Sie malte gutbezahlte Auftragsarbeiten, von der Welt der Schönen und Reichen und der Aristokratie sehr geschätzte Porträts, ihre Familie und sich selbst, später auch Bilder ohne Auftrag von ebenfalls sehr eleganten, eine kühle und zugleich gewaltige Erotik ausstrahlenden Frauen, oft mit lesbischen Anspielungen. Sie arbeitete mit nackten Modellen, was bis dato fast ausschließlich männlichen Kollegen vorbehalten war. Tamara de L. stammt aus einer reichen Familie, die nach dem ersten Weltkrieg nach Paris übersiedelte. Sie studierte Malerei und beteiligte sich schon 1923 am »Salon der Unabhängigen«. Heirat mit dem polnischen Aristokraten Lempicka, Geburt der Tochter Kisette. 1927 erhielt Tamara de L. in Bordeaux den Prix d'honneur. Bis 1938 lebte sie in Paris und ging dann mit ihrem zweiten Ehemann, dem 20 Jahre älteren und ebenfalls reichen ungarischen Baron Kuffner in die Vereinigten Staaten und später nach Mexiko.

Lenya, Lotte, österreichische Schauspielerin und Sängerin (Wien 18. 10. 1898 – 27. 11. 1981 New York).

Lotte Lenya

Karoline Wilhelmine Charlotte Blamauers Kindheit war hart. Ihre Mutter arbeitete als Wäscherin. Ihr Vater fuhr Blumen aus, er trank und mißhandelte seine Frau und das Linnerl, wie sie zu Hause hieß. Als Heranwachsende ging sie auf den Strich, lebte einige Zeit bei Verwandten bzw. Bekannten in Zürich. Dort erste kleine Theaterrollen. 1920 Umzug nach Berlin. Theaterrollen, etliche Liebschaften, und sie lernte ihre große und lebenslange Liebe, den Komponisten Kurt Weill, kennen. Heirat 1926, eine »offene« Ehe. Mit den Brecht/Weill-Stücken *Dreigroschenoper, Aufstieg und Fall der Stadt Mahagonny* und *Die sieben Todsünden* wurde Lotte L., weder im Schauspiel noch in Gesang je ausgebildet, alsbald bekannt und beliebt. Die unverwechselbare Stimme, rauchig und sinnlich, aber auch kindlich oder schrill, das selbstsichere, professionelle Auftreten zogen das Publikum in den Bann. Sie war und blieb die beste *Seeräuber-Jenny*, erlebte mit ihr die größten Erfolge im Berlin der dreißiger Jahre und am Broadway in den fünfziger Jahren. Theaterrollen auch in Stücken von F. Wedekind und →Marieluise Fleißer. 1933 Emigration in die USA. Theater- und Musicalrollen in New York, Gastspielreisen quer durch Amerika. Im April 1950 starb

Kurt Weill, und Lotte L. betreute von nun an sein Werk und war bemüht, mit ihren Konzerten, Gastspielreisen und Schallplatttenaufnahmen die Erinnerung an Weill wachzuhalten. In der Broadway-Aufführung von *Cabarett* feierte sie 1966 ein schier unglaubliches Comeback mit über 1000 Vorstellungen in drei Jahren. Lotte L. ist noch zwei Ehen eingegangen, beide Männer waren homosexuell, beide hat sie überlebt. Den Auftritt der 69jährigen Lotte L. im New Yorker Lincoln Center schilderte eine Freundin: »Sie hatte noch gar nichts getan oder gesagt oder gesungen, sondern das Publikum allein mit ihrer Körpersprache und ihrer außergewöhnlichen Bühnenpräsenz in Bann geschlagen. Sie kam rhythmisch schwingend auf die Bühne, kickte die Füße ein bißchen nach oben und schaukelte mit dem Körper wie ein Fohlen – von diesem Augenblick an hatte sie die Leute gepackt.«
Lit.: Donald Spoto, Die Seeräuber-Jenny. Das bewegte Leben der Lotte Lenya, München 1990.

Leo, André, eigentlich Léonide Béra, französische Journalistin und Revolutionärin (Champagné-Saint-Hilaire/Vienne 1832 – 1900).
Die Tochter eines Marineoffiziers mußte nach dem Staatsstreich von 1851 mit ihrem Mann, einem Anhänger des Anarchisten Pierre Leroux, und ihren Kindern André und Léo im schweizerischen Exil leben. Nach dem Amnestiegesetz nach Frankreich zurückgekehrt, war sie nach dem Tode ihres Mannes gezwungen, den Lebensunterhalt zu verdienen. Das tat sie auch, mit der Feder. Und sie engagierte sich für die Rechte der Frau, in ihrer Familie diskutierte man das Programm der »Société des Droits des Femmes«. Zudem war sie Mitarbeiterin der Zeitung »Le Droit des femmes«. Sie schrieb Romane, die sich mit Fragen der Ehe (*Un mariage scandaleux*), der Scheidung (*Un divorce*) und des Zölibats (*La Vieille Fille*) befaßten, und Studien über Frauendiskriminierung. Ihr feministisches Hauptwerk, *Les Femmes et les Moeurs*, ist eine glänzende Widerlegung der Theorien über die angebliche Minderwertigkeit von Frauen. Während der Pariser Commune war die brillante Journalistin bei der Zeitschrift »La Sociale«, Rednerin und Sekretärin der »Gesellschaft zur Hilfe der Kriegsopfer«; sie organisierte den Arbeitseinsatz für mittellose Frauen sowie Mädchenschulen. Nach der Niederlage der Pariser Commune ging sie ins schweizerische Exil und kämpfte dort weiter für die sozialistischen Ziele.

Lessing, Doris, englische Schriftstellerin (Kermanschah/Persien 22. 10. 1919).
Doris May Tayler, Tochter einer Krankenschwester und eines kriegsversehrten Offiziers und Bankangestellten, kam 1924 in die britische Kolonie Südrhodesien (Simbabwe), wo sich die Eltern eine neue Existenz als Farmer aufzubauen versuchten. Als Kind durchstreifte sie den Busch, begann als junges Mädchen zu schreiben. Von 1937 bis 1949 lebte sie in Salisbury. Sie ging eine frühe Ehe ein. Zwei Kinder. Büroarbeit und Engagement in der Anti-Rassismus-Politik sowie in einer kommunistischen Gruppe. »Ich bin Kommunistin geworden. Wer ein bestimmtes Alter überschritten hat oder über eine gewisse Erfahrung verfügt, versteht diese schlichte Aussage sicher ohne weitere Erklärung.« Zweite Ehe und ein drittes Kind mit dem Kommunisten G. Lessing. Seit 1949 lebt Doris L. in London,

sie schrieb zahlreiche Erzählungen und Romane. Den literarischen Durchbruch brachte der Roman *Afrikanische Tragödie.* Die »Disparität zwischen den überwältigenden Problemen von Krieg, Hunger, Armut und dem winzigen Individualismus«, die Kritik am Kolonialismus und Rassismus und die Emanzipation der Frau sind ihre Themen. Weitere Romane: *Memoiren einer Überlebenden, Kinder der Gewalt, Rückkehr nach Afrika* und *Das goldene Notizbuch*, das Doris L., ohne daß sie dies wollte, zu einer Kultfigur der Frauenbewegung machte. In ihrer Autobiographie *Unter der Haut (Under my Skin)* setzt sie sich mit ihrer Vergangenheit als Frau/Mutter und als Kommunistin (in den fünfziger Jahren distanzierte sie sich von der britischen KP) mit den Verbrechen des Stalinismus und mit der Frage auseinander, wie sie sich selbst verhalten hätte, wären sie und ihre Freunde an der Macht gewesen: »... ich muß der Tatsache ins Auge blicken, ... daß wir alle aus dem gleichen Holz geschnitzt waren wie diejenigen, die mit reinen Gewissen Morde begingen. Wir hatten einfach Glück, mehr nicht.« Internationaler Preis von Katalonien 1999.

Lit.: Doris Lessing, Unter der Haut, Hamburg 1995; dies., Und wieder die Liebe, München 1995; dies., Schritte im Schatten. Autobiographie 1949 – 1962, Hamburg 1997.

Lewald, Fanny, deutsche Schriftstellerin und Frauenrechtlerin (Königsberg 24. 3. 1811 – 5. 8. 1889 Dresden).

Der Tochter eines gebildeten jüdischen Kaufmanns drohte das sinnlose Frauenleben ihrer Zeit. Am Ende der Schulzeit (mit 13!) begann auch für sie das unvermeidliche Malen, Klavierspielen und Sticken, das jungen Frauen auferlegt wurde, um die gefährliche Entdekkung etwaiger geistiger Kompetenz zu verhindern.

Fannys Erkenntnis in ihre Unterdrükkungssituation wurde gefördert durch die emanzipatorischen Gedanken des Vormärz. Trotzdem gingen ihr 17 Jahre durch diese frauenverachtende Erziehung verloren. Erst mit 30 Jahren beschrieb sie ihre Demütigungen und Leiden, die sie auch als die ihrer Geschlechtsgenossinnen erkannte, in zwei Romanen: *Clementine* und *Jenny.* Sie erschienen auf Wunsch ihres Vaters anonym. Fanny L. hatte Erfolg und schrieb nun unter eigenem Namen. Sie entwickelte einen klaren Blick für soziale Mißstände, ergriff Partei sowohl für die Arbeiterinnen und Arbeiter als auch für die ausgebeuteten Dienstmädchen. Schon 1843 trat sie mit Aufsätzen über die Frauenfrage hervor. Konsequent mündete ihre Entwicklung im Engagement für die Revolution von 1848. Die Briefe aus dieser Zeit zeugen von ihrem Mut. An den Prinzen Karl Alexander, mit dem sie einen Briefwechsel unterhielt, schrieb sie: »Das Unglück der Fürsten ist, daß sie so schwer den Begriff aufgeben, Eigentümer ihrer Länder zu sein.« Ihre Wirkung war nicht vorrangig literarisch, sondern politisch und frauenemanzipatorisch. 1870 gab sie eine Briefsammlung heraus: *Für und wider die Frauen.* Sie erkannte, daß die geistige Unabhängigkeit von Frauen von ihrer wirtschaftlichen Situation abhängt. 1862 erschien ihre Lebensgeschichte (neu hg. 1988/89), in der sie die Frauen aufforderte, ihrem Beispiel zu folgen.

Lit.: Brigitta van Rheinberg, Fanny Lewald – Geschichte einer Emanzipation, Tübingen 1987; Regula Venske, Ach Fanny! Vom jüdischen Mädchen zur preußischen Schriftstellerin: Fanny Lewald, Berlin 1988; Fanny Lewald, Frei-

heit des Herzens. Lebensgeschichte – Briefe – Erinnerungen, hg. von Günter de Bruyn und Gerhard Wolf, Frankfurt/M./Berlin 1992.

Lex-Nerlinger, Alice, deutsche Malerin (Berlin 29. 10. 1893 – 17. 7. 1975).
Studium in Berlin. Durch die Konfrontation mit politischen und sozialen Fragen enstanden 1914 bis 1918 ihre ersten politischen Grafiken. Sie gehörte mit ihrem Mann Oskar N. zum Künstler/innenkreis »Sturm« um Herwarth Walden. Anfang der zwanziger Jahre befaßte sich Alice L.-N. mit konstruktivistischer und kubistischer Kunst. Fotogramme und Fotomontagen, mit ihrem Mann entwickelte sie die Spritztechnik. Mitglied der Gruppe »Die Zeitgemäßen«, der KPD (1928) und der Vereinigung »ASSO«. Die Fotomontagen *Gaskrieg* und *Kapital und Arbeit* entstanden und ihr berühmtes Bild zum *§ 218*, das 1931 von der Polizei beschlagnahmt wurde. Während der Zeit des Faschismus wurde sie verhaftet und erhielt Berufsverbot. Nach 1945 lebte Alice L.-N. in der DDR, in den fünfziger Jahren schuf sie Porträts von Arbeiter/innen in der Großindustrie.

Lindgren, Astrid, schwedische Schriftstellerin (Näs bei Vimmerby 14. 11. 1907).
Das Glück, das Astrid Anna Emilia Ericsson als Kind auf dem Bauernhof ihrer Eltern erlebte, ist ihr bis ins hohe Alter präsent geblieben. Der liebevolle Umgang der Eltern untereinander und mit den vier Kindern prägte ihre Erziehung: »Wir hatten Geborgenheit, und wir hatten Freiheit.« Nach der Schule wurde sie Volontärin bei einer Zeitung, mit 18 erwartete sie ein nichteheliches Kind. Sie ging als Sekretärin nach Stockholm; ihr Sohn lebte fünf Jahre lang bei einer Pflegefamilie, bis sie 1931 heiratete und ihn zu sich nehmen konnte. Diese Erfahrung nahm sie später zum Anlaß, dafür einzutreten, daß Mütter oder Väter in den ersten Lebensjahren eines Kindes die Möglichkeit haben, zu Hause zu bleiben. 1934 kam ihre Tochter Karin zur Welt. Für sie erfand Astrid L. die starke, unkonventionelle, liebenswerte *Pippi Langstrumpf*, mit der sie 1945 den ersten Kinderbuchpreis gewann. In den folgenden Jahren schrieb sie über 70 Kinder-, Jugend- und Bilderbücher (darunter *Ronja Räubertochter, Mio mein Mio, Karlsson vom Dach)*, die von Kindern in aller Welt begeistert gelesen werden, und gewann in vielen Ländern Preise und Ehrungen. In ihren Büchern tritt Astrid L. dafür ein, daß Kindern ebensoviel Respekt entgegengebracht wird wie Erwachsenen, und sie bringt immer wieder ihre Überzeugung zum Ausdruck, daß Konflikte nur durch Gewaltlosigkeit gelöst werden können. Dies war auch das Thema ihrer Rede anläßlich der Verleihung des Friedenspreises des Deutschen Buchhandels 1978. In ihrer Heimat Schweden ist Astrid L. auch als politische Persönlichkeit einflußreich. In den siebziger Jahren brachte ihr Kampf gegen ein unsinniges Steuergesetz die sozialdemokratische Regierung zu Fall, in den achtziger und neunziger Jahren setzte sie sich erfolgreich gegen barbarische Tierhaltung ein, wofür sie 1994 den Alternativen Friedensnobelpreis erhielt.
Lit.: Astrid Lindgren, Das entschwundene Land, Hamburg 1977; Sybil Gräfin Schönfeldt, Astrid Lindgren, Reinbek 1993; Felizitas von Schönborn, Astrid Lindgren – Das Paradies für Kinder, Freiburg 1995.

Linke, Susanne, deutsche Choreographin (Lüneburg 19. 6. 1944).
Die Pastorentochter wuchs in Berlin auf. Das Tanzen lernte sie bei →Mary Wigman in Berlin. Danach Studium an der Folkwang-Schule in Essen. Nach zehn Jahren als Leiterin der Tanzkompanie der Folkwang-Hochschule wurde sie 1985 selbständige Solotänzerin. Sie hat in Bremen die Nachfolge des Choreographen Hans Kresnik übernommen. Ihre Stücke (z. B. *Ruhr-Ort*) handeln vom Alltag der Menschen und von den schwierigen Mann-Frau-Beziehungen. Sie schuf einen theatralischen Tanz. »Die Abwesenheit eines tiefen Sinnes des Lebens, die Leere, die Langeweile sind die Themen, die mich beschäftigen.« Anfang 1996 gestaltete sie in Bremen *Hamletszenen*, die sie unter das Zitat von Shakespeares Hamlet stellte: »Dies ist des Wohlstands und der Ruh' Geschwür, das innen aufbricht, während sich von außen kein Grund des Todes zeigt.«

Lorde, Audre, afroamerikanische Dichterin und Schriftstellerin (Harlem/New York 18. 2. 1934 – 17. 11. 1992 St. Croix/Virgin Islands).
Die Tochter westindischer, nach New York ausgewanderter Eltern wuchs in einer ihr feindlich gesonnenen Gesellschaft auf. Studium der Literatur und Philosophie. Sie wurde Leiterin der Bibliothek des City College in New York, Dozentin, Professorin und Dichterin. Sie sagte über sich selbst: »Ich bin eine Schwarze, Lesbe, Mutter, Kriegerin, Dichterin.« Und sie nahm eine Außenseiterposition ein: als junge schwarze Lesbe im weißen Greenwich Village, als Lesbe in der Schwarzen Gemeinschaft, als Mutter von zwei Kindern in der lesbischen Gemeinschaft, als radikale Feministin in akademischen Kreisen. In ihren Büchern setzte sie sich mit dem Zusammenhang von Rassismus und Sexismus auseinander. Mit 44 Jahren bekam sie Brustkrebs (*Auf Leben und Tod – Krebstagebuch*) und starb daran vierzehn Jahre später. Unter ihren Büchern: *Die Quelle der Macht* (1994), *Lichtflut* (1988).

Lorentz, Lore, deutsche Kabarettistin (Mährisch Ostrau 12. 9. 1920 – 22. 2. 1994 Düsseldorf).
»Wir dürfen Demokratie nicht verplempern« war einer ihrer Leitsätze, und mit dieser unserer deutschen Demokratie hat sie es sich wirklich nicht leichtgemacht, die größte deutsche Kabarettistin. Sie studierte Geschichte, Philosophie und Germanistik in Wien und Berlin/Ost und wollte nach dem Krieg die Publizistik in den USA kennenlernen; doch die Heirat mit Kay Lorentz, mit dem sie vier Kinder hatte, ließ 1944 den Wunsch aufkommen, sich hier in Deutschland einzumischen, »weil eine kolossale Hoffnung in uns steckte«. So gründeten die beiden 1947 das weltberühmte »Kom(m)ödchen«, damals noch »Kleine Literaten-, Maler- und Schauspielerbühne« in der Düsseldorfer Altstadt. »Mit gesunder Wut« beobachtete Lore Lorentz die Nachkriegsära; ihr präziser Vortragsstil, ihre unverwechselbare, rauhe Diktion mit rollendem »Bühnen-R« blieb unnachahmlich. Franz Josef Strauß ließ die Sendungen des »Kom(m)ödchens« in Bayern ein Jahr lang vom Bildschirm verbannen. Doch sie blieb ihrer Devise treu: »Was man angreift, muß angreifbar sein; wie man das macht – unangreifbar«.
Die Bühne des »Kom(m)ödchens« überließ die Prinzipalin mehr und mehr Jüngeren und beschränkte sich auf Soloauftritte: »Denk ich an

Deutschland«, Tucholsky- und Kästner-Abende. Das Düsseldorfer Schauspielhaus holte sie des öfteren auf die Bretter (*Dreigroschenoper* u. a.), ab 1976 lehrte sie Chanson und Musical an der Folkwang-Hochschule in Essen, 1978 wurde sie zur Professorin ernannt. Ihre Gedankenschärfe, ihr Mut, ihre Sprache und ihr Witz trugen ihr zahlreiche Preise ein, wie schließlich das Bundesverdienstkreuz, welches das Ehepaar »nach kurzem Nachdenken mit freundlich-dankbarer Entschiedenheit« ablehnte. Lore L.s letzter Auftritt 1993 im Düsseldorfer »Kom(m)ödchen« schloß mit dem Refrain: »Wenn wir scheitern, dann heiter«. Sie starb ein Jahr nach Kay Lorentz.

Lovelace, Ada Byron King, Countess of, englische Mathematikerin (London 10. 12. 1815 – 29. 11. 1852).
Der Dichter Lord Byron, ihr Vater, und die Countess of Lovelace, ihre Mutter, eine qualifizierte Mathematikerin, die ihre Tochter selbst unterrichtete, waren nur kurze Zeit verheiratet. Ada L. war etwa seit 1830 mit dem bekannten Mathematiker Charles Babbage befreundet. Seine Rechenmaschinen faszinierten sie, und so erarbeitete sie 1842 das erste Programm für die Vorläufer der Computerrechner. Die Schriften über ihre Arbeiten zeichnete sie – aus Gründen der Schicklichkeit – lediglich mit ihren Initialen. Als sie von der Malerin Margaret Carpentier porträtiert wurde, war sie mit dem Ergebnis nicht einverstanden: »Das Kinn ist zu kantig ausgefallen. Ein Kinn, auf dem man buchstäblich das Wort ›Mathematik‹ geschrieben sieht.« Eine Programmiersprache des amerikanischen Verteidigungsministeriums trägt zu Ehren der ersten Programmiererin der Geschichte den Namen ADA.

Luxemburg, Rosa, Revolutionärin und Theoretikerin der internationalen Arbeiterbewegung polnischer Herkunft (Zamość 5. 3. 1871 – 15. 1. 1919 Berlin).

Rosa Luxemburg

Sie war das fünfte Kind einer jüdischen Kaufmannsfamilie, außerordentlich gebildet, vielseitig talentiert und ehrgeizig. 1889 emigrierte sie in die Schweiz, wo sie ihren Lebensgefährten Leo Jogiches kennenlernte. 1893 zählte sie mit ihm zu den Gründern der Sozialdemokratie des Königreichs Polen. 1897 promovierte sie (*Die industrielle Entwicklung Polens*) an der Universität Zürich und behauptete sich fortan immer überzeugender als emanzipierte Frau. 1898 Übersiedlung nach Berlin, Mitglied der deutschen Sozialdemokratie. Sie entwickelte sich zu einer international geachteten marxistischen Theoretikerin mit originärer Publizistik und einer streitbaren Politikerin mit massenwirksamer Rhetorik. Ihr Ideal: ein vom

Volk gestalteter Sozialismus, der auf uneingeschränkter Freiheit und Demokratie basiert und einen dauerhaften Frieden garantiert. Ihre Schriften (u. a. *Sozialreform oder Revolution?*, 1899; *Massenstreik, Partei und Gewerkschaften*, 1906; *Die Akkumulation des Kapitals*, 1913, und *Die Krise der Sozialdemokratie*, 1916) beeindrucken durch umfassende Geschichtskenntnisse und gründliche Gesellschaftsanalysen. Sie attackierte den Kapitalismus als Quelle der sozialen Ungerechtigkeit und politischen Reaktion, der nationalen Zwietracht und des Krieges. Ihre scharfe Polemik forderte Widerspruch und Haß heraus. Doch außergewöhnlicher Realitätssinn und kreative Kritik verhalfen Rosa L. zu Prognosen, die sich bewahrheiteten. Das wird besonders in ihrem unvollendeten Manuskript *Zur russischen Revoution* (1918) deutlich, in dem auch ihr hoher Anspruch an die sozialistische Demokratie deutlich wird: »Freiheit ist immer Freiheit der Andersdenkenden«, der auf einer massiven Kritik an der Unfähigkeit der bürgerlichen Demokratie basiert, »Freiheit, Gleichheit und Brüderlichkeit« zu verwirklichen.

Im privaten wie im politischen Leben stellte Rosa L. an sich und andere hohe Ansprüche. Literatur, Malerei und Musik waren ihr ebenso unverzichtbar wie Reisen in ferne Länder. Sie vertiefte sich in fremde Kulturen wie in die heimische Pflanzen- und Tierwelt. Politische Verfolgungen und Verhaftungen ertrug sie mit souveräner Überlegenheit und mit Verachtung ihrer Gegner. Zweimal, 1905/06 und 1918/19, nahm sie aktiv an Revolutionen teil. Von 1907 bis 1914 lehrte sie an der SPD-Parteischule in Berlin Wirtschaftsgeschichte und Nationalökonomie und verfaßte darüber ein umfangreiches Manuskript, *Einführung in die Nationalökonomie*. Rosa L. hat ein vielseitiges Lebenswerk hinterlassen. Ihr konsequentes Auftreten gegen Militarismus, Chauvinismus und Krieg sowie für den Schutz der Menschenrechte bleibt beispielhaft. Als unbeugsame Revolutionärin, Verfasserin des Programmentwurfs *Was will der Spartakusbund?* und Mitbegründerin der KPD wurde sie zusammen mit Karl Liebknecht von aufgehetzter Soldateska bestialisch ermordet. Rosa L.s letzte gedruckte Worte galten der Revolution: »Ich war, ich bin, ich werde sein!«

Lit.: Rosa Luxemburg, Gesammelte Werke, Bd. 1 – 5, Berlin 1970 – 1975; dies., Gesammelte Briefe, Bd. 1 – 5, Berlin 1982 – 1984, Bd. 6, Berlin 1993; Annelies Laschitza, Im Lebensrausch, trotz alledem, Rosa Luxemburg. Eine Biographie, Berlin 1996; Max Gallo, »Ich fürchte mich vor gar nichts mehr«. Rosa Luxemburg, Düsseldorf/München 1998.

M

Maathai, Wangari, kenianische Umwelt- und Menschenrechtsaktivistin (Nyeri/Kenia 1. 4. 1940).

Nach einem Studium in den USA und in Nairobi war sie Forschungsassistentin in München, danach erste Professorin in Kenia. Sie war Begründerin und Koordinatorin der »Green-Belt-Bewegung« 1977, Mitglied des »Nationalen Frauenrats Kenias« und des »Club of Rome«. Sie bekam viele Preise für ihr Engagement für den Umweltschutz. Für ihre Initiative, am Weltumwelttag 1977 mit vielen anderen Frauen Bäume zu pflanzen, um Verwüstung und Landflucht zu verhindern und Brennholz zu produzieren, bekam sie den »Alternativen Nobelpreis« 1984. Inzwischen bestehen mehr als 600 Baumschulen, und Tausende Frauen erhalten dadurch ein kleines Einkommen. »Ihr kompromißloses Eintreten für Frauen und Umwelt gegen Männerwahn und Größenwahn führte fast zur Schließung ihres Büros und zur Auflösung der Grün-Gürtel-Bewegung«, hieß es über den Alternativpreis. 1993 mußte die streitbare Umweltaktivistin in den Untergrund: Kenias Präsident Moi hatte sie beschuldigt, die ethnischen Auseinandersetzungen zu schüren.

Magnani, Anna, italienische Filmschauspielerin (Alexandria/Ägypten 11. 4. 1910 – 26. 9. 1973 Rom).
Studium an der »Akademie für dramatische Kunst →Eleonora Duse« in Rom. Gleichzeitig absolvierte sie ihr Diplom als Konzertpianistin und verdiente ihren Lebensunterhalt als Pianistin in Varietés und Bars. Theaterengagements in Rom in Stücken von E. O'Neill, L. Pirandello und G. B. Shaw. Im Jahr 1937 Filmdebut in *La Cieca di Sorrento*, danach wirkte sie in zahlreichen sozialkritischen italienischen Filmen mit. Großen Erfolg hatte sie 1947 in *Rom – offene Stadt* von R. Rossellini. In die Schlagzeilen geriet sie u. a. auch deshalb, weil sie sich völlig unverblümt über (ihre) Männer und ihre Liebesbeziehungen äußerte. Von 1955 an arbeitete sie auch in Hollywood mit Regisseuren wie G. Cukor und S. Lumet. Oscar für *Die tätowierte Rose*. 1959 wurde sie in Italien als beste Schauspielerin des Jahres ausgezeichnet. Nach einer Unterbrechung von mehreren Jahren kehrte sie 1972 zum Film zurück, um u. a. mit Fellini zu arbeiten, der die temperamentvolle und herausragende Schauspielerin sehr schätzte.

Mahler-Werfel, Alma Maria, österreichische Komponistin und Musikschriftstellerin (Wien 31. 8. 1879 – 11. 12. 1964 New York).
Alma Maria Schindler erhielt eine fundierte Ausbildung als Pianistin und Komponistin, u. a. bei A. Zemlinsky, der ihr Talent förderte. Der Komponist und Dirigent Gustav Mahler verbot ihr während ihrer Verlobungszeit das Komponieren – ohne einen einzigen Blick in ihre Werke geworfen zu haben. Sie gehorchte, es lockte wohl die Ehe mit dem künftigen Hofoperndirektor. Dieser entdeckte zwar kurz vor seinem Tod die Qualität ihrer Lieder und ließ sie drucken. Doch für sie war der Impetus des Schaffens gebrochen – in den fünfzig Jahren nach seinem Tod hat sie nie wieder komponiert. Alma M., durch ihre Autobiographie weltberühmt geworden und schon zu Lebzeiten eine Legende, wurde von unzähligen Menschen angebetet. Ihre Klugheit, ihre Schönheit, ihre Weltgewandtheit, ihre Liebesaffären (so mit O. Kokoschka) trugen dazu bei, ein schillerndes Bild ihrer Persönlichkeit zu zeichnen. 1911 heiratete sie den Bauhaus-Architekten W. Gropius, trennte sich 1920 von ihm und heiratete 1929 den Schriftsteller F. Werfel, mit dem sie in die USA auswanderte. Sie hatte vier Kinder, von denen nur die Tochter überlebte. »Erfolg betörte sie, aber Erfolglosigkeit beirrte sie nicht.« So F. Torberg über die »Witwe der vier Künste«. »Ihre Einsatzfreude, ihre Hingabe, ihre Aufopferungsfähigkeit kannten keine Grenzen und mußten schon deshalb faszinierend und aneifernd wirken, ... weil ihre Urteilskraft sich durch nichts vernebeln ließ. Daran lag

es wohl auch, daß so viele schöpferische Männer an ihr hängenblieben. Hier setzte ihre eigene Produktivität sich um und fort ...«

Lit.: Alma Mahler-Werfel, Mein Leben, Frankfurt/M. 1960; Karen Monson, Alma Mahler-Werfel. Die unbezähmbare Muse, München 1985; Françoise Giroud, Alma Mahler-Werfel. Oder die Kunst geliebt zu werden, Wien 1989/München 1995.

Maillart, Ella, schweizerische Reisende, Sportlerin und Journalistin (Genf 20. 2. 1903 – 27. 3. 1997 Chandolin).

Nach dem Willen ihrer Eltern sollte sie Sekretärin bei den Vereinten Nationen werden. »Eher sterben«, antwortete das Mädchen, das nur von Abenteuer träumte und Kini (coquine/schelmisch) genannt wurde. Die »Frau des Globus«, so der Dichter Paul Valéry, führte ein abenteuerliches Leben. Neben der sportlichen Betätigung (Segeln und Ski) unternahm sie viele Reisen: sechs Monate im russischen Turkestan 1932, Peking 1935. Sie durchquerte Tibet über Gebirge und Wüsten. Während des zweiten Weltkrieges lebte sie in Indien. In ihren Schriften, in denen sie ihre Abenteuer schildert, setzt sie sich für ein unabhängiges Leben ein: *Verbotene Reise* (1988), *Vagabunden des Meeres* (1991). Zuletzt lebte sie im Sommer in einer Berghütte in dem Schweizer Dorf Chandolin in 2 000 m Höhe; den Winter verbrachte sie im Genfer Tal.

Makeba, Miriam, südafrikanische Zulu-Sängerin (Johannesburg 4. 3. 1932).

Kindheit im Ghetto der schwarzen Vorstädte von Pretoria. Sehnsucht nach der Mutter, die selten da war, da sie in Johannesburg als Hausangestellte für Weiße arbeitete. Auch sie selbst mußte in weißen Familien als Hausangestellte ihr Geld verdienen. Dann kam der schnelle Aufstieg: erfolgreiche Tournee in Zentralafrika – ihr Song *Pata Pata* machte weltweit Furore –, Leben in New York, Auftritte in der ganzen Welt, Exil in Guinea. Freundschaften mit Harry Belafonte und Marlon Brando, Ehen mit dem Bürgerrechtler Stokely Carmichael und mit dem bekannten Musiker Hugh Masekela. Von 1960 bis 1991 das erzwungene Exil. Mitte der siebziger Jahre trat sie vor den Vereinten Nationen als Gegnerin der Apartheid auf.

Lit.: Miriam Makeba/James Hall, Homeland Blues. Ein farbiges Leben, München 1988.

Mammen, Jeanne, französische Malerin (Berlin 21. 11. 1890 – 1976).

Gertrud Johanna Louise Mammen, genannt Jeanne, in Paris aufgewachsen. Glückliche Kindheit im wohlhabenden Elternhaus. Die Ausbildung junger Mädchen in Malerei – eine der wenigen gesellschaftlich tolerierten – nahm sie ernst: »Ich habe nie etwas anderes gewollt, gewünscht, gemacht ...« – Der erste Weltkrieg brachte die Vertreibung aus dem Paradies. Flucht nach Holland, Verlust des Familienvermögens. 1916 mittellos nach Berlin. Dort lebte sie bis zu ihrem Tode.

Jeannes frühe Phase (ihre »gegenständliche«) zeichnete sich einerseits durch die auffallend zahlreichen, liebevoll und genau gezeichneten Frauenbilder aus, andererseits durch ihr sozialkritisches Engagement. Man spricht von zwei Höhepunkten ihrer Malerei. Der erste liegt am Ende der zwanziger, Anfang der dreißiger Jahre. Es war die Zeit der detailgetreuen Stimmigkeit, »als ihr die Kräfte im Stande der Unschuld zuwuchsen«. Nach 1933 dann das »Ende der Unschuld«. Sie mußte »stempeln

gehen« (Arbeitslosenhilfe) und ernährte sich durch Modezeichnungen u. ä., arbeitete aber heimlich weiter. Ihre Malerei wurde abstrakt. Sie ging so auf ihre Weise in Opposition zum Nationalsozialismus und malte wie die »Entarteten«.
Ihr junger Dichterfreund Johannes Hübner verlieh ihr in seiner Abschiedsrede den höchsten Adelsrang, den Künstler bekommen können: die Unkorrumpierbare.

Mandela, Winnie, eigentlich Nomzamo Winifred Madikizela, südafrikanische Anti-Apartheidkämpferin und Politikerin (Bizana/Transkei 26. 9. 1934).
Nach ihrem Studium in Johannesburg wurde sie die erste schwarze Sozialarbeiterin Südafrikas. 1958 Heirat mit dem ANC-Führer Nelson Mandela, zwei Töchter, Zindzi und Zenani. Sie engagierte sich Ende der fünfziger Jahre in der ANC-Befreiungsbewegung, wurde politische Mitstreiterin ihres Mannes. Seit seiner Verhaftung 1963 lebte Winnie M. fast ständig unter Bannverfügungen, Festnahmen, Isolationshaft (17 Monate lang) und Diffamierungskampagnen. Zwangsunterkunft in der Provinzstadt Brandfort, unter Polizeiaufsicht. Erst 1985 durfte sie in ihr Haus nach Soweto zurückkehren. Nomzamo, »die Vielgeprüfte«, wird »Mama Wetu« genannt, die Mutter der Nation. Ende der achtziger Jahre geriet sie ins Zwielicht. Wegen Mißhandlung von Jugendlichen verurteilt, mußte sie zunächst ihre Ämter niederlegen. 1993 wurde sie Vorsitzende der ANC-Frauenliga, seit 1994 ist sie Parlamentsmitglied.
Lit.: Winnie Mandela, Ein Stück meiner Seele ging mit ihm, Reinbek 1984.

Mansfield, Katherine, eigentlich Kathleen Mansfield Beauchamp, englische Erzählerin (Wellington/Neuseeland 14. 10. 1888 – 9. 1. 1923 Fontainebleau/Paris).
Weil sie in London Musik studieren wollte, ging sie mit 15 Jahren nach Europa, wo sie auch bleiben sollte. Schon als junges Mädchen liebte sie nach eigenen Aussagen »Mut und Kampfgeist und Haltung über alles«. Die erste Ehe, mit ihrem Gesangslehrer, ging nicht über die Hochzeitsnacht hinaus. 1911 erschienen ihre ersten Kurzgeschichten *In einer deutschen Pension*, in denen sie Kurgäste in Wörishofen in Bayern aufs Korn nahm. Sie übersetzte Werke von Anton Tschechow ins Englische. Der Tod ihres Bruders regte sie dazu an, über ihre Jahre in Neuseeland zu schreiben. Zu ihrem größten Erfolg wurde *Das Gartenfest* (1922), ebenfalls eine Kurzgeschichtensammlung. Die zweite Ehe mit dem Schriftsteller John Middleton Murry dauerte bis zu ihrem Tode, eine widerspruchsvolle Beziehung, sie trennten und versöhnten sich etliche Male. Von 1917 an lebte die »Meisterin der Kurzgeschichte« aufgrund ihrer Krankheit (Tuberkulose) immer wieder über längere Zeiträume in Südfrankreich, begleitet von ihrer lebenslangen Freundin Ida Baker. →Virginia Woolf über Katherine M.: »Ich war eifersüchtig darauf, wie sie schreiben konnte.«

Marchi, Clelia, italienische Landarbeiterin und Schriftstellerin (Poggio Rusco/Mantua 1912).
Die Landarbeiterin aus der Poebene hatte ein hartes Leben: Zwei Jahre Schule, schwere Arbeit und Armut, sie gebar acht Kinder, von denen nur vier überlebten. Sie war 60 Jahre alt, als sie nach dem Tod ihres Mannes ihren *Lakenroman* begann. »Es gibt keinen anderen

Schmerz auf der Welt als ... den Gefährten deines Lebens sterben zu sehen.« Als das Papier zu Ende war, verwendete sie die nicht mehr benötigten ehelichen Bettlaken. »Ihr lieben Leute, macht euch den Schatz auf diesem Laken zunutze, denn es ist ein Stück von meinem Leben.« Sie schrieb ihre Kindheit auf, schilderte die Jahre der Ehe, erzählte die Geschichten ihrer Töchter und von der eigenen unbedeutenden Existenz. »Du findest keinen, der dir sagt: Gut war's, daß du geweint hast ... Du bleibst unbeachtet. Eine Ameise stellst du dar in der Welt.«
Lit.: Clelia Marchi, Keine einzige Lüge. Roman auf einem Bettlaken, Frankfurt/M. 1994.

Margarete, Königin von Navarra, französische Lyrikerin und Erzählerin (Angoulême 11. 4. 1492 – 21. 12. 1549 Odos-en-Bigorre).
Ihre Eltern waren Charles d'Orléans und Louise von Savoyen, ihr Bruder König Franz I. von Frankreich. Die hochgebildete und tolerante Frau förderte an ihrem Hof Kunst und Wissenschaft. Sie trat für die Reformation ein, aber auch für eine Verständigung zwischen den christlichen Religionen. Verfolgten Protestanten gewährte sie Asyl. Ihr Hauptwerk *Heptameron*, 72 Erzählungen über Liebe und Moral in Anlehnung an Boccaccios *Decamerone*, erschien posthum 1559 (dt. 1913). Die erste Autorin von Theaterstücken in französischer Sprache (*Théâtre profane* 1536-1548) schrieb Komödien, Gedichte (*Dernières Poésies de la reine de Navarre)* und Lieder (*Les Marguerites de la Marguerite)*.

Margarethe, Herzogin von Tirol, genannt **M. Maultasch** (Margareta 1318 – 3. 10. 1369 Wien).
Die Tochter des Grafen von Tirol, Heinrichs IV., wurde als 12jährige mit Johann Heinrich von Luxemburg verheiratet. Als dieser fast nur landfremde Berater einsetzte und das Land ausschließlich für seine Zwecke ausbeutete, vertrieb Margarethe mit Hilfe der Tiroler Fürsten ihren Gatten und heiratete Ludwig von Brandenburg, den Sohn Kaiser Ludwigs von Bayern. Da ihre erste Ehe aber nur durch den Kaiser gelöst worden war, belegte der Papst sie und das ganze Land mit dem Kirchenbann. Pest, Überschwemmungen und eine Heuschreckenplage, der Überfall ihres ersten Mannes auf das Land sowie später der Tod ihres zweiten Mannes und ihrer Kinder zermürbten die zunächst so starke Frau, so daß sie die bis dahin selbständige Grafschaft Tirol den Habsburgern überschrieb und sie damit zu einem Teil Österreichs machte. Sofort nach der Überschreibung mußte Margarethe die Herrschaft niederlegen und wurde nach Wien gebracht, wo sie bis zu ihrem Tod interniert blieb. Der Wiener Stadtteil Margareten ist nach ihr benannt. In vielen Überlieferungen spielt Margarethe M.s angebliche Häßlichkeit eine Rolle, sie wurde als sichtbarer Beweis ihrer weiblichen Unbotmäßigkeit gesehen. Ihr Beiname soll von ihrem verwachsenen Mund herrühren, bezieht sich aber vermutlich in Wirklichkeit auf die Burg Maultasch in Südtirol, ihren Lieblingsaufenthalt. Zeitgenössische Quellen hingegen bezeichnen sie als »überaus schön«.
Lit.: Lion Feuchtwanger, Die häßliche Herzogin Margarethe Maultasch, Berlin 1926.

Martinez, Maria Anna, österreichische Komponistin (Wien 4. 5. 1744 – 13. 12. 1812).
Die berühmte Zeitgenossin von Haydn und Mozart ist bis in die achtziger Jahre

des 20. Jh.s völlig im Schatten der männlichen Vertreter der Wiener Klassik geblieben. Und dies, obwohl sie exzellente Chor- und Kammermusik geschrieben hat. Der Librettist Petro Metastasio kümmerte sich um ihre Erziehung und ließ sie bei Porpora und Hasse ausbilden. Als Sängerin und Pianistin erregte sie Aufmerksamkeit am Hof; nach 1761 trat sie auch als Komponistin an die Öffentlichkeit. Nach dem Tode Metastasios erbte sie sein Vermögen und gründete damit eine Gesangsschule, aus der berühmte Sängerinnen hervorgegangen sind. In Deutschland wurde sie nach ihrem 250. Geburtstag wiederentdeckt und -aufgeführt. Ihr umfangreiches Œuvre enthält Messen, Oratorien, Motetten, 156 Arien, Kantaten und Klaviersonaten.

Marx, Jenny, deutsche Revolutionärin (Salzwedel 14. 2. 1814 – 2. 12. 1881 London).
»Ohne Jenny von Westphalen hätte Karl Marx niemals der sein können, der er war«, schrieb die Tochter →Eleanor Marx-Aveling. Die klassische »Frau an seiner Seite« – viel gerühmt ob ihrer Fürsorglichkeit, ihrer Solidarität und Unterstützung für den Mann, die Kinder und Freunde, für viele ihrer Ideen wegen Verfolgter – stammte aus einer preußischen Adelsfamilie. Die »Ballkönigin von Trier« wuchs wohlbehütet auf und war voller Wissensdurst, den die Eltern unterstützten. Insbesondere vom Vater übernahm sie die humanistischen Ideen und Ideale. Bereits als Kinder lernten sich Jenny und Karl kennen, ihre Verlobungszeit dauerte sieben Jahre. Karls Arbeit und die politische Verfolgung zwangen sie vielfach, umzuziehen, zu flüchten. Einige Stationen: Paris, Brüssel, Köln, wieder Paris und schließlich London. Jenny war, wie wir heute sagen würden, Marx' persönliche Assistentin, sie schrieb Manuskripte ab, debattierte darüber, erstellte Exzerpte, las Korrektur, übernahm Korrespondenzen und Verhandlungen. Sieben Kinder gebar Jenny Marx, es überlebten die Töchter Jenny Longuet, Laura Lafargue und →Eleanor Marx-Aveling. Die Mittel fürs Leben waren meist knapp, ein kontinuierliches Einkommen fehlte über Jahre. Gäste waren häufig im Haus, Flüchtlinge aus Deutschland und anderswo, auch ihnen wurde geholfen. Erst in Jennys letzten Lebensjahren kehrte ein wenig materielle Sicherheit ein.
Jenny schrieb auch selbst. Als Korrespondentin der »Frankfurter Zeitung« veröffentlichte sie z. B. Besprechungen russischer Literatur oder Kritiken über damals heftig umstrittene Neuaufführungen von Shakespeare-Stücken. Ihre Artikel und ihre Briefe an Kampfgefährt/innen in aller Welt sind voll feiner Ironie und spöttischer Kritik spießbürgerlicher Denk- und Verhaltensweisen. Friedrich Engels über Jenny Marx nach ihrem Tod: »Was eine solche Frau mit so scharfem, kritischem Verstande, mit solch politischem Takt, mit solcher Hingabe für ihre Kampfgenossen in der Bewegung während fast vierzig Jahren geleistet, das hat sich nicht an die Öffentlichkeit vorgedrängt, das steht nicht in den Annalen der zeitgenössischen Presse verzeichnet. Das muß man selbst miterlebt haben ... so werden wir andern noch oft genug ihren kühnen Rat vermissen ...« Jenny selbst über ihr Leben in einem Brief: »Uns Frauen fällt in all diesen Kämpfen der schwerere, weil kleinlichere Teil zu ...«
Lit.: Luise Dornemann, Jenny Marx, Berlin 1971; »Sie können sich denken, wie mir oft zu Muthe war ...«; Jenny Marx

in Briefen an eine vertraute Freundin, hg. von W. Schröder, Leipzig 1989.

Marx-Aveling, Eleanor, deutsch-englische Revolutionärin (London 16. 1. 1855 – 16. 1. 1898).
Die »Tussy« genannte jüngste Tochter von →Jenny und Karl Marx (»Tussy, das bin ich.«) erhielt trotz knapper Mittel der Eltern eine gute Schulbildung, die durch die familiäre Erziehung ergänzt wurde. Sie arbeitete als Lehrerin, Publizistin und Übersetzerin und spielte Theater, war eine der ersten Frauen, die sich politisch sehr erfolgreich in der englischen und internationalen Sozialistenbewegung engagierten. Tussy war u. a. 1888 am Streik von 700 Arbeiterinnen einer Streichholzfabrik in London für bessere Arbeitsbedingungen beteiligt sowie 1889 beim Streik der Londoner Dockarbeiter und beim Streik der Arbeiterinnen einer Kabel- und Gummifabrik um Lohnerhöhungen. Sie war die erste Frau, die auf einem Kongreß der Internationale, in Brüssel 1891, einen nationalen Bericht erarbeitete und zudem auch vortrug, in dem sie dafür eintrat, daß die Gewerkschaften auch Frauen aufnehmen sollten.
Nach einer Beziehung mit dem französischen Kommunarden P. O. Lissagary lebte und arbeitete sie von 1884 an mit dem Sozialisten Edward Aveling zusammen. Obwohl dieser verheiratet war, übernahm sie seinen Namen, in Anbetracht der damaligen moralischen Vorstellungen eine mutige Tat. Als Avelings Frau gestorben war, heiratete er 1897 heimlich, unter anderem Namen, eine junge Schauspielerin. Tussy wollte sich von ihm trennen, blieb jedoch bei ihm, weil er schwer krank war, und nahm sich, weil sie keinen Ausweg mehr sah, mit Blausäure das Leben.

Eleanor Marx-Aveling

Lit.: Harald Wessel, Tussy oder fünfundzwanzig Briefe über das sehr bewegte Leben von Eleanor Marx-Aveling, Leipzig 1974; Eleanor Marx-Aveling, Die Frauenfrage, mit einer biographischen Skizze ihres Lebens von K. Pickshaus, hg. von I. Nödinger, Frankfurt 1983.

Mata Hari, niederländische Tänzerin (Leeuwarden 7. 8. 1876 – 15. 10. 1917 Vincennes/Paris).
Margaretha Geertruida Zelle, genannt Grietje, lebte mit ihrem Mann, dem 21 Jahre älteren Hauptmann Rudolf MacLeod, mehrere Jahre in Niederländisch-Indien, auf Sumatra und Java. Nach der Scheidung versuchte sie sich in Paris vergeblich als Schauspielerin und beschloß, Tänzerin zu werden. Sie erfand eine exotische Biographie als Bajadere. Mata Hari – Das Auge der Morgenröte – wurde sehr schnell ungeheuer erfolgreich. Paris lag der fremdartigen ge-

heimnisvollen Schönen zu Füßen, den Mangel an Ausbildung überspielte sie durch ihre Geschmeidigkeit, ihr Improvisationstalent und nicht zuletzt durch ihre Schleier und Gewänder, die mehr enthüllten als verbargen. Auf einer ihrer vielen Auslandstourneen begegnete die Tänzerin »mit dem gertenschlanken Leib und dem berückenden Spiel der Glieder« 1913 dem deutschen Kronprinzen; lange Zeit hielt sich das Gerücht einer Liaison. »Man muß die schönen und gloriosen Augenblicke ausleben. Besser ein kurzes und intensives Leben, als sich im Alter ohne Schönheit plagen ...« Ihr Lebensmotto sollte auf traurige Weise in Erfüllung gehen. 1917 wurde sie in Paris verhaftet und der Spionage für den Feind Deutschland angeklagt. Ihre zu Zeiten des Erfolgs recht anhänglichen Freunde zogen sich zurück, Gläubiger verfolgten sie mit ihren Forderungen bis ins Gefängnis. Sie zweifelte nicht daran, bald wieder freizukommen, versicherte bis zum Schluß, unschuldig zu sein. Das vom Kriegsgericht gefällte Todesurteil wurde mit 20 Gewehrschüssen vollzogen. Ob Mata Hari jemals wirklich für Deutschland spioniert hat, ist nie bewiesen worden. 1998 wurde ihr Fall in Holland wieder aufgerollt.
Lit.: Friedrich Wencker-Wildberg, Mata Hari. Roman ihres Lebens, Leipzig 1994.

Maxeke, Charlotte, südafrikanische Freiheitskämpferin (Fort Blanfort/Cape Colony 7. 4. 1874 – 16. 10. 1939 Johannesburg).
Als erste Frau Südafrikas besuchte sie ein College, studierte dann in den Vereinigten Staaten und wurde die erste schwarze Südafrikanerin mit einem »Bachelor of Arts«. Eine Schulgründung geht auf sie zurück. In Morogor/Tansania wurde das Kinderzentrum nach ihr benannt. Sie war Mitbegründerin der ANC-Frauenliga, organisierte 1919 Frauendemonstrationen gegen die Paßgesetze des Apartheid-Regimes und beteiligte sich am Aufbau von Gewerkschaften für Schwarze. Sie erhielt den Ehrennamen »Mutter der afrikanischen Freiheit«.

Mayröcker, Friederike, österreichische Dichterin (Wien 20. 12. 1924).
Mit 15 Jahren erste Lyrik-Experimente. Während des Krieges Dienstverpflichtung und Ausbildung als Englischlehrerin. Ab 1946 war sie Lehrerin an einer Wiener Hauptschule und arbeitete unaufhörlich und fast besessen »nebenher« an ihren Texten, einer Mischung aus Prosa, Lyrik und Drama. Erste Veröffentlichungen in Zeitschriften und kleinen Verlagen ab 1947, in den Fünfzigern Verbindung mit Avantgarde-Kreisen wie dem Grazer »Forum Stadtpark« und vor allem der »Wiener Gruppe« um H. C. Artmann und Ernst Jandl, der ihr Lebensgefährte wurde. 1963 Förderpreis der Theodor-Körner-Stiftung. 1966 erschien *Tod durch Musen* mit Gedichten, in denen sie Surrealismus und konkrete Poesie verband, eine eigene Sprache entwickelte. »Eine Lektüre, nur denen anzuraten, die willens und fähig sind, Sprache als Abenteuer zu erleben.« (Kurt Marti). 1968 Hörspielpreis der Kriegsblinden mit Ernst Jandl. 1969 quittierte sie den Schuldienst und konnte sich nun ganz der experimentellen Literatur widmen. Über siebzig Bücher aus ihrer Feder sind veröffentlicht, Gedichte, Theaterstücke, Hörspiele (wie *Obsession*, 1993) und Prosaarbeiten (wie *Mein Herz, mein Zimmer, mein Name*, 1988, *Zittergaul. Kinderbuch mit Zeichnungen der Autorin*, 1989, und *den fliegenschrank aufgebrochen. Bildgedichte, mit Zeichnungen*

der Autorin, Münster 1995). Else Lasker-Schüler-Preis 1996.

Mead, Margaret, US-amerikanische Anthropologin und Ethnologin (Philadelphia 16. 12. 1901 – 15. 11. 1978 New York).
Eigentlich wollte sie Malerin werden. Angeregt durch ihre Großmutter, die Kinderpsychologin war, studierte sie jedoch Anthropologie, Ethnologie und Psychologie an der Columbia University. Seit 1925 untersuchte sie auf umfangreichen Forschungsreisen und -aufenthalten in Samoa, Bali und Neuguinea Volksstämme, die noch in einer Art Urgemeinschaft lebten. 1935 wurden die Ergebnisse ihrer Forschung über *Geschlecht und Temperament in drei primitiven Gesellschaften* veröffentlicht, 1949 kamen ihre Studien über Geschlechterverhältnisse *Male and Female: A Study of the Sexes in a Changing World* (*Mann und Weib. Das Verhältnis der Geschlechter in einer sich wandelnden Welt*, dt. 1958) heraus. Sie stellte fest, daß in jeder Gesellschaftsformation und -kultur die Geschlechter einer bestimmten Wertung unterliegen und daß ihnen bestimmte, gesellschaftlich bedingte Eigenschaften und Verhaltensweisen zugesprochen werden. Damit widerlegte sie die Vorstellung von der Naturgegebenheit männlicher und weiblicher Eigenschaften bzw. die Auffassung, die Entwicklung von Charakterzügen hinge von der Erbmasse ab. 1956 wurde sie zur Präsidentin des »Weltbundes für geistige und seelische Gesundheit« gewählt.

Meinhof, Ulrike Marie, deutsche Journalistin und Autorin (Oldenburg 7. 10. 1934 – 8./9. 5. 1976 Stuttgart-Stammheim).
Als sie sechs Jahre alt war, starb ihr Vater, und mit 14 Jahren verlor sie die Mutter. Seitdem wurde sie mit ihrer Schwester von Renate Riemeck, Historikerin, Antifaschistin, Pazifistin, Mitgründerin der DFU erzogen. Gymnasium und Studium der Philosophie, Pädagogik, Soziologie und Germanistik in Marburg und Münster. Aktiv in der Bewegung gegen die atomare Aufrüstung »Kampf dem Atomtod«, Mitglied im SDS. 1959 Mitarbeit bei »konkret«, 1960 Chefredakteurin. Heirat mit dem Verleger K.-R. Röhl, zwei Töchter. In den sechziger Jahren schrieb sie fortlaufend Kolumnen für »konkret«, arbeitete für den Rundfunk und das Fernsehen. Engagiert in der Bewegung gegen die Kriege in Algerien und in Vietnam, gegen den Schah von Persien, gegen die Große Koalition und für eine neue Ostpolitik, gegen den Springerkonzern und die »Bild-Zeitung« und für die Emanzipation der Frau. Sie war, so Klaus Wagenbach, »die bedeutendste linke Journalistin« und »eine der klarsten Kritikerinnen des Kapitalismus in der Bundesrepublik«. 1968 Trennung von Röhl. Lehrauftrag am Institut für Publizistik der Freien Universität, Arbeit mit Fürsorgezöglingen, sog. »Randgruppen«. Fernsehstück *Bambule*, das erst 1994 gezeigt wurde. 1970 befreite sie mit anderen zusammen Andreas Baader aus dem West-Berliner Gefängnis. Sie mußte in den Untergrund und propagierte den bewaffneten Kampf. Gründung der »Roten Armee Fraktion«. Die »Terroristin« Ulrike M. wurde zum »Staatsfeind Nr. 1« erklärt. Verhaftung im Juni 1972. Zuerst im »toten Trakt« von Köln-Ossendorf, später in Stuttgart-Stammheim, im eigens für die RAF errichteten Gefängnis. Isolationshaft. 1974 Hungerstreik der Gefangenen, Holger Meins starb, Ulrike M. wurde zu acht Jahren Gefängnis verur-

teilt. Ab Mai 1975 Stammheim-Prozeß. Ein Jahr später wurde Ulrike M. erhängt in ihrer Zelle aufgefunden. »Es gibt keinen Freitod hinter Gittern«, schrieb ihr Biograph Mario Krebs. Klaus Wagenbach in seiner Grabrede: »Was Ulrike Meinhof umgebracht hat, waren die deutschen Verhältnisse: der Extremismus derjenigen, die alles für ›extremistisch‹ erklärten, was eine Veränderung der Verhältnisse auch nur zur Debatte stellte.«

Lit.: Ulrike Marie Meinhof, Die Würde des Menschen ist antastbar. Aufsätze und Polemiken, Berlin 1992; Mario Krebs, Ulrike Meinhof. Ein Leben im Widerspruch, Reinbek 1988; Peter Brückner, Ulrike Marie Meinhof und die deutschen Verhältnisse. Mit Texten von Ulrike Marie Meinhof und einem Nachwort zur Neuausgabe von Klaus Wagenbach, Berlin 1995.

Meitner, Lise, österreichisch-schwedische Physikerin (Wien 7. 11. 1878 – 27. 10. 1968 Cambridge).

Studium der Physik in Wien, erste weibliche Assistentin am Max-Planck-Institut für theoretische Physik, Mitarbeiterin von Prof. Otto Hahn in Göttingen, dann Professorin und Leiterin der physikalisch-radioaktiven Abteilung des Kaiser-Wilhelm-Instituts in Berlin. 1933 Entzug der Lehrerlaubnis. Kurz vor dem Durchbruch bei der Kernspaltungsforschung mußte sie als Jüdin nach Schweden emigrieren, während Hahn in Deutschland weiterforschte. Leiterin der Forschungsabteilung der Ingenieurwissenschaftlichen Akademie der Wissenschaften Schwedens. »Unsere Madame Curie« (Albert Einstein) sprach sich gegen den Mißbrauch ihrer wissenschaftlichen Erkenntnisse für Atombomben aus, und sie erhielt eine Reihe von Ehrungen. Den auch ihr gebührenden Nobelpreis bekam O. Hahn jedoch allein. »Lise Meitners Arbeit ist mit dem Nobelpreis für Otto Hahn gekrönt worden.« (Renate Feyl). Seit 1993 verleiht die Gesamthochschule Kassel den Lise-Meitner-Preis für junge Wissenschaftlerinnen.

Lit.: Charlotte Kerner, Lise, Atomphysikerin. Die Lebensgeschichte der Lise Meitner, Weinheim/Basel 1986; Helga Königsdorf, Respektloser Umgang, Darmstadt/Neuwied 1986; Patricia Rife, Lise Meitner. Ein Leben für die Wissenschaft, Hildesheim 1990.

Melba, Nellie, eigentlich Helen Porter Mitchell, australische Opernsängerin (bei Melbourne 19. 5. 1861 – 23. 2. 1931 Sydney).

Als Kind lernte sie Klavier, Geige und Harfe spielen, später auch Orgel, und erhielt Harmonie- und Kompositionsunterricht. Bereits mit sechs Jahren trat sie in Konzerten auf. Gegen den väterlichen Willen setzte sie eine Opernkarriere durch. Triumph in London als *Lucia di Lammermoor*, 1889 in Paris als *Ophelia*. Saint-Saëns schrieb für sie die Titelrolle seiner *Hélène*. Und der »Kaiser aller Köche«, Auguste Escoffier, schuf für sie das beliebte Dessert aus Pfirsichen, Vanilleeis, Himbeerpüree, Schlagsahne und Mandelsplittern – den »Pfirsich Melba«.

Mellien, Marie, deutsche Pazifistin (31. 10. 1851 – 14. 6. 1904 vermutlich Berlin).

Die ausgebildete Lehrerin war eine der ersten Pazifistinnen in Deutschland. Sie engagierte sich für die Frauenfrage in der alten Frauenbewegung und schloß sich als eine der ersten Frauen der Friedensbewegung an. Als eine von drei Frauen ließ sie sich 1893 – als politische Tätigkeit den Frauen noch gesetzlich untersagt war – in den Hauptvorstand der Deutschen Friedensgesellschaft wählen. Sie forderte vor allem die Frauen auf, für die Friedensidee aktiv zu werden, da besonders im Haus und in der Schule für Völkerfrieden und Weltversöhnung, für Gerechtigkeit und Güte gegen alle Menschen ohne Unterschied der Nationalität und des Glaubens zu wirken sei.

Melzer, Johanna, deutsche Widerstandskämpferin (Ober-Waldenburg/Schlesien 7. 8. 1904 – 3. 10. 1960 Berlin).
»Der starke Gerechtigkeitssinn meiner Mutter, die politische Aktivität meines Vaters und vor allem die Not der Bergarbeiter waren die entscheidende Ursache für meine frühzeitige Beschäftigung mit politischen Fragen«, erzählte Johanna M., die aufgrund ihres Mutes und ihres Schweigens unter der Folter in der berüchtigten Dortmunder Steinwache »eiserne Johanna« genannt wurde. Bereits in den zwanziger Jahren engagierte sie sich in revolutionären Bewegungen. Sie trat der KPD bei und war in den letzten Jahren der Weimarer Republik Frauenleiterin des »Kampfbundes gegen den Faschismus« in Erfurt. Widerstand, Verhaftung (Urteil 15 Jahre Zuchthaus) und Folter während der faschistischen Diktatur. In der Nachkriegszeit gehörte sie der KPD-Landtagsfraktion in NRW an und initiierte dort ein Gesetz für einen bezahlten freien Hausarbeitstag, der den berufstätigen Frauen monatlich gewährt wurde. Nach der Gründung des Demokratischen Frauenbunds (DFD) in der Bundesrepublik 1950 wurde sie als Sekretärin in den zentralen Vorstand gewählt. 1953 erneuter Haftbefehl, u. a. wegen ihres Kampfes gegen die Wiederaufrüstung und für eine Volksbefragung. Sie sagte »nicht noch einmal«, ging in die Illegalität und arbeitete weiter für die KPD und den DFD. Die letzten Lebensjahre verbrachte sie in Berlin/Ost.

Mensendieck, Bess, niederländisch-US-amerikanische Ärztin (New York 1. 7. 1864 – 27. 1. 1960).
Die Tochter eines Amerikaners und einer Schweizerin wuchs in Holland auf. Ihre wohlhabenden Eltern ermöglichten es ihr, ihre künstlerischen und naturwissenschaftlichen Fähigkeiten auszubilden. Sie studierte Gesang, um die Atemfähigkeit zu erforschen, und Medizin, um sich anatomische und physiologische Kenntnisse zu verschaffen. Zudem betätigte sie sich als Bildhauerin. Ihre Kenntnisse und Erfahrungen ermöglichten es ihr, vor allem für berufstätige Frauen ein System zur Verbesserung von Haltung und Bewegung auf anatomisch-physiologischer Grundlage zu entwickeln. »Meine Arbeit«, so schrieb sie 1929, »besteht in der Analyse und Synthese der menschlichen Bewegungen, wie das Alltagsleben sie erfordert, und beschäftigt sich mit derjenigen anmutigen Schönheit, die sich aus den mechano-physikalisch korrekt verrichteten Alltagsbewegungen von selbst ergibt.« Seit 1906 verbreitete sie ihre Ideen durch Veröffentlichungen, so in ihrem Buch *Körperkultur des Weibes*, Vorträge und Lehrgänge. 1910 eröffnete sie ein Zentralinstitut für Mensendieck-Gymnastik in Berlin. Kurz vor dem ersten Weltkrieg ging sie nach Amerika, kam aber nach dem Krieg jeden Sommer nach Europa, um Lehrgänge für Mensendieck-Lehrerinnen abzuhalten, noch mit 95 Jahren unterrichtete sie. Bess M. und ihr »System« waren in den zwanziger Jahren so populär, daß »Mensendiecken« zum Synonym für »Gymnastik« wurde und

daß es nach 1910 für fortschrittliche Frauen fast zum guten Ton gehörte, zum Mensendiecken zu gehen.

Mercouri, Melina, griechische Schauspielerin, Chansonsängerin und Politikerin (Athen 18. 10. 1925 – 6. 3. 1994 New York).
Maria Amalia Mersuris stammte aus einer Familie bekannter Politiker, so war ihr Großvater aktiv am Widerstand gegen die faschistische deutsche Besatzung beteiligt. Nach dem Abitur brannte Melina, gerade 16 Jahre alt, durch, heiratete und begann ihr Schauspielstudium. Ihr zweiter Ehemann war Jules Dassin, Regisseur vieler Filme mit ihr als Hauptdarstellerin. Bekannt wurde sie mit *Stella* (1954), ihre Illya in *Sonntags nie* (1959) mit dem Lied *Ein Schiff wird kommen* bleibt unvergeßlich. Während der Militärdiktatur kämpfte sie für die Demokratie, wurde deshalb im Juni 1967 ausgebürgert und ging nach Paris ins Exil. 1974 kehrte sie nach Griechenland zurück, wurde Parlamentsabgeordnete der Partei der Panhellenischen Sozialistischen Bewegung und Kultusministerin. In dieser Funktion setzte sie sich von 1981 bis 1989 und erneut ab 1993 besonders für die Rückgabe nationaler Kulturgüter an Griechenland ein. Ihre Leidenschaftlichkeit und ihr Stolz, ihre Stimme und ihr politischer Einsatz brachten ihr eine hohe internationale Popularität und die große Liebe ihrer Landsleute ein. Eine Million Menschen begleitete sie in Athen auf ihrem letzten Weg.
Lit.: Melina Mercouri, Ich bin als Griechin geboren, München 1971.

Mereau-Brentano, Sophie, geb. Schubart, Schriftstellerin und Übersetzerin (Altenburg 28. 3. 1770 – 31. 10. 1806 Heidelberg).
Seit 1793 in eine Vernunftehe eingebunden, die ihr Glücksverlangen nicht stillte, sprengte Sophie M. die bürgerlichen Moralgrenzen des ausgehenden 18. Jh.s, indem sie freie Liebesbeziehungen einging. Die Liebe galt ihr als »Medium einer universellen Harmonieerfahrung«, die die Befreiung der Frau zum selbstentfalteten Subjekt bewirken sollte. Durch den Einfluß der Ideen der Französischen Revolution reflektierte sie zunehmend die gesellschaftlichen Bedingungen für eine freie weibliche Persönlichkeitsentwicklung.
Neben der Liebe sah sie für sich in der Kunst eine weitere Möglichkeit der weiblichen Selbstentfaltung. Es gelang ihr, sich als Lyrikerin, Prosaistin und Übersetzerin eine freie Schriftstellerinnen-Existenz aufzubauen, auf die sie sich nach der Trennung vom ungeliebten Ehemann (1800) finanziell stützen konnte. Mit der literarischen Gestaltung weiblicher Identitätsfindung, besonders eindringlich umgesetzt im Briefroman *Amanda und Eduard* (1803), durchbrach sie vorgegebene Weiblichkeitsmuster. Zum Symbol eines verwirklichten weiblichen Freiheitsanspruchs, der das Ausleben von Sinnlichkeit einschloß, wurde ihr das Leben der Ninon de Lenclos, deren Briefe aus dem 17. Jh. sie übersetzte und deren Lebens- und Liebesphilosophie sie in einem Essay würdigte.
Der eigene, neu errungene Zustand des »auf ewig eins mit sich selbst« wurde zerstört, als sie mit dem acht Jahre jüngeren Nachwuchsautor Clemens von Brentano eine Liebesbeziehung und 1803 eine Ehe einging. Als sie von ihm in die Rolle seiner Muse abgedrängt wurde, zerbrach ihre Dichterinnenidentität und ihr dichterisches Selbstwertgefühl. Mit 36 Jahren starb sie im

Kindbett ihres totgeborenen fünften Kindes.

Lit.: Uta Fleischmann, Zwischen Aufbruch und Anpassung. Untersuchungen zu Werk und Leben der Sophie Mereau, Frankfurt/M. 1989; Katharina von Hammerstein, Sophie Mereau. Freiheit – Liebe – Weiblichkeit. Trikolore sozialer und individueller Selbstbestimmung um 1800, Heidelberg 1994.

Merian, Maria Sibylla, deutsche Sammlerin, Forscherin und Zeichnerin (Frankfurt 2. 4. 1647 – 13. 1. 1717 Amsterdam).

Ihr Vater, der Maler Matthäus Merian, starb, als sie drei Jahre alt war. Nach seinem Tod heiratete die Mutter den Maler Jakob Barell, der die große zeichnerische Begabung von Maria erkannte und sie unterrichtete. 1665 Heirat mit dem Maler J. A. Graff, Umzug nach Nürnberg, zwei Töchter. Maria M.s erstes, mit ihrem Mann herausgegebenes Buch *Das neue Blumenbuch* (1675) stellte vermutlich Arbeitsvorlagen für Stickerinnen dar. Sie unterrichtete selbst im Sticken, um den Lebensunterhalt der Familie zu sichern, nahm privaten Lateinunterricht, da sie die Mängel ihrer Bildung bedrückten. 1679 erschien ihr Buch *Der Raupen wunderbare Verwandlung und sonderbare Blumennahrung.* Ihre Zeichnungen stützten sich auf eigene Naturbeobachtungen. Sie trennte sich von ihrem Mann und übersiedelte nach Holland zu ihrem Halbbruder. Sie war 53 Jahre alt, als sie sich 1690 einen Lebenstraum erfüllte. Mit ihrer Tochter Dorothea segelte sie, unterstützt durch die Stadt Amsterdam, nach Surinam, Niederländisch-Guayana. Dort beobachtete sie Tiere, sammelte, präparierte und zeichnete sie. Sie entdeckte aber auch Pflanzen, beschrieb in ihren Briefen, wie köstlich eine Ananas schmeckt, und verschloß dabei nicht die Augen vor dem Elend der einheimischen Bevölkerung und der aus Afrika eingeschleppten Sklaven. 1701 kehrte sie auf Grund einer Erkrankung nach Holland zurück und arbeitete an ihrem Buch über die Insekten in Surinam *Metamorphosis insectorum surnamensium* (1705). Es enthält 60 Kupferstiche, die über die Vielfalt der dortigen Insektenwelt und über die Kunst und Beobachtungsgabe von Maria M. Aufschluß geben, einer Frau, die selbständig ihr Leben gestaltete, die in mehreren Berufen erfolgreich tätig war – unter den gesellschaftlichen Bedingungen des 17. und 18. Jh. eine Ausnahmeerscheinung.

Lit.: Maria Sibylla Merian, Neues Blumenbuch, Leipzig 1966; C. Kerner, Seidenraupe, Dschungelblüte. Die Lebensgeschichte der Maria Sibylla Merian, Weinheim 1988.

Méricourt, Théroigne de, französische Revolutionärin (Ardennen/ Belgien 13. 8. 1762 – 8. 6. 1817 Paris).

Sie stammte aus einer Bauernfamilie. Früh zeigte sich ihr musikalisches Talent. Aufenthalte in Lüttich und London. Sie arbeitete zunächst als Dienstmädchen, Kuhhirtin und Näherin, lebte als Kurtisane. Zu Beginn der Französischen Revolution befand sich die »Schöne Liégoise« in Paris. Und sie engagierte sich leidenschaftlich für die Ziele der Revolution und für Frauenrechte. »Bürgerinnen, warum sollten wir nicht in Konkurrenz zu den Männern treten? Haben sie allein den Anspruch, ein Recht auf Ruhm zu haben? Nein, nein ...« Als »Amazone der Freiheit« nahm sie an der Erstürmung der Bastille teil. Sie wurde als »Venus der Politik« verspottet. Umstritten bis heute, ob sie beim berühmten Oktober-

marsch auf Versailles an der Spitze der empörten Frauen geritten ist. Der bekannte Irrenarzt Esquirol beschrieb, wie sie »mit einer roten Mütze auf dem Kopf und den Säbel an der Seite, eine Pike in der Hand, eine Frauenarmee kommandierte«. 1797 wurde sie als Geisteskranke interniert und im Irrenhaus (Hôtel Dien, dann Salpêtrière) bis zu ihrem Lebensende festgehalten. In ihren *Aufzeichnungen aus der Gefangenschaft* von 1791 schrieb sie: »Ich fühle mich immer äußerst gedemütigt durch die Knechtschaft und die Vorurteile, mit denen der Hochmut der Männer die Unterdrückung meines Geschlechts aufrechterhält.«
Lit.: Helga Grubitzsch/Roswitha Bockholt, Théroigne de Méricourt, Die Amazone der Freiheit, Pfaffenweiler 1991.

Mernissi, Fatema, marokkanische Schriftstellerin (Fes 1940).
Sie wuchs in einem der letzten Haremspaläste auf; ihre Mutter war eine der neun Haremsfrauen. »Die Möglichkeit, lesen und schreiben zu lernen, eröffnete mir eine neue, wunderbare Welt, die meine Mutter und meine Großmütter nie kennengelernt haben.« Studium in den USA. Die Professorin für Soziologie an der Universität zu Rabat, Beraterin der UNESCO seit 1973 und Mitglied im Beraterstab der Weltbank für den Nahen Osten und Nordafrika, hat mehrere Bücher zur Rolle der Frauen im Islam geschrieben. Darunter: *Geschlecht, Ideologie, Islam; Die Sultanin: Die Macht der Frauen in der Welt des Islam; Die vergessene Macht.* Für sie ist der Schleier ein Unterdrückungsinstrument: »Er bedeckt meinen Körper, damit werde ich unsichtbar. Er bedeckt mein Gesicht und meinen Mund, damit werde ich stumm. Es gibt keine effektivere Zensur.« Fatema M. gilt heute als die wichtigste nordafrikanische Theoretikerin der Emanzipation der Frau.
Lit.: Fatema Mernissi, Frauen und Männer zwischen Islam und Demokratie, München 1996.

Mertens, Félicie, belgische Antifaschistin und Zeichnerin (Mons 1911 – 1993 Namur).
Ihre Kinder- und Jugendzeit war durch kleinbürgerliche Verhältnisse, zahlreiche Entbehrungen und unregelmäßigen Schulbesuch bestimmt. Mitglied der KP Belgiens Ende 1933. Aktiv in der belgischen Sektion des »Weltfrauenkomitees gegen Krieg und Faschismus« sowie bei den »Freunden der Sowjetunion«. Sie besorgte u. a. Unterkünfte für deutsche Antifaschist/innen, die nach Belgien geflüchtet waren.
Am Tag des Überfalls auf die Sowjetunion wurde sie vor den Augen ihrer Tochter von der Gestapo festgenommen und nach einer Odyssee durch mehrere belgische und deutsche Gefängnisse im April 1942 in das Frauen-KZ Ravensbrück verschleppt. Geschwächt durch Entbehrungen und Krankheit war sie eine »sichere« Todeskandidatin. Diesem Schicksal konnte sie nur durch die Aufnahme in die »Klempner-Kolonne« von Charlotte Müller entgehen. Falls sie von Ravensbrück zurückkehren sollte, so notierte sie einmal, »bringen wir die schönsten Geschenke für die Kinder mit: die Herzen ihrer Mütter und den Frieden und die Freiheit für die ganze Welt«. In ihren Zeichnungen und Gedichten hielt sie die Grausamkeiten des KZ fest. Ihre Bilder blieben bis zur Befreiung des Lagers unentdeckt, in den Nürnberger Prozessen wurden sie als Beweismaterial herangezogen. Ihr Leben nach der Rückkehr von Ravensbrück war sehr hart. Die Ehe zerbrach endgültig, sie

hatte keine Wohnung mehr, ihre Tochter wuchs bei den Schwiegereltern auf. Sie empfand sich als eine, die eigentlich nicht hätte zurückkehren sollen, kämpfte dann aber doch um ihre Tochter und um ihren Lebensunterhalt. 1949 wurde sie als politische Gefangene anerkannt. Im Verlauf ihres weiteren Lebens war sie politisch in der KP Belgiens aktiv, engagierte sich für den Frieden und für die Rechte der Frauen.
Literatur: Félicie Mertens, Une femme parmi d'autres. Brüssel 1989.

Meysel, Inge, deutsche Schauspielerin (Berlin 30. 5. 1910).
Seit sie als kleines Mädchen »Schneewittchen« im Theater gesehen hatte, wollte sie Schauspielerin werden. Unterricht bei Ilka Grüning, Engagement in Zwickau, Berlin, Leipzig, Danzig. 1935 bis 1945 erhielt die Halbjüdin Berufsverbot, arbeitete als Telefonistin und technische Zeichnerin. Am 2. Mai 1945 warf sie die Kapsel Zyankali, »die ich ›tausend Jahre‹ bei mir getragen hatte«, fort. »Das Leben war mir neu geschenkt worden.« Dreizehn Jahre lebte sie mit dem Schauspieler Helmut Rudolph zusammen. 1945 Heirat und im gleichen Jahr Engagement an den Kammerspielen Hamburg bei →Ida Ehre. Die Meysel spielte in den folgenden Jahren v. a. am Thalia-Theater in unzähligen Stücken von H. v. Hofmannsthal, Molière, T. Williams, O. Wilde, H. Ibsen und vielen anderen mehr. Zweite Ehe 1946 mit dem britischen Theateroffizier und Regisseur John Olden, die bis zu dessen Tod 1965 dauerte. Fernsehfilme ab 1953 und Gastspielreisen u. a. nach Südamerika. Einem Millionenpublikum wurde sie bekannt mit der Fernsehserie *Die Unverbesserlichen* (1965 bis 1972). Große Erfolge im Theater, z. B. in Hauptmanns *Ratten*, 1975 in *Die Hebamme* von R. Hochhuth, 1976 in *Harold und Maude*, 1983 in *Wassa Schelesnowa* von M. Gorki. 1969 engagierte sich die wohl bekannteste Schauspielerin der Nachkriegszeit im Wahlkampf für Willy Brandt; 1978 war sie dabei, als →Alice Schwarzer, →Luise Rinser und andere den »Stern« wegen seiner pornographischen Aufmachung verklagten, und sie unterstützte die Friedensbewegung. Die Trägerin zahlreicher Auszeichnungen reagiert mit Zorn auf die Frage, ob sie unter dem Alter leide. Sie spielt weiter Theater, im Film und Fernsehen.
Lit.: Inge Meysel, Frei heraus – mein Leben, Weinheim/Berlin 1991.

Meysenbug, Malwida Freiin von, deutsche Frauenrechtlerin und Schriftstellerin (Kassel 28. 10. 1816 – 26. 4. 1903 Rom).
Ihr Vater war Minister, die sechs Brüder einflußreiche Amtsträger – kein Wunder also, daß sich die adlige Familie von ihr abwandte, als sie sich seit der Kasseler Volkserhebung von 1830 für demokratisch-freiheitliche Politik interessierte und u. a. für eine bessere Bildung für Mädchen engagierte. Lehrerin und 2. Vorsitzende der »Hamburger Frauenhochschule«, deren Ziel es war, so Malwida v. M., »die ökonomische Unabhängigkeit der Frau möglich zu machen«. Wegen ihrer Beteiligung an einer Flugblattaktion in der 1848er Revolution, wegen ihres Briefwechsels mit deren Führern und ihrer Artikel wurde ihr Haus durchsucht, sie selbst polizeilich geladen. Sie wanderte nach London aus, lernte bei →Johanna Kinkel den russischen Sozialisten Alexander Herzen kennen, mit dem sie, von der Gesellschaft mißbilligt, zusammenlebte und dessen Töchter sie aufzog. 1859 zog sie nach Paris. Sie war befreundet

Malwida Freiin von Meysenbug

mit Nietzsche, Wagner, Liszt und dem jungen Romain Rolland. 1876 wurden ihre *Memoiren einer Idealistin* veröffentlicht. Die letzten Jahre lebte sie in Ischia und in Rom.

Michaëlis, Karin, geb. Bech-Bröndum, dänische Schriftstellerin und Pazifistin (Randers 20. 3. 1872 – 11. 1. 1950 Kopenhagen).

1929 erschien das erste der *Bibi*-Bücher, Weltbestseller in den Zwanzigern, von den Nazis verboten und heute wiederentdeckt. Bibi ist ein konsequent nach Unabhängigkeit strebendes Mädchen, eine widerspenstige, mutige Rebellin. »Jetzt hat sie zwei Lebensgefahren bestanden; sie beschließt, Lebensgefahren zu sammeln. Das ist doch etwas anderes als Briefmarken-Sammeln oder Sternschnuppen-Zählen.« Die Vorläuferin von →Astrid Lindgrens *Pippi Langstrumpf* fliegt mehrmals von der Schule, unternimmt viele Reisen, ist offen für das Fremde.

Karin M. war mit →Clara Zetkin, →Käthe Kollwitz, →Helene Stöcker u. a. zusammen im vorbereitenden Komitee für den »Internationalen Antikriegskongreß« 1932 in Amsterdam. Ab 1933 unterstützte sie Verfolgte des Nazi-Regimes und nahm in ihrem Haus Flüchtlinge wie B. Brecht und →Helene Weigel auf, bis die deutsche Armee Dänemark überrollte. Neben den emanzipatorischen Jugendbüchern schrieb Karin M. auch Romane über Frauenleben wie *Das gefährliche Alter* (1910; verfilmt mit Asta Nielsen), *Mette Trapp* (1922), *Die wunderbare Welt*, (1924-1935, dt. 1950).

Lit.: Karin Michaëlis, Bibi, Freiburg 1995.

Michel, Louise, französische Revolutionärin (Vroncourt-la-Côte/Seine et Marne 29. 5. 1830 – 9. 1. 1905 Marseille).

Louise M. wurde als nichteheliches Kind eines Dienstmädchens in einem Schloß im Osten Frankreichs geboren. Sie wurde von den Herrschaften adoptiert, wuchs glücklich bei den »Großeltern« (ob der Großvater nicht doch der Vater war, bleibt ein Geheimnis) auf und bekam eine solide Ausbildung. Mit Engagement widmete sie sich später dem Unterricht in einem Kinderheim und verfolgte mit Begeisterung die kulturelle und soziale Entwicklung in Paris. In der Pariser Commune – der ersten Arbeiterregierung – spielte Louise Michel eine beachtliche Rolle. Sie kämpfte auf den Barrikaden, führte moderne Unterrichtsmethoden für die Kinder ein, wurde Vorsitzende eines »Clubs der Revolution« sowie des »Komitees der Bürgerinnen« in Montmartre, kümmerte sich um die Einbeziehung der Frauen in die revolutionäre Märzbewegung 1871 und organisierte Frauendemonstrationen.

Vor den berüchtigten Kriegsgerichten verteidigte sie die Sache der Commune nach deren Niederlage und wurde in die Fieberhölle Nouméa verbannt. Dort schrieb sie Gedichte, lernte die Sprache der Eingeborenen, arbeitete an einem kanakischen Wörterbuch, führte Pflanzen- und Tierstudien durch. 1880 aus der Deportation zurückgekehrt, mußte sie ins Exil nach England. Dort schrieb sie ihre ergreifenden Erinnerungen. In Paris gründete sie die »Internationale Liga der Revolutionärinnen gegen den Krieg«. Bis zu ihrem Tod blieb sie aktiv, organisierte Versammlungen und setzte sich für die Unterdrückten ein.
»Sie ist eine Löwin im Schafspelz ...« schrieb voller Bewunderung für die »rote Jungfrau« ein zeitgenössischer Korrespondent der communefreundlichen Zeitung »Le Droit«. Zugleich aber war sie sentimental, wie das ihre Briefe und Gedichte an Léo Ferré, den Mann, den sie liebte und der hingerichtet wurde, bezeugen.
Lit.: Louise Michel, Frauen in der Revolution, Berlin 1976; dies., Memoiren, Münster 1977.

Mihaly, Jo, eigentlich Elfriede Kuhr, deutsche Schauspielerin (Schneidemühl, heute Pila/Polen 25. 4. 1902 – 29. 3. 1989 Seeshaupt/Starnb. See).
Ihr Künstlername war dem eines Zigeunerfürsten nachempfunden. Nach dem Besuch der Höheren Töchterschule Ausbildung im klassischen Tanz in Berlin. Sie wurde Schauspielerin, Verfasserin von Novellen (*Gesucht: Stepan Varesku*, 1982), Hörspielen, Kinderbüchern (*Michael Arpad und sein Kind*, 1930) und Gedichten. 1929 nahm sie an der »Vagabunden-Kunstausstellung« in Stuttgart teil, sie trat als Zirkus-, Varieté- und Bühnentänzerin auf. Während der Nazizeit lehnte sie es ab, für »das neue Deutschland die Reichskulturtänzerin« zu sein. Mit ihrem Mann, dem Piscator-Schauspieler Leonhard Stekkel, emigrierte die »rote Tänzerin« in die Schweiz und gründete dort ein »Agitproptheater«. Sie war Mitbegründerin der »Kulturgemeinschaft der Emigranten« und arbeitete im »Nationalkomitee Freies Deutschland« mit.

Miller, Lee, US-amerikanische Fotografin (Poughkeepsie/N. Y. 23. 4. 1907 – 27. 7. 1977 Farley Farm/Sussex).

Lee Miller

In New York studierte sie Bühnenbild und Beleuchtung, reiste zu Studienzwecken nach Paris, Florenz und Rom. Karriere als Fotomodell. 1929 lernte sie in Paris Man Ray kennen und wurde seine Schülerin, sein Modell und seine Geliebte. Eigenes Studio zunächst in Paris und dann in New York, wohin sie nach der Trennung von Man Ray zog. Von 1934 bis 1937 Ehe mit dem reichen Ägypter A. Eloui, dem sie in seine Hei-

mat folgte. Rückkehr nach Paris und 1938 Übersiedlung nach England, wo sie mit dem surrealistischen Maler Roland Penrose zusammenlebte. Ab 1940 fotografierte sie zerstörte englische Städte (*Grim Glory*) und arbeitete als Modefotografin für die »Vogue«. 1942 wurde sie als amerikanische Kriegsberichterstatterin akkreditiert. Zusammenarbeit und Liebesbeziehung mit dem »Life«-Fotografen David E. Scherman. Lee M. arbeitete als eine von wenigen Frauen direkt in den Kriegsgebieten, an der Front. Foto- und Textreportagen aus Frankreich, Belgien und Deutschland. 1944 war sie bei der Landung der Alliierten in der Normandie dabei, und 1945 gehörte sie zu den ersten Journalisten, die in den KZs Buchenwald und Dachau fotografieren konnten.
1947 Heirat mit Penrose und Geburt ihres Sohnes Anthony. Lee M. fotografierte nicht mehr. Lady Lee Penrose (1966 wurde ihr Mann geadelt) starb an Krebs. Jahre nach ihrem Tod fand ihr Sohn auf dem Dachboden ihre Fotos und sorgte dafür, daß Lee M.s Werk wieder der Öffentlichkeit zugänglich gemacht wurde.
Lit.: apropos Lee Miller. Mit einem Essay von Anthony Penrose, Frankfurt/M. 1995.

Minck, Paule, eigentlich Pauline Mekarska, französische Revolutionärin (1839 – 1901).
Der polnische Vater emigrierte 1831 nach Frankreich, die Mutter gehörte dem französischen Kleinadel an. Paule M. mußte sich ihren Lebensunterhalt durch Gelegenheitsarbeiten selbst verdienen: Sie arbeitete als Sprachlehrerin, als Waschfrau und als Journalistin. An der Seite von →Louise Michel und →André Leo engagierte sie sich in der Pariser Commune und für Frauenrechte und kämpfte auf den Barrikaden. Sie war Gründerin der »Société fraternelle de l'ouvrière«, einer Gesellschaft zur Unterstützung der Arbeiterinnen, und Redakteurin der kleinen Zeitung »Les mouches et les araignées« (Die Fliegen und die Spinnen). In Montmartre leitete sie eine Schule. Wie André Leo ging sie nach der Niederlage der Pariser Commune ins schweizerische Exil, nahm an antimilitaristischen Aktionen teil und blieb die Anarchistin, die sie immer war.

Mistral, Gabriela, eigentlich Lucila Godoy y Alcayaga, chilenische Dichterin (Vicuna 7. 4. 1889 – 10. 1. 1957 Hampstead/New York).
Ein Bauerngesicht voller Kraft, ein poetischer Sturm: »Seit 20 Jahren brennt in meinem Fleisch/ der heiße Dolchstoß/ eines Lieds gewaltig.« – »Gleich einem Kind nährt sich das Lied/ von meinem Blut.« Der Vater, Lehrer und Poet, verließ die Familie, als sie ein Kind war. Die Mutter brachte die Familie mit Näharbeiten durch. Der Mangel gehörte zum Alltag. Schon mit 16 Jahren wurde sie Lehrerin. Sie war es mit ganzer Seele. Mit 20 traf sie der Selbstmord ihres ersten Geliebten. Dieses schmerzhafte Erlebnis brachte hymnische Gedichte von großer Kraft hervor: die Todessonette. Sie versuchte, sich weiterzubilden. Durch ihre Gedichte wurde der chilenische Unterrichtsminister auf sie aufmerksam. Er förderte ihre Ausbildung. Sie ging nach Santiago, wo sie ihre erste Auszeichnung als Dichterin erhielt. 1922 brachte sie ihre erste Gedichtsammlung heraus.
In der Zwischenzeit reiste sie viel, wurde 1925 Delegierte ihres Landes beim Völkerbund, ging später als chilenische Konsulin nach Neapel, Madrid, Lissa-

bon. Die chilenische Regierung machte schließlich die große Poetin zur Konsulin auf Lebenszeit.
1945 erhielt sie den Nobelpreis, verliehen für ihre »von starkem Gefühl getragene Lyrik, die ihren Dichternamen zu einem Symbol für die ideellen Bestrebungen der ganzen lateinamerikanischen Welt gemacht hat«. 1954 kehrte sie nach Chile zurück und wurde zur Ehrenbürgerin von Santiago ernannt.

Mnouchkine, Ariane, französische Schauspielerin und Theaterregisseurin (Boulogne-sur-Seine 3. 3. 1939).
Sie gründete 1964 das inzwischen berühmt gewordene »Théâtre du Soleil«, das als Kooperative organisiert ist (kollektives Schaffen, Improvisation der Schauspieler/innen, gleichberechtigte Zusammenarbeit von Laien und Profis, gleiche Bezahlung und gleiche Mitbestimmungsrechte). Die Vertreterin des Volkstheaters mit politischem Anspruch begann mit ihrer Truppe in den Cévennes/Mittelfrankreich, bevor sie nach Paris kam. Ihre bekanntesten Inszenierungen: *1789, La Cuisine, Molière.* Sie inszenierte auch Stücke von und in Zusammenarbeit mit →Hélène Cixous. 1995 organisierte sie einen Hungerstreik aus Protest gegen den grausamen Krieg in Ex-Jugoslawien.

Model, Lisette, österreichisch-US-amerikanische Fotografin (Wien 1901 – 1983 New York).
Wie viele ihrer Kolleginnen kam Lisette M. relativ spät zur Fotografie. Zunächst studierte sie Musik bei Arnold Schönberg und in Paris, begann zu malen und machte 1937 »just for fun« ihre ersten Fotos. Intensiv beschäftigte sie sich mit der Technik, um als Fotolaborantin ihren Lebensunterhalt zu verdienen. Zu ihren ersten Arbeiten gehörten die inzwischen berühmten Serien von promenierenden und sonnenbadenden Reichen am Strand von Nizza am Vorabend des zweiten Weltkrieges. 1938 zu Besuch in New York City, beschloß sie, mit ihrem Mann, einem russischen Maler, zu bleiben. Hier entstanden ihre ersten freien Arbeiten, Porträts, Momentaufnahmen und Detailstudien. Mit der Veröffentlichung ihrer Aufnahmen in »PM« durch den Bildjournalisten Ralph Steiner machte sie überraschend und schnell Karriere. Schon 1940 brachte das Museum of Modern Art eine Ausstellung; von 1941 bis 1953 arbeitete sie für die Modezeitschrift »Harper's Bazar« und andere Zeitschriften. Von 1951 bis 1982 lehrte die Vielseitige mit dem sozialkritischen und phantastischen Blick an der New School of Social Research in New York, arbeitete als Bildjournalistin und widmete sich der freien, kreativen Fotografie. Zu ihren Privatschülerinnen gehörte von 1955 bis 1957 →Diane Arbus.
Lit.: Lisette Model, Musée des beaux-arts du Canada, Ottawa 1990; Lisette Model – Eine Retrospektive, Museum Folkwang, Essen 1981.

Modersohn-Becker, Paula, deutsche Malerin (Dresden 8. 2. 1876 – 21. 11. 1907 Worpswede).
Zeit ihres kurzen Lebens stand sie im Schatten ihres Mannes Otto Modersohn; erst zu ihrem 100. Geburtstag sollte sie als größte deutsche Malerin des 20. Jh.s gewürdigt werden. Paula B. wußte sehr früh, daß sie Malerin werden wollte. Auf Druck der Familie zunächst Ausbildung als Lehrerin, dann Besuch der Malschule des »Vereins Berliner Künstlerinnen«, als Frau war ihr der Besuch einer Akademie verwehrt, Studienaufenthalt in London. Als 21jährige lernte Paula B. die Worpswe-

der Künstlerkolonie kennen und vervollkommnete hier ihre Ausbildung. Im eigenen Atelier entstanden die Bilder *Selbstbildnis mit Fensterausblick* und *Blinde Frau im Walde*. Als sie 1899 erstmalig zwei ihrer Bilder öffentlich zeigte, war die Kritik vernichtend: »Ekelgeschichte«, »unqualifizierte Leistungen«. 1901 wechselte sie nach Paris an die private Akademie Cola Rossi und die École des Beaux Arts, besuchte die Museen, den Louvre. Ihre Malerei wurde vor allem beeinflußt von Paul Cézanne und Paul Gauguin. Ein Jahr später Heirat in Worpswede. In den ersten glücklichen Jahren der Ehe malte sie u. a. *Mädchen zwischen Birken, Worpsweder Landschaft* und 1906 *Alte Armenhäuslerin im Garten*. Im gleichen Jahr trennte sich das Paar. Paula M.-B. reiste nach Paris, versöhnte sich wieder mit ihrem Mann. Anfang November Geburt der Tochter Mathilde, drei Wochen später starb Paula M.-B. an einer Embolie.

Die große Malerin, für die R. M. Rilke das *Requiem für eine Freundin* schrieb, hinterließ mehr als 400 Gemälde, ein Vielfaches an Zeichnungen und Grafiken, Werke von hoher Ausdruckskraft, mit völlig eigenständigem Darstellungsstil und neuartigen Bildkompositionen. Ihre Themen: Landschaften, Kinder-, vor allem Mädchenbilder und Darstellungen von Mutter und Kind, Porträts und Selbstporträts, so etwa das in der damaligen Zeit recht provozierende *Selbstbildnis am 6. Hochzeitstag*, auf dem sie sich halb nackt und schwanger malte. Zu ihren Lebzeiten fand Paula M.-B. so gut wie keine Anerkennung, nur ein Bild konnte verkauft werden. Die Nazis konfiszierten ihr *Worpsweder Bauernkind auf einem Stuhl sitzend* als sog. »entartete Kunst«.

Lit.: Paula Modersohn-Becker in Briefen und Tagebüchern, hg. von Günter Busch und Liselotte von Reinken, Frankfurt 1979 u. 1980; Paula Modersohn-Becker, Leben und Werk, Köln 1995; Monika Keuthen, »... und ich male doch!«, Paula-Modersohn-Becker, München 1999.

Modotti, Tina, italienische Fotografin (Udine 16. 8. 1896 – 5. 1. 1942 Mexiko City).

Mit 12 Jahren mußte sie als Textilarbeiterin zum Lebensunterhalt der armen Arbeiterfamilie beitragen. Mit 17 Jahren kam sie nach San Francisco. Sie wurde Schülerin und Geliebte des Meisterfotografen Edward Weston, betrieb grafische Fotografie, Detailaufnahmen von Pflanzen, Gegenständen, Innenräumen. Ab 1922 lebte sie in Mexiko. Dort fotografierte sie die Armenviertel. Es gelang ihr eine der ersten sozialkritischen Reportagen. Zu ihren besten Bildern zählen ausdrucksstarke Porträts südamerikanischer Frauen. Als 1929 ihre große Liebe, der kubanische Revolutionär Antonio Mella, vor ihren Augen ermordet wurde, konnte und wollte sie nicht mehr fotografieren. Sie wurde des Landes verwiesen. Deutschland, die Sowjetunion, Frankreich, Spanien und am Ende Mexiko sind Stationen ihres bewegten Lebens. Politisch engagiert, war sie in die mörderischen stalinistischen Auseinandersetzungen der dreißiger Jahre verstrickt. Von 1936 bis 1939, im spanischen Bürgerkrieg, arbeitete sie für die »Internationale Rote Hilfe« in Madrid. Sie nahm Verwundete auf und versorgte sie, fuhr an die Front, um Verletzte vom Schlachtfeld zu holen, verteilte sowohl Suppe als auch Waffen an die spanischen Kämpfer und Kämpferinnen. Die Umstände ihres Todes, offiziell hieß es »Herzversagen«, sind bis heute unklar.

Lit.: Tina Modotti, Photographin und

Revolutionärin, Wien/München 1981; Christiane Barckhausen, Auf den Spuren von Tina Modotti, Köln 1988; Barbara Krause, Der verbrannte Schmetterling, Berlin 1993.

Moholy, Lucia, tschechische Fotografin (Prag 18. 1. 1894 – 17. 5. 1989 Zürich). Der Vater war Rechtsanwalt, die jüdische Familie bürgerlich-sozialistisch orientiert. Nach den Prager Jahren ging die 20jährige nach Wiesbaden, wo sie als Verlagsangestellte tätig war, 1917 nach Leipzig. 1920 heiratete sie den ungarischen Künstler László Moholy-Nagy, von dem sie sich 1929 trennte. Arbeit als Theaterfotografin. Bilder vom Bauhaus, dessen einzige professionelle Fotografin sie war. Sie lebte mit dem kommunistischen Reichstagsabgeordneten und späteren Widerstandskämpfer Theodor Neubauer zusammen. Emigration nach Frankreich, später London, wo sie einen Mikrofilm-Service der britischen Armee leitete. Danach Arbeit in Ländern des Nahen und Mittleren Ostens. Ab 1959 lebte sie in Zürich, dort gab sie biographische Sammlungen heraus und arbeitete für Kunstzeitschriften.
Lit.: Lucia Moholy, Bauhaus-Fotografin, Katalog zur Ausstellung, Berlin 1995; Rolf Sachsse, Lucia Moholy, Düsseldorf 1985.

Monk, Meredith, russisch-jüdisch-US-amerikanische Sängerin und Komponistin (Lima/Peru 20. 11. 1942).
Wer sie mit *Lullaby* einmal auf der Bühne erlebt hat, läßt sich unschwer hineinziehen in die stille Faszination ihrer wandelbaren Stimme, die von meditativer Kraft ist. Mit ihr hat sie Musikgeschichte geschrieben. Mit ihren Eltern, russisch-jüdischen Emigranten, kam sie nach New York und studierte dort Musik, Tanz und Choreographie. Sie gründete die Theatergruppe »The House«, choreographierte, komponierte, sang. Entweder als Solistin oder mit einem Vokalensemble, das sie jahrelang begleitete, ließ sie ohne Worte einfach ihre Stimme in sämtlichen Nuancen und Schattierungen erklingen. Kleine Szenerien entstanden dabei: Alltagsgeschichten, Liebesgeschichten, Klagen, Freudenschreie. Mehr und mehr wandte sie sich dem Film und dem Theater zu, sie schrieb die Science-fiction-Oper *The Games* und *Quarry*, eine Oper für 38 Stimmen. Die jüngsten Veröffentlichungen sind voller Meditationsmusik: *Book of days* oder *Monk and the Abbess*. Die vielseitig begabte Stimm-Experimentatorin lebt und arbeitet in New York. »Ich möchte spirituelle Stücke machen. Unsere Welt braucht Magie, tieferen Sinn.«

Monnot, Marguerite, französische Komponistin (Decize/Nièvre 28. 5. 1903 – 12. 10. 1961 Paris).
Jede(r) kennt den weltberühmten Hit *Milord* von →Edith Piaf, aber wer weiß schon, daß dieses Chanson von Marguerite M. stammt, die unzählige Lieder für ihre Landsmännin schrieb? Sie war die Tochter des Orgelspielers Marius M., wollte eigentlich Komponistin klassischer Werke werden und hatte keinen geringeren Klavierlehrer als Alfred Cortot. Im Fach Komposition war sie bei der legendären →Nadia Boulanger in Paris. Doch berühmt geworden ist sie als Komponistin des Musicals *Irma La Douce* (verfilmt mit Shirley MacLaine) und als Komponistin für Edith Piaf, der sie all ihre musikalische Energie gab und die sie um nur zwei Jahre überlebte.

Monroe, Marilyn, US-amerikanischer Filmstar (Los Angeles 1. 6. 1926 – 5. 8. 1962).

Marilyn Monroe

Daß sie einmal zu den berühmtesten Personen dieses Jh.s gehören würde, hatte sie sich wohl nicht träumen lassen, als sie noch Norma Jean hieß und nichts anderes als »einfach nur wunderbar sein« wollte, so wunderbar wie ihr Idol Jean Harlow.
1944 begann sie als Fotomodell, erste Nebenrollen folgten. Mit *Asphalt Jungle* kam der Durchbruch. *Gentlemen Prefer Blondes* mit dem Lied »Diamonds Are a Girl's Best Friends« brachte ihr den Ruhm. Insgesamt spielte sie in 15 Filmen mit. Obwohl sie ihre Rollen mit Ironie und Komik interpretierte, wurde sie auf das Image des blonden Dummchens und der unschuldigen, sauberen Sexbombe festgelegt. Um nicht länger auf die Knebelverträge der großen Filmstudios angewiesen zu sein und mehr Einfluß auf ihre Rollen zu erlangen, gründete sie ihre eigene Produktionsfirma. Fünf weitere, überwiegend selbst ausgewählte Filme folgten, u. a. *Some Like It Hot* und *The Misfits*. Obwohl von der McCarthy-freundlichen Presse als »Lieblingskind der linken Intelligenz« geächtet, stand sie zu ihrem dritten Mann, Arthur Miller, dem »Amerika-Feind«. 1958 erkrankte sie nach einer zweiten Fehlgeburt an schweren Depressionen. Tabletten- und Alkoholabhängigkeit waren die Folge, ein Aufenthalt in einer psychiatrischen Klinik unumgänglich. 1962 erhielt sie ihren zweiten »Golden Globe« als »beliebteste internationale Schauspielerin«. Ein weiterer Film mit Billy Wilder war geplant, außerdem sollte sie in einem Film Jean Harlow verkörpern.
Ihr mysteriöser Tod durch Medikamentenvergiftung ist Teil der Monroe-Legende. War es Selbstmord, Mord oder ein Unfall? Machte ihr Flirt mit John F. Kennedy sie zur gefährlichen Mitwisserin geheimer Machenschaften? Wilde Spekulationen, an denen wohl in erster Linie Journalisten und Buchautoren verdienten.
In Hollywood galt sie zeit ihres Lebens als begnadetes Naturtalent, aber auch als schüchtern und scheu, mit einem Hang zum Perfektionismus und in ständiger Angst, nicht gut genug zu sein. »Insgeheim habe ich immer das Gefühl gehabt, nicht vollkommen ›echt‹ zu sein. So etwas wie eine gut gemachte Fälschung. Ich glaube, jeder Mensch fühlt das von Zeit zu Zeit. Aber in meinem Fall geht das so weit, daß ich manchmal denke, ich sei nur ein Kunstprodukt.«
Lit.: Marilyn Monroe, dargestellt von Ruth-Esther Geiger, Reinbek 1995.

Montessori, Maria, italienische Ärztin und Pädagogin (Chiaravalle 31. 8. 1870 – 6. 5. 1952 Nordwijk aan Zee).
Ihrer Mutter verdankte sie eine umfassende Bildung, sie wollte zunächst Ingenieurin werden, wechselte aber zur Medizin und wurde, gegen ihres Vaters Willen, 1896 Italiens erste promovierte Ärztin, Spezialgebiet Kinderheilkunde. Aufsehen erregte die Dottoressa mit Vorträgen über die Emanzipation der Frauen und über die Notwendigkeit schulischer Reformen. Sie promovierte auch noch in Naturwissenschaften, Philologie und Philosophie und wurde 1904 Professorin für Anthropologie und Leiterin der psychiatrischen Klinik in Rom. Im Arbeiterviertel San Lorenzo entwickelte und leitete »Mammolina« das erste »Kinderhaus«. Angeregt durch ihre Beobachtung sog. »schwachsinniger Kinder« entwickelte sie neue Methoden der vorschulischen Erziehung. Ihr ging es darum, in einer kindgemäßen Umwelt den Prozeß der kindlichen Selbsttätigkeit und Selbsterziehung zu fördern, sie wollte die »Aktivierung des Intellekts durch Einwirkung der Sinne und des Bewegungsapparates«, die Erwachsenen sollten sich weitgehend zurück- bzw. heraushalten. 1909 wurde ihr Buch *Die Methode der wissenschaftlichen Pädagogik* veröffentlicht, bald in 20 Sprachen übersetzt und Maria M. damit international berühmt. Reisen zu Vorträgen und Ausbildungskursen in europäische Länder und nach Indien. 1929 entstand in Berlin die Internationale Montessori-Vereinigung. 1934 Bruch mit den Faschisten, Schließung ihrer Schulen und Kinderhäuser. Exil in Holland, kurz vor Kriegsausbruch Flucht nach Indien, wo sie ein M.-Zentrum aufbaute. 1947 Rückkehr nach Italien und erneut viele Reisen. Anliegen der »interessantesten Frau Europas« (»Times«) war ihr Leben lang die Entstehung einer menschlicheren Welt, einer Welt ohne Unterdrückung, ohne Kriege – wobei ihr die »Erziehung als Waffe des Friedens« galt.
Lit.: Rita Kramer, Maria Montessori. Biographie, Frankfurt/M. 1995.

Mora, Constancia de la, spanische Schriftstellerin (Madrid 20. 1. 1906 – 1950).
Sie stammte aus dem Adel, wurde in klösterlicher Abgeschiedenheit erzogen und auf die Ehe vorbereitet. Aber sie brach mit der Scheinwelt, trennte sich von ihrem Mann und engagierte sich für die spanische Republik. Lieber wollte sie das Brot für sich und ihre Tochter selbst verdienen, als das behütete adelige Leben weiterzuführen. Ihr zweiter Mann war Oberbefehlshaber der Luftstreitkräfte der Volksarmee im spanischen Freiheitskampf. Ihre Erinnerungen, *Doppelter Glanz. Die Lebensgeschichte einer spanischen Frau* (1977), stellen das Zeitdokument eines Frauenlebens unter dem spanischen monarchistischen Regime dar.

Morata, Olympia Fulvia, italienische Philosophin (Ferrara 3. 2. 1526 – 26. 10. 1555 Heidelberg).
Aufgrund ihrer Kenntnisse und philosophischen Texte in Griechisch und Lateinisch galt sie als Wunderkind. Als junges Mädchen lebte sie am Hof des Herzogs D'Este von Ferrara als Gefährtin seiner Tochter Anna, fiel jedoch in Ungnade und mußte zu den Eltern zurück. Heirat mit dem deutschen Arzt Andreas Grundler und Übersiedlung nach Schweinfurt. Sie befaßte sich mit Fragen des Humanismus, des Glaubens, der Wissenschaften und der Ehe, war eine der gelehrtesten Frauen ihrer Zeit. Nach einer Belagerung und fast völligen

Zerstörung Schweinfurts mußte das Paar fliehen und fand Zuflucht beim Grafen von Erbach im Odenwald. Grundler wurde 1554 an die Heidelberger Universität berufen, im gleichen Jahr sollte auch Olympia Fulvia M. einen Ruf als Dozentin für Griechisch erhalten. Sie war jedoch bereits zu krank und starb.
Lit.: Olympia Fulvia Morata, Briefe, Leipzig 1990.

Moreau, Jeanne, französische Schauspielerin (Paris 22. 1. 1928).
Ihr Vater stammte vom Lande und führte mit seinem Bruder ein Nachtlokal, ihre Mutter kam von der Küste aus Lancashire und tanzte bei den »Tiller Girls«. Gegen den Willen ihres Vaters nahm sie Schauspielunterricht. Bereits 1947 erhielt sie ihre erste große Rolle an der renommierten Comédie Française. Bekannt wurde sie durch Filme wie *Moderato Cantabile* (1960) nach einem Roman von →Marguerite Duras, *Jules et Jim* (1961), *Tagebuch einer Kammerzofe* (1963), *Viva Maria* (1965) und *Querelle* (1982). Sie arbeitete mit den Regisseuren Orson Welles, Luis Bunuel, Louis Malle, Joseph Losey, François Truffaut und Rainer Werner Fassbinder zusammen. In ihren Filmen prägt sie das Bild einer selbstbestimmten und sinnlichen Frau. Viele Preise und Erfolge auch am Theater.
Im April 1971 unterstützte sie das »Manifest der 343« in »Le Nouvel Observateur« (Selbstbezichtigungskampagne) gegen die repressive Gesetzgebung zum Schwangerschaftsabbruch.
Sie sagt von sich selbst: »Ich habe mein Leben bekommen wie der Bauer sein brachliegendes Feld. An mir liegt es, das Unkraut auszureißen, die Steine einzusammeln, den Boden zu verbessern – und die Zeit ist knapp bemessen!«
Lit.: Jean-Claude Moreau, Jeanne Moreau. Ein Künstlerporträt, München 1990.

Morgenstern, Lina, deutsche Schriftstellerin (Breslau 25. 11. 1830 – 16. 12. 1909 Berlin).
Geprägt durch die Revolution von 1848, begann Lina M. an ihrem 18. Geburtstag mit ihrem sozialen und politischen Engagement. Dies schlug sich im Laufe ihres Lebens in der Gründung zahlloser Organisationen nieder, die sich für die Interessen der Frauen stark machten. Kümmerte sie sich zunächst um mittellose Schulkinder, so führte sie nach ihrer Heirat und der Geburt von fünf Kindern ein Dasein als Hausfrau und Mutter. Doch ab 1859 widmete sie sich der gesellschaftlichen Situation der Frauen und ihrer Kinder. Sie förderte die Fröbelschen Kindergärten, gründete einen Kinderschutzverein und mehrere Berufsschulen für junge Frauen. Gemeinsam mit →Louise Otto-Peters hob sie den ersten Arbeiterinnen-Fortbildungsverein aus der Taufe. 1866 erfand Lina M. die sogenannte »Volksküche«, die mittellose Familien in Kriegszeiten preisgünstig mit einer warmen Mahlzeit versorgte und den berufstätigen Frauen gleichzeitig das Kochen abnahm. Ihr brachte dies den Namen »Suppen-Lina« ein. Ein unerfreuliches Resultat dieser Arbeit waren antisemitische Angriffe, die ihre Gesundheit stark beeinträchtigten. Nichtsdestotrotz gründete sie den »Hausfrauen-Verein«, aus dem wiederum mehrere gemeinnützige Einrichtungen hervorgingen. Lina M. gab die »Deutsche Hausfrauen-Zeitung« heraus und ernährte ihre Familie als Schriftstellerin, nachdem ihr Ehemann mit seiner Fabrik bankrott gegangen war. Getreu ihrem Motto: »Wir Frauen verlangen nicht Gnade,

sondern Gerechtigkeit« war sie auch in der Frauenbewegung aktiv. Sie trat für das Frauenstimmrecht ein und initiierte 1896 den ersten internationalen Frauenkongreß auf deutschem Boden. Als Mitglied der »Deutschen Friedensgesellschaft« engagierte sie sich überdies zu Beginn dieses Jahrhunderts für die deutsch-französische Annäherung.

Morgner, Irmtraud, deutsche Erzählerin und Schriftstellerin (Chemnitz 22. 8. 1933 – 6. 5. 1990 Berlin).

Nach der Arbeiter- und Bauernfakultät in Leipzig Studium der Germanistik bei Ernst Bloch und Hans Mayer. Mit Heiterkeit und Gelächter (»Lachen macht offensiv«), mit selbstverständlicher Würde überschritt Irmtraud M. Grenzen, öffnete sie den Frauen das Tor zum Eintritt in die Historie. Ihre Frauengestalten sind leicht, können fliegen, können endlos Geschichten erzählen, wie Bele in der *Hochzeit von Konstantinopel* oder *Amanda,* und sind dabei fröhlich, eigenwillig und überlegen. Ausweglose Situationen werden von Göttinnen gelöst: Sie fliegen durch die Luft, gleiten durch Kamine, kichernd und verwegen. Aber in diesem schöpferischen Chaos mit der Ordnung einer heiteren Humanität wird eines ganz klar: Die Frauen sind die Hoffnungsträgerinnen der Welt. Kein Zweifel, daß der neue Mensch vom Weiblichen veredelt ist und Bele, Beatrice und Laura-Amanda androgyne Wesen sind, die das Männliche gebändigt und besänftigt und von seiner Unheilsgeschichte gereinigt haben.

Erstes Aufsehen erregte ihr Roman *Hochzeit in Konstantinopel*, der ihr 1968 zum Durchbruch verhalf. Es folgten 1970 die *Gauklerlegende* und 1972 *Die wundersamen Reisen Gustav des Weltfahrers, lügenhafter Roman mit*

Irmtraud Morgner

Kommentaren. Ihr Hauptwerk, der erste Teil ihrer Trilogie mit den Variationen über das Thema »Der Eintritt der Frau in die Historie«, erschien 1974: *Leben und Abenteuer der Trobadora Beatriz nach Zeugnissen ihrer Spielfrau Laura, Roman in dreizehn Büchern und sieben Intermezzos.* »Was ich anbiete, ist der Roman der Zukunft«, schrieb sie. Langes Zögern des Verlags, aber die Hexe schaffte es, der verkrusteten Gesellschaft dieses phantastische, kühne Riesinnenbuch anzuzaubern. 1983 folgte der zweite Band der Trilogie: *Amanda, ein Hexenroman.* Laura, die Spielfrau von Beatriz, ist hier das Doppelwesen Laura/Amanda, die eine Kulturrevolution anzettelt, um das männliche System mit seiner Wertskala zu stürzen. Im dritten Teil kehrt die Trobadora aus dem Totenreich zurück. Als Sirene im Federkleid, dessen Federn von ihr abfallen.

An Preisen wurden Irmtraut M. 1975 der Heinrich-Mann-Preis, 1977 der DDR-Nationalpreis, 1985 der Roswitha-von-Gandersheim-Literaturpreis verliehen, bei dessen Dankrede sie den vermutlich durchlittenen Satz prägte:

»Dichten verlangt einen aufrechten Gang.«
Lit.: Kristine von Soden (Hg.), Irmtraud Morgners Hexische Weltfahrt. Eine Zeitmontage, Berlin 1991.

Morisot, Berthe, französische Malerin (Bourges 14. 1. 1841 – 12. 3. 1895 Paris).
Von den Eltern gefördert, erhielt Berthe M. zusammen mit ihrer Schwester Edma schon als kleines Mädchen Zeichen- und Malunterricht. Einer ihrer Lehrer: »Sie werden Malerin werden. Wissen Sie, was das heißt? In Ihrer Position ... wird das eine Revolution sein, beinahe möchte ich sagen: eine Katastrophe.« Von 1861 an wurde Berthe M. im Privatunterricht bei Corot ausgebildet, der damals zu den bedeutendsten Malern zählte. 1864 wurden zwei ihrer Bilder im Pariser Salon angenommen – der Durchbruch in ihrer künstlerischen Karriere. Als sie im Louvre alte Meister kopierte, traf sie Edouard Manet. Mit ihm verband sie eine lange freundschaftliche Arbeitsbeziehung. Berthe M. wagte nun, sich von der akademischen Tradition zu lösen, und Manet begann erstmalig, im Freien zu malen. »Fünf oder sechs Wahnsinnige ... einer von ihnen ist eine Frau.« So kommentierte der »Figaro« die Ausstellung der Impressionisten von 1876, an denen sich Berthe M. trotz aller Anfeindungen seit 1874 beteiligte. Im gleichen Jahr heiratete sie Manets Bruder Eugène, und 1878 wurde ihre Tochter Julie geboren, die sie sehr oft zeichnete und malte. Ihre Bilder in Öl, Pastell, Aquarell, Zeichnungen, Radierungen und Lithographien zeigen oft alltägliche Szenen, flüchtige Augenblicke, impressionistisch in schimmerndem Licht. »Das Leben ist ein Traum, und der Traum ist wahrer als die Wirklichkeit; dann ist man seiner selbst bewußt, nur seiner selbst. Wenn man eine Seele hat, hier ist sie.«
Lit.: Berthe Morisot, Zeichnungen, Pastelle, Aquarelle, Gemälde, eingel. von Elizabeth Mongan, Hamburg 1961.

Moser, Mentona, deutsch-schweizerische Politikerin (Badenweiler 19. 10. 1874 – 10. 4. 1966 Berlin).
Sie stammte aus einer der reichsten Familien der Schweiz. Nach dem frühen Tod des Vaters Kindheit am Züricher See, danach Ausbildung in einem englischen Mädchenpensionat. Arbeit in einem Londoner Armenviertel, einem von Studentinnen der Frauen-Universität gegründeten Settlement. Nach einer Ausbildung als Krankenschwester Rückkehr in die Schweiz, wo sie in staatlichen und kommunalen Fürsorgeeinrichtungen tätig war und die erste Schule für soziale Arbeit in der Schweiz mitbegründete. Die sozialdemokratische Angestellte bei der Jugendhilfsorganisation »Pro Juventute« wurde Mitglied der gerade gegründeten Kommunistischen Partei und 1921 Leiterin der Frauenabteilung. Dort setzte sie sich u. a. für das Frauenwahlrecht, für die Rechte der Arbeiterinnen und für das Recht auf Schwangerschaftsabbruch ein. Antifaschistische Tätigkeit als Mitarbeiterin und später verantwortliche Funktionärin der »Internationalen Roten Hilfe« in Deutschland, Frankreich, Holland, Belgien und England. 1950 Übersiedlung nach Berlin und Annahme der DDR-Staatsangehörigkeit.
Lit.: Mentona Moser, Unter den Dächern von Morcote. Meine Lebensgeschichte, Berlin 1985.

Moses, Anna Mary, US-amerikanische Malerin (Greenwich/New York 7. 9. 1860 – 13. 12. 1961 Hoosick Falls/New York).

»Grandma Moses«, wie sie ehrenhalber genannt wurde, begann nach dem Tod ihres Mannes mit 77 Jahren zu malen, zu ihrem Vergnügen, um sich zu beschäftigen, wie sie selbst sagte, nachdem eine Arthritis das Sticken nicht mehr erlaubte. Der Vorschlag kam, die Bilder auszustellen, und sie tat es: »Einige stellte ich auch auf der Messe in Cambridge aus, zusammen mit eingemachtem Obst und Himbeermarmelade. Ich bekam einen Preis für das Obst und die Himbeermarmelade, aber mit den Bildern war es nichts.« Drei Jahre später kam die erste Ausstellung ihrer naiven Bilder in New York.

Anna Mary Robertsons mußte ab dem 12. Lebensjahr ihren Unterhalt als Dienstmädchen verdienen. Nach ihrer Heirat mit 27 Jahren zog sie auf ihrer Farm in Virginia ihre 10 Kinder groß.

In den letzten zwei Jahrzehnten ihres Lebens schuf die »malende Großmutter« vergnügt am Küchentisch insgesamt etwa 1500 Bilder von idyllischen Landschaften und Menschen ihrer Heimat. Sie wunderte sich sehr, daß sie damit so viel Geld verdienen konnte. Trotz hoher Ehrungen ist sie bescheiden geblieben: »Ich liebe meinen eisernen Ofen, und jetzt hat man Gas und elektrische Herde; in meiner Kindheit waren wir langsamer, aber wir führten ein glückliches und gutes Leben. Ich glaube, die Menschen genossen das Leben mehr, mir erschienen sie wenigstens glücklicher – heute nehmen sie sich nicht mehr die Zeit, glücklich zu sein.«

Müller, Gertrud, deutsche Widerstandskämpferin (Stuttgart 29. 11. 1915).

Dem jungen Mädchen aus einer Arbeiterfamilie wurde von den Eltern noch das achte Volksschuljahr zugestanden, dann ein Jahr Handelsschule. Danach arbeitete Gertrud Wieland als kaufmännische Angestellte. Mit 15 Jahren wurde sie Mitglied in der kommunistischen Jugend. Mit 17 wegen Flugblattverteilens zum ersten Mal verhaftet, kam sie jedoch nach kurzer Zeit aus dem Stuttgarter Frauengefängnis wieder frei. Vater und Bruder waren nach dem Reichstagsbrand ebenfalls in U-Haft, und nach ihrer Freilassung waren Hausdurchsuchungen und Bespitzelungen an der Tagesordnung. Weitere Verhaftungen folgten. 1937 Heirat mit ihrem Genossen Hans Müller, der ebenfalls immer wieder in »Schutzhaft« geriet und mißhandelt wurde. Die Gründe: »Abhören feindlicher Sender«, »Werkspionage«, »Wehrkraftzersetzung«, »Vorbereitung zum Hochverrat« u. a. m. Gertrud M. wurde tagelang von der Gestapo verhört, mußte ins Arbeits- und Erziehungslager Rudersberg, dann 13 Monate in Einzelhaft, danach ein Jahr ins Konzentrationslager Ravensbrück und schließlich ins Kriegsproduktions-KZ der Württembergischen Metall-Waren-Fabrik (WMF) in Geislingen/Steige. Am 30. 4. 1945 wurde sie aus einem Außenlager von Dachau befreit.

Der Widerstand gegen Ungerechtigkeit und Unmenschlichkeit hat ihr Leben bestimmt: In den fünfziger Jahren wurden sie und ihr Mann als Kommunisten erneut diskriminiert und verfolgt. Ungebrochen demonstrierte sie dennoch für Frieden und gegen atomare Aufrüstung, z. B. 1987 in Mutlangen. Heute ist sie Vorsitzende der »Lagergemeinschaft Ravensbrück« und Vizepräsidentin des »Internationalen Ravensbrück-Komitees«.

Münter, Gabriele, deutsche Malerin und Graphikerin (Berlin 19. 2. 1877 – 19. 5. 1962 Murnau).
Mit Anfang 20 wurde sie an einer Düsseldorfer Damen-Kunstschule im Zeichnen unterrichtet, reiste zwei Jahre in die USA und begann 1901 in München Kunst zu studieren.
Einer ihrer Lehrer war W. Kandinsky, mit dem sie eine langjährige Beziehung verband. Aus ihrem Freundeskreis mit den Malern A. Jawlensky, P. Klee, A. Macke u. a. ging 1909 die »Neue Künstlervereinigung« und 1911 der »Blaue Reiter« hervor. Bei Kriegsbeginn mußte Kandinsky Deutschland verlassen, und Gabriele M. malte über viele Jahre nicht mehr. Unter den Nationalsozialisten galt ihre Kunst als »entartet«. In den fünfziger Jahren wurden in vielen Städten Gabriele M.s Bilder wieder gezeigt, die mit ihren wenigen kräftigen Farben und der Betonung der Umrisse an die alte Technik der Hinterglasmalerei erinnern.
Lit.: Gabriele Münter 1877-1962, Retrospektive, hg. von Annegret Hobert u. Helmut Friedel, München 1992.

Myrdal, Alva, schwedische Abrüstungsexpertin und Schriftstellerin (Upsala 31. 1. 1902 – 1. 2. 1986 Stockholm).
»Krieg ist Mord. Und die militärischen Vorbereitungen, die heute für eine große Konfrontation getroffen werden, haben den Massenmord zum Ziel.« So eine der profiliertesten Frauen im Einsatz für Abrüstung und Frieden. Alva M. studierte Psychologie, Pädagogik, Philosophie und Soziologie und erwarb in Schweden und in Amerika akademische Grade. In der Wahl ihrer verschiedenen beruflichen Tätigkeiten war sie außerordentlich vielfältig. Sie war Gefängnispsychologin, gründete eine Schule für Säuglingsschwestern und Kindergärtnerinnen, arbeitete in der Gewerkschaftsbewegung, war zehn Jahre Vizepräsidentin des Bundes berufstätiger Frauen, leitete die Sozialabteilung der UNO, war Botschafterin in Burma, Ceylon und Neu Delhi, Delegierte Schwedens in Genf, Mitglied des Reichstages, Kirchenministerin und Ministerin für Abrüstungsfragen. Außerdem war sie mit dem Nationalökonomen, Hochschullehrer und Schriftsteller Gunnar Myrdal verheiratet und zog drei Kinder groß, allerdings nicht ohne Konflikte. Mit ihrem Mann zusammen hat sie wesentlich dazu beigetragen, Schweden im Sinne eines Wohlfahrtsstaates zu verändern, und sie war zudem eine erfolgreiche Autorin: *Die Doppelrolle der Frau in Beruf und Gesellschaft*, *Das Spiel um die Abrüstung*, *Ungleichheit im Wohlfahrtsstaat* u. v. m. Gemeinsam mit ihrem Mann wurde sie 1970 mit dem Friedenspreis des Deutschen Buchhandels ausgezeichnet, 1982 erhielt sie den Friedensnobelpreis.

N

Nelis, Mary, nordirische Politikerin (Derry 14. 8. 1933).
Aufgewachsen ist sie in einem katholischen Arbeiterghetto der Stadt Derry. Mit 13 Jahren arbeitete sie in einer Textilfabrik und war die einzige in der sechsköpfigen Familie, die Geld verdiente. Mit 16 eine der Hauptorganisatorinnen eines Streiks in der Textilfabrik. Ihr Mann mußte in England arbeiten, somit erzog sie ihre acht Söhne und die Tochter allein. Die junge Mut-

ter setzte sich gegen die Ungerechtigkeiten gegen die katholischen Ghettobewohner/innen ein, organisierte Aktionen, um Kinderspielplätze und asphaltierte Straßen von der Stadt einzufordern. Mit anderen Frauen besuchte sie den zuständigen Abgeordneten – das erste Mal, daß katholische Frauen das von Protestanten geführte Stadtparlament betraten.

Anfang der siebziger Jahre wurden drei Söhne wegen IRA-Mitgliedschaft verhaftet. Um die Öffentlichkeit und vor allem die Kirche auf die Situation der politischen Gefangenen aufmerksam zu machen, kettete sie sich, nur in Dekken gehüllt, an die katholische Kathedrale von Derry; eine Protestform, die später von anderen Müttern von nordirischen Gefangenen übernommen wurde. Mary N. wurde, obwohl sie sich weiter als gläubige Katholikin verstand, aus der Kirche ausgeschlossen.

In ihrem Stadtteil gründete sie ein »Community-Center«, in dem u. a. auch Ausbildungsmöglichkeiten für Frauen eingerichtet wurden. In der Sozialdemokratischen Partei Nordirlands war sie einige Jahre aktives Mitglied, diese Partei war ihr aber nicht radikal genug. So trat sie der Partei Sinn Féin bei und ließ sich gegen den Willen ihrer Familie 1993 als Abgeordnete in den Stadtrat wählen, wo sie bis heute tätig ist. Ihr Arbeitsschwerpunkt liegt in der Förderung sozial benachteiligter Frauen.

Nelken, Dinah, eigentlich Bernhardina Schneider, deutsche Schriftstellerin (Berlin 16. 5. 1900 – 14. 1. 1989 Berlin).

Sie stammte aus einer Schauspielerfamilie, heiratete mit 17, ließ sich mit 20 scheiden. Ein Sohn, Peter. Für die Zeitschriften »Tempo«, »Uhu«, »Die Dame«, »Am Mittag« schrieb sie Kurzgeschichten, Gedichte, Feuilletons und Werbetexte. Erster Roman *Eineinhalb-Zimmer-Wohnung* (1933). 1928 Gründung des Kabaretts »Die Unmöglichen« zusammen mit ihrem Bruder Rolf Gero. 1933 bis 1936 war ihr späterer Mann H. Ohlenmacher im KZ Esterwegen. Als er entlassen wurde, ging sie mit ihm nach Wien. Ihr 1938 erschienener, vom Bruder illustrierter Liebesroman *Ich an Dich* hat bis heute eine Auflage von 500 000 erreicht, er wurde 1939 verfilmt: *Eine Frau wie du.* Als die deutschen Faschisten Österreich überrollten, flohen Dinah N., ihr Mann und ihr Bruder nach Jugoslawien und Italien, wo sie im Widerstand tätig waren. (Roman *Spring über deinen Schatten, spring,* 1956). 1950 kehrte Dinah N. nach West-Berlin zurück und arbeitete als freie Schriftstellerin. Ihr Roman mit autobiographischen Anteilen *Das angstvolle Heldenleben einer gewissen Fleur Lafontaine* (1971) wurde 1976 in der DDR verfilmt. Auch ihre Bücher wurden bis Ende der achtziger Jahre nur in der DDR veröffentlicht, wo sie zahlreiche Preise erhielt. Der autobiographische Roman *Lyrischer Lebenslauf einer dichtenden Dame* blieb unvollendet.

Nemcova, Bozena, geb. Prankl, tschechische Schriftstellerin (Wien 4. 2. 1820 – 21. 1. 1862 Prag).

Ihr Vater war Kutscher, die Mutter Dienstmädchen bei einer Herzogin, erzogen wurde Barbara Prankl von ihrer tschechischen Großmutter und danach von einer deutschen Familie. Um der Mutter zu gehorchen, heiratete sie den 15 Jahre älteren Finanzinspektor Joseph Nemec, mit dem sie vier Kinder hatte. Ihr Engagement in der Revolution von 1848, vor allem bei der Landbevölkerung, zog Polizeiaufsicht und -bespitzelung nach sich. Sie zeichnete Volksmärchen auf, schrieb selbst Erzählungen und politisch relevante Artikel. Hauptthemen ihrer Werke waren der Gegensatz von Arm und Reich, die moralische Stärke einfacher Frauen und die Überzeugung, daß es möglich sei, Ungerechtigkeit zu überwinden. Vor allem aufgrund ihres vielgelesenen und in viele Sprachen übersetzten Romans über die Babička, *Die Großmutter* (1855, über 300 Auflagen, in zwanzig Sprachen übersetzt), gilt sie als Begründerin der realistischen tschechischen Literatur.

Neuber, Friederike Caroline, deutsche Schauspielerin und Theaterleiterin (Reichenbach/Vogtland 9. 3. 1697 – 30. 11. 1760 Laubegast b. Dresden).
Die Tochter des sächsischen Advokaten Weißenborn unternahm zwei Fluchtversuche vor ihrem strengen und prügelnden Vater; der erste brachte ihr sieben Monate Gefängnis ein, der zweite endete mit der Heirat mit dem Gehilfen des Vaters, Johann Neuber, und war der Beginn ihres Wanderlebens. Mit einer eigenen Schauspielertruppe zog sie von 1727 bis 1750 durch Deutschland, reiste sogar nach St. Petersburg an den Hof Katharinas II. Sie selbst spielte so gut wie alle Rollen auf der Bühne, brachte die Kunst unter das Volk und reformierte das Theater. 1737 verbannte sie in symbolischem Akt in Leipzig den damals gängigen, groben und rüden Hanswurst von der ernsthaften Theaterbühne. Ihre Freundschaft mit dem Aufklärer Johann Christoph Gottsched bescherte ihr zahlreiche Dramen mit differenzierten Männer- und Frauenrollen. Die »Neuberin« starb verarmt, als »lasterhafte Schauspielerin« durfte sie nicht auf dem örtlichen Friedhof beerdigt werden.

Lit.: Petra Oelker, »Nichts als eine Komödiantin«. Die Lebensgeschichte der Friederike Caroline Neuber, Weinheim 1993; Angelika Mechtel, Die Prinzipalin, Frankfurt/M. 1997.

Nevelson, Louise, eigentlich Lisa Berliawsky, US-amerikanische Bildhauerin (Kiew 23. 9. 1899 – 17. 4. 1988 New York).
Ihre Familie wanderte 1905 nach Amerika aus. Sie studierte Malerei, Gesang, Tanz und Schauspiel in New York und in München, befaßte sich mit indianischer und afrikanischer Kunst, arbeitete mit Diego Rivera zusammen. 1920 bis 1931 Ehe mit C. Nevelson, ein Sohn. »Für mich beschränkte sich das Leben nicht auf die wechselseitige Ergänzung von Herr und Knecht. Und so gab ich mir das größte Geschenk, das ich mir machen konnte, mein eigenes Leben.« Ab den dreißiger Jahren galt ihr Interesse der Skulptur. Erste Ausstellungen ab 1940. Ab 1955 arbeitete sie an den berühmt gewordenen »Schattenboxen«. Louise N. sammelte Fundstücke aus Holz, auch Abfall, und fügte sie in großen Formaten zusammen. Die Assemblagen, die streng architektonisch aufgebaut sind und teilweise an Altäre erinnern, strich sie in Schwarz, Weiß oder Gold an. Sie gilt als eine der bedeutendsten Bildhauerinnen dieses Jh.s. »Ich spüre, daß meine Arbeiten eindeutig feminin sind. Die weibliche Mentalität hat etwas an sich, das zum Himmel aufsteigen kann. Der weibliche Geist ist positiv und dem des Mannes nicht gleich.«

Ngoyi, Lilian, südafrikan. schwarze Politikerin (Gamatlata/Pretoria 1911 – 12. 3. 1980 Orlando/Johannesburg).
Jahrelang war sie Vorsitzende der 1954 gegründeten Föderation südafrikani-

scher Frauen und der ANC-Frauenliga. Am 9. August 1956 führte sie die berühmt gewordene Frauendemonstration an, bei der 20 000 Frauen – Afrikanerinnen, Inderinnen, Farbige und Weiße – das Regierungsviertel in Pretoria umlagerten, um gegen die rassistischen Paßgesetze zu protestieren. Sie wurde mehrmals verhaftet und unter Bann gestellt und mußte sich mit Näharbeiten den kargen Lebensunterhalt verdienen.
Nach elf Jahren Bann und Hausarrest sagte sie: »Ich muß sagen, ich hatte eine harte Zeit, aber sie haben mich nicht kleingekriegt. Ihr könnt meinen Freunden in der Welt erzählen: Diese Frau ist noch die alte. Vielleicht ein bißchen reifer nach all diesen Erfahrungen.«

Niederkirchner, Käte, deutsche Widerstandskämpferin (Berlin 7. 10. 1909 – 28. 9. 1944 KZ Ravensbrück).
Katja, wie sie genannt wurde, wuchs in einer Arbeiterfamilie auf, machte eine Schneiderlehre und war im Arbeitersportverein aktiv. Während des Streiks der Berliner Verkehrsarbeiter wurde sie im November 1932 von der Polizei festgenommen. Als Kommunistin wurde sie mit ihren Eltern und Geschwistern 1933 aus Berlin verwiesen. Während des Krieges leistete sie in der Sowjetunion Aufklärungsarbeit unter deutschen Kriegsgefangenen und arbeitete an deutschen Sendungen aus Moskau mit. Im Oktober 1943 sprang sie mit dem Fallschirm über Deutschland ab. Auf der Fahrt nach Berlin wurde sie von der SS verhaftet, von der Gestapo gefoltert, nach Ravensbrück deportiert und im Frauen-KZ erschossen. Bis 1995 trug eine Straße im Zentrum Berlins den Namen der Widerstandskämpferin. Da aber die Käte-Niederkirchner-Straße inmitten des für die Regierung vorgesehenen Viertels liegt, wurde sie jetzt in »Am Preußischen Landtag« umbenannt.

Käte Niederkirchner

Lit.: Eberhard Panitz, Käte Niederkirchner, Eine biografische Erzählung, Schkeuditz 1995.

Nightingale, Florence, englische Krankenpflegerin (Florenz 15. 5. 1820 – 13. 8. 1910 London).
Zum Entsetzen ihrer reichen, angesehenen Familie wollte sie schon früh Pflegerin werden. Das war damals noch kein Beruf und wurde nur von Frauen aus niedrigstem Stand ausgeübt. Bei den Kaiserswerther Diakonissen absolvierte sie ihre Ausbildung, die sie bei den Barmherzigen Schwestern in Paris fortsetzte. Im Krimkrieg gegen Rußland 1853 bis 1856 organisierte sie im Auf-

trag der englischen Regierung die Lazarette, revolutionierte dabei das Sanitätswesen und rettete mit ihren Hygienemaßnahmen Tausenden von Soldaten das Leben. Nach dem Krieg kämpfte sie für bessere hygienische und medizinische Betreuung der englischen Kasernen und Krankenhäuser in Indien. In England und in den Kolonien baute sie die Ausbildung von Krankenschwestern und Militärärzten auf. 1860 Gründung der Nightingale-Schule in London, Krankenpflege war nun ein Lehrberuf, die Qualität der Krankenhäuser wurde erheblich verbessert. 1907 erhielt sie eine hohe Auszeichnung vom englischen König, und 1908 wurde sie Ehrenbürgerin von London.

Nin, Anaïs Juana Edelmira Antolina, US-amerikanische Schriftstellerin (Neuilly-sur-Seine 21. 2. 1903 – 14. 1. 1977 Los Angeles).

Ihre Mutter stammte aus einer nach der Revolution in die Karibik geflüchteten, französischen Adelsfamilie. Ihr Vater, spanischer Pianist, Komponist und Dandy, verließ die Familie, als Anaïs N. zehn Jahre alt war. Damals begann sie, ihre Erlebnisse und Gefühle einem Tagebuch anzuvertrauen. Mit 13 Jahren kam sie nach Amerika, mit 16 Jahren stand sie Künstlern Modell. Drei Jahre später Heirat mit dem amerikanischen Bankier H. Guiler, mit dem sie in Louveciennes b. Paris lebte. Liebesbeziehungen zu Henry Miller und seiner Frau June, dann zu Otto Rank, dem Psychoanalytiker. Mit ihm kehrte sie vor Kriegsbeginn in die USA zurück. Ihr Haus in Greenwich Village war Treffpunkt vieler bedeutender Künstler wie S. Dali, M. Ernst und Schriftsteller wie T. Williams, W. Saroyan. Erst die Veröffentlichung von sieben Bänden ihrer Tagebücher im Verlauf der sechziger Jahre brachte den ersehnten Erfolg. Die poetischen und außerordentlich offenen Schilderungen von Sexualität, Erotik und Liebe (»Ich bin die größte Liebhaberin der Welt.«) erregten spektakuläres Aufsehen und begründeten ihren Weltruhm. Anaïs N. schrieb auch erotische, von der Psychoanalyse beeinflußte Romane und Erzählungen, so u. a. *Haus des Inzests, Das Delta der Venus, Ein Spion im Haus der Liebe.*

Lit.: Anaïs Nin, Pfauenfedern. Erzählungen, Reinbek 1995; Elisabeth Barillé, Maskierte Venus. Das Leben der Anaïs Nin, München 1992; Noël Riley Fitch, Anaïs. Das erotische Leben der Anaïs Nin, Wien 1995; Linde Salber, Tausendundeine Frau. Die Geschichte der Anaïs Nin, Reinbek 1995.

Noce, Teresa, italienische Gewerkschafterin und Politikerin (1900 – Januar 1980).

Sie war das zweite Kind einer alleinstehenden Arbeiterin und mußte schon mit 10 Jahren in die Fabrik. Die Fiat-Arbeiterin kämpfte mit 12 Jahren gegen den Zehnstundentag, mit 15 gegen den Kriegseintritt Italiens, mit 19 für die Bewegung der Fabrikräte. Die »Sturmwindmadonna« gehörte 1921 zu den Gründer/innen der PCI, der kommunistischen Partei Italiens. Sie verbrachte mit ihrem Gefährten, dem PCI-Funktionär Luigi Longo, viele Jahre im Moskauer und Pariser Exil. Dort wurde sie unter dem Tarnnamen »Estella« Leiterin einer Gruppe der »Freischärler und Partisanen« (FTP). Sie wurde verhaftet, deportiert, und sie überlebte das Konzentrationslager Ravensbrück. Nach der Befreiung vom Faschismus wurde sie Gewerkschaftssekretärin und PCI-Abgeordnete.

Lit.: Teresa Noce, Estella. Autobiografie

einer italienischen Revolutionärin, Frankfurt/M. 1981.

Noether, Emmy, deutsche Mathematikerin (Erlangen 23. 3. 1882 – 14. 4. 1935 Bryn Mawr/ Penns.).
Nach Höherer Töchterschule und dem Lehrerinnenexamen beschloß die Tochter eines bekannten Mathematikers, Mathematik, Romanistik und Geschichte zu studieren, was allerdings nur als »Hospitantin« möglich war, denn Frauen waren zum Studium in Preußen noch nicht zugelassen. Danach Studium in Göttingen, u. a. bei dem Mathematiker F. Klein, einem Förderer der Mädchenbildung und des Frauenstudiums, und wieder in Erlangen. Promotion 1907. Arbeit ohne Vertrag am Mathematischen Institut. Nach vergeblichen Bemühungen um die Zulassung zur Habilitation war diese schließlich dank der Initiative von Albert Einstein 1919 möglich, und im gleichen Jahr wurde Emmy N. als erste habilitierte Frau und erste Privatdozentin für Mathematik zugelassen. Zu den Vorlesungen »der Noether«, wie es hieß, kamen Student/innen aus allen Teilen Deutschlands, aus den USA und der Sowjetunion, aus europäischen Ländern, aus China und Japan. Internationale Anerkennung für die nach wie vor unentgeltlich geleistete wissenschaftliche Arbeit, keinerlei Anerkennung von der deutschen Standesorganisation. 1933 endgültiger Entzug der Lehrerlaubnis für die Jüdin und Pazifistin; Emigration in die USA, lediglich befristete Gastprofessuren am Frauencollege Bryn Mawr bei Princeton, wo sie an den Folgen einer Operation starb. Alle bedeutenden deutschen Mathematiker hätten bei und von ihr gelernt, der »größten Mathematikerin, die jemals gelebt hat«. So hieß es in den Nachrufen für »das schöpferischste mathematische Genie, das hervorgebracht wurde, seit das Hochschulstudium der Frau existiert« (Einstein).

Noll-Hasenclever, Eleonora, deutsche Bergsteigerin (Niederrhein 4. 8. 1880 – 18. 8. 1925 Bishorn/Wallis).
Seit ihrer Pensionatszeit in Lausanne liebte die Niederrheinerin die Berge. Der seinerzeit bekannteste Bergführer Alexander Burgener brachte ihr die notwendigen Fertigkeiten bei; nach der Bezwingung von 21 Viertausendern hatte das »Gamsl« ausgelernt, gehörte nun zur Bergsteigerelite Europas. Sie bewältigte schwierige Touren, u. a. viele Erst- und Alleinbesteigungen. Achtmal bestieg sie das Matterhorn und mehrmals den Mont Blanc. Auch nach ihrer Heirat mit dem Berggefährten Johannes Noll und der Geburt ihrer Tochter verbrachte sie ihre freie Zeit in den Bergen. Mit ihrem Mann machte sie den aus Goethes *Dichtung und Wahrheit* bekannten »Gutleuthof« in Frankfurt zu einem Treffpunkt für Berg- und Kunstfreunde. 1925 geriet sie beim Abstieg vom Bishorn im Wallis in eine Lawine, aus der sie nicht mehr rechtzeitig geborgen werden konnte.

O

O'Keeffe, Georgia, US-amerikanische Malerin (nahe Sun Prairie/Wisc. 15. 11. 1887 – 6. 3. 1986 Santa Fé).
Bereits mit zehn Jahren beabsichtigte die Tochter eines Farmers Malerin zu werden. Sie erhielt Zeichenunterricht,

Georgia O'Keeffe

studierte in Chicago und New York. Um Geld zu verdienen, zeichnete sie Entwürfe für Spitzen und Stickereien und arbeitete als Kunstlehrerin. Der New Yorker Fotograf und Galerist A. Stieglitz stellte ihre Bilder, die zu den ersten abstrakten in Amerika gehörten, aus und ermöglichte ihr mit einem Stipendium, den Lehrerinnenberuf aufzugeben. 1924 Heirat mit Stieglitz, der ihr eine Reihe von 500 Porträts in einem Zeitraum von 20 Jahren widmete – »das schönste Liebesgedicht in der Geschichte der Fotografie«, wie eine amerikanische Zeitschrift schrieb. Georgia O'K. malte nun gegenständlich, erste Blumenbilder entstanden (»... sogar geschäftige New Yorker werde ich zwingen hinzusehen, was ich in einer Blume sehe.«) Sie lebte abwechselnd in Neu Mexiko, Lake George und New York, wo die Stieglitz-Galerie jährliche Ausstellungen ihrer Werke zeigte. 1940 wurde sie vom »New York Tomorrow Committee« als eine der zwölf außergewöhnlichsten Frauen der vergangenen 50 Jahre geehrt. 1946 stellte das Museum of Modern Art in New York ihre Bilder aus. Im gleichen Jahr starb Stieglitz. Reisen nach Europa, Lateinamerika, in den Nahen Osten, nach Asien. Die letzten Jahre lebte die konsequente, selbstbewußte und selbstkritische Künstlerin in New Mexico. Heute gilt Georgia O'K. als die bedeutendste amerikanische Malerin des 20. Jh.s.

Ono, Yoko, US-amerikanische Künstlerin japanischer Herkunft (Tokio 18. 2. 1933).

Ihr Vater war Pianist, später Bankier, ihre Mutter stammte aus einer Bankiersfamilie. Die Eltern lebten in den USA, dann in Japan und später wieder in New York. Klavierunterricht und erste Schreibversuche als Kind. Studium in Japan und ab 1953 am Sarah Lawrence College. 1956 Heirat mit T. Ichiyanagi. In den sechziger Jahren wurde Yoko O. zur »Hohepriesterin des Happenings«. Gedichte, Darbietungen experimenteller Musik und Performances. Scheidung. Heirat mit T. Cox, eine Tochter. Erfolgreiche Auftritte in London und eigene Ausstellungen, aktiv in der »Fluxusbewegung«. Arbeit am Film *Bottoms*, der der Zensur zum Opfer fiel, weil er 365 nackte Hintern zeigte. Ab 1968 Liebesbeziehung mit John Lennon. Gemeinsame spektakuläre Aktivitäten wie die Platte *Unfinished Music No. 1: Two Virgins*, auf deren Hülle beide nackt zu sehen waren, oder das »Bed-In for Peace«, in dem das Paar vom Bett aus für den Weltfrieden plädierte. Heirat 1969. Filme und experimentelle Musik. Punkrock mit ihrer »Plastic Ono Band«. »Sie macht Musik, wie man sie auf Erden noch nie gehört hat. Sie ist ihrer Zeit um zwanzig Jahre voraus« (J. Lennon). In den siebziger Jahren feministische Songs, wie *Sisters O Sisters* (über Frauensolidarität), *Death of Samantha*, *Women of Salem* (über Hexenverfolgung), *Angry Women*

und *Women Power*, mit Lennon *Woman is the Nigger of the World.* 1975 Geburt des Sohnes Sean und Familienpause. 1980 Platte *Double Fantasy* und Ermordung John Lennons. In den achtziger Jahren der Song *Thin Ice*, der für den Grammy nominiert wurde, erste Soloplatte *Seasons of Glass*, vier weitere erfolgreiche Schallplatten. In den Neunzigern Neuaufnahme von *Give Peace a Chance*, Text Sean Lennon, anläßlich des Golfkrieges und Herausgabe der *Onobox* mit 6 CDs.
Lit.: Klaus Hübner, »Leben auf dünnem Eis«, Yoko Ono, München 1999.

Oppenheim, Meret, deutsch-schweizerische Malerin (Berlin-Charlottenburg 6. 10. 1913 – 15. 11. 1985 Basel).
Sie wuchs im Berner Jura, in Süddeutschland und in Basel auf. Der Vater war deutscher Arzt, die Mutter Schweizerin. Früh begegnete sie der Kunst und Künstlern, zeichnete bereits als Schülerin. Mit 18 Jahren fuhr sie zur künstlerischen Ausbildung nach Paris. Dort knüpfte sie Kontakte zu den Surrealisten, war Modell für Man Rays Fotografien. Sie litt unter Depressionen, unter Selbstzweifel. »Es war mir vielmehr, als würde die jahrtausendealte Diskriminierung der Frau auf meinen Schultern lasten, als ein in mir steckendes Gefühl der Minderwertigkeit.« Freiheit blieb ein für sie wichtiges Thema. In den siebziger Jahren beteiligte sie sich an den Diskussionen der Feministinnen, wehrte sich aber gegen die Idee, es gäbe so etwas wie »weibliche Kunst«: »Der Geist ist androgyn.«
Lit.: Bice Curiger, Meret Oppenheim, Spuren durchstandener Freiheit, Zürich 1989.

Osten, Maria, eigentlich Greßhöner, deutsche Journalistin (Muckum/Westpreußen 20. 3. 1908 – 1942 Sowjetunion).
Sie stammte aus Westfalen, wo ihr Vater Guts- und Mühlenbesitzer war. Übersiedlung 1912 nach Westpreußen. Mit 15 Jahren brach sie mit Schule und Familie und ging nach Berlin, wo sie Zeichenunterricht nahm und bald als Verlagsangestellte beim Malik-Verlag arbeitete. Sie begegnete den damals bekannten linken Autoren und schrieb selbst Erzählungen (*Mehlgast, Brigitte hat Glück*). Nach 1932 lebte sie in der Sowjetunion, zusammen mit dem bekannten Journalisten Kolzow. Sie arbeitete als Journalistin (u. a. als Berichterstatterin im spanischen Bürgerkrieg – *Spanien-Reportagen*, 1937) für die »Deutsche Zentralzeitung«, schrieb das Kinderbuch *Hubert im Wunderland* und übernahm mit Willi Bredel 1938 die Redaktion von »Das Wort« in Paris. Im Dezember 1938 wurde Kolzow von Stalins Polizei verhaftet, er starb 1942 in einem Lager. Sie selbst wurde 1941 der Spionage für deutsche und französische Nachrichtendienste beschuldigt und verhaftet. Vermutlich wurde sie erschossen – ein Opfer stalinistischer Terrormaßnahmen.

Otto-Peters, Louise, Pionierin der deutschen Frauenbewegung (Meißen 26. 3. 1819 – 13. 3. 1895 Leipzig).
Sie wuchs mit drei Schwestern in einer fortschrittlichen bürgerlichen Familie auf, begeisterte sich für Schiller und die Bewegung »Junges Deutschland«. Empörte sich, daß Mädchen nur bis zur Konfirmation Schulunterricht erhielten. Mit 17 Jahren verwaist, suchte sie sich selbst den Vormund aus und widmete sich der Schriftstellerei. Im Erzgebirge und in Schlesien sah sie die

bittere Not des Industrieproletariats. Ein intensives Studium befähigte sie zur Gesellschaftskritik: »Der Menschheit Hälfte blieb noch ohne Recht.« 1843 antwortete sie auf einen Zeitungsartikel: »Die Teilnahme der Frauen an den Interessen des Staates ist nicht allein ein Recht, sondern eine Pflicht der Frauen.« 1845 Reisen ohne Begleitung durch mehrere deutsche Länder. In Leipzig wurde sie Zeugin eines Blutbades unter demonstrierenden Bürgern. In Artikeln, Gedichten, Romanen Widerspiegelung von Zeitereignissen. 1846 wurden der 2. und 3. Teil ihres sozialen Romans *Schloß und Fabrik* beschlagnahmt, Louise O. setzte beim sächsischen Kultusminister die Veröffentlichung nach Überarbeitung durch. 1847 politische Lyrik: *Lieder eines deutschen Mädchens.* 1848 forderte sie, bei der Organisation der Arbeit die Frauen nicht zu vergessen. Im April 1849 Gründung der »Frauen-Zeitung« mit dem Motto »Dem Reich der Freiheit werb' ich Bürgerinnen«, die Ende 1850 in Sachsen verboten wurde. Hausdurchsuchungen und erneute polizeiliche Beobachtung. Verlobung im Gefängnis Bruchsal mit August Peters, der als Teilnehmer der 48er Revolution eine hohe Zuchthausstrafe verbüßte. 1858 Heirat. 1860 zog sie nach Leipzig und gab mit ihrem Mann bis zu dessen Tod 1864 die »Mitteldeutsche Volks-Zeitung« heraus. 1865 Gründung des »Frauenbildungsvereins« (März) und des »Allgemeinen deutschen Frauenvereins« (Oktober), der sich schnell über ganz Deutschland ausdehnte. Besonderes Engagement für die Erhöhung des Bildungsstandes, für das Recht auf Arbeit und auf Zugang zu mittleren und höheren Berufen für Mädchen und Frauen. Mit Auguste Schmidt 30 Jahre Herausgeberin des Vereinsorgans »Neue Bahnen«. 1866 Streitschrift *Das Recht der Frauen auf Erwerb*, 1876 *Einige deutsche Gesetzesparagraphen über die Stellung der Frau*, 1893 *Mein Lebensgang. Gedichte aus fünf Jahrzehnten.* In zeitgeschichtlichen und historischen Romanen, zahlreichen Geschichten und Novellen gestaltete sie Frauen, die sich herkömmlichen Auffassungen von der Rolle ihres Geschlechts widersetzten.

Lit.: Dem Reich der Freiheit werb' ich Bürgerinnen. Die Frauen-Zeitung von Louise Otto, hg. und kommentiert von Ute Gerhard, Elisabeth Hannover-Drück und Romina Schmitter, Frankfurt 1979; Louise Otto-Peters, hg. von Ruth-Ellen Boetcher Joeres, Frankfurt/M. 1983; Louise Otto-Peters, Ihr literarisches und publizistisches Werk, hg. von Johanna Ludwig und Rita Jorek, Leipzig 1995.

P

Paczensky, Susanne von, deutsche Frauenrechtlerin, Herausgeberin und Journalistin (Augsburg 22. 1. 1923).
Der Vater, Direktor einer Genossenschaftsbank in Berlin, wurde 1933 als »Nichtarier« entlassen. Die Mutter, Lyrikerin, gab dem Druck der Familie, sich scheiden zu lassen, nicht nach. Der »Mischling« Susanne verbrachte die letzten Kriegsjahre mit gefälschtem Ariernachweis in Süddeutschland. Die 22jährige Susanne Czapski berichtete von Januar bis Oktober 1946 im Auftrag der deutsch-amerikanischen Nachrichtenagentur DANA täglich über den Nürnberger Kriegsverbrecherprozeß.

Sie heiratete 1949, ging nach London und Paris, arbeitete freiberuflich für verschiedene Zeitungen und kehrte 1958 nach Hamburg zurück. »Mein Mann machte Karriere beim Fernsehen, ich kriegte zwei Kinder und trat in die SPD ein.« Sie fuhr aus reiner Neugierde zur ersten großen Frauendemonstration nach New York (1969) und zählte sich von da an zur Frauenbewegung. Susanne v. P. beteiligte sich an der Selbstbezichtigungsaktion im »Stern« »Ich habe abgetrieben«, wurde u. a. Mitbegründerin der »Initiative 6. Oktober«. Als Herausgeberin der Reihe »Frau aktuell« im Rowohlt-Verlag gab sie 40 Bücher zu Frauenthemen heraus: »Wir gehen davon aus, daß der Kampf um Menschenrechte notwendig auch ein Kampf um Frauenrechte sein muß.« Dafür kämpft sie unermüdlich und unerschrocken, vor allem gegen den Abtreibungsparagraphen.
Zeit ihres Lebens blieb sie in Bewegung; so siedelte sie 1991 nach Kalifornien und schreibt von dort als Auslandsberichterstatterin. Für ihr »einzigartiges publizistisches Lebenswerk« erhielt sie im Jahr 1996 den »Fritz-Sänger-Preis«.

Palucca, Gret, deutsche Tänzerin und Choreographin (München 8. 1. 1902 – 24. 3. 1993 Berlin).
Nach einem längeren Aufenthalt in San Francisco übersiedelte die Familie nach Dresden. Die Schülerin von →Mary Wigman trat erstmals mit 15 Jahren auf. Künstlerische Erfolge im In- und Ausland als Solotänzerin, über 200 Choreographien und zahllose Aufführungen. Ihr Solo *Serenata* ist im Film dokumentiert. Sie lehnte den körperlichen Drill ab und war eine der berühmtesten Vertreterinnen des Ausdruckstanzes, den sie als neuen künstlerischen Tanz lehrte. 1924 Heirat mit dem

Gret Palucca

Schriftsteller und Künstler Friedrich Bienert (Scheidung 1930), der sie in das Bauhaus Dessau einführte.1925 gründete sie die Palucca-Schule in Dresden, die 1939 geschlossen – sie selbst hatte Auftrittsverbot, nachdem sie als »deutscheste Tänzerin« gefeiert worden war – und nach 1945 wieder eröffnet wurde. 1950 Gründungsmitglied der Deutschen Akademie der Künste in Berlin. Befreundet war »die wilde Individualistin«, der »Vulkan«, u. a. mit den Künstlern Kandinsky, Kokoschka, Moholy-Nagy, Nolde, Dix und Klee. Gret P. arbeitete bis ins hohe Alter als Tanzpädagogin.
Lit.: Peter Jarchow/Ralf Stabel, Palucca. Aus ihrem Leben, über ihre Kunst, Berlin 1997.

Pankhurst, Emmeline, englische Suffragette (Manchester 14. 7. 1858 – 14. 6. 1928 London).
Sie und ihre Töchter **Christabel** (1880 – 1928) und **Sylvia** (1882 – 1960) spielten über Jahre eine führende Rolle in der Bewegung für das Frauenstimmrecht; sie sollen Gandhi zu seiner Politik des

Emmeline Pankhurst

zivilen Ungehorsams angeregt haben. Emmeline P. gründete 1889 die »Liga für Frauenrechte« in London und 1903 zusammen mit Christabel und Sylvia die radikale und militante »Soziale und Politische Frauenunion« (WSPU). Mutter und Töchter wurden vielfach verhaftet, so nach der Kundgebung von 500 000 Frauen (»Times«) 1908 in London. 1909 waren sie bei den inhaftierten Frauen, die in den Hungerstreik traten und zwangsernährt wurden. Emmeline P. reiste in die USA, um über ihre Erfahrungen im Kampf um das Frauenstimmrecht zu berichten. 1911 eskalierten die Kämpfe in England. Die Suffragetten schlugen Scheiben ein, legten Brände in Bahnhöfen. Emmeline P.: »Wir wollen keine unnötig starken Argumente benutzen. Wenn das Argument der Steine ausreicht, wollen wir uns darauf beschränken.«

Pappenheim, Bertha, österreichische Frauenrechtlerin (Wien 27. 2. 1859 – 2. 5. 1936 Neu-Isenburg).
Die Tochter einer wohlhabenden jüdischen Familie erkrankte bei der Pflege ihres kranken Vaters selbst an Lähmungserscheinungen und hysterischen Symptomen. Sie wurde von dem Psychoanalytiker Breuer behandelt, der diesen Fall seinem Freund Sigmund Freud schilderte. Die beiden Wissenschaftler veröffentlichten die Krankheitsgeschichte von Bertha P. 1895 unter dem Titel *Der Fall der Anna O.* in den *Studien über Hysterie*. An ihm entwickelte Sigmund Freud seine Theorie der Psychoanalyse. Nach dem Tod des Vaters zog Bertha P. nach Frankfurt und gründete den »Israelitischen Mädchenclub«, in dem berufstätige Jüdinnen sich am Abend unterhalten und Fortbildungskurse belegen konnten. Sie selbst übernahm die Literaturkurse. Ab 1895 leitete Bertha P. ein jüdisches Mädchenwaisenhaus in Frankfurt, später ein Heim für gefährdete Mädchen und nichteheliche Kinder in Neu-Isenburg. Die Geschichten, die sie den Kindern abends erzählte, veröffentlichte sie unter Pseudonym: *In der Trödelbude.* 1904 gründete sie den »Jüdischen Frauenbund«, den Dachverband der jüdischen Frauenvereine in Deutschland, und von 1914 bis 1924 war sie Vorstandsmitglied des Bundes Deutscher Frauenvereine. 1936 wurde die schon schwerkranke Bertha P. zu einem Verhör bei der Gestapo befohlen, an dessen Folgen sie starb. Die Nazis haben auch ihr Lebenswerk zerstört. 1942 wurde das Heim aufgelöst, die Bewohner/innen, 4 Mitarbeiterinnen und 15 Kinder und Jugendliche, wurden nach

Auschwitz deportiert und dort ermordet.

Paradis, Maria Theresia von, österreichische Komponistin und Pianistin (Wien 15. 5. 1759 – 1. 2. 1824).
Trotz ihres schweren Schicksals – sie war seit dem 4. Lebensjahr blind und sollte von dem berühmten »Magnetiseur« Mesmer geheilt werden – fand sie auf Grund ihrer hohen Begabung rasch Anerkennung bei den musikalischen Persönlichkeiten der Zeit, darunter auch W. A. Mozart. Sie reiste per Postkutsche durch ganz Europa und wurde als Virtuosin am Cembalo und Klavier begeistert gefeiert. Ein eigens für sie entwickeltes Notationssystem ermöglichte ihr, neue Partituren einzustudieren. Nach dem Tod ihres Vaters gründete sie in Wien ein Musikinstitut für Mädchen, an dem sie selbst unterrichtete. Sie hinterließ Klaviermusik, Kantaten, Lieder, Balladen und vier Bühnenwerke.

Parnass, Peggy, deutsch-schwedische Schriftstellerin, Schauspielerin (in St. Pauli/Hamburg staatenlos geboren).
Ihr Vater war polnischer Sozialist, ihre Mutter wurde ins Warschauer Ghetto gebracht und in Auschwitz ermordet. Sie selbst entkam mit ihrem Bruder dem Tod durch eine Kinderverschikkung nach Schweden. Eigentlich wäre sie am liebsten »Chaplina« geworden, weil sie Chaplin so sehr liebe. Sie entwickelte sich zu einer scharfsinnigen, sensiblen und bissigen Kolumnistin (»konkret«), Gerichtsreporterin (*Prozesse 1970 – 1978*), Autorin (*Unter die Haut*, 1983; *Kleine radikale Minderheit*, 1985; *Süchtig nach Leben*, 1990; *Mut und Leidenschaft*, 1993). Die Pazifistin und engagierte § 218-Gegnerin versteht sich als Widerstandskämpferin und

Peggy Parnass

wünscht sich: »Eine europäische Einheit. Eine Welteinheit. Aber nicht eine kapitalistische Solidarität mit den Schwachen, Solidarität mit der Umwelt. Nächstenliebe. Verantwortung auf allen Ebenen. Jeder für jeden. Ich möchte, daß der Sozialismus, den es bis heute noch nirgends gegeben hat, endlich beginnt.«

Parra, Violeta, chilenische Musikerin (San Carlos 4. 10. 1917 – 5. 2. 1967 Santiago).
Schon als kleines Kind trat sie mit ihren Geschwistern in einem Wanderzirkus auf, um zum Unterhalt der Familie beizutragen. Als sie 15 Jahre alt war, übersiedelte die Familie nach Santiago, wo Violeta mit ihrer Schwester Hilda in Bars und Restaurants sang. Später schloß sie sich einer spanischen Theatergruppe an. Ab 1950 widmete sie sich der Aufgabe, chilenische Volkslieder zu sammeln und einem breiteren Publi-

Violeta Parra

kum zugänglich zu machen. Dafür 1954 der »Caupolicàn-Preis«, die höchste Auszeichnung für chilenische Künstler. 1955 nahm sie am Festival der Jugend in Warschau teil. Von dort reiste sie nach Paris, wo sie zwei Jahre lang blieb. Völlig mittellos war es für sie nicht einfach, sich durchzusetzen. Durchbruch mit einer Schallplatte ihrer Lieder bei Le Chant du Monde. 1957 gründete sie das Museum für Volkskunst in Concepción/Chile. Fortsetzung der Forschungsarbeit im Bereich der Folklore im Norden (La Tirana) und Süden (Chiloé) des Landes, sie widmete sich der Töpferei, Malerei und Herstellung von Wandbildern, die sie mit Wolle auf Sackleinen stickte (arpilleras).
Violeta P. beeinflußte die chilenische Jugend auf dem Weg zur »Nueva Canción«, dem neuen politischen Lied, das zum ersten Mal soziale Themen aufgriff: die Armut, Ursachen der Armut, soziale Ungerechtigkeit, Ausbeutung der Stadt- und Landarbeiter. »Beim Schreiben dieser Art von Liedern ist die Präsenz von Violeta Parra wie ein Stern, der niemals vergehen wird.« (Victor Jarra) Anfang der sechziger Jahre wieder drei Jahre in Frankreich, wo sie Konzerte gab und ihr Kunsthandwerk im Louvre ausgestellt wurde. 1965 gründete sie gemeinsam mit ihren Kindern Angel und Isabel P. die »Peña de los Parra«, ein großes Zelt-Restaurant, in dem Volkskünstler auftraten. Violeta P. setzte ihrem reichen und produktiven Leben selbst ein Ende.

Paulus, Käthe, deutsche Fallschirmspringerin (Frankfurt/M. 22. 12. 1868 – 26. 7. 1935 Berlin).
Sie war die erste deutsche Frau, die ihr Leben nicht nur dem Ballon, sondern auch dem Fallschirm anvertraute. Aus kleinbürgerlichen Verhältnissen kommend, arbeitete sie als Näherin, als sie den Artisten und Luftschiffer Lattemann kennenlernte. Sie wurde seine Verlobte und Partnerin und mußte 1894, am Fallschirm hängend, mit ansehen, wie Lattermann an ihr vorbei in den Tod stürzte. Als sie sich von dem Schock erholt hatte, kehrte sie zur Luftfahrt zurück und begeisterte ihr Publikum mit neuen und risikoreichen Vorführungen. Eine ihrer Spezialitäten war der Doppelabsprung: Dabei sprang sie vom Ballonkorb, öffnete den ersten Fallschirm, löste sich von ihm und ließ sich mit einem zweiten Schirm zu Boden gleiten. Sie entwickelte das bereits im ersten Weltkrieg angewandte »Fallschirmpaket« und den »Rettungsring der Luft« und erfand eine Reihe von Verbesserungen in der Sicherheit, die sie mit den Eintrittspreisen für ihre Flugschauen finanzierte. Im ersten Weltkrieg wurden in ihrer Werkstatt über 7000 Fallschirme hergestellt. Einst die »Sensation des Jahrhunderts«, war

»Käthchen«, wie sie von den Luftfahrtkollegen genannt wurde, zum Ende ihres Lebens fast vergessen.

Perey, Marguerite, französische Physikerin und Chemikerin (Villemomble/Saint-Denis 19. 10. 1909 – 1975 Louveciennes).
Mit 20 Jahren kam sie ins Radiologie-Labor von →Marie Curie und promovierte in Naturwissenschaften. Aufgrund mangelnder Vorsicht wurden ihr Arm und ihre Hände bestrahlt. 1939 entdeckte sie ein neues Element, das Francium. Sie gründete 1949 einen Lehrstuhl für Kernchemie an der Universität Straßburg und war Leiterin des Forschungslabors. Als erste Frau wurde sie 1962 von der Französischen Akademie der Wissenschaften zum Korrespondierenden Mitglied gewählt.

Perlen, Frida, deutsche Pazifistin und Frauenrechtlerin (Stuttgart 4. 4. 1870 – Dezember 1933).
Als Mitglied der Frauenbewegung und der »Deutschen Friedensgesellschaft« hatte Frida P. großen Anteil an der Frauenfriedensbewegung im ersten Drittel dieses Jahrhunderts. Nachdem sie im ersten Weltkrieg ihren Sohn verloren hatte, setzte sie ihre ganze Kraft für den Frieden ein. Die »kampflustige Pazifistin«, wie sie von manchem männlichen Zeitgenossen genannt wurde, bereitete den Gründungskongreß der »Internationalen Frauenliga für Frieden und Freiheit« so eifrig und entschlossen vor, daß die deutschen Behörden ihr 1915 zur Tagung selbst die Ausreise in die Niederlande verweigerten. Frida P. hatte großes Vertrauen in die politischen Fähigkeiten der Frauen. Sie ermunterte diese immer wieder, ihre Rechte als freie Bürgerinnen zu fordern, um durch ihre Beteiligung an der Politik künftige Kriege unmöglich zu machen. Nach dem Krieg kritisierte sie die deutsche Frauenbewegung, die durch ihr Verhalten nichts zu einem frühzeitigen Kriegsende beigetragen hätte. Mit ihren zutiefst humanitären Ansprüchen befand Frida P. sich auch Anfang der dreißiger Jahre im Gegensatz zur herrschenden Politik; sie nahm sich das Leben.

Perowskaja, Sofia Lwowna, russische Revolutionärin und Anarchistin (Petersburg 13. 9. 1853 – 15. 4. 1881).

Sofia Lwowna Perowskaja

Ihre Rebellion gegen die russische Gesellschaft und das zaristische Unterdrückungssystem begann bereits im Elternhaus. Sie schloß sich den Anarchisten um den Fürsten Kropotkin an, die eine Reform der gesellschaftlichen Verhältnisse anstrebten, und der ebenfalls im Untergrund arbeitenden Gruppe »Narodnaja Volja« (Volkswillen).

Zusammen mit →Wera Figner führte sie das Bombenattentat auf Zar Alexander II. im März 1881 an. Sie war die erste Frau, die als »politische Kriminelle« am Galgen hingerichtet wurde. Turgenjew hat ihr eines seiner »Gedichte in Prosa« gewidmet.

Pfeiffer, Ida, österreichische Reisende (Wien 14. 10. 1797 – 15. 9. 1858).
Die Tochter eines wohlhabenden Wiener Kaufmanns wurde streng erzogen, heiratete und zog ihre zwei Kinder groß. 1843 überfiel sie dann die Reiselust. Sie brach in das Heilige Land und nach Ägypten auf, reiste nach Lateinamerika, Indien und China. Insgesamt legte sie 15 000 Seemeilen und 20 000 englische Meilen zu Land zurück, mit einem Budget, »mit dem Reisende wie der Fürst Pückler höchstens auf einer vierzehntägigen Badereise ausgekommen wären, das mir, der einfachen Pilgerin, zu zwei- und dreijährigen Fahrten genügend schien – und es auch war«. In Madagaskar wurde sie der Spionage beschuldigt und verhaftet. Sie konnte fliehen und kam nach Wien zurück. Ida P. war die erste weltreisende Frau, die über ihre Reiseerlebnisse und -eindrücke schrieb: *Reise einer Wienerin in das Heilige Land* (1844), *Eine Frauenfahrt um die Welt* (1850), *Reise in die Neue Welt. Amerika im Jahre 1853*, *Meine zweite Weltreise* (1856)
Lit.: Hiltgund Jehle, Ida Pfeiffer. Weltreisende im 19. Jahrhundert, Münster/New York 1989.

Piaf, Edith, französische Chansonsängerin (Paris 19. 12. 1915 – 11. 10. 1963).
»Non, je ne regrette rien« – »Nein, ich bereue nichts. Wenn ich auch die Männer geliebt habe, sie blieben doch immer ›die anderen‹. Dagegen meine Chansons, das bin ich, das ist mein

Edith Piaf

Fleisch, mein Blut, mein Kopf, mein Herz, meine Seele.« Sie war noch nicht sieben Jahre alt, als ihr Vater sie aus dem Bordell der Großmama herausholte. Das Bohemeleben begann: Papa Louis führte billige Kunststückchen vor, Edith P. sammelte das Geld. Sie schliefen oft im Freien, gegen die Kälte halfen ein paar Schlucke Cognac. »Wirklich getrunken habe ich zum erstenmal, als ich vom Friedhof kam, auf dem man gerade mein kleines Mädchen in das schwarze Loch versenkt hatte.« Und Edith P. sang, wollte vergessen. »Jedesmal, wenn sie singt, meint man, sie risse sich endgültig die Seele aus dem Leib.« (Jean Cocteau) Süchtig nach der Sehnsucht, nach dem Verliebtsein, sang sie sich in ihrer explosiven Vitalität vom Pariser Hinterhof- und Kasernenapplaus zu Welttriumphen. Amerika, Schweden, Libanon und wieder Drogen, Alkohol, Betäubungsmittel. »Meine Stimme singt nicht allein. Eine Menge anderer Stimmen singen mit mir. Die Stimme eines neuen Kummers, die Stimme eines Kindes, das geschlagen wird, die Stimme des Vogels, der erfriert.«
1962 bäumte sich die vom exzessiven Leben entkräftete Edith P. zum letztenmal auf und heiratete den 20 Jahre jüngeren Theo Sarapo. Und wieder Tour-

neen, Zusammenbrüche. Aufstehn! Nur nicht schlafen. Schlafen machte ihr Angst. Der Schlaf war für sie eine Form des Todes.
Sie wurde auf dem Père Lachaise begraben. Zehntausende nahmen Abschied. Ihr letzter großer Triumph.
Lit.: Matthias Henke, »Süchtig nach der Sehnsucht«, München 1998.

Pisan, Christine de, französische Schriftstellerin italienischer Herkunft (Venedig 1364 – 1430 Frankreich).
Sie war die Tochter eines berühmten Arztes und Astrologen, die Ehefrau eines gebildeten Edelmannes, die Mutter von drei Kindern. Und sie wurde Kammerfrau im Dienste der Königin, die erste Chronistin des französischen Hofes und eine engagierte Streiterin für die Rechte der Frau. Eine »gelehrte Dame«, die im Mittelalter mit Leidenschaft für die Sache ihrer Geschlechtsgenossinnen eintrat, einen ungewöhnlichen Lerneifer zeigte (dieser galt für Frauen als »sündhaft«) und sich gegen Krieg und Ungerechtigkeit auflehnte.
Die gebürtige Italienerin kam als fünfjähriges Mädchen an den Hof des französischen Königs. Als Fünfzehnjährige wurde sie mit Etienne de Castel, Sekretär im Dienste des Königs, verheiratet – eine Liebesehe. Der frühe Tod des Mannes und ihres letzten Kindes stürzten sie nicht nur in Trauer, sie geriet in materielle Not. Als junge Witwe wählte sie einen für ihre Zeit ungewöhnlichen Weg: Statt standesgemäß wieder zu heiraten oder sich ins Kloster zurückzuziehen, sorgte sie mit schriftstellerischer Arbeit für ihre Kinder. Da sie sie mangels Geld nicht in die Schule schicken konnte, schrieb sie für sie *Das Buch der Vorsicht bei der Erlernung des sinnvollen Lebens*, in dem sie fünf Tugenden hervorhob: den Mut, die Vorsicht, die Bescheidenheit, die Weisheit und die Gerechtigkeit. Ihre Sensibilität kam in ihren Gedichten und Balladen an den verlorenen Gefährten zum Ausdruck. Sie wurde berühmt. Mit 36 Jahren schrieb sie ihr erstes feministisches Werk, eine *Epistel an den Liebesgott*, in der sie sich gegen die vorherrschende Verachtung und Darstellung der Frau als schwach, dumm, lasterhaft und leichtsinnig auflehnte. Der Hof war schockiert. Christine wurde der Schamlosigkeit und der Überheblichkeit beschuldigt. Sie stürzte sich dann in die Auseinandersetzung des Jahrhunderts um den *Rosenroman* von Jean de Meung, der die Frau als Sexualobjekt darstellte.
Mit 38 Jahren entschloß sie sich zum erneuten Studium der Geschichte, »wie man eben das ABC lernt«. Sie schrieb ein Buch über den Frieden sowie die erste weibliche Utopie, *Der Schatz der Stadt der Frauen*, in dem sie für Mädchenbildung plädiert. In ihren letzten Jahren zog sie sich, enttäuscht und bestürzt über Krieg und Elend, vom höfischen Leben zurück. Kurz vor ihrem Tode erlebte sie die Befreiung von Orléans durch die 16jährige →Jeanne d'Arc –, für sie ein Beweis, daß Mut und Intelligenz auch Eigenschaften der Frau sind. Der Jungfrau von Orléans widmete sie eine Lobrede.
Lit: Régine Pernoud, Christine de Pisan. Das Leben einer außergewöhnlichen Frau und Schriftstellerin im Mittelalter, München 1990.

Pleißner, Marie, deutsche Politikerin und Pazifistin (Chemnitz 17. 5. 1891 – Dezember 1983 Karl-Marx-Stadt).
In der »Blütezeit des Kaiserreichs« geboren, ein echtes Bürgerkind, das sich allerdings durch einen besonderen Gerechtigkeitssinn hervortat. Mit dem kümmerlichen Lehrergehalt konnte der

Vater nur dem Sohn eine höhere Schulbildung ermöglichen. Marie besuchte, wie so viele Frauen, denen der Weg an die Universität versperrt war, ein Lehrerinnenseminar, wurde Hauslehrerin in einer Offiziersfamilie. Dem von →Louise Otto-Peters mitbegründeten »Allgemeinen Deutschen Frauenverein« gehörte sie seit 1912 an. Gleich zu Beginn des ersten Weltkrieges wurde sie Kriegsgegnerin und Kämpferin für Frieden und Völkerverständigung. Die junge Gewerkschafterin trat dem »Weltfriedensbund der Mütter und Erzieherinnen« bei, dessen Zeichen eine weiße Taube war, und wurde 1918 Mitglied der Deutschen Demokratischen Partei (DDP). 1933 als »untragbar« in den Ruhestand versetzt, begann sie, jüdische Familien und Kinder heimlich mit Englischstunden auf die Emigration vorzubereiten. 1939 reiste sie nach England, um Familien aufzusuchen, die bereit waren, Emigranten aufzunehmen, und wurde Quäkerin. Im September des gleichen Jahres wurde sie von den Nazis verhaftet, nach Ravensbrück gebracht und der Tortur des Strafbocks unterworfen. Die Solidarität der Frauen hat ihr das Leben gerettet. Nach der Befreiung vom Faschismus beteiligte sie sich am Aufbau ihrer Heimatstadt und eines neuen Staatswesens, holte mit weit über 50 Jahren das Abitur nach und engagierte sich in der »Christlichen Friedenskonferenz« und im »Versöhnungsbund«. 1947 war die konsequente liberale Frau, die strenge Antifaschistin und tiefgläubige Christin Mitbegründerin des »Demokratischen Frauenbunds Deutschland«.

Popp, Adelheid, österreichische Frauenrechtlerin (Inzersdorf b. Wien 11. 2. 1869 – 7. 3. 1939 Wien).
Die schönste Zeit ihrer Jugend sei ein Krankenhausaufenthalt gewesen, berichtete sie, nachdem sie mit 13 Jahren zusammengebrochen war. Die 15. Tochter einer Weberfamilie mußte bereits mit zehn Jahren in der Fabrik arbeiten. Mit 17 lernte sie die Sozialdemokraten kennen. Sie heiratete den Funktionär Julius Popp und begann zu schreiben; die Rechtschreibung brachte sie sich selbst bei. Ab 1892 Leiterin der von Friedrich Engels sehr geschätzten »Arbeiterinnenzeitung«, in der sie diese für den revolutionären Kampf zu gewinnen suchte. Die herrschenden Moralvorstellungen, insbesondere über die Ehe, unterzog sie einer harschen Kritik, was ihr eine Gefängnisstrafe einbrachte. 1893 organisierte sie einen Frauenstreik mit, in dem Textilarbeiterinnen die Verringerung des Zwölfstundentages auf zehn Stunden verlangten. 1902 Gründung des »Vereins sozialdemokratischer Frauen und Mädchen«. 1909 erschien *Die Jugendgeschichte einer Arbeiterin*, ihre Erinnerungen an die Kindheit, die, in zehn Sprachen übersetzt, viele Frauen der Arbeiterbewegung näherbrachte. 1918 Wahl in den Parteivorstand und in den Wiener Gemeinderat. 1919 bis 1934 österreichische Parlamentsabgeordnete. Vorsitzende des »Internationalen Frauenkomitees«.
Lit.: Adelheid Popp, Die Jugendgeschichte einer Arbeiterin, von ihr selbst erzählt, Bonn 1977.

Porète, Marguerite, französische Mystikerin und Philosophin (Hainaut b. Valenciennes ca. 1255 – 30. 5. 1310 Paris).
Vermutlich stammte sie aus einer Patrizierfamilie; sie schloß sich der Beginenbewegung an, der für die damalige Zeit relativ freien Gemeinschaft von Frauen. Marguerite P. war literarisch und theologisch gebildet, sie war karitativ tätig,

vermutlich auch als Übersetzerin, und sie schrieb eine religiöse Schrift *Spiegel der einfachen Seelen.* »Die befreite Seele trachtet nicht nach Gott, weder durch Buße noch durch irgendein Sakrament der Heiligen Kirche, noch durch Gedanken, Worte und Werke ...« Nach ihrer Vorstellung verschmelzen die menschliche Seele und Gott zu einer Einheit, was von der menschlichen wie von der göttlichen Seite her ersehnt würde. Solch ungeheuerliche Aussagen durften nicht ungesühnt bleiben. Mehrere Verfahren wegen Häresie und Ketzerei, Kerkerhaft und Inquisitionsgericht. Marguerite P. wurde auf dem Pariser Place de Grève verbrannt, ihre Schrift vernichtet. Eine Kopie und fünf Übersetzungen konnten jedoch gerettet werden, und im Mittelalter gehörte ihr *Spiegel* zu den meistgelesenen mystischen Schriften.

Preis-Müller, Ellen, deutsch-österreichische Fechterin (Berlin 6. 5. 1912).
Teilnahme an den Olympischen Spielen von 1932 bis 1956 im Florettfechten, bei denen sie zweimal Dritte wurde. Goldmedaille 1932 in Los Angeles. Ellen P.-M. unterrichtete an der Hochschule für Musik und darstellende Kunst im Fach Atemtechnik für Oper und Schauspiel. Sie beriet das Fernsehen in Kampf- und Fechtszenen. Hin und wieder doubelte sie männliche Schauspieler in Fechtszenen. Für eine *Othello*-Aufführung unter der Regie von Karajan entwarf sie die Kampfszenen. Als ihre Kinder erwachsen waren, nahm sie noch immer an Wettkämpfen teil und betreute den talentierten Fechtnachwuchs. Für ihre besonderen Verdienste im Sport wurde ihr als erster Frau vom IOC der »Olympische Orden« verliehen.

Profé, Alice, deutsche Ärztin und Sportlerin (Kletzko/Polen 27. 1. 1867 – 9. 8. 1946 Berlin).
Eine der ersten deutschen Ärztinnen und bereits vor dem ersten Weltkrieg aktiv gegen die Diskriminierung der Mädchen und Frauen im Sport. Sie gehörte verschiedenen Spiel- und Sportorganisationen an; u. a. war sie Mitglied im Frauenausschuß des Deutschen Reichsausschusses für Leibesübungen, der Dachorganisation des bürgerlichen Sports. Sie lebte und arbeitete in Berlin, hatte eine Praxis in Charlottenburg, war als Schulärztin der Augustusschule tätig und begleitete, selbst begeisterte Bergsteigerin, die Schülerinnen bei Wanderungen. Bei den Frauenweltspielen 1930 in Prag betreute sie die Sportlerinnen. In vielen Artikeln und Büchern (*Unsinn im Mädchenturnen*, 1908; *Die körperliche Ausbildung der weiblichen Jugend*, 1929; u. a.) kritisierte sie ihre Kollegen, die zum Teil haarsträubende Behauptungen über den Frauensport verbreiteten. Alice P. war der Ansicht: »Sowenig Frauen anderes essen als die Männer, um zu Kräften zu kommen, sowenig brauchen sie zu ihrer Kräftigung einen anderen Betrieb von Leibesübungen.«

Proschaska, Eleonore, deutsche Freiheitskämpferin (Potsdam 11. 3. 1785 – 5. 10. 1813 Lüneburger Heide).
Die Tochter eines preußischen Unteroffiziers wuchs in einem Militärwaisenhaus auf. Aus »brennender Vaterlandsliebe« meldete sie sich – verkleidet als August Renz in einer selbst zu stellenden schwarzen Uniform – zum Freikorps des Freiherrn von Lützow. Der Befreiungskrieg gegen Napoleon, der Kampf gegen die Fremdherrschaft, hatte viele Freiwillige, darunter viele Studenten und Frauen, angezogen und

Eleonore Proschaska

mobilisiert. Eleonore P. wurde im August 1813 im Gefecht auf der Göhrde schwer verwundet. »Gleich einer →Jeanne d'Arc hat sie muthvoll gekämpft«, hieß es in einem Bericht. Dreizehn Tage vor der Völkerschlacht bei Leipzig und der Niederlage Napoleons starb die »Heldenjungfrau« an ihren Verletzungen.

Pusch, Luise F., deutsche Sprachwissenschaftlerin, Publizistin und Feministin (Gütersloh 14. 1. 1944)
»Was ich mache, ist Gesellschaftspolitik, Gesellschaftskritik im Gewand der Sprachkritik. Das läßt sich eben auch besonders gut machen, weil diese Verirrungen und Verdrehungen in unserer Gesellschaft sich in der Sprache abbilden und damit ein ganz guter Zugriff oder Einstieg in die Problematik möglich ist.«
Wie Senta Trömel-Plötz ist Luise P. eine Pionierin der feministischen Sprachkritik und -entwicklung. Ihre Mutter ließ sich scheiden, als Luise P. drei Jahre alt war, und arbeitete als Sekretärin, um die drei Kinder durchzubringen und ihnen den Besuch des Gymnasiums zu ermöglichen. Familiärer Hintergrund: »MissionarsPastorenLehrerÄrztefamilie«. Luise P. studierte Sprachen und habilitierte sich 1978 an der Universität Konstanz. Fünf Jahre Heisenberg-Stipendium. Weil sie von ihrem linguistischen Spezialgebiet nicht lassen wollte, wurde sie aus dem universitären Wissenschaftsbetrieb »praktisch rausgedrängt ... auf kaltem Wege«. Sie arbeitet als freie Autorin und Publizistin, u. a. *Das Deutsche als Männersprache* (1984), *Alle Menschen werden Schwestern* (1990), Mitherausgeberin von *Wahnsinnsfrauen* (1992/1996) und Herausgeberin des Kalenders *Berühmte Frauen* (1987 ff.).
Lit.: Luise F. Pusch, »Ladies first«. Ein Gespräch über Feminismus, Sprache und Sexualität, Bamberg 1993.

R

Ranke-Heinemann, Uta, deutsche Professorin der katholischen Theologie (Essen 2. 10. 1927).
Die Tochter des Rechtsanwaltes und späteren Bundespräsidenten Gustav Heinemann und der Bremer Studienrätin Hilda Ordemann-H. ist in einem protestantisch und patriarchalisch geprägten Elternhaus aufgewachsen. Für das humanistische Burggymnasium in Essen, seit dem 13. Jahrhundert eine Jungen-Trutz-Burg, bekam sie eine Sondergenehmigung. Als einzige be-

stand sie das Abitur mit Auszeichnung. Es folgten 13 Semester Studium der evangelischen Theologie und die Umorientierung auf den Katholizismus. 1953 konvertierte sie zum Entsetzen der Familie. »Uta hat mein Rebellenblut«, sagte der Vater. Die erste Professorin der katholischen Theologie der Welt schockiert und provoziert immer wieder Oberhaupt und Eminenzen ihrer Kirche, indem sie ihnen sexual- und frauenfeindliche Politik sowie eine »zölibatäre Sexualneurose« bescheinigt und ihnen empfiehlt, *vor* den Türen der ehelichen Schlafzimmer zu bleiben. Ihre Zweifel an der jungfräulichen Geburt Mariens – »ein zeitbedingtes Vorstellungsmodell« –, an der »Männermariologie« brachten sie in Ungnade: Sie verlor ihren Lehrstuhl. Unter ihren Veröffentlichungen: *Widerworte*, der Bestseller *Eunuchen für das Himmelreich* und *Nein und Amen. Anleitung zum Glaubenszweifel.*

Real, Soledad, spanische Freiheitskämpferin (Barcelona 1918).
Sie verlebte keine glückliche Kindheit im Hafenviertel von Barcelona: »Ich war ein trauriges kleines Mädchen.« Mit neun Jahren mußte sie in Werkstätten und in einer Taschentuchfabrik für die Familie mitverdienen. Sie war 13, als 1931 die spanische Republik ausgerufen wurde, 16, als sie sich mit einem Kommunisten verlobte. Mit 18 Jahren organisierte sie die Solidarität mit den streikenden Metallarbeitern, Mahlzeiten und Nachtlager für Flüchtlinge, mit 20 Jahren den Widerstand gegen Franco in den Dörfern. Sie mußte nach Frankreich flüchten, wurde jedoch nach Spanien zurücktransportiert und gefoltert. 16 schwere Jahre verbrachte sie im Gefängnis; ihr Geliebter wurde zu Tode gefoltert. Sie überlebte Hunger und Folter und ließ nicht ab, weiter für die Freiheit zu kämpfen.
Lit.: Consuelo Garcia, Die Hand des Herzens. Leben und Kämpfe der Spanierin Soledad Real, München 1981.

Redgrave, Vanessa, englische Schauspielerin (London 30. 1. 1937).
Blow up, *Das Mädchenorchester von Auschwitz*, *Wiedersehen in Howards End* sind nur einige ihrer Filme. Sie stammt aus einer englischen Theaterfamilie in der vierten Generation, besuchte die Schauspielschule, war stark beeindruckt von Stanislawskis Forderung nach »Wahrhaftigkeit« und eignete sich seine Vorstellung vom Schauspielen als einem »schöpferischen Akt« an. Ihre Art, Theater- und Filmrollen darzustellen macht sie für manche zur »größte(n) Schauspielerin unserer Zeit« (Tennessee Williams). Anderen wiederum ist sie die »Hure Arafats«, weil sie sich für die Palästinenser einsetzte, oder gar Feindin des Volkes, weil sie sich der trotzkistischen Bewegung anschloß. Die Männer an ihrer Seite sind der Regisseur Tony Richardson (Vater ihrer beiden Töchter) und die Schauspieler Franco Nero (Vater ihres Sohnes) und Timothy Dalton. Die Redgrave hat sich engagiert für das sozialistische Kuba und gegen die Kriege in Vietnam, in Irland und am Golf und hat gegen die atomare Aufrüstung gekämpft. In den Neunzigern ist sie nach eigenem Bekunden immer noch Marxistin und unermüdlich politisch aktiv, so auch gegen die rechtsextremen Morde und Ausschreitungen in Deutschland.
Lit.: Vanessa Redgrave, Autobiographie, Weinheim 1992.

Rée, Anita, deutsche Malerin (Hamburg 9. 2. 1885 – 12. 12. 1933 Sylt).
Sie wuchs in einer bürgerlich-liberalen Kaufmannsfamilie auf. Mit 20 Jahren lernte sie das Malen, 1912 bei Fernand Léger in Paris Aktzeichnen, etwas, das für Frauen in Deutschland unerhört war. Es folgten Ausstellungen in Hamburg, Genf, Dresden, Stockholm und Berlin. Sie wurde als Porträtistin und als bedeutende Vertreterin der »Neuen Sachlichkeit« in den zwanziger Jahren anerkannt und zählte zu den »besten deutschen Malern der Moderne«. In der letzten Phase ihres Lebens übernahm sie alttestamentarische Motive (»Die klugen und die törichten Jungfrauen«). Künstlerische Erfolge, aber zugleich Zukunftsängste, Verarmung und Einsamkeit: Sie wählte den Freitod.

Reimann, Brigitte, deutsche Schriftstellerin (Burg b. Magdeburg 21. 7. 1933 – 20. 2. 1973 Berlin).
Schriftstellerin, Sozialistin, Rebellin, schön, ehrgeizig, begabt und in das Leben verliebt. Mit 20 Jahren die erste Ehe. Drei weitere folgten, daneben zahllose Affären. – Gewissensbisse? – »Ich war glücklich. Ich habe gelebt und gelebt und gelebt.« Der ersten Veröffentlichung, *Der Tod der schönen Helena* (1955), folgen *Die Frau am Pranger*, die Erzählungen *Das Geständnis* und *Die Geschwister*, eine Auseinandersetzung mit ihrem geliebten Bruder, der in den Westen ging.
»Es gab Zeiten«, schrieb sie einmal, »da waren wir wie besessen, radikal, intolerant bis zur Grausamkeit, wir verleugneten uns, hielten uns Augen und Ohren zu und sagten ja, ja, ja zu allem ...« Sie und ihr zweiter Mann arbeiteten im Braunkohlekombinat in Hoyerswerda als »Autoren an der Basis«. Dort entstand der Roman *Ankunft im Alltag*, der einem Abschnitt der DDR-Literatur den Namen gab: Ankunftsliteratur. Später schrieb sie: »Mein Verhältnis zur Partei ist das eines Jugendlichen zu einem strengen Vater, gegen den man in ständiger Auflehnung lebt.« 1965 erhielt sie den Heinrich-Mann-Preis. Drei Jahre später der erste Krebsverdacht. Operation. Die Zeit der körperlichen und seelischen Leiden begann. Seit 1962 schon schrieb sie an ihrem Roman *Franziska Linkerhand*, der zu den besten der DDR-Literatur gehören sollte. Der Roman blieb ein Fragment, denn die Krankheit schritt fort. Sie »heult(e) vor Schmerzen«, schrieb unter Qualen, verstummte schließlich. Kraft, Leidenschaft und eine mögliche Karriere als Schriftstellerin grausam früh zerstört!
Lit.: Brigitte Reimann, »Aber wir schaf-

Brigitte Reimann

fen es, verlaß Dich drauf!« Briefe an eine Freundin im Westen, Berlin 1995; dies.: »Ich bedaure nichts«, Tagebücher 1955 – 1963, Berlin 1997.

Reinig, Christa, deutsche Schriftstellerin und Feministin (Berlin 6. 8. 1926).
Die Fabrikarbeiterin und Blumenbinderin absolvierte das Abitur an der Arbeiter- und Bauernfakultät und studierte Kunstgeschichte und Archäologie. Danach arbeitete sie als wissenschaftliche Assistentin am Märkischen Museum in Berlin/Ost. Veröffentlichung von Gedichten in der Zeitschrift »Ulenspiegel«. Auseinandersetzungen mit der Zensur. 1960 veröffentlichte sie den Gedichtband *Die Steine von Finisterre* im Westen. Als sie 1963 den Bremer Literaturpreis erhielt, kehrte sie nicht mehr in die DDR zurück. Neben Gedichten (so etwa *Müßiggang ist aller Liebe Anfang*, 1979) schrieb die glänzende Erzählerin mit der Fähigkeit zu Sarkasmus und bitterer Ironie u. a. den Roman *Entmannung* (1976) mit dem Thema Geschlechterkampf, der sie in der Frauenbewegung bekannt gemacht hat.

Reisner, Larissa, russische Schriftstellerin (Lublin/Polen 13. 5. 1895 – 9. 2. 1926 Moskau).
Als Kind mußte sie aus dem zaristischen Rußland mit ihrer Familie emigrieren. Während der Oktoberrevolution war sie Kommissarin im Stab der Moskauer Garnison, bei der Flotte in Petersburg und nahm an den Kämpfen der Wolga-Flotte teil. Sie bekämpfte den Zarismus und die Unfreiheit, schrieb Reportagen über den Bürgerkrieg (*Die Front*, 1924) und Reiseberichte (*Afghanistan*, 1925). Im Oktober 1923 war sie in Hamburg, sprach auf der Reichsfrauenkonferenz der KPD und schrieb über den bewaffneten Aufstand in den Arbeitervierteln (*Hamburg auf den Barrikaden*, 1925). Larissa R. starb während einer Epidemie an Typhus.

Reventlow, Franziska Gräfin zu, deutsche Schriftstellerin (Husum 18. 5. 1871 – 21. 7. 1918 Muralto/ Schweiz).

Franziska Gräfin zu Reventlow

Als »tolle Gräfin« war die Bohemienne Franziska Gräfin zu R. schon zu Lebzeiten eine Legende. Die Tochter einer stockkonservativen, gefühlsfeindlichen norddeutschen Adelsfamilie machte sich den Bruch mit ihrer gesellschaftlichen Klasse, mit Konventionen und der herrschenden Moral zur Maxime ihres Lebens. Der politischen Frauenbewegung ihrer Zeit konnte sie dagegen keine ideologischen Gemeinsamkeiten abgewinnen. Ihr Verständnis von weiblicher Freiheit und Unabhängigkeit bestand vielmehr in dem exzessiven Ausleben ihrer erotischen Sinne. Ihre zahlreichen Affären machten sie bald über die Schwabinger Grenzen – ihrem Münchener Wahldomizil – hinaus berühmt und wurden (inkognito) auch als wirtschaftliche Quelle benutzt.
Geradezu par excellence verkörperte die

Gräfin die Intensität vom Leben der Boheme. Die Kunst nahm darin eine zentrale Bedeutung ein, der Künstler galt ihr als einer der wenigen, der das »wahre Leben« erfassen könne.
Antagonistisch mutet im Vergleich zum idealisierten »Lebensrausch« die Härte der Lebenswirklichkeit an (vgl. *Tagebücher 1895-1910* und *Briefe 1890-1917*). Nur mühsam konnte sie sich und ihren nichtehelichen Sohn als Schriftstellerin und französisch-deutsche Übersetzerin ernähren. Es ist wohl die Ironie des Schicksals, daß sie selbst nur widerwillig auf dieses künstlerische Medium zurückgriff. Dennoch bleiben ihre wesentlich autobiographisch geprägten Romane und Erzählungen eine humorvolle und lohnenswerte Lektüre. »Sie war ein Mensch, der wußte, was Freiheit bedeutet, ein Mensch ohne Vorurteile, ohne traditionelle Fesseln, ohne Befangenheit vor der Philistrosität der Umwelt.« (Erich Mühsam)
Lit.: Franziska Sperr, Die kleinste Fessel drückt mich unerträglich. Das Leben der Franziska zu Reventlow, München 1995.

Rewald, Ruth, deutsche Kinderbuchautorin (Berlin 5. 6. 1906 – 1942 Auschwitz).
Sie stammte aus einer deutsch-jüdischen Familie. Jura-Studium in Berlin und Heidelberg. Heirat mit dem Rechtsanwalt Hans Schaul. Bohème-Leben. Ihre schriftstellerische Tätigkeit mußte sie 1933 unterbrechen. Nach den Bücherverbrennungen emigrierte sie nach Paris. Ihr Jugendbuch *Janke, der Junge aus Mexiko* (1934) befaßt sich mit dem Leben im Exil. *Tsao und Jing-Ling. Kinderleben in China* erschien 1937 als Fortsetzungsgeschichte in einer Schweizer Gewerkschaftszeitung. Sie begleitete ihren Mann zu den internationalen Brigaden im republikanischen Spanien (*Vier spanische Jungen*). In Frankreich wurde sie von der Gestapo verhaftet, nach Auschwitz deportiert und dort ermordet.
Lit.: Dirk Krüger, Die deutsch-jüdische Kinder- und Jugendbuchautorin Ruth Rewald und die Kinder- und Jugendliteratur im Exil, Frankfurt/M. 1990.

Rich, Adrienne, US-amerikanische Lyrikerin, politische Aktivistin und Theoretikerin (Baltimore 16. 5. 1929)
Schon früh setzte sich die Professorin für englische und feministische Studien und mehrfach ausgezeichnete Lyrikerin mit Sklaverei, Rassismus und Antisemitismus auseinander und trat für die Bürgerrechtsbewegung ein. Ihr Buch »Von Frauen geboren« (dt. 1979), das sich kritisch mit der Institution Mutterschaft befaßt, markiert einen Meilenstein in der philosophischen Debatte. Sie veröffentlichte zahlreiche Essays, darunter »On Lies, Secrets and Silence« (1979), und zahlreiche Gedichtbände. Adrienne R. lehnte 1997 den »Nationalpreis für Kunst« der USA ab, aus Protest gegen die »zynische Politik der Clinton-Administration«: »Schritt für Schritt hat der demokratische Prozeß gegenüber der privaten Anhäufung von Reichtum an Boden verloren.« Kunst muß nach ihrer Auffassung »Brecherin des öffentlichen Schweigens« sein.

Riffaud, Madeleine, französische Widerstandskämpferin, Schriftstellerin (Limoges 23. 8. 1924).
Sie wuchs in einem Dorf in Nordfrankreich auf, wo ihre Eltern Lehrer waren. Bereits als Oberschülerin schloß sie sich der bewaffneten Résistance an, mit 18 Jahren wurde sie Offizier der Partisanen FTP. Kurz nachdem sie vom Nazi-Massaker in Oradour erfahren hatte, erschoß sie einen deutschen Offizier. Sie

wurde verhaftet, von der Gestapo gefoltert und zum Tode verurteilt. Im Gefängnis schrieb sie Gedichte (*Die geballte Faust*: »Angst vor Stiefeln/ Angst vor Schlüsseln/ Angst vor Türen/ Angst vor Fallen«). Die Befreiung von Paris verhinderte die Vollstreckung des Urteils. Nach dem Krieg wurde sie, ermutigt von den Dichtern Louis Aragon und Paul Eluard, Schriftstellerin, Journalistin und Reporterin von den Brennpunkten der antikolonialistischen Kämpfe in Asien (Vietnam) und Afrika.
Lit.: Madeleine Riffaud, On l'appelait Rainer, Paris 1994.

Rinser, Luise, deutsche Schriftstellerin (Pitzling/Oberbayern 30. 4. 1911).
Nach dem Studium der Psychologie und Pädagogik arbeitete sie von 1935 bis 1939 als Lehrerin. Bereits als junges Mädchen schrieb sie Gedichte und Geschichten, die sie jedoch fast alle vernichtete. Ihr erster Roman *Die gläsernen Ringe* von 1940 war mit 10 000 Exemplaren sehr erfolgreich. Kurz danach erhielt sie Schreib- und Berufsverbot. Wegen ihrer Widerstandsarbeit wurde sie 1944 des Hochverrats und der Wehrkraftzersetzung angeklagt und verhaftet. Ihr *Gefängnistagebuch* erschien nach dem Krieg. Romane und Erzählungen, darunter *Mitte des Lebens* (1950), *Daniela* (1953), *Ich bin Tobias* (1966). Im ersten Teil ihrer Autobiographie, *Den Wolf umarmen* (1981), schilderte sie ihre Kinder- und Jugendjahre bis 1945. Im Roman *Mirjam* (1987) brachte »eine Frau die versteinerte Männerwelt um Jesus zum Tanzen« (Franz Alt). Roswitha-Gedenkmedaille der Stadt Bad Gandersheim 1979; Heinrich-Mann-Preis der Akademie der Künste der DDR 1987. Luise R. war engagiert in der bundesdeutschen Abrüstungsbewegung, nahm teil an den Sitzblockaden in Mutlangen gegen die Atomwaffen. Seit vielen Jahren lebt sie im italienischen Rocca di Papa.
Lit.: Luise Rinser, Saturn auf der Sonne, Frankfurt/Main 1994 (2. Teil der Autobiographie).

Roland, Manon, französische Schriftstellerin und Revolutionärin (Paris 17. 3. 1754 – 8. 11. 1793 Paris).
Sie stammte aus einer kleinbürgerlichen Pariser Familie, das Studium antiker Literatur machte sie zu einer Verfechterin von Freiheit, Recht und Republik. Mit 25 Jahren heiratete sie den 20 Jahre älteren Manufakturinspekteur Roland. Sie habe vor diesem Gelehrten großen Respekt, schrieb sie, die Beziehung basiere aber nicht auf Gleichheit. Manon R. arbeitete als Sekretärin für Roland, gleichzeitig war sie publizistisch tätig. Mit großem Enthusiasmus unterstützte sie die Französische Revolution. Nach ihrer Übersiedlung nach Paris im Jahre 1791 wurde ihr Salon zum wichtigsten Zentrum der Girondisten, anfangs fand sich Robespierre dort ein. Manon R. scheute keine Kontroversen und warnte vor der Konterrevolution. Aus ihrer Abneigung gegen die Monarchie und den Monarchen machte sie keinen Hehl. Im Zuge der Verfolgung der Girondisten wurde sie festgenommen. Während der Haft verfaßte sie ihre Memoiren *Historische Notizen* und *Letzte Gedanken*. Im November 1793 wurde sie zum Tod verurteilt und am selben Tag hingerichtet. Ihre letzten Worte auf dem Schafott: »O Freiheit – wie viele Verbrechen sind schon in deinem Namen begangen worden!«
Lit.: Manon Roland, Memoiren und Korrespondenzen, Leipzig 1988.

Roland, Pauline, französische Feministin (Falaise/Calvados 7. 6. 1805 – 16. 12. 1852 Lyon).

Der Vater starb, als Pauline R. zwei Jahre alt wurde. Die Mutter arbeitete bei der Post, konnte ihren Töchtern keine Mitgift sichern, kümmerte sich um so mehr um deren Erziehung. Sie bekamen einen Hauslehrer, der den utopisch-sozialistischen Ideen des Philosophen Saint-Simon anhing. Dieser erklärte den Unterdrückungsmechanismus der Ehe und propagierte die Freiheit der Liebe. Pauline R. lehnte selbst auch die Ehe ab, mußte jedoch für ihr Recht auf Lust und Liebe einen hohen Preis zahlen. Ihre drei Kinder hatten drei verschiedene Väter, die sich nicht um sie kümmerten. Weil sie sich in der frühsozialistischen Bewegung engagierte, wurde sie 1851 zusammen mit Diebinnen, Prostituierten und Frauen, die ihre Schwangerschaft abgebrochen hatten, inhaftiert und nach Algerien deportiert. »Pauline hatte dabei lediglich vergessen, daß, wenn man arm ist, an der Liebe Gefallen findet und zu allem Unglück noch fruchtbar ist, sexuelle Freiheit nichts anderes als die sichere Versklavung und materielle Not bedeutet.« (→Benoîte Groult)

Lit.: Benoîte Groult, Wie die Freiheit zu den Frauen kam. Das Leben der Pauline Roland, München 1993.

Rosenbaum, Marianne S. W., deutsche Filmregisseurin (Leitmeritz/ Böhmen 22. 5. 1940).

In den sechziger Jahren studierte Marianne R. Malerei in München, hielt sich zwei Jahre mit einem Stipendium der Villa Massimo in Rom auf. 1967 bis 1972 Studium Film und Regie in Prag und freie Mitarbeit beim ZDF und Bayrischen Rundfunk. 1972 bis 1976 lehrte sie Bildgestaltung und Filmsprache an der Münchner Film- und Fernsehhochschule, 1975 kam ihre Tochter zur Welt. Marianne R. ist Autorin und Co-Regisseurin von 12 Folgen der Fernsehserie *Neues aus Uhlenbusch*. Sie arbeitete mit Sintis und drehte einen Film über eine Jüdin, einen Kommunisten und einen Zigeuner aus Straubing, die in Theresienstadt, Dachau und Auschwitz waren.

Dann folgte die Arbeit an Drehbuch und Roman ihres preisgekrönten Spielfilmdebüts *Peppermint-Frieden*. Sie arbeitete fürs Fernsehen und Theater, u. a. *Sonntagskind* und *Alice im Männerland*; 1992 – 1994 an ihrem Spielfilm *Lilien in der Bank* mit Katharina Thalbach und Nina Hagen, die Geschichte dreier Generationen mit witzigen Alternativen und starken Frauen. Für Marianne R. ist Film Kunst: »Ich könnte keinen Film machen, der für mich keine Kunstform ist, das langweilt mich. Ich kann diese Abbilder im Fernsehen nicht sehen. Für mich gibt es den Unterschied zwischen Sinnbild und Abbild, und damit meine ich: Sinnbilder sind mehr als Abbilder. Wenn ich die Kamera hinstelle, so ist das mein Standpunkt und mein Gesichtspunkt zur Welt. Das ist eine Kunstform. Es geht mir um Urbilder, heilende Bilder, Bilder, die ins Herz gehen und in den Bauch und die international verstanden werden können. Mit Bildern treffen, das ist, was ich möchte. Bilder schaffen, die Kraft haben, die nicht nur aufrütteln, sondern auch Glückszustände ausdrücken.« Konsequent geht sie ihren Weg, kämpft um ihre Filme, bleibt unbestechlich und bei ihrer Meinung – im heutigen Filmgeschäft eine Rarität.

Rosenberg, Ethel, US-amerikanische Kommunistin (New York 28. 9. 1915 – 19. 6. 1953 Sing-Sing).
Die Tochter einer jüdischen Einwandererfamilie wollte Sängerin werden, mußte jedoch als Sekretärin ihren Lebensunterhalt verdienen. 1939 heiratete sie den Physikstudenten Julius R. Beide waren Mitglieder der Kommunistischen Partei. 1943 und 1947 wurden ihre Söhne Michael und Robert geboren. Am 12. 8. 1950 wurde Ethel R. verhaftet, ihr Mann Julius war bereits im Gefängnis. Beiden wurde der Prozeß wegen Atomspionage gemacht; angeblich hatten sie den Sowjets das Geheimnis der Atombombe verraten. Der Prozeß, in dem Ethels Bruder als Hauptbelastungszeuge auftrat – was ihm das Leben rettete –, endete am 29. 3. 1951 mit dem Todesurteil. Ethel wurde in das Totenhaus von Sing-Sing überführt, wo sie fast zwei Jahre verbrachte, fünfmal in die Todeszelle geführt und schließlich trotz der Gnadengesuche hingerichtet wurde.
Ethel stand zu ihrer kommunistischen Überzeugung und beteuerte ihre Unschuld. Auf einen Handel – bei Geständnis kein Todesurteil – ließ sie sich nicht ein, obwohl die Sorge um die beiden Söhne sie sehr belastete. Eine breite internationale Solidaritätsbewegung für die Freilassung der Rosenbergs entstand. Auf der anderen Seite Demonstrationen mit Losungen wie »Grill them« und der Forderung nach sofortiger Hinrichtung.
Inzwischen sind neue Dokumente aufgetaucht, die anzeigen, daß dem FBI Beweise für Ethel R.s Unschuld vorlagen. Der Prozeß war eindeutig ein Schauprozeß; er sollte der durch den Kalten Krieg verunsicherten Bevölkerung das Gefühl der Sicherheit wiedergeben und demonstrieren, daß Amerika der »Kommunistischen Gefahr« gewachsen war. Das Recht auf einen fairen Prozeß blieb dabei auf der Strecke.

Ethel Rosenberg

Aus Ethels letztem Brief an ihre Kinder: »Schließlich müßt ihr auch zu dem Glauben gelangen, daß das Leben wert ist, gelebt zu werden. Es möge Euch ein Trost sein, daß wir selbst jetzt, angesichts des sich uns unaufhaltsam nähernden Todes, so fest davon überzeugt sind, daß dieses Wissen den Henker besiegt.«
Lit.: apropos Ethel Rosenberg. Mit einem Essay von E. Kinsky, Frankfurt/Main 1996.

Rossanda, Rossana, italienische Publizistin, Marxistin und Feministin (Triest 1924).
Mit 19 ging sie in die verbotene kommunistische Partei Italiens und kämpfte in der Widerstandsbewegung. 1959 wurde sie als jüngstes Mitglied ins Zentralkomitee der damals größten kommunistischen Partei im Westen gewählt und 1969 wegen »Linksabweichung« ausgeschlossen. Im gleichen Jahr gründete sie mit anderen die Gruppe »Il Manifesto« und die unabhängige Tageszeitung gleichen Namens, für die sie bis

heute zu politischen, kulturellen und theoretischen Themen schreibt. Ende der siebziger Jahre befaßte sie sich mit den Beziehungen zwischen Marxismus und Feminismus; ihr Buch *Einmischung* (dt. 1980) ist einer der frühen Versuche, eine Verbindung zwischen beidem herzustellen. Über den Unterschied zwischen der Frauen- und anderen Befreiungsbewegungen schrieb sie: »Die feministische Intuition ist jedoch radikaler und tragischer, weil sie sich nicht darauf beschränkt, den Zugang zu jenen Rechten und Mächten zu verlangen, sondern mit gutem Grund deren angebliche Allgemeingültigkeit in Frage stellt ... Ich möchte der ›Differenz‹ der weiblichen Erfahrung den Charakter eines Skalpells verleihen, das die uneingestandene Parteilichkeit des herrschenden und männlichen Wissens ... offenlegt.«

Lit.: Rossana Rossanda, Auch für mich. Aufsätze zu Politik und Kultur, Hamburg 1994.

Roten, Iris von, Schweizer Feministin (Basel 2. 4. 1917 – 11. 9. 1990).

Weil sie als Juristin mit Promotion »magna cum laude« keine Anstellung fand, arbeitete sie als Journalistin und Redakteurin beim »Schweizer Frauenblatt«, der Zeitung der Schweizer Frauenbewegung, und in der Werbung. 1946 Heirat mit Peter von Roten, ebenfalls Jurist. Studienaufenthalte in England und den USA, 1952 Geburt ihrer Tochter. 1955 erregte sie einen landesweiten Skandal, war sie doch nächtens in einem Ozelotmantel durch Zürich spaziert und von der Polizei als Prostituierte arretiert worden. Sie wehrte sich öffentlich gegen eine solche Behandlung, was jedoch erst recht zu ihrer Diffamierung in der Presse führte. 1958 erschien ihr Buch *Frauen im Laufgitter*, das manchen als so bedeutend gilt wie →Simone de Beauvoirs *Das andere Geschlecht*. Die Presse verriß es, nur wenige erkannten seinen Wert. 1959 veröffentlichte sie das *Frauenstimmrechts-Brevier*, ihre letzte Veröffentlichung zu Frauenfragen. Danach schrieb sie Reisebücher und wandte sich der Malerei zu. Selbstbestimmt, wie sie immer leben wollte, starb sie auch. Nach langer Beschäftigung mit dem Thema Freitod nahm sie sich das Leben.

Lit.: Iris von Roten, Frauen im Laufgitter, Zürich/Dortmund 1991; Yvonne D. Köchli, Eine Frau kommt zu früh, Zürich 1992.

Rotten, Elisabeth, deutsche Pädagogin und Schriftstellerin (Berlin 15. 2. 1882 – 2. 5. 1964 London).

Die Pädagogin und Schriftstellerin besaß durch ihre Ausbildung in Frankreich, Großbritannien und Deutschland eine ausgeprägte internationalistische Haltung, mit der sie immer wieder in Widerspruch zum herrschenden Zeitgeist geriet. Im ersten Weltkrieg unterstützte die Pazifistin gegen alle nationalistische Hysterie Ausländer/innen in Deutschland, und sie gründete 1915 die IFFF mit. Danach galt ihr Einsatz dem Völkerbund und Völkerrecht. Sie setzte sich auch in verschiedenen Organisationen für gewaltlose Erziehung ein. Nach 1933 mußte Elisabeth R. aus Deutschland in die Schweiz emigrieren, wo sie nach dem zweiten Weltkrieg für die UNESCO arbeitete. Die Themen ihrer Veröffentlichungen: Völkerbund, Europa, Frieden und Gerechtigkeit.

Rozanowa, Olga Wladimirowna, russische Malerin, Graphikerin, Bildhauerin und Dichterin (Melenkach/Provinz Wladimir 1886 – November 1918 Moskau).
Gegen den Willen der Eltern studierte sie Malerei in Moskau und St. Petersburg. Sie illustrierte Bücher von futuristischen Schriftstellern wie Chlebnikow und Krutschonich, den sie 1916 heiratete, entwarf Textilmuster und schrieb selbst Gedichte. Mit ihren Freunden gründete sie die Künstlergruppe »Union der Jugend« und malte für die damalige Zeit unerhört futuristische Gemälde. Sie gehörte zur Künstlergruppe »Supremus«, schuf eine eigene Richtung der suprematistischen Kunst mit einer Betonung der Dynamik und Asymmetrie. Teilnahme an zahlreichen Ausstellungen. Nach der Oktoberrevolution in hohe Funktionen der Künstlerorganisationen berufen, baute sie in vielen Städten Kunstwerkstätten auf, in denen auch Alltagsgegenstände künstlerisch gestaltet wurden. »Sich auf eine bestimmte Kunstgattung zu spezialisieren ist überaus langweilig.« Als sie für den ersten Jahrestag der Revolution einen Flughafen dekorierte, zog sie sich eine Erkältung zu und starb an deren Folgen. 1919 wurde sie mit einer großen Gedächtnisausstellung geehrt, 1922 waren ihre Werke in Berlin zu sehen. Danach geriet sie in Vergessenheit, und erst Anfang der achtziger Jahre wurde die große Malerin der russischen Aufbruchszeit wiederentdeckt: »Nur derjenige ist schöpferisch, der sich selbst als etwas absolut Neues, ein mit nichts Vergleichbares der Zukunft empfindet.«

Ruben-Wolf, Martha, deutsche Ärztin (Löhne/Westf. 17. 6. 1887 – 16. 8. 1939 Sowjetunion).
Ihr Vater war Kaufmann, die Mutter Schriftstellerin. Nach dem Besuch der Schule in Hamburg Studium der Mathematik und der Naturwissenschaften, später auch der Medizin in Berlin, Würzburg und München. Dissertation über »Lageanomalien der weiblichen Genitalorgane vor dem Unfallgesetz«. Arbeit als Hebamme. Aktiv im RFMB, Ende der zwanziger Jahre engagierte sie sich mit ihrem Mann, ebenfalls Arzt, in der KPD. Mitbegründerin des Ärztekomitees für Geburtenregelung, aktiv im »Bund deutscher Ärztinnen« und im »Verein Sozialistischer Ärzte«. Sie trat für die Straffreiheit des Schwangerschaftsabbruchs ein, schrieb u. a. die Broschüre *Abtreibung oder Verhütung?* (1928), die vom Düsseldorfer Amtsgericht beschlagnahmt wurde.
1933 wurde ihr die Zulassung als Ärztin entzogen, sie emigrierte mit ihrem Mann zusammen in die Sowjetunion. Er wurde Opfer des Stalinismus, wegen angeblicher »Spionagetätigkeit«. Martha R.-W. wurde 1938 selbst verhaftet und nahm sich das Leben.

Runge, Erika, deutsche Schriftstellerin und Filmregisseurin (Halle/Saale 22. 1. 1939).
Ursprünglich wollte sie zum Theater, studierte Literatur- und Theaterwissenschaft, arbeitete dann aber in der Dokumentarliteratur und für Film und Fernsehen. Bekannt wurde sie 1968 durch ihre *Bottroper Protokolle*, die Interviews mit Menschen aus dem Ruhrgebiet. Ein Jahr später *Frauen. Versuche zur Emanzipation*, ein Thema, das sie immer wieder beschäftigt (Film *Warum ist Frau B. glücklich?)* und zu dem sie sich auch politisch engagiert. Mitinitiatorin der »In-

itiative Internationales Jahr der Frau 1975«, aus der die »Demokratische Fraueninitiative« (DFI) hervorging, und beteiligt an der Selbstbezichtigungsaktion im »Stern« 1971. Ein weiterer Schwerpunkt ihrer Arbeit ist die Apartheid. 1971 erschien *Südafrika – Rassendiktatur zwischen Elend und Widerstand*. Im Nachwort zu den *Berliner Liebesgeschichten* von 1987 schrieb sie: »Unsere Welt ist in einem Zustand, der Liebe unmöglich machen kann. Rüstungswahnsinn und Hungerkatastrophen, Massenarbeitslosigkeit und Zerstörung von Demokratie, Umweltvergiftung, psychische Verelendung ... Die Verursacher sind benennbar, sie haben Anschrift und Gesicht, und sie haben Schuld. Ändern müssen wir die Verhältnisse – damit in unserer noch immer liebenswerten Welt weiter, mehr und hinreißender geliebt werden kann!«

S

Sachs, Nelly, deutsche Lyrikerin (Berlin 10. 12. 1891 – 12. 5. 1970 Stockholm).
In Berlin in einem großbürgerlichen Elternhaus aufgewachsen, schien ihr das Dasein der Oberschicht beschieden zu sein. Ihre Zukunft als Tochter assimilierter Juden, ohne Bezug zum Judentum erzogen, versprach einen gesellschaftlich konventionellen Verlauf zu nehmen.
Die Dichtungen ihrer Jugendzeit, die sie in Zeitungen und Zeitschriften veröffentlichte, waren sensible, zarte Märchen, Erzählungen und Gedichte und trugen noch nicht die Handschrift der großen Dichterin. 1933 verstummte sie, schockartig. Sie und ihre Mutter, ihr Vater war bereits gestorben, befanden sich in großer Gefahr. 1940, kurz vor Beginn der großen Deportationen in die Vernichtungslager, wandte sie sich an →Selma Lagerlöf, mit der sie seit ihrer frühen Jugend einen Briefwechsel führte, und bat sie, ihr und ihrer Mutter eine Einreise nach Schweden zu ermöglichen. Auf Veranlassung Selma L.s setzte sich der Bruder des schwedischen Königs für Tochter und Mutter ein.
Sie lebte in einem Vorort Stockholms in ärmlichen Verhältnissen und blieb weiterhin stumm. Später sollte sie dichten: »... ich habe nur Schweigen/ in mein Herz genommen/ Aber Schweigen ist Wohnort der Opfer«. Sie teilte das Schicksal vieler Juden während des Holocausts: Da die Möglichkeit der Assimilation verwehrt wurde, blieb ihr allein die gewaltige Solidarität und Identifikation mit dem Judentum. »O ihr Schornsteine,/ O ihr Finger,/ Und Israels Leib im Rauch durch die Luft.«
1943 erfuhr sie, daß ihr bester Freund ermordet worden war. Nun brachen die Klagelieder, die Großen Gesänge aus ihr heraus. 1966 wurde ihr Werk durch den Nobelpreis für Literatur geehrt. Sie konnte sich ihren größten Wunsch erfüllen: einmal Israel zu besuchen: »Wir Geretteten,/ Aus deren hohlem Gebein der Tod schon seine Flöten schnitt,/ An deren Sehnen der Tod schon seinen Bogen strich.«
Sie ist mit Hölderlin verglichen worden, doch ihre Dichtung sprengt jeden Vergleich. Hier ist die Überwältigung durch ein existenzbeherrschendes Thema so adäquat in Dichtung umgesetzt worden, daß diese unvergleichlich bleibt.

Lit.: Fahrt ins Staublose. Die Gedichte der Nelly Sachs, Bd. 1, Frankfurt/M. 1961; Zeichen im Sand. Die szenischen Dichtungen der Nelly Sachs, Frankfurt/M. 1962; Die Gedichte der Nelly Sachs. Bd. 2, hg. von Margaretha und Bengt Holmquist, Frankfurt/M. 1971; Das Buch der Nelly Sachs, hg. von Bengt Holmquist. Frankfurt/M. 1968; Gabriele Fritsch, Vivié, Nelly Sachs, Reinbek 1993.

Sackville-West, Victoria, genannt Vita, englische Schriftstellerin (Knole Castle 9. 3. 1892 – 2. 6. 1962 Sigginghurst Castle/Kent).

Sie liebte ihr Geburtshaus sehr, eines der größten, ältesten und berühmtesten englischen Landhäuser. Erben konnte das einzige Kind des Barons Sackville den Familienbesitz nicht, weil nur ein männlicher Erbe nachfolgen durfte. Vita schrieb schon als Heranwachsende unentwegt: Tagebücher und Briefe, Theaterstücke, sog. Gesellschaftsromane (*Frühe Leidenschaft, Erloschenes Feuer, Eine Frau von vierzig* u. a.), Reisebeschreibungen und Naturbetrachtungen, Essays und Gedichte, ihre berühmten Gartenbücher nicht zu vergessen. Einige Werke erreichten hohe Auflagen und wurden in andere Sprachen übersetzt. Sie gehörte zum berühmten »Bloomsbury Circle«, dem Literatenkreis um Virginia und Leonard Woolf, heiratete den Schriftsteller Harold Nicolson, mit dem sie zwei Söhne hatte.

Vita und ihr Mann führten eine alles andere als zeitgemäße Ehe. Vita liebte auch Frauen, Harold auch Männer. Sie lebten über fünfzig Jahre zusammen in einer – bei aller äußerlichen Trennung – doch sehr intensiven, vertraulichen und immer wieder erotischen Beziehung. Sie schrieben sich fast täglich, tauschten Gefühle und Gedanken aus, die sie sich nicht sagen konnten.

Eine tiefe und langjährige Beziehung verband sie mit →Virginia Woolf. (Vita *ist* Orlando, die Figur aus Virginias Buch, mit all ihren Wünschen und Phantasien, die sie sich im realen Leben nur zu einem ganz kleinen Teil auszuleben erlaubte). Eine von Vitas Heldinnen verlangt, »ein ganzer, selbständiger Mensch und nicht bloß die Hälfte einer zusammengesetzten Person zu sein«. Und in einem Brief forderte Vita: »Das ganze System der Ehe ist falsch ... Es sollte zumindest auf eine freiwillige Grundlage gestellt werden; und kein Stigma, falls Du eine weniger klaustrophobische Form der Verbindung vorziehst. Denn die jetzige Form ist klaustrophobisch.«

Lit.: Geliebtes Leben. Briefe von Vita Sackville-West an →Virginia Woolf, hg. von L. De Salvo u. M. A. Leaska, Frankfurt/M. 1995; Victoria Glendinning, Vita Sackville-West, Frankfurt/M. 1990; Nigel Nicolson, Porträt einer Ehe, München 1974.

Sagan, Leontine, österreichische Film- und Theaterregisseurin (Pretoria 1899 – 1974).

Sie studierte bei Max Reinhardt in Berlin und verwirklichte mit ihrem berühmten Film *Mädchen in Uniform* (1931) ein in der Filmgeschichte einmaliges Projekt der Lesbenkultur in der Weimarer Republik. Das Drehbuch schrieb die offen lesbisch lebende Christa Winslow nach ihrem erfolgreichen Theaterstück *Gestern und Heute.* Alle Rollen wurden von Frauen gespielt. Zur Herstellung wurde eine eigene Produktionsgemeinschaft gegründet, an der alle Mitwirkenden beteiligt waren. Der Film schildert die Liebe zwischen einer Schülerin und ihrer Lehrerin und die vielfältigen Beziehungen unter Frauen in einem preußischen Mädchenpensionat. Bekannt wurde der Film vor allem wegen seiner scharfen Kritik an preußisch-militärischer Obrigkeit, Hierarchie und Ordnung.

Saint-Denis, Ruth, US-amerikanische Tänzerin und Choreographin (Sommerville/New Jersey 20. 1. 1879 – 21. 7. 1968 Hollywood).
Der Vater war Ingenieur, die Mutter, die Medizin studiert hatte, führte sie in den Tanz ein. Mit elf Jahren beschloß sie, Tänzerin zu werden. Erste Auftritte in Varieté-Shows. In Großbritannien entschied sie sich, beeinflußt von →Isadora Duncan und →Loïe Fuller, für den »freien Tanz«. Sie schuf Ballettstücke, die von der indischen, ägyptischen, japanischen und aztekischen Kultur beeinflußt sind. Mit ihrem Mann Ted Shawn, ebenfalls Tänzer, schuf sie die Dennishawn Dance School (1915-1931), welche die Tanzkunst revolutionierte. 1928 kreierte sie ihren ersten »metaphysischen« Tanz *The Lamp*, danach *The Prophetess.* Sie veröffentlichte auch Gedichte, *Lotus Light*, und 1939 ihre Autobiographie *An Unfinished Life.* Mit 83 Jahren tanzte sie zum letzten Mal.

Saint Phalle, Niki de, französische Künstlerin (Neuilly b. Paris 29. 10. 1930).
Marie Agnès stammt aus einer alten adligen Familie. Ihr Vater, Bankier, soll sie als kleines Mädchen mißbraucht haben. Strenge katholische Erziehung. Als die Eltern nach New York übersiedelten, ging Niki, wie sie die Mutter nannte, in eine Nonnenschule. Mit 18 Heirat mit dem Schriftsteller H. Mathews. Zeitweilig Fotomodell für die »Vogue«. Mit 20 Jahren Nervenzusammenbruch, Psychiatrie, Elektroschocks. Auf den Rat eines Arztes hin begann sie zu malen: Märchen und Mythen, die in ihrem Schaffen immer wieder auftauchen. Künstlerin sei sie geworden, sagte sie später, weil sie keine Alternative dazu hatte. Zwei Kinder, 1960 Scheidung. Danach lebte und arbeitete sie viele Jahre mit dem Bildhauer Jean Tinguely zusammen. Aufsehenerregende »Schießbilder«, bei denen sie z. B. auf (mit Farbbeuteln präparierte) Altarbilder (nach eigener Aussage eigentlich auf alle Männer) mit dem Gewehr schoß. Kontakt zu den »Neuen Realisten«, die eine »Entgrenzung der Kunst« und neue Mittel in der künstlerischen Auseinandersetzung versuchten. Nach einer Phase der Arbeit an Collagen/Assemblagen Mitte der sechziger Jahre die »Nanas« – pralle, lustige, freche und bunte Riesenweiber, die an Fruchtbarkeitsgöttinen der frühen Menschheitsgeschichte erinnern. Ihre berühmteste Nana »Hon« von 1966 war eine begehbare Riesenfrau. Niki de S. P. schuf Springbrunnen, Kinderspielplätze und -häuser, gestaltete ein Aufklärungsbuch und eine Schweizer Briefmarke zum Thema Aids. Sie selbst bezeichnet den 1994 eröffneten »Tarotgarten« in der Toskana, an dem sie seit 1979 arbeitet, als ihr Lebenswerk.
Lit.: Pontus Hulten, Niki de Saint Phalle, Stuttgart 1995; Monika Becker, »Pralle Weiblichkeit« entfesseln. Niki de Saint Phalle, München 1999.

Salomon, Alice, deutsche Sozialpolitikerin (Berlin 19. 4. 1872 – 30. 8. 1948 New York).
Der Tochter aus konservativer jüdischer Familie war ein Beruf zunächst verwehrt, allenfalls Wohltätigkeit erlaubt. Ab 1893 Mitarbeit in den »Mädchen- und Frauengruppen für soziale Hilfsarbeit« in Berlin und ab 1899 deren Vorsitzende. Kontakte zur Frauenbewe-

gung. Ihre Jahreskurse für Wohlfahrtspflege waren erste Schritte zur Professionalisierung und damit auch Bezahlung der Sozialarbeit. 1900 Mitglied des Vorstands des BDF, bis 1920 stellvertretende Vorsitzende. Ab 1902 Volkswirtschaftsstudium, nur vier Jahre später Promotion als eine der ersten Berlinerinnen. 1908 Mitgründerin und Leiterin der ersten Sozialen Frauenschule, die zehn Jahre später staatlich anerkannt wurde. 1925 gründete sie die »Deutsche Akademie für soziale und pädagogische Frauenarbeit«. 1932 erhielt Alice S. den Doktor ehrenhalber der Berliner Universität und wurde stellvertretende Vorsitzende des »Internationalen Frauenbundes«. 1937 wurde sie aus Deutschland ausgewiesen und emigrierte in die USA.

Salomon, Charlotte, deutsche Malerin (Berlin 16. 4. 1917 – 12. 10. 1943 Auschwitz).
Sie war die Tochter eines Berliner Chirurgen, der in zweiter Ehe – die Mutter beging Selbstmord, als sie neun Jahre alt war – die Sängerin Paula Lindberg heiratete. Charlotte S. hatte von 1935 bis 1938 die Möglichkeit, als Jüdin mit einer Sondergenehmigung an der Staatlichen Hochschule für bildende Künste Malerei zu studieren. Ihr wurde allerdings wegen ihrer jüdischen Herkunft der »Sandkuhl-Preis« verweigert, und so brach sie ihr Studium ab. Mit 21 Jahren emigrierte sie zu ihren Großeltern nach Frankreich. Aus Verzweiflung über den Kriegsbeginn nahm sich auch die Großmutter das Leben. 1940 wurde Charlotte S. mit ihrem Großvater im Lager Gurs interniert. Mit dem Bildzyklus *Leben? oder Theater?*, der 1 320 Gouachen und Textseiten umfaßt, versuchte sie die tragischen Ereignisse,

Charlotte Salomon

Holocaust und familiäre Situation, psychisch zu verarbeiten.

Sand, George, eigentlich Amandine-Aurore-Lucie Gräfin de Dudevant, geborene Dupin, französische Schriftstellerin (Paris 1. 7. 1804 – 7. 6. 1876 Schloß Nohant).
In ihrer Familie trafen bereits Widersprüche aufeinander: Sie stammte mütterlicherseits aus dem Handwerkermilieu, väterlicherseits aus militärisch-aristokratischen Kreisen. Erzogen wurde sie von ihrer Großmutter auf dem Land. Unter dem Pseudonym G. Sand, für das sie zum Schutze der Familie einen Männernamen wählte, wurde sie weltberühmt. Ihr Leben war eine Provokation für Adel und Bürgertum. Beeinflußt von den Saint-Simonisten engagierte sie sich mit Leidenschaft für die republikanischen Ziele der 1848er Revolution, trat für zivile Rechte, gegen die Ehe und für das Recht auf Scheidung ein, lehnte allerdings die politische Gleichberechtigung der Frau ab. Und sie wandte sich wie Flaubert von der Pariser Commune ab. Sie war die

George Sand

Vertreterin eines gefühlsbetonten, romantischen Feminismus. Ein selbstbestimmtes Frauenleben, das Recht der Gefühle und der freien Liebe auch im Widerspruch zu patriarchalischen Zwängen, die Kritik der bürgerlichen Moralvorstellungen und der sozialen Verhältnisse waren Themen ihrer Romane: *Indiana* (1832, dt. 1883), den die Kritik als »typisch männlich« empfand«, *Lélia* (1833), *Die Gräfin von Rudolstadt* (1843/44), *Der Teufelssumpf* (1846, dt. 1949). Nachdem sie sich von ihrem Mann getrennt hatte, kleidete sie sich mit Vorliebe in Männerkleidung, rauchte Zigarren und lebte ihre Liebesbeziehungen zu F. Chopin (*Ein Winter in Mallorca)*, A. de Musset u. a. in aller Öffentlichkeit aus.

Lit..: George Sand, Geschichte meines Lebens. Auswahl aus ihrem autobiographischen Werk, hg. von Renate Wiggershaus, Frankfurt/M. 1990; Huguette Bouchardeau, Göttern und Teufeln zum Trotz. Das Leben der George Sand, München 1991; Jean Chalon, George Sand. Ein Leben in Leidenschaft, München 1993.

Sander, Helke, deutsche Filmregisseurin und Feministin (Berlin 31. 1. 1937). Schauspielschule bei →Ida Ehre in Hamburg, Studium der Germanistik und Psychologie in Helsinki, Theaterinszenierungen, Heirat, ein Sohn. 1965 kehrte sie nach Berlin zurück, Studium an der Deutschen Film- und Fernsehakademie in Berlin (1966 – 1969) und Arbeit als Sekretärin, Übersetzerin und Reporterin. Engagement in der Studentenbewegung und bereits während der Ausbildung Dokumentarfilme u. a. über die Kampagne der Studierenden gegen den Springer-Konzern (1967/68). Sie war es, die am 1. 9. 1968 auf der 23. Delegiertenkonferenz des SDS dem Theoretiker Krahl die inzwischen legendäre Tomate ins Gesicht warf. Mitglied des »Aktionsrates zur Befreiung der Frau« und aktiv in der Kinderladenbewegung, Filme u. a. *Kinder sind keine Rinder, Eine Prämie für Irene.* 1972 gründete sie die Gruppe »Brot und Rosen« mit, kämpfte gegen den § 218. 1973 initiierte sie mit Claudia von Alemann das »1. Internationale Frauenfilmseminar« und gründete 1974 die Zeitschrift »Frauen und Film«. Nach Lehraufträgen und Filmseminaren Spielfilme, u. a. *Die allseitig reduzierte Persönlichkeit – Redupers* (1977), *Der subjektive Faktor* (1980/81), *Der Beginn aller Schrecken ist Liebe* (1983/84). Berlinale-Filmband in Gold für *Nr. 1 – Aus Berichten der Wach- und Patrouillendienste* (1984). 1992 Dokumentarfilm und Buch *BeFreier und Befreite.* Neben der Regiearbeit und einer Professur in Hamburg ist Helke S. auch als Autorin tätig. Buchveröffentlichungen u. a. *Die Geschichten der drei Damen K., Oh Lucy.*

Sanger, Margaret Higgins, US-amerikanische Schriftstellerin und Familienberaterin (Corning/N. Y. 14. 9. 1879 – 6. 9. 1966 Tuscon).
Tochter eines irischen Freidenkers und einer katholischen Mutter, die elf Kinder und sieben Schwangerschaftsabbrüche hatte. Sie studierte am Smith College und arbeitete als Krankenschwester. Gegen vielfachen Widerstand setzte sie sich für Geburtenkontrolle ein und war von 1917 bis 1929 Redakteurin der Zeitschrift »Birth Control Review«. Die Begründerin einer modernen Familienplanung trat für das Recht der Frauen auf freie Liebe ein. Sie schrieb mehrere Bücher über Sexualität und Geburtenkontrolle, u. a. *What Every Girl should know* (1916), *Happiness in Marriage* (1927) und *My Fight for Birth Controll* (1938).

Santamaria Cuadrado, Haydée, kubanische Revolutionärin (Encrucijada 30. 12. 1922 – 28. 7. 1980 Havanna).
Guerrillera der ersten Stunde, die 1953 mit Fidel Castro an dem Angriff auf die Moncada-Kaserne teilnahm und verhaftet wurde. Im Gefängnis brachte man ihr ein Auge ihres Bruders, danach die Hoden ihres Verlobten, um Informationen aus ihr herauszupressen. Sie blieb standhaft und sagte später zu Ernesto Cardenal: »Wenn eine Frau ein Kind bekommt, schreit sie vielleicht vor Schmerzen, und doch sind diese Schmerzen keine Schmerzen. Genauso ging es mir in Moncada: Ein irrsinniger Schmerz, aber gleichzeitig spürte ich, daß etwas aus mir heraus geboren wurde, ich war kein Kind mehr, ich war reif geworden. Es schmerzt, daß man soviel dort verloren hat.« Im sozialistischen Kuba war Haydée S. Direktorin des Amerikahauses und Herausgeberin der literarischen Zeitschrift »Casa de las Américas«, die auch lateinamerikanische Literaturpreise vergab. Sie war gegen eine Idealisierung der Revolution. »Viele finden vielleicht, daß nicht alles so wunderbar ist, wie sie es sich vorgestellt haben. Aber das hilft ihnen zu verstehen, daß es nicht einfach ist, eine Revolution zu machen. Lassen Sie sich alles zeigen. Besichtigen Sie nicht nur unser Alphabetisierungs-Museum, lassen Sie sich auch das zeigen, was noch getan werden muß.« Haydée S. nahm sich das Leben.

Sarraute, Nathalie, französische Schriftstellerin russischer Herkunft (Iwanowo-Wosnessensk 18. 7. 1902).
Als sie zwei Jahre alt war, zog ihre Familie von Rußland nach Frankreich. Schule und Studium der Geschichte und der Jurisprudenz in Paris, dann der Anglistik in Oxford und Literatur und Soziologie in Berlin. Bis 1941 war sie als Rechtsanwältin tätig. Ihr erstes Prosastück *Tropismen* (1938, dt. 1959) fand zunächst kaum Beachtung. Doch Nathalie S. wurde zur Vorläuferin und Wegbereiterin des »nouveau roman«. In ihren Essays *Zeitalter des Argwohns* (1956, dt. 1963) erklärte sie, die geschlossene Form des Romans könne der Gegenwart nicht mehr gerecht werden. Romane: *Le Planétarium* (1959, dt. 1960) und *Die goldenen Früchte* (1961, dt. 1963). In ihrem letzten Buch, *Du liebst dich nicht* (dt. 1992), schrieb sie: »Eine große Liebe ... wir gehen darum herum ... wie sieht so was aus? Sie ist groß, aber im Verhältnis zu was?« Nathalie S. verfaßte auch Theaterstücke. Ihre Werke wurden bisher in 26 Sprachen übersetzt.

Saussure, Albertine Necker de, Schweizer Pädagogin (Genf 6. 3. 1766 – 20. 4. 1841 Vallée du Salève/Genf).

Ihren Vater, einen bekannten Naturforscher, begleitete sie bereits mit sieben Jahren bei seinen Forschungen. Sie war befreundet mit →Germaine de Staël, ihrer Kusine. Von ihr erfuhr sie viele Denk- und Arbeitsanregungen; sie führte wie diese einige Jahre in der Nähe von Genf einen Salon. In ihrem Hauptwerk *Die Erziehung des Menschen in seiner fortschreitenden Entwicklung* kritisierte sie Jean-Jacques Rousseaus Bildungsroman *Emile* und dessen Erziehungsideal und Rollenbilder. Ihre Auffassung: Die Frauen sind den Männern ebenbürtig, und Mädchen sollten die gleiche Erziehung und Bildung erhalten.

Schick, Philippine, deutsche Komponistin (Bonn 9. 2. 1893 – 13. 1. 1970 München).

»Es wird ja doch nichts – diese gräßliche Weiberkomponiererei«, sagte die Tochter eines Anglistikprofessors über ihre Arbeit. Doch – es wurde. Sie schuf u. a. rund 25 Liederzyklen, die oft aufgeführten Kantaten *Der Einsame an Gott* (Hermann Hesse), ein Oratorium, die Tanzpantomine *Vergessene Gäste*. Philippine S. arbeitete als englische Philologin, und von 1946 bis 1956 war sie Dozentin für Harmonie- und Kompositionslehre in München. Viele Jahre engagierte sie sich in der »Gemeinschaft deutscher und österreichischer Künstlerinnen«.

Schlegel-Schelling, Caroline, deutsche Schriftstellerin (Göttingen 2. 9. 1763 – 7. 9. 1809 Maulbronn).

Das Recht auf weibliche Selbstbestimmung forderte Caroline Böhmer, geb. Michaelis, für ihr eigenes Leben ein, gegen die restriktiven Konventionen der Zeit. Mit 25 Jahren zur Witwe mit zwei Kindern geworden, verweigerte sie sich einer Versorgungsehe. Für die Emanzipation des Volkes, verwirklicht in der Mainzer Republik, begeisterte sie sich, als sie von Herbst 1792 bis Frühjahr 1793 dort lebte. Ihr Bekenntnis zu den republikanischen Ideen führte nach dem Sieg der alten Mächte zur Inhaftierung und nachhaltigen gesellschaftlichen Verfemung. Ein massives Durchbrechen bürgerlicher Normen bedeutete das Austragen eines Kindes, das einer kurzen Liebesbegegnung mit einem Soldaten des französischen Freiheitsheeres entstammte.

Ihre hohe Intellektualität, die Fähigkeit zu distanzierender Ironie und ihr kommunikatives Genie ließen Caroline S. während der Freundschaftsehe mit dem Literaturkritiker A. W. Schlegel ab 1796 zum Mittelpunkt der geistigen Revolution der Frühromantik in Jena werden. Nicht nur als inspirierende Gesprächspartnerin brillierte sie, sondern auch als Übersetzerin, Rezensentin und Redakteurin.

In der Kindererziehung ging sie mit der Maxime der Gewährung freier Entfaltung auch eigene, unkonventionelle Wege. Einen letzten radikalen Akt der Selbstverwirklichung stellte ihre Liebe zum 12 Jahre jüngeren Naturphilosophen F. W. Schelling dar, den sie 1803 heiratete, wodurch sie erneut massiver gesellschaftlicher Verleumdung ausgesetzt war. Schelling bewunderte ihre »männliche Seelengröße« und den »schärfsten Verstand, mit der Weisheit des weiblichsten, zartesten, liebevollsten Herzens vereinigt«. Wie für →Rahel Varnhagen bildeten für Caroline S. Briefe das zentrale Ausdrucksmedium; es sind ästhetisch überformte Dokumente ihrer Selbstgewißheit und ihrer selbstgewählten Lebensordnung.

Lit.: Caroline Schlegel-Schelling, »Lieber Freund, ich komme weit her schon an diesem frühen Morgen«. Briefe, hg. und mit einem Essay eingeleitet von Sigrid Damm, Darmstadt 1988; Gisela Dischner, Caroline und der Jenaer Kreis. Ein Leben zwischen bürgerlicher Vereinzelung und romantischer Geselligkeit, Berlin 1979.

Schlözer, Dorothea von, deutsche Philosophin (Göttingen 18. 8. 1770 – 12. 7. 1825 Avignon).

Die Tochter eines Historikers galt als Wunderkind. Sie beherrschte mehr als sechs Sprachen und interessierte sich für die Numismatik. Mit 17 Jahren promovierte sie an der Philosophischen Fakultät der Göttinger Universität und wurde damit zum lebendigen Beweis der These ihres Vaters von der Bildbarkeit der Frau und der Widerlegung der Erziehungsmodelle von J. B. Basedow und J.-J. Rousseau, die eine Erziehung der Frau zur Unterordnung propagierten. Weil Dorothea v. S. noch unverheiratet war, durfte die nach →Dorothea Erxleben zweite promovierte Frau Deutschlands der Verleihung der Doktorwürde selbst nicht beiwohnen, sondern nur durch ein Fenster zuschauen.

Schmidt, Auguste, deutsche Frauenrechtlerin und Schriftstellerin (Breslau 3. 8. 1833 – 10. 6. 1902 Leipzig).

Der preußische Hauptmann der Artillerie ermöglichte seinen drei Töchtern eine Ausbildung, der einen als Sängerin, den beiden anderen, so auch Auguste, als Lehrerin. Mit 17 Jahren legte sie das Examen ab, war mit 28 Direktorin einer privaten Mädchenschule, später Leiterin des Erziehungsinstituts von Ottilie von Steyber. Dort war auch →Clara Zetkin ihre Schülerin, die sie für sehr begabt hielt und der sie die Hinwendung zur sozialistischen Arbeiterbewegung recht übelnahm. Über Jahrzehnte erhielt sie jeden Freitag den Besuch von →Louise Otto-Peters. Mit ihr und →Henriette Goldschmidt gründete sie 1865 den »Leipziger Frauenbildungsverein«, den späteren »Allgemeinen Deutschen Frauenverein«. Die Vereinszeitung »Neue Bahnen« gab sie zuerst zusammen mit Otto-Peters heraus, ab 1895 alleine. Sie leitete 1890 die Gründung des »Allgemeinen Deutschen Lehrerinnenvereins« und war von 1894 bis 1899 stellvertretende Vorsitzende des »Bundes Deutscher Frauenvereine«. Fürs Schreiben, 1868 die Novellen *Tausendschönchen* und *Veilchen*, 1895 die Erzählung *Aus schwerer Zeit*, blieb Auguste S. neben ihrem Engagement für die Frauenbildung kaum Zeit.

Scholl, Sophie, deutsche Widerstandskämpferin (Forchtenberg/Kocher 9. 5. 1921 – 22. 1. 1943 München).

Die katholische Studentin der Biologie und Philosophie kam aus einer pazifistischen Familie; sie liebte die Natur, »die mir Nahrung gibt, Himmel und Sterne und die stille Erde« und die Musik. In München wurde sie wie ihr Bruder Hans Mitglied der Widerstandsgruppe »Die weiße Rose«, die auch in Hamburg und Berlin tätig war. Sie schrieb und verbreitete Aufrufe gegen den NS-Militarismus, gegen Chauvinismus und gegen den Krieg. »Leistet passiven Widerstand – *Widerstand* –, wo immer Ihr auch seid, verhindert das Weiterlaufen dieser atheistischen Kriegsmaschine, ehe es zu spät ist« (aus einem Flugblatt). Sophie S. riskierte ihr Leben für ihre Überzeugung. »Wenn ich auch nicht viel von Politik verstehe und auch nicht den Ehrgeiz

habe, es zu tun, so habe ich doch ein bißchen ein Gefühl, was Recht und Unrecht ist ... Jedenfalls glaube ich, daß der Einzelne, wie der Ausgang auch sei, zu wachen hat ...« Bereits am vierten Tag nach ihrer Verhaftung wurden Sophie und Hans Scholl vom Freisler-Gericht »wegen Vorbereitung zum Hochverrat und wegen Feindbegünstigung« zum Tode verurteilt. Das Urteil wurde am selben Tag vollstreckt.
Lit.: Hans Scholl und Sophie Scholl. Briefe und Aufzeichnungen, hg. von Inge Jens, Frankfurt/M. 1988; Inge Scholl, Die Weiße Rose, Frankfurt/M. 1989.

Schopenhauer, Johanna, deutsche Schriftstellerin (Danzig 9. 7. 1766 – 17. 4. 1838 Jena).
Sie stammte aus einer Kaufmannsfamilie und wollte als Heranwachsende Malerin werden.(»Wer war →Angelika Kaufmann? ... Eine Malerin, also kann es auch Malerinnen geben.«) Die höhnische und verletzende Reaktion des Vaters war »die erste recht bittere Erfahrung meines Lebens«. Heirat mit dem Kaufmann Heinrich Floris S., mit ihm und den beiden Kindern lebte sie in Hamburg. Ihr Sohn war der berühmte Philosoph Arthur S., ihre Tochter die damals bekannte Schriftstellerin, Malerin und Musikerin Adele S., die nach dem Tod ihrer Mutter deren Erinnerungen veröffentlichte: *Jugendleben und Wanderbilder* (1839). Nach dem Selbstmord ihres Mannes übersiedelte Johanna S. nach Weimar, wo sie eine salonähnliche »literarische Teegesellschaft« führte. Ihre Gäste u. a.: Wieland, Tieck, die Brüder Schlegel und Goethe, den sie sehr beeindruckte, als sie sich couragiert plündernden französischen Soldaten in den Weg stellte. Johanna S. schrieb Reisebücher und Romane und war zu ihrer Zeit eine vielgelesene Unterhaltungsschriftstellerin.
Lit.: Gertrud Dworetzki, Johanna Schopenhauer. Ein Charakterbild aus Goethes Zeiten, Düsseldorf 1987.

Schreiner, Olive Emile Albertine, englische Schriftstellerin, Antirassistin und Frauenrechtlerin (Lesotho 24. 3. 1855 – 12. 12. 1920 Kapstadt).
Die Tochter eines Missionars wurde von ihrem Vater unterrichtet. Im Alter von 20 Jahren schrieb sie *Die Geschichte einer afrikanischen Farm*, ihre Kritik an der britischen Kolonialpolitik, mit der sie auch während des Burenkrieges (1899 – 1902) nicht hinter dem Berg hielt. Über Jahre schrieb sie an der Geschichte der Frauenarbeit bei allen Völkern, deren umfangreiches Manuskript jedoch während des Burenkrieges zerstört wurde. So konnte sie 1911 nur Fragmente daraus veröffentlichen, die heute zu den Klassikern der Frauenbewegung gezählt werden: *Die Frau und die Arbeit*. Mahatma Gandhi schrieb über sie: »Ihre Liebe für die ganze Menschheit kannte keine Grenzen.«

Schroeder, Margot, deutsche Schriftstellerin (Hamburg 29. 4. 1937).
Die gelernte Buchhändlerin engagierte sich frühzeitig in der Frauenbewegung. Seit 1975 ist sie als freie Schriftstellerin (Romane: *Ich stehe meine Frau*, 1975; *Der Schlächter empfiehlt immer noch Herz*, 1976) tätig, seit 1987 lebt sie in Düsseldorf. Margot S. ist Autorin von mehreren Kinder- und Jugendbüchern sowie von Hörspielen und Gedichten (*Haltlose Tage*, 1993; *Ausweg Blau*, 1995). Sie bekam mehrere Auszeichnungen. »Margot Schroeders metaphorisch-sprachspielerischer Stil, der ohne Verlust des Realitätsbezugs bis zum Surrealistischen und zum Nonsens ge-

steigert wird, entspricht ihrer kritisch-anarchischen Haltung.« (Ursula Kirchhoff)

Schröter, Corona, deutsche Sängerin, Schauspielerin und Komponistin (Guben/Schlesien 14. 1. 1751 – 23. 8. 1802 Ilmenau).
Mit 14 Jahren stand sie bereits auf der Bühne, 1776 gab sie ihr erstes Konzert mit eigener Lautenbegleitung in Weimar, wohin sie auf Initiative von J. W. Goethe (»Die Musen senden sie.«) als Hofsängerin auf Lebenszeit verpflichtet worden war, ab und an sollte sie als Schauspielerin in dramatischen Rollen auftreten. Die Uraufführung von Goethes »Iphigenie« war ein Triumph. In anderen Stücken trat sie gemeinsam mit dem Dichter auf, der die schöne Künstlerin verehrte. Sie sahen sich täglich mit »Herzklopfen und fliegende(r) Hitze« (Goethe). 1783 zog sich Corona S. zurück, war nun herzogliche Kammersängerin und gab Unterricht in Schauspiel und Gesang.
Sie widmete sich dem Komponieren und schrieb volksliedhafte Melodien nach Texten von Klopstock, Herder und Schiller. Sie vertonte Goethes Liederspiel »Die Fischerin« sowie seine Ballade »Der Erlkönig«, lernte Zeichnen und Malen. Liebesbeziehung zu dem Kammerherrn Friedrich Hildebrand von Einsiedel. Regelmäßige Kuraufenthalte ab dem 40. Lebensjahr wegen Schmerzen in der Brust.

Schütte-Lihotzky, Margarete, österreichische Architektin und Widerstandskämpferin (Wien 23. 1. 1897).
An der Architektur faszinierte sie schon früh, »... daß jeder Millimeter einen Sinn hat, daß man zeichnet, daß dann etwas umgesetzt wird, was die tägliche Umgebung des Menschen beeinflußt.«

Margarete Schütte-Lihotzky

Die Tochter aus gutem Hause erfuhr Widerspruch, als sie ihren Berufswunsch äußerte. »Wer wird sich denn von einer Frau ein Haus bauen lassen?« gab der Vater zu bedenken. Margarete S. setzte sich durch und wurde die erste Frau, die an der Kunstgewerbeschule das Studium der Architektur abschloß. Nach einem halben Jahr in Holland engagierte sie sich in der Wiener »Siedlerbewegung«. 1926 folgte sie einer Berufung nach Frankfurt/M. Dort entwarf sie Kindereinrichtungen und Zentralwäschereien, entwickelte die »Frankfurter Küche« – bis heute Vorbild eines zeitsparenden rationellen Arbeitsplatzes – und Wohnungen für berufstätige Frauen. Während der Weltwirtschaftskrise arbeitete sie in der Sowjetunion als Spezialistin für Kinderbauten. Zwischendurch ein Jahr in Paris und zwei Jahre an der Académie des Beaux-Arts in Istanbul. Rückkehr nach Österreich 1940, wo sie sich dem Widerstand anschloß (ab 1939 in der KPÖ). Sie wurde des Hochverrats bezichtigt, eingesperrt,

zum Tode verurteilt. Die Befreiung vom Faschismus erlebte sie 1945 im Zuchthaus Aichach in Bayern. Dann war sie als selbständige Architektin tätig. 20 Jahre arbeitete sie im Sozialwohnungsbau, wurde 1962, auf Vorschlag von Walter Gropius, Städtebauexpertin der UNO. Weitere Stationen: Kuba und die DDR. Ende der achtziger Jahre Auszeichnung durch die Stadt Wien, die sie aber ablehnte (Kurt Waldheim sollte sie übergeben). Zu diesem bewegten Leben als Architektin und Widerstandskämpferin gehört ihr Engagement in der Frauenbewegung – von 1948 bis 1968 war sie Vorsitzende des Bundes Demokratischer Frauen Österreichs und ist heute deren Ehrenpräsidentin.
Lit.: Margarete Schütte-Lihotzky, Erinnerungen aus dem Widerstand 1938 – 1945, Hamburg 1985; Margarete Schütte-Lihotzky. Soziale Architektur. Zeitzeugin eines Jahrhunderts, hg. von P. Noever, Wien 1995.

Schulenburg, Tisa Gräfin von der, heute Schwester Paula, deutsche Bildhauerin und Zeichnerin (Tressow/Mecklenburg 7. 12. 1903).
Sie rebellierte frühzeitig gegen ihr Milieu, die Aristokratie. Studium der Bildenden Kunst an der Berliner Kunstakademie in den zwanziger Jahren. Emigration nach England mit ihrem jüdischen Mann Anfang der dreißiger Jahre, dort Arbeit in einer antifaschistischen Künstlerorganisation. Erste Scheidung. Das Motiv ihres Widerstandes: »die Liebe zum Vaterland«. Endgültige Rückkehr nach Deutschland 1945. Ende der vierziger Jahre konvertierte sie zum katholischen Glauben und lebt seitdem als Schwester Paula im Ursulinen-Kloster in Dorsten. Ihre Biographie prägte auch ihre Kunst: Sie war die Schwester von Fritz Dietlof von

Tisa von der Schulenburg

der Schulenburg und Nichte des Mitverschworenen Werner von der Schulenburg – beide gehörten zum Stauffenberg-Kreis und wurden nach dem 20. Juli 1944 hingerichtet –, zugleich auch Schwester von drei Nazi-Brüdern. Eine sozialkritische und engagierte Kunst; Zeichnungen und Lithographien über Bergbau und Arbeitswelt sowie die soziale Not in den Ländern der Dritten Welt, Emigration, Judenpogrome, Kriege in Vietnam, Afrika, Chile und im Nahen Osten. »Meine Zeichnungen sind mein Protest, meine Demonstration, mein Entsetzen über das, was in weiten Teilen der Welt geschieht. Ich muß zeichnen, um mich zu befreien.«
Lit.: Tisa von der Schulenburg, »Oh Ihr Gejagten alle auf der Welt«, Federzeichnungen, Düsseldorf 1986; dies., »Ich hab's gewagt«, Leipzig 1988.

Schulze-Boysen, Libertas, deutsche Widerstandskämpferin (Liebenberg 1913 – 22. 12. 1942 Plötzensee).

Wohlbehütete Kindheit auf dem väterlichen Gut. Ausbildung in Deutschland und in der Schweiz. Nach dem Abitur Arbeit als Presseassistentin bei der Berliner Außenstelle einer amerikanischen Metro-Goldwyn-Mayer-Filmgesellschaft. Heirat mit Harro Schulze-Boysen, dem Redakteur der Zeitschrift »Gegner«, der seine Position in der Abwehrabteilung des Reichsluftfahrtministeriums für antifaschistische Tätigkeiten nutzte (Weitergabe von geheimen Informationen an die Sowjetunion). Libertas S.-B. half bei der Herstellung von illegalem Material und übernahm Kurierdienste. Sie arbeitete selbst in der Kulturfilmzentrale des Reichspropagandaministeriums und sammelte ebenfalls Informationen. Wegen »Vorbereitung zum Hochverrat, Feindbegünstigung und Spionage« wurde sie, wie über 50 weitere Mitglieder der Schulze-Boysen-Harnack-Widerstandsgruppe, zum Tode verurteilt. Unter ihnen die Studentinnen Liane Berkowitz (1923-1943) und Eva-Maria Buch (1921-1943), die Bremer Keramikerin Cato Bontjes van Beek (1920-1941), die Angestellte und Sozialreferentin Erika von Brockdorff (1911-1943), die amerikanische Wissenschaftlerin und Lektorin Mildred Harnack (1902-1943) und die Kauffrau und Geschäftsinhaberin Anna Kraus (1884-1943).

Lit.: Luise Kraushaar, Die Schulze-Boysen/Harnack-Organisation im antifaschistischen Kampf, Berlin 1970.

Schulze-Kummerfeld, Karoline, deutsche Schauspielerin (Wien 30. 9. 1745 – 25. 4. 1815 Weimar).

Die »Wanderkomödiantin«, das »fahrende Frauenzimmer« war seit ihrem dritten Lebensjahr mit der Schauspielertruppe ihrer böhmischen Eltern unterwegs. Ihr Wanderleben, ihre Reisen per Mistkarren, Kutsche, Floß oder Schiff führten sie durch Deutschland, in die Schweiz und nach Frankreich. Bühne und Alltag waren für sie keine getrennten Welten. Erfolgreich spielte sie u. a. in Shakespeares *Romeo und Julia*. Auftritte auch im Ballett. 1764 wurde sie ans Hamburger Theater verpflichtet und mit ihrer Schauspielkunst bald bekannt. Vier Jahre später, wohl auch aus Gründen der Absicherung, Heirat mit Wilhelm Kummerfeld. Sie eröffnete eine Nähschule für Kinder in Weimar und schrieb neben anderem 1782 ihre Lebenserinnerungen: »Hier in diesen Blättern ist Wahrheit ohne Schmuck, ohne Wortgesuche, so wie ich im Leben sprach und handelte und wie man mit mir sprach und handelte. Da kommen keine Ordensbänder und Sterne zum Vorschein, die ich spazieren geschickt.«

Lit.: Inge Buck (Hg.), Ein fahrendes Frauenzimmer. Die Lebenserinnerungen der Komödiantin Karoline Schulze-Kummerfeld 1745-1815, Berlin 1988.

Schumann, Clara, deutsche Pianistin und Komponistin (Leipzig 13. 9. 1819 – 20. 5. 1896 Frankfurt/Main).

Als Wunderkind wurde Clara Wieck in ganz Europa begeistert gefeiert – vom Vater als Pianistin ausgebildet und wahrlich gedrillt, vom Ehemann, dem Komponisten Robert Schumann zu Beginn vergebens begehrt und schließlich doch geehelicht: Clara Schumann ist eine Kultfigur der deutschen Romantik. Mit fünf Jahren begann ihre Karriere am Klavier. Gerade volljährig, erzwang das junge Paar Clara und Robert gegen den Willen ihres Vaters die Ehe. In Düsseldorf wurde Robert Generalmusikdirektor: glücklos und von ersten Depres-

sionen geplagt. Sein Selbstmordversuch 1854 und die Einlieferung in die Nervenheilanstalt Endenich bei Bonn bildeten eine schreckliche Zäsur im Leben der Familie.
An Clara Schumann scheiden sich bis heute die Geister: Die einen nehmen der Mutter von 8 (7) Kindern übel, daß diese nicht bei und von ihr erzogen wurden; die anderen zeigen Verständnis für eine alleinerziehende Mutter, die ihren Künstler-Ehemann verlor, die als Solistin durch Europa reisen mußte, um ihren Lebensunterhalt und den ihrer Kinder zu verdienen. Clara besorgte später die Herausgabe des Gesamtwerkes ihres Mannes; 1878 erhielt sie eine Dozentenstelle am Hoch'schen Konservatorium in Frankfurt, 1888 trat sie zum letzten Mal öffentlich auf. Ihre Kompositionen standen ihren pianistischen Qualitäten in keiner Weise nach. Sie hinterließ ein Œuvre von 25 Opus-Zahlen: Klaviermusik, Lieder, ein großes, oft aufgeführtes Klavierkonzert; und dies alles schuf sie neben der Hausarbeit und Erziehung ihrer Kinder. Neben →Fanny Hensel ist sie die bekannteste Vertreterin der musikalischen Romantik in Deutschland.
Lit.: Catherine Lepront, Clara Schumann. Künstlerleben und Frauenschicksal, München 1989; Eva Weissweiler, Clara Schumann. Eine Biographie, Hamburg 1990; Beatrix Borchard, Clara Schumann. Ihr Leben, Frankfurt/Berlin 1991; Nancy Reich, Clara Schumann. Eine Biographie, Hamburg 1991; Dieter Kühn, Clara Schumann, Klavier. Ein Lesebuch, Frankfurt/M. 1996.

Schurman, Anna Maria von, holländische Philosophin (Köln 5. 11. 1607 – 14. 5. 1678 Wieuwerd).
Die Tochter eines adligen gelehrten Niederländers und einer deutschen Mutter lernte früh lesen und schreiben. Sie schrieb Gedichte und galt als die zehnte Muse Europas. Sie lernte Latein, Griechisch, Hebräisch, Musik, Malerei, Bildhauerei, studierte Mathematik, Astronomie, Physik, Anatomie, Philosophie und Theologie und korrespondierte mit den Gelehrten ihrer Zeit wie Descartes und Richelieu. Die »Zierde von Utrecht« hielt 1640 einen Vortrag zu der Frage, ob sich ein wissenschaftliches Studium für eine christliche Frau zieme oder nicht: *De ingenii mulieris ad doctrinam et meliores litteras aptudine*. Zum Ende ihres Lebens wurde sie Mystikerin.

Schwarzenbach, Annemarie, Schweizer Fotografin und Schriftstellerin (Zürich 23. 5. 1908 – 15. 11. 1942 Sils-Baselgia).
Sie stammte aus einer Züricher Großindustriellenfamilie. »Schon als Kind hatte ich die Neigung, alles aufzuschreiben, was ich sah, tat, erlebte und empfand. Mit neun Jahren schrieb ich in ein liniertes Heft meinen ersten Roman.« Nach einem Studium der Geisteswissenschaften in Paris und Berlin Promotion in Geschichte in Zürich. Danach Aufenthalt in Berlin, wo sie im »Mädchenkreis« bekannte Künstlerinnen um sich versammelte, darunter →Therese Giehse und Renée Sintenis. Freundschaft mit Klaus und Erika Mann ab 1930. Reisejournalismus, Sozialreportagen, politische Leitartikel und Fotografien aus Persien, Afghanistan, Deutschland, den USA, der Sowjetunion und den baltischen Staaten. Zusammenarbeit mit der Fotografin Marianne Breslauer. Annemarie S. war zeitweilig morphiumsüchtig und litt an Depressionen. Sie starb an den Folgen eines Radunfalls.
»Es gibt überall Licht und Schatten zu

entdecken, aber man schreibt über das, was einem auf den Nägeln brennt.«
Lit.: Annemarie Schwarzenbach, Auf der Schattenseite. Reportagen und Fotografien, hrsg. von Regina Dieterle und Roger Perret, Basel 1995; Areti Georgiadou, »Das Leben zerfetzt sich mir in tausend Stücke«, Annemarie Schwarzenbach. Eine Biographie, Frankfurt/M. 1995.

Schwarzer, Alice, deutsche Radikalfeministin, Journalistin, Autorin (Wuppertal 3. 12. 1942)
Sie wuchs bei den Großeltern auf, ihre Mutter war Verkäuferin. Handelsschule, Volontariat in Düsseldorf, Reporterin für verschiedene Zeitungen. Studium der Psychologie/Soziologie in Paris. Sie arbeitete für Zeitungen, Funk und Fernsehen, engagierte sich in der Frauenbewegung. 1971 initiierte sie, angeregt von der Aktion der französischen Frauen im »Nouvel Observateur«, die Selbstbezichtigungskampagne »Ich habe abgetrieben« (März 1971 im »Stern«) und kehrte 1974 in die BRD zurück. 1977 kam die von ihr gegründete und herausgegebene feministische Zeitschrift »Emma« heraus, zugleich »ein Stück anderen, aufklärerischen Journalismus«. Alice S.s Bücher, wie etwa *Der »kleine Unterschied« und seine großen Folgen* von 1975 über Sexualität als Unterdrükkungsinstrument, wurden in der Frauenbewegung mit großem Interesse aufgegriffen. 1978 verklagte sie, zusammen mit →Inge Meysel, →Luise Rinser, →Margarethe von Trotta u. a., den »Stern« wegen der Darstellung von Frauen »als bloße Sexualobjekte«. 1987 löste ihre Kampagne gegen die Pornographie »PorNo« heftige Debatten aus. Ihre streitbaren Auftritte in Veranstaltungen und im Fernsehen polarisierten das Publikum. 1984 wurde auf ihre Initiative das »Feministische Archiv und Dokumentationszentrum« in Frankfurt eröffnet, das Ende der achtziger Jahre nach Köln in den »FrauenMediaTurm« umzog.

Schweizer, Irène, Schweizer Jazzmusikerin (Schaffhausen 2. 6. 1941).
Die Pianistin ist eine der virtuosesten Vertreterinnen des Free Jazz. In allen Stilarten zu Hause, spielte sie sich an die vorderste Spitze der europäischen Jazz-Avantgarde. Sie gründete neben anderen Gruppen »The very centre of Middle Europe«, die »Feminist Improvising Group« und die »European Women Improvising Group«. Sie hat mit den besten Jazz-Musikern ihrer Zeit konzertiert, darunter Yusef Lateef, Louis Moholo, Alan Skidmore, Maggie Nicols. Ende der sechziger Jahre wurde ihre Arbeit von der Musik des amerikanischen Pianisten C. Taylor entscheidend beeinflußt. Ihre Werke wurden in Form von Konzertmitschnitten und Studioaufnahmen aufgezeichnet. Mitveranstalterin des Schweizer Fabrikjazz und bei Taktlos, dem jährlichen Jazzfestival in Zürich.

Scudéry, Madeleine de, französische Schriftstellerin (Le Havre 15. 11. 1607 – 2. 6. 1701 Paris).
Zusammen mit ihrem Bruder, dem Soldaten und Dramatiker Georges S., schrieb sie einige Romane. Unter ihren eigenen Werken, die z. T. unter dem Namen des Bruders erschienen: *Clélie, histoire romaine* (1654-1660), *Entretiens et nouvelles conversations morales* (1668). 1647 eröffnete sie einen Salon: Ihre »Samstagsempfänge« wurden von den »Preziösen« besucht, über die sich Molière in den Theaterstücken *Die Gelehrten Frauen* und *Die lächerlichen Preziösen* lustig machte. In den Salons wur-

den Geist und Gefühle gepflegt, die Verwicklungen von Liebe und Freundschaft in der *Carte du Tendre* (Landkarte der Liebe) festgehalten. Madeleine de S. war die Führerin des Preziösentums, einer der ersten Ausdrucksformen des Feminismus in Frankreich. E. T. A. Hoffmann hat ihr sein *Fräulein von Scudéry* (1819) gewidmet.

Seghers, Anna, eigentlich Netty Reiling, verh. Radvanyi, deutsche Schriftstellerin (Mainz 19. 11. 1900 – 1. 6. 1983 Berlin).

Ihre literarische Kraft setzte sie stets ein gegen Unrecht und Faschismus. Immer auf der Seite der Unterdrückten, ist ihre Sprache doch ohne Larmoyanz, tränenlos, leuchtend. Bereits 1928 erhielt sie den Kleistpreis für ihr Erstlingswerk *Der Aufstand der Fischer von St. Barbara.* Sie trat schon als Studentin in die KPD ein, kämpfte im antifaschistischen Widerstand, verbrachte die Zeit des zweiten Weltkrieges zum großen Teil in Mexiko, »mit dem Gesicht nach Deutschland schreibend«, glühend und voller Leidenschaft. Walter Janka, intimer Freund und Kampfgenosse, verlegte als erster ihr Buch *Das siebte Kreuz* in dem von ihm gegründeten Exilverlag »El Libro Libre«.

1947 kehrte sie mit Janka nach Ostdeutschland zurück. Janka gründete den Aufbau-Verlag in Berlin und verlegte alle ihre Bücher. In diesem Jahr wurde sie die erste Vizepräsidentin des Kulturbundes und 1950 Gründungsmitglied der Akademie der Künste. Sie war die erste Präsidentin des Schriftstellerverbandes der DDR bis zu ihrem Rücktritt im Jahr 1978.

Ihr Realismusbegriff, schon in den 20er Jahren entwickelt, wurde in den 70ern (Beisp. *Reisebegegnung* 1973) für die unter dem engstirnigen Diktat des sozialistischen Realismus ächzenden Literaten zum Rettungsanker.

Sie war eine besonnene Lotsin durch die Klippen, die die DDR-Literaten zu umschiffen hatten, und wurde von ihnen und ihren Leser/innen geliebt und verehrt und weit über die Grenzen des deutschsprachigen Raumes gelesen und bewundert.

Als Botschafterin für den Frieden und die Kultur der DDR vertrat sie ihr Land mit Würde und Festigkeit auch nach außen.

Lit.: Anna Seghers, Gesammelte Werke in Einzelausgaben, 14 Bde., Berlin/Weimar 1977-1980; dies., Die Heimkehr des verlorenen Volkes. Ein Lesebuch, München 1996; Anna Seghers, Eine Biographie in Bildern. Mit einem Essay von Christa Wolf, Berlin 1994.

Seidler, Louise Caroline Sophie, deutsche Malerin und Schriftstellerin (Jena 15. 5. 1786 – 7. 10. 1866 Weimar).

Die in Gotha und Jena ausgebildete Malerin war eine der bedeutendsten Künstlerinnen des Goethe-Kreises, die mit ihren *Erinnerungen* wertvolle Belege für die Diskriminierungen von Künstlerinnen lieferte. Da ihr Vater ihre Ausbildung nicht bezahlen wollte, mußte sie durch nächtliches Sticken und Nähen ihr Studium selbst finanzieren. Angewiesen auf »Gefälligkeitsunterricht« bei G. von Kügelken in Dresden, kämpfte sie hart, um von der »Dilettanterey« zur höheren Kunst zu gelangen. Wie bei ihrer Kollegin Caroline Bardua halfen nur »süße Schmeicheleien«, um den Meister von seiner Überzeugung, »uns Frauen wäre es doch kein Ernst mit der Kunst«, abzubringen. Goethe unterstützte sie, solange sie ihm ungetrübte Bewunderung entgegenbrachte. Von 1810/11 wohnte sie in seinem Haus am Frauenplan in Weimar und porträtierte ihn. Louise S. verkehrte in den wichtigsten Salons des Goethe-Kreises. Mit Hilfe eines Stipendiums von Großherzog Carl August konnte sie sich 1817 in München – offenbar als erste weibliche Stipendiatin der Akademie – weiterbilden und schließlich von 1818 bis 1823 ihren sehnlichsten Wunsch, eine Studienreise nach Italien, verwirklichen. In Rom verkehrte sie im Kreis der Nazarener und arbeitete in deren »Komponierverein« zunächst als einzige Frau mit. Später kam die Konstanzer Künstlerin Marie Ellenrieder dazu. Seit 1823 unterrichtete sie die Prinzessinnen Marie und Auguste von Sachsen-Weimar im Zeichnen, eine der wenigen Erwerbsmöglichkeiten für Künstlerinnen. 1824 wurde sie zur Kustodin der Graphischen Sammlung Weimar ernannt und war damit die erste weibliche Museumsangestellte in Deutschland. Ab 1837 wurde sie großherzogliche Hofmalerin. Louise S. strebte eine von den Nazarenern geprägte religiöse Historienmalerei an. Die →*Hl. Elisabeth von Thüringen*, 1826 für die Wartburg entstanden, ist wie die meisten ihrer religiösen Gemälde verschollen. Die Malerin ist heute hauptsächlich durch ihre Porträts in biedermeierlicher Manier wie das *Doppelbildnis der Schwestern im Spiegel* (Goethe-Museum Düsseldorf) bekannt, die größtenteils Broterwerbsarbeiten waren.

Lit.: Louise Seidler, Erinnerungen der Malerin Louise Seidler. Aus handschriftl. Nachlaß zusammengestellt und bearbeitet von H. Uhde (1874), Nachwort von J. Müller, Weimar 1962.

Selbert, Elisabeth, deutsche Politikerin (Kassel 22. 9. 1896 – 9. 6. 1986 Kassel). Eine der »Mütter des Grundgesetzes«. Die Rechtsanwältin und Notarin (Dissertation über das »Zerrüttungsprinzip« bei der Scheidung) stammte aus einer großbäuerlichen Familie. Sie gehörte der SPD seit 1918 an. Ihr Mann war Mitglied eines Arbeiter- und Soldatenrates und wurde später von den Nazis in ein KZ verschleppt. Die alleinerziehende Mutter arbeitete 1934 gerade noch als eine der letzten zugelassenen Anwältinnen, vor allem in sog. Wirtschaftsstrafsachen, bei denen sie Frauen verteidigte, die zur Dienstpflicht eingezogen worden waren. 1945 wurde sie in den SPD-Parteivorstand gewählt und 1948 (als eine von vier Frauen unter den 65 stimmberechtigten Mitgliedern) in den Parlamentarischen Rat. Hier kämpfte sie hartnäckig um die Aufnahme des Gleichheitsgrundsatzes in das Grundgesetz: »Sollte der Artikel in dieser Fassung heute wieder abgelehnt werden, so darf ich Ihnen sagen, daß in der gesamten Öffentlichkeit die maßgeblichen Frauen wahrscheinlich dazu Stellung nehmen werden, und zwar derart, daß unter Umständen die Annahme der Verfassung gefährdet ist.« Nach der zweimaligen Ablehnung und einer darauffolgenden öffentlichen Debatte und vielen Eingaben wurde der Gleichheitsgrundsatz als unveräußerliches Grundrecht in das Grundgesetz aufgenommen. Seit 1983 stiftet die Hessische Landesregierung den »Elisabeth-Selbert-Preis« für Journalistinnen und Wissenschaftlerinnen.

Lit.: Barbara Böttger, Das Recht der Frauen auf Gleichheit und Differenz. Elisabeth Selbert und der Kampf der Frauen um Art. 3 II Grundgesetz, Münster 1991); »Ein Glücksfall für die Demokratie«, – Elisabeth Selbert, Die Hess. Landesregierung (Hrsg.), Frankfurt/M. 1999.

Selenka, Margarethe Leonore, deutsche Pazifistin und Frauenrechtlerin (Geburtsort unbekannt 7. 10. 1860 – 16. 12. 1923 vermutlich München).
»Nach Frauenart scheint dieselbe sich nicht strikt an das, was ich ihr mit vieler Mühe eingebleut habe, halten zu wollen.« Dieser Seufzer eines Regierungsangestellten galt Margarethe Leonore Selenka, deren Friedensarbeit um die Jahrhundertwende dem preußischen Außenminister ein arger Dorn im Auge war. Sie initiierte 1899 die erste weltweite Frauenkundgebung für den Frieden, die sich in 565 Versammlungen auf drei Kontinenten manifestierte. Die lebhafte kleine Person engagierte sich im Burenkrieg gegen den systematischen Mord an Frauen und Kindern und brachte mit ihrer Ausdauer nicht nur Politiker, sondern auch ihre männlichen Mitstreiter in Rage. Zu Beginn dieses Jahrhunderts unternahm die Anthropologin und Paläontologin zahlreiche wissenschaftliche Forschungsreisen nach Asien. Das Mitglied des Münchner Friedensvereins gründete 1915 die IFFF mit, da sie in der internationalen Solidarität der Frauen ein großes friedenspolitisches Potential sah: »Jene Individuen sind Mütter, Gattinnen, Schwestern – und sie repräsentieren die Hälfte der Völker!«

Sender, Toni, deutsche Sozialistin und Frauenrechtlerin (Biebrich b. Wiesbaden 29. 11. 1888 – 26. 6. 1964 New York).
Sidonie Zippora Toni Sender war die Tochter einer strenggläubigen jüdischen Familie, mußte sich ihre Schul- und Weiterbildung ertrotzen und konnte erst nach vielen familiären Auseinandersetzungen eine Handelsschule besuchen. Sie arbeitete als Angestellte einer Frankfurter Firma, trat bereits 1906 in die SPD ein. 1910 ging sie nach Paris und wurde dort Mitglied der französischen Sozialistischen Partei. Zu Beginn des ersten Weltkrieges mußte sie wieder nach Deutschland zurückkehren. In Frankfurt war sie eine bekannte politische Persönlichkeit, engagiert in der Antikriegsbewegung. Auf der 1. Sozialistischen Antikriegskonferenz in Bern lernte sie →Clara Zetkin kennen. Gründungsmitglied der USPD 1917. In der Novemberrevolution 1918 und während des Kapp-Putsches 1920 war sie Generalsekretärin des Arbeiterrates, eine der Hauptrednerinnen auf Massenversammlungen, nach denen sie sich oft vor der Polizei verstecken mußte. 1920 bis 1933 war sie, zunächst für die USPD und dann für die SPD, im Reichstag. »Eine Frau muß größere Anstrengungen unternehmen, muß mehr Tüchtigkeit beweisen als ein Mann, um als ebenbürtig anerkannt zu werden.« Der mutigen und einfallsreichen Frau verboten die Nazis alle politischen Aktivitäten. Sie mußte fliehen und kam auf ihrem Exilweg schließlich in die USA, wo sie ihr weiteres Leben verbrachte.
Lit.: Autobiographie einer deutschen Rebellin, hg. u. eingel. v. Gisela Brinker-Gabler, Frankfurt/Main 1981.

Sert, Misia, eigentlich Marie Sophie Olga Zenaïde Godebska, französische Mäzenin polnisch-belgischer Herkunft (St. Petersburg 30. 3. 1872 – 15. 10. 1950 Paris).
Die Mutter starb bei ihrer Geburt, sie wuchs vor allem bei Tanten und bei der Großmutter in Belgien auf. Diese förderte die Künste, führte ein großes gastfreundliches Haus. Mit 18 entfloh Misia der Familie, zuerst nach London, dann nach Paris. Heirat mit Thadée Natanson, dem Herausgeber der Zeitschrift »Revue Blanche«. Erfolge in der

Gesellschaft. »Sie ist ein polnisches Mädchen«, so →Colette, »dessen Esprit und Flair jedermann in den Bann zieht, das sowohl Männer als Frauen bestrickt und das die ganze Stadt nur zärtlich beim Vornamen nennt.« Die Freunde jener Zeit: S. Mallarmé, L. Blum, P. Verlaine, H. Toulouse-Lautrec, Bonnard, Valloton, Vuillard, C. Debussy, A. Jary und viele andere. Im Sommer lebte das Paar mit Gästen in Villeneuve, wo Misia von Toulouse-Lautrec, Bonnard u. a. gemalt wurde. Ab 1900 Beziehung und später Heirat mit dem immens reichen Finanzier Alfred Edwards. Freundschaften mit Debussy, Ravel und Renoir, auch er porträtierte sie. Sie lernte den spanischen Maler José-Maria Sert kennen und leidenschaftlich lieben, traf den großen russischen Impressario und Produzenten Serge Diaghilew, der bis zu seinem Tod ihr Freund blieb und dessen Werke sie vielfach unterstützte. Nijinski, Cocteau, der sie »eine Zauberin« nannte, Proust, Anet, Maillol kamen zum Freundeskreis hinzu, wurden ihre Schützlinge, ebenso wie Strawinsky, dem sie viele Jahre mit ihren Zuwendungen half. Freundschaften mit Picasso, Satie, Coco Chanel, Marie Laurencin, Serge Lifar. 1920 Heirat mit Sert, Trennung Ende der zwanziger Jahre und erneute Freundschaft bis zu seinem Tod 1945. Morphium ruinierte ihre Gesundheit, sie war fast blind und einsam geworden. Misia selbst hat keine großartigen künstlerischen Leistungen erbracht, sie spielte Theater und veranstaltete Klavierkonzerte. Ohne sie, ohne ihre ideelle und finanzielle Unterstützung aber wären viele Künstler/innenkarrieren der zwanziger und dreißiger Jahre wohl kaum so erfolgreich verlaufen.

Lit.: Misia Sert, Erinnerungen, Frankfurt/Main 1989; Arthur Gold/Robert Fizdale, Misia. Muse, Mäzenin, Modell. Das ungewöhnliche Leben der Misia Sert, Frankfurt/M. 1991.

Sertel, Sabiha, türkische Journalistin (Saloniki 1895 – 1968 Baku/UdSSR).
Sie war eine der ersten Journalistinnen der Republik Türkei. In ihren Publikationen setzte sie sich für demokratische Verhältnisse, für Unterprivilegierte und für die Rechte der Frauen ein. Sie übersetzte u. a. sozialistische Literatur ins Türkische, so auch Bebels *Die Frau und der Sozialismus.*
1915 Heirat mit dem fortschrittlichen Journalisten M. Zekeriya, Herausgeber der Zeitschrift »Büyük Mecmua«. 1919 erschien dort ihr Artikel *Türkischer Feminismus.* Als ihr Ehemann wegen seiner publizistischen Tätigkeit ins Gefängnis kam, übernahm sie die Verantwortung für die Zeitschrift. Nach deren Verbot gingen Sabiha S. und ihr Mann in die USA zum Studium an der New York School of Social Work und der Columbia-Universität.
Nach ihrer Rückkehr arbeitete sie bei der Zeitschrift »Resimli Ay« eng mit Nâzim Hikmet u. a. zusammen. Der Schwerpunkt ihrer publizistischen Tätigkeit lag in der Bekämpfung des deutschen Faschismus. 1947 wurde sie zu einer einjährigen Gefängnisstrafe verurteilt. Die zunehmende Bedrohung durch die reaktionären Kräfte, die Redaktion und Druckerei der von ihr mitherausgegebenen einzigen linken Tageszeitung »Tan« bei einem Überfall völlig zerstörten, veranlaßte sie, zusammen mit ihrem Mann und ihrer zweiten Tochter (die älteste Tochter studierte bereits in den USA), 1950 die Türkei zu verlassen.

Séverine, eigentlich Caroline Rémy, französische Journalistin und Anarchistin (Paris 27. 4. 1855 – 23. 4. 1929 Pierrefonds).
Sie kam aus einer strengen bürgerlichen Familie. Mit 17 Jahren Heirat. Einen Tag nach der Hochzeit entfloh sie mit einem anderen, einem Schweizer Wissenschaftler. Mit 25 Jahren wurde sie Sekretärin und Anhängerin des Revolutionärs Jules Vallès und setzte nach dessen Tod sein Werk fort, u. a. die Zeitung »Le cri du peuple« (Der Schrei des Volkes). Sie war Mitarbeiterin der ersten Tageszeitung »La Fronde« von →Marguerite Durand, trat leidenschaftlich für Gerechtigkeit und Freiheit ein, für das Recht auf Schwangerschaftsabbruch ebenso wie (vergeblich) für die Rettung von Sacco und Vanzetti, den 1927 in den USA zum Tode verurteilten und hingerichteten italienischen Anarchisten.

Sévigné, Marie Marquise de Rabutin-Chantal, französische Schriftstellerin (Paris 5. 2. 1626 – 17. 4. 1696 Schloß Grignan/Drôme).
In den ersten Lebensjahren verlor sie Vater und Mutter. Von ihrem Onkel Philippe de Coulanges erhielt sie eine ausgezeichnete Erziehung. Mit 18 Jahren heiratete sie den Marquis de S., der bald in einem Duell getötet wurde.
Die junge Witwe widmete sich ganz der Erziehung ihrer Kinder. Freundschaft mit Madame →de la Fayette. Berühmt wurde sie durch ihren wöchentlich zweimaligen Briefwechsel mit ihrer Tochter. Die Briefe, während eines Vierteljahrhunderts geschrieben, spiegeln die Zeitgeschichte Frankreichs wider. Die Marquise de S. war die »große Reporterin« der aristokratischen Welt, eine Femme des Lettres.

Siemsen, Anna, deutsche Pazifistin, Pädagogin und Frauenrechtlerin (Mark/Westf. 18. 1. 1882 – 22. 1. 1952 Hamburg).
Ihr Vater war evangelischer Pfarrer. Sie studierte Pädagogik in München, Bonn und Münster. Staatsexamen und Promotion. Sie arbeitete zunächst als Lehrerin. Mit →Marie Stritt kämpfte sie für die rechtliche Gleichstellung der Frau im Bürgerlichen Gesetzbuch und trat 1918 der USPD bei. 1920 Beigeordnete für die Fach- und Berufsschulen, Entwicklung alternativer Schulvorstellungen, u. a. mit Koedukation und gleicher Ausbildung von Mädchen. Oberschulrätin von 1921 bis 1923 in Berlin, Übertritt zur SPD. 1923 Pädagogikprofessur in Jena und von der Regierung Thüringens beauftragt, die Mittelschulen und die Lehrerbildung zu reformieren. Bis 1929 im Präsidium der »Deutschen Friedensgesellschaft«, im Vorstand der »Deutschen Liga für Menschenrechte« und der deutschen Sektion der IFFF. Innerhalb der SPD gehörte sie zu den Linken, saß im Reichstag von 1928 bis 1930, protestierte gegen den Panzerkreuzerbau und ging 1931 zur Sozialistischen Arbeiterpartei (SAP).
1931 Aberkennung der Professur in Jena und 1933, nach dem Prozeß zum Reichstagsbrand, Flucht in die Schweiz. Dort arbeitete sie in antifaschistischen Emigrantenorganisationen mit und leitete die Zeitung »Die Frau in Leben und Arbeit«. Nach dem Krieg Rückkehr nach Deutschland. 1947 erschien ihre *Einführung in den Sozialismus* und 1948 der erste Band der Pädagogikreihe *Menschenerziehung*. Anna S. leitete das Institut für Lehrerbildung in Hamburg, war Professorin an der dortigen Universität und in der »Sozialistischen Bewegung für die Vereinigten Staaten von Europa« aktiv. Die deutsche Sektion er-

hielt später den Namen »Anna Siemsen-Kreis«. Einer der vielen Nachrufe ehrte sie als »strahlendes Gestirn am Himmel der Humanität«.
Lit.: August Siemsen, Anna Siemsen. Leben und Werk, Hamburg/Frankfurt/M. o. J. (1951).

Sir Galahad, eigentlich Bertha Helene Eckstein-Diener, österreichische Schriftstellerin und Matriarchatsforscherin (Wien 18. 3. 1874 – 20. 2. 1948 Genf). Ihr Vater war Fabrikant, erzogen wurde sie von einer Gouvernante, erhielt Latein- und Griechischunterricht. 18jährig lernte sie den 13 Jahre älteren, universell gebildeten F. Eckstein kennen, der Mann mit der »schönsten Privatbibliothek Österreichs« und Freund von Kraus, Schnitzler, Wolf und Bruckner. Heirat, ein Sohn. Bertha E.-D. befaßte sich mit Geschichte, Kulturwissenschaften, mit Archäologie und Okkultismus. Beziehung zu dem Mediziner T. Beer, der jedoch eine andere heiratete. Von 1904 an reiste Bertha E.-D. fünf Jahre lang durch die Welt, nach England, Griechenland, Deutschland und in die Schweiz. Als Sir Galahad schrieb sie vielgelesene Reiseberichte. Die »Notre Dame du wagon-lit« (→Marie Bashkirtseff) studierte Medizin in Bern, Berlin, Paris. Wiedersehen mit dem inzwischen verwitweten Beer, gemeinsame Reisen. 1910 Geburt ihres zweiten Sohnes und Trennung von Beer, dem Vater. 1911 zog Bertha E.-D. nach München, 1920 in die Schweiz. Die zu ihrer Zeit vielgelesene und später vergessene Schriftstellerin (Roman *Die Kegelschnitte* u. a.) war in ihren Ansichten widersprüchlich. Politisch konservativ bis elitär, zuweilen antisemitisch, befaßte sie sich kritisch mit der gesellschaftlichen Rolle der Frau. Ihre historischen Forschungen über das Matriarchat, *Mütter und Amazonen*, wurden lange nicht als wissenschaftlich anerkannt. Erst durch die feministische Frauenforschung konnte die Richtigkeit ihrer Thesen bewiesen werden. Im Vorwort schrieb sie: »Dies ist die erste weibliche Kulturgeschichte. Sie bemüht sich, so einseitig wie möglich zu bleiben, auf jener Seite nämlich, deren plastische Durchgestaltung bisher gefehlt hat ... Bewußt oder unbewußt bleibt die männliche Bühne das Lieblingsobjekt historischer Betrachtung.«
Lit.: Sir Galahad, Mütter und Amazonen, Liebe und Macht im Frauenreich, Frankfurt/M. 1987; Sibylle Mulot-Déri, Sir Galahad. Porträt einer Verschollenen, Frankfurt/M. 1987.

Sisulu, Nonsikelelo Albertina, südafrikanische Freiheitskämpferin (Tsomo/Transkei 21. 10. 1918).

Nonsikelelo Albertina Sisulu

Sie kam vom Land und lernte ihren späteren Mann Walter Sisulu während der Ausildung im Krankenhaus kennen. Mit 20 Jahren zog sie nach Johannesburg, war 36 Jahre beim Städtischen Gesundheitsamt angestellt – als Hebamme und Krankenschwester in Soweto. Sie engagierte sich früh in der »ANC-Frauenliga« (1948) und in der »Südafrikanischen Frauenföderation« (1954), deren Präsidentin sie wurde. Ma Sisulu, wie sie genannt wurde, bekam Hausarrest – 17 Jahre lang – und wurde verhaftet. 1983 wurde sie zur Vorsitzenden der »Vereinigten Demokratischen Front« (UDF) gewählt, 1991 zur Vorsitzenden der »ANC-Frauenliga«, bis 1993. Ihr Mann wurde mit Nelson Mandela 1964 zu lebenslanger Haft verurteilt. Alleine mußte sie für ihre fünf eigenen Kinder und zusätzlich für zwei Kinder ihrer verstorbenen Schwester sorgen. Sie war mit →Lilian Ngoyi zusammen eine der Organisatorinnen der großen Frauendemonstration vom 9. August 1956.

Sitwell, Edith Dame, englische Schriftstellerin (Wood End, Scarborough 7. 9. 1887 – 9. 12. 1964 London).

Edith Sitwell

Die glänzende Schriftstellerin, eigenwillige Lyrikerin und bedeutende Wegbereiterin der modernen Lyrik stammte aus einer alten, vermögenden englischen Adelsfamilie. Um ihren Rücken zu stabilisieren, steckte man das als »unansehnlich« geltende Mädchen in ein Stahlkorsett, ihre »Bastille«. Ihre Neigungen und Talente wurden keineswegs gefördert. Doch sie lernte, sich selbst zu akzeptieren (»Warum sollte man versuchen, wie ein Pekinese auszusehen, wenn man ein Windhund ist?«), eignete sich ein umfangreiches Wissen an. Um Geld zu verdienen, schrieb sie Biographien bekannter Personen der Weltgeschichte, einen Roman und über *Englische Exzentriker.* Mit ihren beiden Brüdern führte sie die britische Avantgarde an, sie lebte in England, Amerika, Frankreich. Dame Edith S. war befreundet mit Dichter/innen wie →Virginia Woolf, →Gertrude Stein, R. Campbell und D. Thomas, mit Aldous und Maria Huxley. Sie unterstützte junge Talente und bedachte die Ignoranz und Oberflächlichkeit von Adel und Bourgeoisie mit bissigem Spott. Nach dem Krieg lebte sie auf dem Familiensitz Renishaw und widmete sich wieder der Lyrik, u. a. *Der Schatten des Kain*, die nach dem Atombombenabwurf auf Hiroshima und Nagasaki entstandene Dichtung.
Die streitbare Einzelgängerin fühlte sich stets hingezogen zu jenen, die von vorgegebenen Normen abweichen. »Ich bin nur insofern exzentrisch, als ich Dummheit schwer erträglich finde und mich beharrlich weigere, mir von Ignoranten die seelischen und technischen Aspekte der Kunst beibringen zu lassen, die ich seit nahezu einem halben Jahrhundert ausübe.«
Lit.: Edith Sitwell, Gedichte, Englisch und Deutsch, Frankfurt/Main 1964;

dies., Englische Exzentriker, Berlin 1995; dies., Mein exzentrisches Leben, Frankfurt/M. 1993.

Smedley, Agnes, US-amerikanische Journalistin und Freiheitskämpferin (Campground/Missouri 23. 2. 1892 – 6. 5. 1950 Oxford).

Sie wuchs in Colorado auf, wo sie Armut, Diskriminierung und Gewalt erfuhr. Eine Tante wurde Prostituierte, um der Familie zu helfen. Nach deren Tod verließ Agnes S. ihre Familie. Ihr Leben wurde zum Kampf ums Überleben. Sie schaffte es, trotz der elenden Bedingungen, Landschullehrerin zu werden, zunächst in New Mexico, dann in New York. Dort engagierte sie sich für Geburtenkontrolle und für die indische Unabhängigkeitsbewegung, ging dafür auch ins Gefängnis. Nach einem neun Jahre dauernden Aufenthalt in Berlin, wo sie am Aufbau einer Klinik für Geburtenkontrolle beteiligt war, wurde sie Korrespondentin der »Frankfurter Zeitung« in China (Buch: *Der lange Marsch*). Sie beteiligte sich am dortigen Freiheitskampf und wurde als »John Reed der chinesischen Revolution« bezeichnet. Nach ihrer Rückkehr in die Vereinigten Staaten 1941 wurde sie der Spionage für die Sowjetunion beschuldigt und als Journalistin boykottiert. Erbittert verließ »die Vagabundin im Leben, voller Gefühle« die USA: Sie wollte zurück nach China. Zwischenaufenthalt in England, wo sie starb.

»Mein(en) Lebensroman« hat die Schriftstellerin ihr Erstlingswerk *Tochter der Erde* (1929 unter dem Titel *Eine Frau allein* erschienen) genannt. So wie sie versuchte, die Welt politisch zu verändern, versuchte sie auch im Privaten die Geschlechterbeziehungen zu verändern. Ihr Wunsch, Liebe und Unabhän-

Agnes Smedley

gigkeit zu vereinbaren, blieb unerfüllt. »Der Hunger nach Liebe, Zärtlichkeit und Zuneigung war eines meiner tiefsten und quälendsten Bedürfnisse. Und ich war einsam. Das Fehlen an Liebe in meiner Kindheit war schuld an diesem ungestillten Hunger späterer Jahre. Ich betrachtete Sex und Ehe als Feinde der Frauen. Aber es sah so aus, als könne man nur über Sex Liebe und Kameradschaft finden.«

Lit.: Janice und Stephan MacKinnon, Agnes Smedley. Biographie, Zürich/Dortmund 1989.

Smith, Bessie, US-amerikanische Bluessängerin (Chattanooga 15. 4. 1894 – 26. 9. 1937 Clarksdale/Mississippi).

»Sie traf mich immer im Innersten«, sagte Louis Armstrong über ihren Gesang. Bessie S., deren Stimme unvergeßlich ist, hat dem Blues zu Weltruhm verholfen. Von der populären Volksmusik aus den amerikanischen Südstaaten wurde der Blues zur »Kunstmusik«, die auch in Konzerten Triumphe feiert. »The Empress of Blues«, die »Kaiserin des Blues«, die »Größte von allen«, so weit reichen die Lobeshymnen. In tiefstem Elend mit sechs Geschwistern im

Staat Tennessee aufgewachsen, wurde sie bald mit Vaudeville-Auftritten berühmt. Eine ihrer ersten Platten *Down Hearted Blues* erreichte eine knappe Million an verkauften Exemplaren. Auf Tournee ging sie mit einem eigenen Eisenbahnwaggon, stets umgeben von unzähligen schwarzen Verwandten, die an ihrem Ruhm teilhaben wollten. Sie konnte mit Geld nicht umgehen, verfiel dem Alkohol, mußte des öfteren von der Bühne getragen werden. In der Zeit der großen Weltwirtschaftskrise 1929 waren ihre Reserven erschöpft. Sie trat kaum noch auf, bis sie 1936 für die erkrankte →Billie Holiday in einer Broadway Show erfolgreich einsprang. Nach einem Autounfall wurde sie zu spät ins Krankenhaus gebracht, wo man sie als Schwarze nicht behandeln wollte. Ihre Plattenaufnahmen wie *Jailhouse Blues* oder *Oh Daddy Blues* sind unvergessen. Erst auf Initiative von →Janis Joplin erhielt Bessie S. einen Grabstein mit der Aufschrift: »Die größte Blues-Sängerin der Welt wird niemals aufhören zu singen.«

Smith Adams, Abigail, US-amerikanische Frauenrechtlerin (Weymouth/Mass. 11. 11. 1744 – 28. 10. 1818 Braintree/Mass. heute Quincy).
Wortführerin der amerikanischen Frauen im Unabhängigkeitskrieg der Vereinigten Staaten: »Wenn die geplante Verfassung der Vereinigten Staaten uns Frauen keine gründliche Aufmerksamkeit schenkt, sind wir zum Aufruhr bereit und halten uns nicht für verpflichtet, uns Gesetzesbestimmungen zu unterwerfen, die uns keine Stimme und keine Vertretung unserer Interessen zusichern.« In einem Brief an ihren Mann John Adams, Kongreßabgeordneter und später Präsident der USA, schrieb sie einmal: »Wenn den Frauen keine besondere Berücksichtigung zuteil wird, sind wir entschlossen, einen Aufruhr zu schüren.« Die Drohungen waren vergebens, das Wahlrecht für Frauen wurde nicht in die amerikanische Verfassung von 1787 aufgenommen. Erst 1870 konnten, auf Betreiben der ersten amerikanischen Friedensrichterin Esther Morris, im Staat Wyoming Frauen zum ersten Mal an einer Wahl teilnehmen.

Smyth, Ethel Mary Dame, englische Suffragette und Komponistin (London 23. 4. 1858 – 8. 5. 1944 Woking/Surrey).
Niemals ist ein (nicht militärischer) Marsch so populär geworden wie der *March of the Women*, den die englischen Suffragetten Anfang des Jahrhunderts in den Straßen Londons sangen. Als die Polizei die aufrührerischen Frauen ins Gefängnis warf, war das noch kein Grund, das Singen einzustellen. Von Ethel S. wird berichtet, daß sie den Marsch noch aus der Zelle heraus mit der Zahnbürste dirigierte. Die Schöpferin des Kampfliedes, der Marseillaise der Frauenbewegung, war eine Freundin von →Emmeline Pankhurst, Führerin der Bewegung, die für das Frauenwahlrecht kämpfte. Mit einem Hungerstreik im Elternhaus setzte sie ihr Musikstudium in Leipzig durch. Sie studierte u. a. bei Tschaikowsky, kehrte nach England zurück, schrieb mehrere Opern, die in Deutschland und England mit Erfolg aufgeführt wurden, und landete als Frauenrechtlerin im Gefängnis. Als Schülerin verehrte sie ihre weiblichen Mitschülerinnen und verewigte sie im *Book of Passions*; sie warb vergeblich um →Virginia Woolf, schrieb im Alter mehrere autobiographische Werke (u. a. *Impressions that remained)* und wurde schließlich völlig taub. Ihre musikdramatische Begabung

ist zweifellos völlig unterbewertet worden; ihre Opern warten auf eine Renaissance (immerhin führte das Stadttheater Hagen 1994 *The Wreckers* in deutscher Sprache auf). Mit ihrem politischen Engagement war sie im Kreis der Komponistinnen der Jahrhundertwende die einzige.
Lit.: Michaela Brohm, Leben und Werk der Musikdramatikerin Ethel Smyth, Gesamthochschule Essen 1986; Eva Rieger (Hg.), Smyth, Ethel. Ein stürmischer Winter, Kassel 1988.

Sölle, Dorothee, deutsche feministische Theologin und Literaturwissenschaftlerin (Köln 30. 9. 1929).
Sie wuchs in der Akademikerfamilie Steffensky in Köln auf. Studium der evangelischen Theologie und der Germanistik, Habilitation über das Verhältnis von Theologie und Dichtung. Sechs Jahre höherer Schuldienst. Die Initiatorin der »Politischen Nachtgebete« von 1968 – eine politische Information, Meditation, Diskussion und Resolution zu einem bestimmten Thema – engagierte sich früh für ein aktives soziales und politisches Christentum, für Menschlichkeit, Frieden und Gerechtigkeit. Konkret hieß dies für sie Solidarität mit Vietnam und Nicaragua, aber auch Engagement in der Friedensbewegung (z. B. bei der Blokkade der Zufahrt zum US-Giftgasdepot in Fischbach bei Pirmasens oder in Mutlangen) und in der Frauenbewegung. »Es gibt keinen gottloseren Satz als den: Da kann man ja doch nichts machen.« Die Professorin in Hamburg und New York und Vertreterin einer feministischen Befreiungstheologie ist zugleich Autorin zahlreicher Bücher, u. a. von *Phantasie und Gehorsam, Im Hause des Menschenfressers, Spiel doch von Brot und Rosen* (Gedichtsammlung), *Gewalt, Gegenwind* und *Die Erde gehört Gott, Ein Kapitel feministischer Befreiungstheologie.*
Lit.: Dorothee Sölle, Gegenwind. Memoiren, Hamburg 1995; Dorothee Sölle/ Luise Schrottroff, Den Himmel erden. Eine ökofeministische Annäherung an die Bibel, München 1996.

Solanas, Valerie, US-amerikanische Feministin (Atlantic City 1936 – 25. 4. 1988 San Francisco)
Ihr *Manifest der Gesellschaft zur Vernichtung des Mannes* (Society for Cutting Up Men, S.C.U.M.), ein spektakuläres Dokument des Männerhasses, ist in viele feministische Literaturhinweise und -sammlungen eingegangen. »Den Mann ein Tier zu nennen heißt ihm schmeicheln. Er ist eine Maschine, ein Gummipeter auf zwei Beinen ... Jeder Mann gleicht einer Insel. In sich selbst eingesperrt, emotional isoliert, unfähig, mit anderen zu kommunizieren, hat der Mann einen Horror vor der Zivilisation, vor Menschen, vor der Stadt, vor Situationen, die die Fähigkeit verlangen, Menschen zu verstehen und mit ihnen in Beziehung zu treten.« Bis zur Verwirklichung der Utopie von S.C.U.M., einer Fortpflanzung ohne Männer und einer Welt ohne Geld, sollten die Frauen die Männer »geräuschlos morden«. Zielobjekt der internationalen Regenbogenpresse wurde Valerie S., nachdem sie selbst auf ihren ehemaligen Liebhaber Andy Warhol geschossen hatte. Nach der Entlassung aus der Haft griff sie erneut einen Mann an. Sie starb an Lungenentzündung in einem Obdachlosenasyl.

Sosa, Mercedes, argentinische Sängerin (Tucumán 9. 7. 1935).

Mercedes Sosa

Die Tochter eines armen Arbeiters (»Ich konnte oft vor Hunger nicht einschlafen«) wurde »La Negra«, die Schwarze, genannt. Mit 15 Jahren begann sie, mit ihren Liedern aufzutreten. 1957 Heirat mit dem Sänger und Komponisten Oscar Matus, mit dem sie nach Buenos Aires ging. Mitbegründerin der »Bewegung des Nuevo Cancionero Argentino«. 1963 ein Jahr Aufenthalt in Uruguay, danach der Durchbruch. Mercedes S. verbindet indianische und spanische Kultur, sie ist eine international beliebte Interpretin argentinischer Folklore und Avantgardemusik und politisch engagierte Sängerin. »Unsere Lieder müssen jetzt ein Alarmschrei sein. Was für Elend und Leid gibt es in unseren Ländern, welche Gewalt. ... Wer sagt, daß man nichts ändern kann, gibt sich geschlagen, und das ist auch eine Stellungnahme. Mich kann man bedrohen, wie man will, ich werde der Realität stets Rechnung tragen. Bis zum letzten Atemzug werde ich diese Realität in meinen Liedern zum Ausdruck bringen.« Berufsverbot, Exil in Paris, Anfang der achtziger Jahre triumphale Rückkehr nach Buenos Aires. 1984/85 Tournee mit 60 Konzerten durch Argentinien. Deutschlandtourneen 1986 und 1987.

Platten u. a.: *Argentinische Frauen* (1970), *Ehrung für →Violeta Parra* (1970), *Ich berge ein Volk in meiner Stimme* (1973), *Daß mein Volk erblühe* (1975).

Spiel, Hilde, österreichische Schriftstellerin und Journalistin (Wien 19. 10. 1911 – 30. 11. 1990).

Die Tochter einer konvertierten jüdischen Familie schrieb schon während der Schulzeit; sie studierte Philosophie und Psychologie, Arbeit am Institut für Sozialpsychologie und Promotion. 1934 erschien ihr erster Roman *Kati auf der Brücke*. 1936 emigrierte sie nach England, heiratete Peter de Mendelssohn, Journalist und Schriftsteller, arbeitete als Journalistin für »The New Statesman«. Zwei Kinder. 1945 kehrte sie zunächst als englische Berichterstatterin nach Wien zurück, um anschließend in Berlin für die »Welt« zu schreiben. 1962 erschien die Biographie *Fanny von Arnstein oder Die Emanzipation*. Erst von 1963 an lebte sie wieder ganz in Österreich, schrieb für Zeitschriften und Zeitungen, Romane, literaturgeschichtliche Bücher und Erinnerungen. Zahlreiche Preise und Ehrungen. Als ihr 1988 vorgeschlagen wurde, die Salzburger Festspiele zu eröffnen, lehnte sie mit den Worten ab: »Es mag genügen, daß ich mich zu jener ... als fanatische Minderheit bezeichneten Gruppe bekenne, die sich nach dem Bericht der Historikerkommission mit einem Verbleiben Dr. Waldheims in seinem Amt nicht abfinden kann.«

Lit.: Hilde Spiel, Die hellen und die finsteren Zeiten. Erinnerungen 1911 – 1946, München 1989; dies., Welche Welt ist meine Welt. Erinnerungen 1946 – 1989, München 1990; dies., Briefwechsel, München 1995.

Staël-Holstein, Anne Louise Germaine Baronne de, französische Schriftstellerin und Salonière (Paris 22. 4. 1766 -14. 7. 1817).
Sie war die Tochter eines der reichsten und berühmtesten Männer Frankreichs – des Finanzministers Necker. Ihre Mutter, die strenge Schweizer Pastorentochter Suzanne Curchod, führte einen berühmten Salon in Paris und erzog ihre Tochter nach den Prinzipien des *Emile* von Rousseau.
Vernunftehe mit Baron von Staël. Die engagierte Aristokratin mit den republikanischen Ideen erscheint zunächst als Verkörperung der Emanzipation in einer frauenfeindlichen Zeit. Sie durchbrach die Geschlechterrollen als Politikerin, als Geliebte und als Schriftstellerin und wurde prompt als »Hermaphrodit«, »Prostituierte« und »Äffin in Kleidern« verleumdet. Für die Rechte der Frauen setzte sie sich jedoch nur mäßig ein. Die liberale Republikanerin war eine erklärte Feindin Napoleons, der sie 1802 aus Paris auswies. Im Schweizer Exil wurde ihr Salon in Coppet zu einer Schule des Liberalismus, in dem deutsche und französische Größen verkehrten. Die Autorin von *Corinne* und *Über Deutschland* (1813 im Londoner Exil erschienen) war auch Verfasserin von rund 10 000 Briefen! Nach dem Sturz Napoleons konnte Germaine de S. aus dem zehnjährigen Exil in ihr geliebtes Paris zurückkehren. Die Jahre der Auseinandersetzung haben sie jedoch zermürbt, sie starb mit 51 Jahren. Bewundert und verspottet, geliebt und gehaßt, widersprochen und widersprüchlich, Germaine de S. blieb eine der prägenden Frauenpersönlichkeiten Europas. Von ihr stammt der Satz: »Die gesamte soziale Ordnung stellt sich gegen eine Frau, die sich zu männlicher Berühmtheit aufschwingen will.«

Lit.: Ghislain de Diesbach, Madame de Staël. Paris 1983.

Stanton, Elizabeth Cady, US-amerikanische Frauenrechtlerin (Johnstown 12. 11. 1815 – 26. 10.1902 New York).
Pionierin der amerikanischen Frauen- und Stimmrechtsbewegung und von 1865 bis 1893 Präsidentin der »National Woman Suffrage Association«. Im Juli 1848 initiierte sie zusammen mit Lucretia Mott den ersten Frauenrechtskongreß in Seneca Falls/N. Y. Elizabeth S. trug die berühmte »Declaration of sentiments« vor, das vom Kongreß verabschiedete Manifest der Frauen nach dem Vorbild der amerikanischen Unabhängigkeitserklärung. In ihm wurde der Mann als Tyrann angeprangert und davon ausgegangen, daß Männer und Frauen gleich seien und gleiche Grundrechte (auf Leben, Freiheit und Glück) besäßen. Diese Rechte sollten durch die Regierungen gesichert werden, denen die Gefolgschaft verweigert werden dürfte, falls sie sich weigerten, für diese Rechte einzutreten.

Stark, Freya Madeline, verh. Perowne, englische Reisende und Schriftstellerin (Paris 31. 1. 1893 – 1993).
Sie wurde in Paris geboren, wuchs in Großbritannien und Norditalien auf, studierte Geschichte und arbeitete in London, später als Krankenschwester in Italien. Vom Ende der zwanziger Jahre an unternahm sie zahlreiche Reisen in den Orient, die sie in mehreren Büchern beschrieb: *Die Südtore Arabiens, Baghdad Sketches, Das Tal der Mörder, Der Osten und der Westen.* »Sein Leben aufs Spiel zu setzen erscheint mir die einzige Möglichkeit, ein wirkliches (im Unterschied zu einem nur theoretischen) Gefühl der Unsterblichkeit zu erlangen, es sei denn, man gehört zufäl-

lig zu den Glücklichen, denen ein unerschütterlicher Glaube in die Wiege gelegt wurde.«
Lit.: Freya Stark, Der Osten und der Westen. Ansichten über Arabien, Zürich/Dortmund 1992.

Steimer, Mollie, russisch-US-amerikanische Anarchistin (1897 – 1980).
Sie wuchs in Rußland auf. Mit 15 Jahren emigrierte sie in die USA und engagierte sich dort in einer anarchistischen Gruppe. Wegen eines Flugblatts, das die US-amerikanische Intervention in der jungen Sowjetunion verurteilte, wurde sie verhaftet und in ihre Heimat deportiert. Dort wurde sie ebenfalls verfolgt, sie ging nach Berlin, wo sie u. a. mit →Emma Goldman Hilfe für politisch Verfolgte in der Sowjetunion organisierte. Während des Nationalsozialismus Exil in Paris. 1940 wurde sie von den Nazis interniert. Es gelang ihr die Flucht nach Mexiko.

Stein, Edith, deutsche Philosophin und Karmelitin (Breslau 12. 10. 1891 – 9. 8. 1942 Auschwitz).
Die Jüdin und Atheistin studierte Philosophie und Psychologie in Breslau, danach in Göttingen Phänomenologie bei E. Husserl, dem sie nach der Promotion (*Probleme der Einfühlung*, 1917) als erste Assistentin nach Freiburg folgte. Eine Habilitation war ihr, zuerst als Frau, dann als Jüdin, versperrt. 1922 konvertierte Edith S. zum katholischen Glauben. Lehrtätigkeit und theoretische Arbeit u. a. 1932 am Deutschen Institut für wissenschaftliche Pädagogik in Münster. Im Januar 1933 Berufsverbot. Als Theresia Benedicta a Cruce wurde sie Karmelitin in Köln und schrieb ihr Hauptwerk *Endliches und unendliches Sein.* Im Dezember 1938 übersiedelte sie nach Holland. Ihr war bewußt, daß sie das »Schicksal des jüdischen Volkes« teilen würde. Nachdem die deutschen Faschisten Holland besetzt hatten, wurde Edith S. nach Auschwitz verschleppt.
Lit.: apropos Edith Stein. Mit einem Essay von Ursula Hillmann, Frankfurt/M. 1995.

Stein, Gertrude, US-amerikanische Schriftstellerin (Allegheny 3. 2. 1874 – 27. 7. 1946 Paris).
Sie stammte aus einer deutsch-jüdischen Familie, studierte Philosophie, Medizin und Psychologie in Baltimore und lebte ab 1902 in Paris. Ihr Salon genoß hohes Ansehen bei den Malern – Picasso, Matisse und Braque wurden von ihr gefördert – und bei den Schriftstellern – sie nannte Joyce, Dos Passos, Hemingway u. a. »the lost Generation« (die verlorene Generation). »Gertrude Stein war weltberühmt geworden, aber ironischerweise wußten viele Leute nicht, weshalb«, so ihr Gast Howard Greenfeld. 1907 Beginn der über 40 Jahre dauernden Beziehung zu Alice B. Toklas. Jede(r) kennt sie, kaum eine(r) hat etwas von ihren über 600 Texten gelesen. Das ist bis heute so geblieben, auch wenn ihre Lebensbeschreibung mit dem Titel *Autobiographie der Alice B. Toklas* 1933 (dt. 1956) in kurzer Zeit Bestseller wurde und ihr erstmalig ein Honorar einbrachte. Gertrude S. revolutionierte die Prosa, entwickelte einen assoziativen Stil, benutzte Wiederholungen, selbst in ihren Vorlesungen vor Studenten, z. B. in *Erzählen – Vier Vorträge* (dt. 1990). Von ihr stammt das »Schlagwort der Moderne« und oft verwendete Zitat »Rose is a rose is a rose« (Rose ist eine Rose ist eine Rose).
Lit.: Gertrude Stein, Brewsie und Willie.

Erzählung, Hamburg 1996; Stefana Sabin, Gertrude Stein, Reinbek 1996.

Stöcker, Helene, deutsche Frauen- und Friedenskämpferin (Wuppertal 13. 11. 1869 – 24. 2. 1943 New York).
Die Stationen der Textilfabrikantentochter: Studium der Literaturwissenschaft, Promotion als erste Frau, Engagement für Sexualreformen und neue gesetzliche Regelungen des Familien- und Nichtehelichenrechts, u. a. im »Bund für Mutterschutz« und als Redakteurin der Zeitschriften »Mutterschutz« und »Die neue Generation«, für eine Gesellschaft ohne Krieg u. a. im »Bund der Kriegsdienstverweigerer«, in der »Internationalen der Kriegsdienstgegner« sowie in der »Deutschen Liga für Menschenrechte« und in der »Deutschen Friedensgesellschaft«. Sie trat für die Gleichberechtigung der Frau als »freie selbstverantwortliche Persönlichkeit« ein. Dazu gehörte das Recht auf selbstbestimmte Mutterschaft (»Fort mit der Abtreibungsstrafe«). Als eine Voraussetzung für die Beseitigung der sexuellen Unterdrückung der Frau sah sie die Befreiung von ökonomischer Unterdrückung an: Das »Streben nach sozialer Gerechtigkeit und der Drang nach höchster persönlicher Entwicklung (waren) für mich stets unlösbar miteinander verbunden.« Was sie selbst im Widerspruch zwischen Ansprüchen und Alltag, ihrer »neuen Ethik« und ihrem privaten Leben, zwischen Wissenschaft und Liebe, Vernunft und Gefühlen lebte.
Während der Nazizeit Exil in Zürich, London, Stockholm, Dänemark und in den USA.
Lit.: Christl Wickert, Helene Stöcker 1869-1943. Frauenrechtlerin, Sexualreformerin und Pazifistin – Eine Biographie, Bonn 1990; Petra Rantzsch, Helene Stöcker zwischen Pazifismus und Revolution, Berlin/Ost 1984.

Stoltze, Annette, deutsche Revolutionärin (Frankfurt 1813 – 1840 Frankfurt).
Anna Margaretha, genannt Annette, war drei Jahre älter als ihr Bruder Friedrich, der nicht nur als Mundartdichter bekannte politische Dichter. Die Tochter eines Gasthauswirtes erhielt eine gute musische Erziehung in einem privaten Institut in Mannheim. Sie vertonte Gedichte ihres Bruders, die sie 1833 publizierte. Auch im politischen Engagement war sie seine Lehrmeisterin, so z. B. beteiligt am Frankfurter Wachensturm vom April 1833: Republikanerinnen und Republikaner wollten die Frankfurter Wach- und Stadttore stürmen, alle Gefangenen befreien und an deren Stelle die Fürsten und Gesandten festsetzen, das Militär gewinnen oder entwaffnen. Die Verschwörer waren von den Gedanken der Französischen Revolution und den republikanischen Ideen von Hambach beseelt. Die Konstabler Wache wurde im Sturm genommen, dann aber wurden viele Republikaner vom Militär verwundet, andere verhaftet. Im Mai 1834 war Annette S. bei der großen Befreiungsaktion der festgesetzten Studenten durch die Bevölkerung dabei. Ab 1831 engagierte sie sich politisch u. a. im »Frankfurter Frauenkomitee zur Unterstützung der polnischen Flüchtlinge« und im »Versorgungskomitee für Frankfurter Gefangene«. Die wegen »Gefangenenbefreiung« verhängte Gefängnishaft konnte sie nicht antreten, da sie gerade hochschwanger war. Ihr Sohn Friedrich Philipp kam im Dezember 1834 zur Welt. Danach mußte Annette S. ins Gefängnis, sie starb an den Folgen der Haft.

Storni, Alfonsina, schweizerisch-argentinische Dichterin (bei Lugano 29. 5. 1892 – 11. 5. 1938 Mar del Plata).
»Sie haben mich Alfonsina genannt, was bedeuten soll ›bereit sein für alles‹.« Als Kind einer armen Emigrantenfamilie mußte sie schon mit 11 Jahren ihren Lebensunterhalt in einer Hutfabrik verdienen. Wandernde Theatertruppe, Lehrerinnenseminar. Mit 20 Jahren ging sie mit ihrem Kind nach Buenos Aires, war fremd in der Metropole als Dichterin und Rebellin. Arbeit an einem Experimentiertheater für Kinder. 1925 Gedichtband *Ocker* (»Gegen den Strich der öffentlichen Mehrheit ziehe ich diese Gedichte vor«), 1934 *Welt der sieben Brunnen* und 1938 *Maske und Klee.* Sie setzte sich für Chancengleichheit ein, zerbrach aber an der Rolle der Frau, gegen die sie sich auflehnte. Sie stürzte sich mit 46 Jahren ins Meer. Im Jahr ihres Todes hielt sie mit →Gabriela Mistral und der Dichterin Juana Ibarborou aus Uruguay zusammen einen Vortrag an der Universität Montevideo und stellte sich dort als »häßlich und plump« dar.
Die bekannte melancholische Tangokomposition »Ich werde sterben«, gesungen von →Mercedes Sosa, spielt auf das letzte Gedicht der Poetin an, geschrieben am Tag vor ihrem Freitod.
»Mich macht lachen mein stolzer, unheimlicher Schnabel, daß ich mich selbst für eine Posse und ein Hindernis halte.«

Streicher, Margarete, österreichische Sportpädagogin und -wissenschaftlerin (Wien 9. 4. 1891 – 1. 2. 1985 Graz)
Sie wirkte maßgeblich an einer Reform der körperlichen Erziehung, des Sportunterrichts, mit, erarbeitete mit Karl Gaulhofer sowohl die theoretische Fundierung als auch die inhaltliche und methodische Ausgestaltung des sog. »Natürlichen Turnens«. Dieses bedeutete die Abkehr von erstarrten Formen und stereotypen Bewegungen, die bis zum ersten Weltkrieg im Turnunterricht dominierten. Leitlinien waren nun Körper- und Entwicklungsgemäßheit, Bewegungsökonomie, Funktionalität sowie die Berücksichtigung der Umweltbedingungen. Margarete S. engagierte sich ganz besonders für die Erziehung der Mädchen und Frauen; auch sie wurden nun nach den Prinzipien des Natürlichen Turnens unterrichtet. Die Ausrichtung auf Anmut, Schönheit und Schicklichkeit wurde abgelöst durch eine Erziehung, die, ausgehend von den individuellen Anlagen und Neigungen, die Lebensbewältigung zum Ziel hatte.
Margarete S.s Leben war geprägt von der Liebe zur Musik, dem Interesse an der Natur und der Freude an der Bewegung. Sie studierte Naturwissenschaften, promovierte 1916 in Wien und lehrte seit 1918 am Institut für Turnlehrerausbildung an der Universität Wien. 1924 bis 1938 war sie Fachinspektorin für das Mädchenturnen. Sie trug entscheidend zur Durchsetzung der Schulturnreform in Österreich bei. Der Nationalsozialismus ersetzte die Reformpädagogik und das Natürliche Turnen durch ein ganz anders geartetes Erziehungskonzept. Die Grundprinzipien des Natürlichen Turnens überlebten und wirken bis heute in vielen sportpädagogischen Konzepten fort.

Stritt, Marie, deutsche Frauenrechtlerin (Schässburg/Siebenbürgen 18. 2. 1855 – 16. 9. 1928 Dresden).
Schon die Mutter war in der Frauenbewegung tätig, ihr Vater freireligiös und lange Reichstagsabgeordneter. Bis zur Heirat mit dem Opernsänger Albert

Stritt war Marie Bacon Schauspielerin. 1894 gründete sie in Dresden den ersten »Rechtsschutzverein für Frauen« als Gruppe des ADF. Sie erhob öffentlichen Protest gegen die Sozialistengesetze, entwickelte im Zusammenhang mit der Erarbeitung des BGB eine Flugblattkampagne und zusammen mit →Anna Siemsen eine Reichstagspetition für die rechtliche Gleichstellung der Frau. Die »politische Feministin«, »Querdenkerin und Grenzgängerin« (Ute Gerhard) unterstützte die Forderungen der Radikalen Frauenbewegung nach Streichung des § 218, nach Geburtenkontrolle und demokratischem Frauenwahlrecht.
Von 1896 an im Vorstand des BDF und von 1899 bis 1911 Vorsitzende und Herausgeberin der zentralen Zeitung. 1910 mußte Marie S. den Vorsitz an die konservative Gertrud Bäumer abgeben, leitete nun den »Deutschen Reichsverband für Frauenstimmrecht« und war stellvertretende Vorsitzende des »Frauenweltbundes«.

Struve, Amalie, deutsche Republikanerin (Heidelberg 1825 – 18. 2. 1862 New York).
Das Recht der Frauen auf Teilhabe am Staatsleben gehörte ebenso zu den Grundüberzeugungen von Amalie Dusar wie das Recht auf Erwerbsarbeit. Selbst ausgebildete Lehrerin, wechselte sie nach der Heirat mit dem Juristen und Politiker Gustav Struve zum Journalismus. An den badischen Volksaufständen, die Gustav Struve anführte, beteiligte sie sich logistisch und agitatorisch. Nach dem Scheitern der Revolution wurde sie für 205 Tage ohne Prozeß in Einzelhaft festgehalten. Sie widerstand den Versuchen der Reaktion, sie durch Willkürakte zu brechen. Für →Mathilde Franziska Anneke war sie »eine edle Märtyrerin für die Freiheit«. Nach der Flucht ins englische Exil legte sie in den *Erinnerungen aus den badischen Freiheitskämpfen* ihr Bekenntnis zu den Freiheitsidealen der Revolution ab, das sie den Frauen, den »Schwestern« widmete. In den *Historischen Zeitbildern* (1850) schilderte sie zurückliegende beispielhafte Kämpfe um Glaubensfreiheit und Menschenrechte.
Ab 1851 im amerikanischen Exil unter schlechtesten ökonomischen Bedingungen lebend, gehörte sie zu den Gründerinnen der ersten freien deutschen Schule in New York. Publizistisch engagierte sie sich für die Frauenrechte. Sie starb nach drei schweren Geburten kurz vor der badischen Amnestie, die ihr die Rückkehr in die Heimat ermöglicht hätte.
Lit.: Amalie Struve, Erinnerungen aus den badischen Freiheitskämpfen, Hamburg 1850.

Suttner, Bertha von, österreichische Pazifistin (Prag 9. 6. 1843 – 21. 6. 1914 Wien).
»Die jugendliche Bertha war doch eine rechte Null.« Zu dieser Selbsteinschätzung gelangte die Friedensnobelpreisträgerin des Jahres 1905 bei der Niederschrift ihrer Memoiren. Von Kindheit an auf eine vermögende Ehe hin erzogen, ging Bertha Kinsky, Angehörige des österreichischen Adels, nach mehreren Fehlschlägen eine romantische Heirat mit dem wesentlich jüngeren Baron von Suttner ein. Das Paar floh vor dem Zorn der Verwandtschaft in den Kaukasus, wo Bertha v. S. Naturwissenschaften und Soziologie studierte und aus Geldnot zu schreiben begann. Bei ihrer Rückkehr nach Mitteleuropa ließ sie sich 1889 durch die noch junge internationale Friedensbewegung zu dem Antikriegsroman *Die Waffen nieder!* inspirieren. Mit dem Buch traf Bertha v. S.

einen empfindlichen Nerv des österreichischen Obrigkeitsstaates, dessen Militärpolitik und Chauvinismus sie entlarvte. Bis zum ersten Weltkrieg erreichte der Roman eine Auflage von 210 000 und wurde in 27 Sprachen übersetzt – für die damalige Zeit ein absoluter Welterfolg, der überdies in den deutschsprachigen Ländern unter tatkräftiger Mitarbeit Bertha v. S.s die Friedensbewegung in Gang brachte. Sie selbst verschrieb sich dem Gedanken der internationalen Schiedsgerichtsbarkeit, um künftige Streitereien zwischen Nationen auf friedlichem Weg zu regeln. Sie war Begründerin und Vorsitzende der österreichischen »Gesellschaft der Friedensfreunde«, Mitbegründerin der »Deutschen Friedensgesellschaft« und Herausgeberin der ersten deutschen Friedenszeitung »Die Waffen nieder!« Die politischen und ökonomischen Argumente der männlichen Kriegsgegner ergänzte sie mit ihrer bewußt emotionalen Ablehnung des Krieges: »Desto besser, wenn sich der Verstand auch gegen den Krieg auflehnt, aber unterdrücken wir darum nicht die Empörung unserer Herzen.«
Lit.: Bertha von Suttner, Lebenserinnerungen, Berlin/Ost 1969; Brigitte Hamann, Bertha von Suttner. Ein Leben für den Frieden, München 1986.

T

Taeuber-Arp, Sophie, Schweizer Malerin (Davos 19. 1. 1889 – 13. 1. 1943 Zürich).

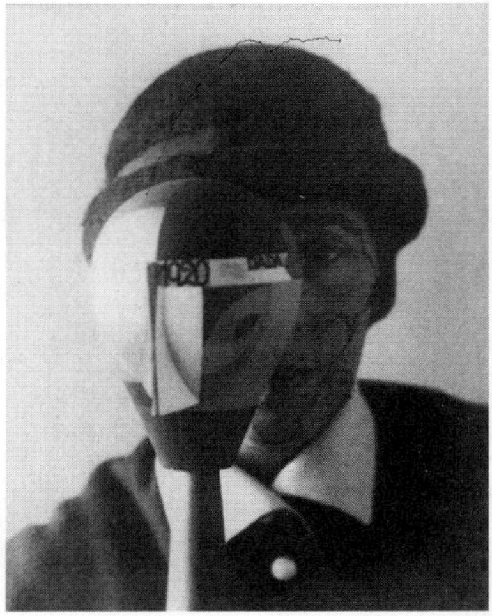
Sophie Taeuber

Ausbildung in textilem Gestalten in St. Gallen, München, Hamburg, im Ausdruckstanz an der Schule von Laban. 1921 Heirat mit dem Maler Hans Arp. Sophie T.-A. war eine der wenigen Frauen, die den Dadaismus mitgestalteten. Lehrerin an der Kunstgewerbeschule in Zürich, die ihr die Tanzauftritte im Dada-Theater verbot. Sie machte jedoch weiter – mit einer Maske und einem Pseudonym. Gleichzeitig gestaltete sie Marionetten für das Stück *König Hirsch* (Gozzi). Sie gelten als bedeutende Dada-Werke. Von 1920 an entwickelte Sophie T.-A. ihren eigenen Stil, leichte, farbige, mosaikähnliche Kompositionen. 1928 Umzug nach Meudon bei Paris in ein von ihr entworfenes Atelier- und Wohnhaus. In

den dreißiger Jahren war sie bei den Gründer/innen der Gruppe »Abstraction-Création«, gab einige Jahre die Zeitschrift »Plastique« heraus. Nach Ausbruch des Krieges flüchteten Sophie T.-A. und Hans A. nach Grasse/Südfrankreich. Bei einem Besuch bei Max Bill starb sie in seinem Haus durch einen Unfall.
Lit.: Sophie Taeuber-Arp 1889 – 1943, hg. von Siegfried Gohr, Rolandseck 1993.

Tailleferre, Germaine, französische Komponistin (Parc-Saint-Maur/Paris 19. 4. 1892 – 6. 11. 1983 Paris).
Mit 12 Jahren begann sie ihr Studium am Pariser Konservatorium. Dort bekam sie auch erste Preise in Elementarlehre, Harmonie und Kontrapunkt. Eine enge Freundschaft verband sie mit den Komponisten Darius Milhaud und Eric Satie und mit den Schriftstellern Jean Cocteau, Paul Valéry und Paul Claudel, deren Texte sie vertonte. Als einzige Frau gehörte sie zu der 1920 gegründeten, berühmten »Groupe des Six« (mit Arthur Honegger, Georges Auric, Francis Poulenc, Darius Milhaud und Louis Durey), die sich für eine antiromantische Tonkunst einsetzte. Von 1925 bis 1930 Studium der Orchestration bei Maurice Ravel. Von 1942 bis 1946 Aufenthalt in den USA, dann Professorin an der Schola Cantorum. Ihr Werk umfaßt Lieder, Konzerte, Balladen und Ballette sowie viel Klaviermusik.
→Virginia Woolf schrieb in *Ein Zimmer für sich allein*: »Von Mlle. Tailleferre kann man nur Dr. Johnsons Ausspruch über weibliche Priester wiederholen, transponiert in die Sprache der Musik: ›Sir, wenn eine Frau komponiert, so ist das, als ob ein Pudel auf den Hinterbeinen läuft. Es ist nicht gut gemacht, aber man ist überrascht, daß es überhaupt gemacht wird‹.«

Tanning, Dorothea, US-amerikanische Malerin (Galesburg/Illinois 1912).
Besuch der Kunstschule in Chicago und New York. Nach einem Besuch der Ausstellung »Phantastische Kunst, Dada, Surrealismus« beschloß sie 1937, surrealistische Malerin zu werden. Reise nach Paris mit dem (vergeblichen) Wunsch, surrealistische Künstler kennenzulernen. Zurück in New York, begegnete sie 1942 dem Maler Max Ernst, lernte durch ihn Künstler wie A. Breton, M. Duchamp, J. Cage kennen. 1944 erste Einzelausstellung in New York. 1946 heiratete sie M. Ernst, lebte mit ihm bis zu seinem Tod (1976), zuerst in Sedona/Arizona und dann in Paris. Die letzten Lebensjahre verbrachte Dorothea T. in New York. Ihre Gemälde stellen Träume, oft Alpträume dar. Sie zeigen, beeinflußt von der Psychoanalyse, unterbewußte und erotische Vorgänge, weisen auf verborgene Gewalt hin (z. B. junge Mädchen in zerrissener Kleidung). Häufig tauchen die von den Surrealisten verwendeten Symbole wie das Auge, geöffnete/geschlossene Türen auf.

Taro, Gerta, eigentlich Pohorylle, deutsche Fotoreporterin (Stuttgart 1. 8. 1910 – 25. 7. 1937 Brunete/Spanien).
Die jüdischen Eltern stammten aus Ostgalizien, waren Bürger der Donaumonarchie. Gerta T. erlebte eine durch Krieg und Revolution gespaltene Kindheit; ihr Vater wurde wie auch seine Brüder während der Nazizeit ermordet. Sie engagierte sich in der Widerstandsbewegung in Stuttgart, wurde verhaftet und emigrierte nach Frankreich. Aragon engagierte sie für »Ce Soir«, er bezeichnete sie als »Tochter von Paris«. Nach Jobs als Zeitungsverkäuferin und Mannequin fotografierte sie für die Agentur Magnum und für »Life«. Nach

Gerta Taro

dem Militärputsch in Spanien arbeitete sie mit Robert Capa zusammen, ebenfalls Fotograf und ihr Lebensgefährte. Die Kriegsreporterin kam im Bürgerkrieg um, bei einem Angriff auf die Internationalen Brigaden wurde sie von Panzerketten erfaßt. Während der deutschen Besetzung von Paris schändeten die Faschisten ihr Grabmal auf dem Père Lachaise.
Lit.: Irme Schaber, Gerta Taro, Fotoreporterin im spanischen Bürgerkrieg, Marburg 1994.

Tawil, Raymonde, palästinensische Freiheitskämpferin (1940).
Als Palästinenserin ihrer Rechte und Würde beraubt, als Frau in einer patriarchalischen Gesellschaft unterdrückt und als Bürgerin unter fremder Militärherrschaft lebend, organisierte sie Ende der sechziger bis Mitte der siebziger Jahre Frauenversammlungen und Streiks. Ab 1976 unterlag sie einer polizeilichen Sonderüberwachung, über die sie in *Mein Gefängnis hat viele Mauern* (dt. 1992) berichtete. In diesem Buch schrieb sie auch von einer besseren Zukunft, in der »Männer und Frauen gleichermaßen Emanzipation und Menschenwürde in einem freien und souveränen Palästinenserstaat erreichen«.

Tereschkowa, Valentina Nikolajewa, sowjetische Astronautin und Politikerin (Bolschoje Maslennikowa b. Jaroslawl 6. 3. 1937).

Valentina Tereschkowa

Die erste Kosmonautin der Welt führte vom 16. bis 19. Juni 1963 das Raumschiff Wostock VI beim Flug in den Weltraum. »Nur eineinhalb Stunden braucht das Raumschiff, um den ganzen Planeten zu umkreisen. Die Erde wird so winzig; man sieht keine Grenzen. Diese schöne Erde müssen wir erhalten.« Sie war Textiltechnikerin und begann 1959 mit dem Fallschirmsport. Erst nach ihrem Weltraumflug studierte und promovierte sie an der Luftakademie für Ingenieure in Schukowski. Mit ihrem Mann, ebenfalls Kosmonaut, hat sie eine Tochter. Sie war 1966 bis 1991 Abgeordnete des Obersten Sowjets und Mitglied seines Präsidiums, setzte sich ein für die Belange der Frauen. Viele Jahre war sie Vorsitzende des »Komitees der Sowjetfrauen«. »Ohne die aktive Teilnahme der Frauen kann sich eine Gesellschaft nicht entwickeln ... Auch die Erhaltung des Friedens hängt in hohem Maße vom Einsatz der Frauen ab.« Heute ist sie Leiterin des Russischen Zentrums für die internationale wissenschaftliche und kulturelle Zusammenarbeit bei der Regierung der Russischen Föderation.

Erst 20 Jahre nach Valentina T.s Flug schickte auch die NASA Frauen ins All, als erste Sally Ride, 1984 fünf Astronautinnen. 1986 kamen Judith Resnik und Christa McAuliffe beim Start eines Space Shuttles ums Leben. Auf Vorschlag der Sowjetunion tragen seitdem zwei Mondkrater ihren Namen. Heute ist Valentina T. verantwortlich für die Kulturhäuser der Russischen Republik im Ausland.

Thalmann, Clara, Schweizer Anarchistin (Basel 1908 – 1987 Nizza).

In einer sozialistischen Arbeiterfamilie aufgewachsen, war Clara Ensner schon früh in der kommunistischen Jugendbewegung aktiv. Zwischen 1925 und 1928 arbeitete sie in Paris in der Jugendbewegung und am Zentralblatt der KP Frankreichs mit. Nach ihrer Rückkehr trat sie in die Schweizer KP ein, aus der sie 1929 gemeinsam mit ihrem Lebensgefährten Paul Thalmann wegen ihrer antistalinistischen Haltung ausgeschlossen wurde. Bei Ausbruch des Spanischen Bürgerkrieges 1936 ging Clara T. zunächst als Milizionärin einer anarchistischen Einheit an die Front, beteiligte sich später noch als Mitglied der trotzkistischen POUM-Miliz an den Kämpfen. Nach einem kurzen Zwischenaufenthalt in der Schweiz trat sie einer Hundertschaft innerhalb der anarchistischen Kolonne Durruti bei. 1937 wurde sie mit Thalmann in Barcelona von der russischen Geheimpolizei GPU verhaftet und erst auf Intervention der Sozialistischen Arbeiterinternationale wieder freigelassen. Seitdem arbeitete sie in Paris mit sozialistisch-oppositionellen Gruppen zusammen, gehörte zwischen 1940 und 1944 der Pariser Widerstandsbewegung an. In den fünfziger Jahren gründeten die Thalmanns mit Freunden im Norden Nizzas die *Séréna*, eine Art Landkommune, die bis 1986 internationaler Treffpunkt politisch Interessierter blieb.

Lit.: Clara u. Paul Thalmann, Revolution für die Freiheit, Grafenau 1987.

Thiele, Grete, deutsche Kommunistin (Bottrop 16. 12. 1913 – 29. 12. 1993 Wuppertal).

Der Vater war Bergmann, Mitglied des Arbeiter- und Soldatenrates im November 1918 in Bottrop, die Mutter Weberin. Ausbildung als Kontoristin, Mitglied der Sozialistischen Arbeiterjugend, später Sozialistische Arbeiterpartei. Erste Verhaftung im Dezember 1933, illegale Arbeit, 1936 erneut verhaftet, Gestapo-Verhöre, Dunkelarrest, dreieinhalb Jahre Zuchthaus, wo sie »bewußt Kommunistin geworden« ist. 1941 Heirat, zwei Söhne. 1945 als einzige Frau ins Wuppertaler Stadtparlament gewählt. 1947 Mitglied des Landesvorstands und späteren Parteivorstands der KPD, Abgeordnete im ersten Landtag von NRW, wo sie u. a. mit →Johanna Melzer den bezahlten Hausarbeitstag für Frauen durchsetzte. Bundestagsabgeordnete bis 1953. Dort trat sie vor allem für den Frieden und die gesetzliche Verankerung der Gleichberechtigung und für Lohngleichheit ein. »Die Bewegung dafür muß entwickelt werden, sonst tut sich da gar nichts. Verfassungsfragen sind eben Machtfragen, auch die Lohnfragen.« Als sie 1952 ihre im Radio übertragene Rede gegen die Remilitarisierung hielt, kam waschkörbeweise Zustimmung aus allen Teilen der BRD. Aufhebung der Immunität 1952/53. Um sich dem Haftbefehl zu entziehen, lebte die »rote Grete« bis 1968 in der Illegalität. Der Preis für ihre politische Überzeugung: Ihre Kinder konnten nicht bei ihr bleiben, sie lebten in der DDR. Bei der Neukonstituierung der DKP war sie dabei. Bis ins Alter und bis eine schwere Krankheit dies nicht mehr zuließ, hat Grete T. politisch gearbeitet und ihren Enkel großgezogen.

Thimig, Helene, österreichische Schauspielerin und Schauspiellehrerin (Wien 5. 6. 1889 – 7. 11. 1974).
Sie stammte aus einer berühmten Schauspielerfamilie, Vater und Brüder traten am Burgtheater auf. Die österreichische Kammerschauspielerin und Trägerin des Ordens für Kunst und Wissenschaft wurde u. a. bei Hedwig Bleibtreu ausgebildet. Engagements am Deutschen Theater in Berlin und am Theater in der Josephstadt in Wien. Mit ihrem Ehemann Max Reinhardt emigrierte sie 1933 in die USA, wo er 1943 starb. Sie kehrte 1946 zurück und wurde 1949 Leiterin des Reinhardt-Seminars, Professorin an der Akademie für Musik und darstellende Kunst in Wien und Nachlaßverwalterin Reinhardts. Während der Name ihres Mannes Weltruhm erlangte, ist Helene T. nur Schauspielkenner/innen ein Begriff.

Thompson, Dorothy, US-amerikanische Journalistin (Lancaster/N. Y. 8. 7. 1894 – 1. 2. 1961 Lissabon).
»Als ich Adolf Hitlers Zimmer betrat, war ich überzeugt, dem zukünftigen Diktator Deutschlands zu begegnen. Nach etwas weniger als fünfzig Sekunden war ich absolut sicher, daß dies nicht der Fall sein konnte. Genau diese Zeit brauchte es, um die erschreckende Bedeutungslosigkeit des Mannes zu erkennen, der die Welt so sehr in Neugier versetzt hatte.« Das ist ein Auszug aus dem Buch *I saw Hitler* (1932), dessen Autorin Dorothy Thompson sich gründlich geirrt haben sollte. Zu einem Bestseller wurde das trotz der fundamentalen Fehleinschätzung hochinformative Buch später, als die Hitlerregierung sie aus Deutschland auswies. Seit dieser Zeit war sie die Thompson, und sie setzte sich von nun an mit allen ihr zur Verfügung stehenden Mitteln für die Bekämpfung des Hitlerfaschismus ein. 1936 erschien zum ersten Mal ihre politische Kolumne »On the Record« (Zu Protokoll), die dreimal wöchentlich in 170 Zeitungen acht Millionen Leser/innen erreichte. Engagiert und stilsicher, informativ und persönlich zugleich kommentierte Dorothy T. die politische Entwicklung. »Kassandra spricht« – unter diesem Titel warnte sie vor dem drohenden Krieg und irrte sich nicht. Neben der journalistischen und publizistischen Arbeit unterstützte sie deutsche Emigranten und gehörte zu den Mitbegründerinnen des »Emergency Rescue Committee«, dessen Arbeit 2000 Menschen zu Visa verhalf und ihnen so das Leben rettete. Nach dem Krieg gründete sie 1945 die »Weltorganisation der Mütter aller Nationen«. Später rückte sie von ihren kritischen Positionen ab.

Thürmer-Rohr, Christina, deutsche Philosophin (Arnswalde/Polen 17. 11. 1936).
Sie fing als Diplom-Psychologin in Beratungszentren und in der Stadtplanung, als Pianistin in Frauenrockbands an. Heute ist Christina T.-R. Professorin an der Technischen Universität Berlin (Schwerpunkt: Feministische Forschung bei den Erziehungswissenschaf-

ten) und Autorin von philosophischen Essays, in denen sie sich u. a. mit der »Mittäterschaft« von Frauen am Patriarchat auseinandersetzt (*Vagabundinnen*, 1987; *Mittäterschaft und Entdeckungslust*, 1989) sowie mit dem »Zeitgeist« und der Egozentrik der weißen Mittelschicht-Frauenbewegung (*Verlorene Narrenfreiheit, Essays*, 1994).
Der Massentypus des ausgehenden 20. Jh.s, so Christina T.-R., »ist gekennzeichnet durch Abwendung vom Politischen und Desinteresse an der Geschichte, durch die wachsende Verzweiflung, die Gesellschaft weder zu verändern noch auch nur verstehen zu können, durch die Verarmung der Psyche und die einzig verbleibende Hoffnung auf die eigene, die psychische Selbstverbesserung. Das politische Ziel sozialer Gerechtigkeit und Freiheit und das Bewußtsein geschichtlicher Kontinuität sind dem Menschen abhanden gekommen, die Wahrnehmung kreist um den Zustand des Ichs, einziges Gut ist das individuelle Überleben.«

Thurm, Martha, deutsche Sportfunktionärin (Dippoldswalde 17. 11. 1865 – 6. 1. 1949 Krefeld).
Nach dem Besuch einer Höheren Töchterschule trat sie beruflich in die Fußstapfen ihres Vaters: Sie wurde Turnlehrerin. Seit 1906 leitete sie das Turn-, Spiel- und Jugendpflegewesen für Frauen in Krefeld und war damit die erste Frau in Deutschland, der eine derartige Position übertragen wurde. Für das Mädchen- und Frauenturnen setzte sie sich in Institutionen und Organisationen ein. Die »Deutsche Turnerschaft« (DT) war an der Wende vom 19. zum 20. Jh. die größte und wichtigste der mit Turnen, Spiel oder Sport befaßten Organisationen. Martha T. unternahm etwas Unerhörtes: Sie berief beim Deutschen Turnfest 1903 eine Versammlung ein, auf der sie die vollberechtigte Mitgliedschaft der Frauen in der DT forderte. Obwohl sie damit drohte, eine eigene Frauenturnorganisation ins Leben zu rufen, wurden ihre Forderungen abgelehnt. Immerhin trug ihr Engagement dazu bei, daß den Turnerinnen in der DT mehr Beachtung geschenkt wurde; die vollen Mitgliedsrechte erhielten sie erst nach dem ersten Weltkrieg. Von 1897 bis 1918 gab sie die »Deutsche Turnzeitung für Frauen« heraus und verfügte so über ein Diskussionsforum.

Tiburtius, Franziska, deutsche Ärztin (Gut Bigdamitz/Rügen 24. 1. 1843 – 5. 5. 1927 Berlin).
Mit 17 Jahren wurde sie zunächst Erzieherin, legte dann das Examen als Lehrerin ab. Ihr Bruder ermöglichte ihr das Medizinstudium von 1871 bis 1876 in Zürich (an deutschen Universitäten waren Frauen noch nicht zugelassen). Volontariat in einer Dresdner Frauenklinik. 1876 Eröffnung einer privaten Praxis mit Dr. Emilie Lehmus in einem Berliner Arbeiterviertel, in der gegen einen kleinen Unkostenbeitrag behandelt wurde. Im Verlauf der Jahre entwickelte sich daraus die »Klinik weiblicher Ärzte«, eine Poliklinik, die nun auch von wohlhabenden Kreisen frequentiert wurde.

Tiburtius, Henriette, erste deutsche Zahnärztin (Westerland/Sylt 1834 – 24. 8. 1911 Berlin).
Latein lernen durfte sie nicht, die Eltern sahen für sie eine Zukunft als Ehefrau und Mutter vor. Mit 19 zur Heirat gezwungen, die Ehe scheiterte. Sie studierte in den USA, kehrte 1869 nach Berlin zurück, eröffnete eine Praxis, heiratete Dr. med. Tiburtius. Ab 1887

arbeitete sie mit dessen Schwester →Franziska T. in der Poliklinik für Frauen zusammen. Die Förderin der Frauenbewegung war Mitbegründerin des »Vereins zur Hebung der Sittlichkeit« und des »Vereins zur Erziehung schulentlassener Mädchen für die Hauswirtschaft«. Die Mutter von zwei Kindern war der Auffassung: »Kinder brauchen eine selbständig denkende und handelnde Mutter.«

Tinné, Alexandrine, niederländische Afrikaforscherin und Fotografin (Den Haag 17. 10. 1839 – 1. 8. 1869 nahe Murzuq/Libyen).
Die Niederländerin gilt als erste Fotoreporterin. Ihre frühen Aufnahmen, Den Haager Straßenansichten (um 1860), standen in krassem Gegensatz zu den Bildern der damals führenden und meist aus der Oberschicht stammenden englischen Fotografinnen. Schon als Kind reiste Alexandrine T. mit ihrer Mutter durch Europa, organisierte früh die Reisen und verfolgte nach einer geplatzten Verlobung (1855) nur ein Ziel: die Erforschung der Nilquellen. 1861 richtete sie ihre erste Expedition aus, reiste durch die Wüste und Sümpfe zusammen mit ihrer Mutter. Der abgebrochenen Expedition folgte eine zweite zum Gazellenfluß. Tochter und Mutter sammelten und preßten Pflanzen, die Tochter fotografierte. Als die Mutter an einem Fieber erkrankte und starb, brach Alexandrine T. das Unternehmen ab. Voller Schuldgefühle kreuzte sie mit dem Schiff im Mittelmeer und organisierte 1869 ihre letzte Expedition. Als erste Europäerin gelangte sie in die Sahara zu den Tuaregs. Als sie eine Auseinandersetzung zwischen Kameltreibern zu schlichten versuchte, wurde sie von einer Lanze tödlich getroffen.

Triolet, Elsa, geb. Kagan, französische Schriftstellerin russischer Herkunft (Moskau 25. 9. 1896 – 16. 6. 1970 St. Arnoult-en-Yvelines).
Der Vater war Rechtsanwalt, die Mutter Pianistin. Freundschaft mit dem Dichter Majakowski, der ihre Schwester →Lilja Brik liebte und verehrte. Architekturstudium. Von Maxim Gorki wurde sie zum Schreiben ermutigt. Heirat mit dem Dichter Louis Aragon, Reisen in die UdSSR. Zusammen mit Aragon engagierte sie sich in der Résistance und in der kommunistischen Bewegung, nach Kriegsende im Schriftstellerverband und in der Friedensbewegung. Für ihre Novelle *Das Ende hat seinen Preis* erhielt sie den Prix Goncourt, die höchste französische Auszeichnung auf dem Gebiet der Literatur. Ihre Novelle *Die Liebenden von Avignon* (1943) gehört zu den besten literarischen Werken der französischen Résistance. »Es ist nicht die Résistance, die die Unterdrückung geschaffen hat, es ist die Unterdrückung, die die Résistance erzeugt hat.« Weitere Werke: *Das rote Pferd* (1953), eine Warnung vor der Gefahr eines Atomkrieges, *Das weiße Pferd* (1943), *Das große Nimmermehr* (1965).

Tristan, Flora, französische Feministin und Frühsozialistin (Paris 7. 4. 1803 – 14. 11. 1844 Bordeaux).
Da ihr Vater, ein reicher Peruaner, und ihre Mutter, eine nach Spanien emigrierte Französin, nicht verheiratet waren, verlor Flora T. alle Rechte an der väterlichen Erbschaft. Mit 17 Jahren Heirat mit ihrem Arbeitgeber, dem Besitzer der Steindruckerei Chazal, von dem sie drei Kinder hatte. Der gewalttätige Chazal verlangte, daß sie sich als Prostituierte verkaufte, um die Familie zu ernähren. Als Flora T. sich von ihm zu lösen versuchte, verfolgte er sie und

schoß auf sie, entführte und belästigte seine Tochter sexuell (er wurde verurteilt). Reise nach Peru (*Fahrten einer Paria*, 1834, dt. 1983-1987; *Meine Reise nach Peru*, dt. 1983; *Von der Notwendigkeit, ausländischen Frauen einen guten Empfang zu bereiten*, 1835). Sie arbeitete als Kindermädchen und Gesellschaftsdame, als Journalistin und Übersetzerin. Aufenthalt in London (*Spaziergänge durch London*, 1840; *Im Dikkicht von London oder Die Aristokratie und die Proletarier*, dt. 1993). Sie entwickelte sich von einer Paria zu einer politischen Propagandistin. Die Autodidaktin trat für eine eigenständige Organisation aller Arbeiter und Arbeiterinnen aus allen Nationen ein, einer Arbeiterinternationale (*Arbeiterunion, Sozialismus und Feminismus im 19. Jahrhundert*, 1843, dt. 1988). Die Frühsozialistin begründete die theoretische Vereinigung von Feminismus und revolutionärem Sozialismus. Die Grundlage für die Emanzipation der Arbeiter war für sie die Gleichheit. Für Frauen forderte sie das Recht auf gleiche Erziehung, auf freie Wahl des Mannes und auf Scheidung. Ihr Programm stieß auf allgemeine Ablehnung: »Alle sind gegen mich«, schrieb sie, »die Männer, weil ich die Emanzipation der Frauen fordere, die Eigentümer, weil ich die Emanzipation der Lohnabhängigen fordere!« Ihr Enkel, der Maler P. Gauguin, setzte 1923 die Misogynie fort: »Wahrscheinlich konnte sie (Flora T.) nicht kochen. Ein sozialistischer und anarchistischer Blaustrumpf.«

Lit.: Gerhard Leo, Flora Tristan. Aufruhr einer Paria. Das abenteuerliche Leben der Flora Tristan, Berlin 1990.

Tromel, Marie, genannt La Marion du Faouët, bretonische Brigandin (Faouët 6. 5. 1717 – 2. 8. 1755 Quimper).

Sie wuchs in einer armen Familie in einem bretonischen Dorf auf, schwor sich frühzeitig, aus dem Elend und aus der traditionellen Frauenrolle herauszukommen. Zusammen mit ihrem Geliebten Henry Pezron beraubte die rothaarige Abenteuerin die Reichen und die Kirchen, um den Armen zu helfen. Ihre Bande, die sie 15 Jahre lang führte, soll 400 Männer umfaßt haben. Henry Pezron, der Vater ihrer Kinder, versuchte sie nach der Verhaftung vor der Folter zu retten und starb selbst an deren Folgen. Marie T., der weibliche Robin Hood, wurde ebenfalls gefoltert und in Quimper erhängt.

Trotta, Margarete von, deutsche Filmregisseurin (Berlin 21. 2. 1942).

Ihre adlige Mutter war nicht verheiratet, als sie zur Welt kam, und Margarete v. T. ist »immer ermuntert worden, selbst etwas zu machen und mich nicht anzupassen, auch in der Liebe nicht«. Studium der Germanistik und Romanistik in München und Schauspielunterricht. Margarete v. T. arbeitete als Schauspielerin (mit R. W. Fassbinder, C. Chabrol und K. Zanussi) und Drehbuchautorin, heiratete in zweiter Ehe den Regisseur Volker Schlöndorff, von dem sie nach 20 Jahren geschieden wurde. 1977 realisierte sie den ersten ihrer politischen Frauenfilme *Das zweite Erwachen der Christa Klages.* Zehn Jahre später setzte sie sich mit dem Film über die Ensslin-Schwestern *Die bleierne Zeit* auch international durch. 1985 entstand mit Barbara Sukowa der Film über die Revolutionärin →*Rosa Luxemburg*, der ihr große Anerkennung einbrachte. Margarete v. T. lebte einige Jahre in Italien, wo sie *Zeit des Zorns* drehte, ein Film über Mafia-Morde und den beginnenden Widerstand von Frauen. 1995 eröffnete ihr umstrittener Film *Das Versprechen* die Berlinale, die Geschichte zweier Liebender aus beiden Teilen Deutschlands. »Ich hab' es gerne, wenn Leute in meinen Filmen weinen«, sagte sie einmal, »nicht weil ein Film so schön kitschig ist, sondern weil irgend etwas in der Tiefe angerührt wird, eine echte Emotion.«

Tubman, Harriet, US-amerikanische Politikerin (Dorchester County/Md. ca. 1820/1821 – 10. 3. 1913 Auburn/ N.Y.).
Schwarze, Sklavin, Analphabetin, vom Besitzer zur Heirat gezwungen – alles deutete darauf hin, daß Harriet T., Tochter von Sklaven, ihr Leben in Leibeigenschaft und Rechtlosigkeit verbringen würde. Dann kam das Jahr 1849 und die Flucht aus der Sklaverei. »Entlaufenen« Sklavinnen drohte grausamste Mißhandlung und Folter, aber Harriet T. ließ sich nicht fangen. Sie hatte zwar nie lesen und schreiben gelernt, aber bei der Feldarbeit hatte der Vater ihr gezeigt, wie man sich in der Wildnis orientiert, sich lautlos fortbewegt und sich von Wurzeln und Früchten ernährt: Sklavenwissen, das sie zur eigenen Befreiung nutzte. Unmittelbar nach der Flucht schloß sie sich der »Underground Railroad« an. Das weitverzweigte Untergrundsystem ermöglichte Tausenden von Sklavinnen und Sklaven die Flucht in den Norden der Vereinigten Staaten und nach Kanada. Harriet T. allein führte mehr als dreihundert in die Freiheit, darunter 1857 auch die eigenen Eltern. Insgesamt neunzehnmal kehrte sie in die Staaten der Sklaverei zurück, um neue »Passagiere« aufzunehmen. Nie verlor sie auch nur einen einzigen. Von ihren Freunden erhielt sie den Beinamen »the Moses of her People«; ihre Gegner setzten 40 000 Dollar für ihre Ergreifung aus. Aus der »kostenlosen« Arbeitskraft und »wertlosen« Sklavin war die berühmteste schwarze Abolitionistin geworden.
Als 1861 der amerikanische Bürgerkrieg begann, trat Harriet T. in die Armee der Nordstaaten ein. Für die Union arbeitete sie als Kundschafterin, Köchin, Spionin und Krankenschwester. Als erste amerikanische Frau befehligte sie sowohl schwarze als auch weiße Truppeneinheiten. Als Sarah Bradford 1869 Harriet T.s Lebensgeschichte veröffentlichte und ihr den Erlös zur Verfügung stellte, kaufte sie mit dem Geld ein Haus für Kinder und mittellose Schwarze. Im Jahre 1895 gehörte sie zu den Mitbegründerinnen der »National Federation of Afro-American Women«. Harriet T. war eine außergewöhnliche Frau. »Aber aus anderem Blickwinkel«, schreibt →Angela Davis in *Rassismus und Sexismus*, »war ihr Handeln nur ein Ausdruck für jene Stärke und Ausdauer, die so viele Frauen ihrer Rasse erworben hatten.«

U

Undset, Sigrid, norwegische Schriftstellerin (Kalundborg/Dänemark 20. 5. 1882 – 10. 6. 1949 Lillehammer).
Von ihrem Vater, einem Archäologen, früh in die Geschichte ihres Heimatlandes eingeführt, schrieb sie Romane über das norwegische Mittelalter und über das Leben von Frauen. 1911 wurde sie bekannt mit dem Roman *Jenny*. Er ver-

ursachte wie schon *Frau Martha Chilie* einen Skandal, weil er nach damaligen Moralvorstellungen stark an Inzucht heranreichte. 1912 Heirat mit dem Maler Svarestadt, vier Kinder. Für ihre Trilogie *Kristin Lavranstochter* (1920-1922) und »vor allem für ihre kraftvollen Schilderungen des nordischen Lebens im Mittelalter« erhielt sie 1928 den Nobelpreis für Literatur; das Geld überließ sie wohltätigen Verbänden. Weitere (religiöse) Romane: *Gymnadenia, Der brennende Busch, Angela Merici.*

1940 flüchtete sie vor den deutschen Besatzern über Schweden, Rußland und Japan in die USA, im Buch *Wieder in die Zukunft* schilderte sie ihre Erlebnisse. 1945 kehrte sie nach Norwegen zurück.

V

Valadon, Marie-Clémentine, genannt Suzanne, französische Malerin (Bessines-sur-Gartempe 23. 9. 1865 – 19. 4. 1938 Paris).

Sie wird meist über »ihre« Männer definiert, über ihre Geliebten, darunter der Maler Toulouse-Lautrec und der Komponist Eric Satie oder über ihren Sohn, den Maler Maurice Utrillo. In den Medien wird sie oft als »Suzanne, die Verrückte«, die »Rabenmutter« oder als die »schreckliche Maria« bezeichnet. Dabei war sie eine hochbegabte Malerin und Radiererin, eine vielseitige Künstlerin, die Porträts, Akte und Stilleben malte. Als nichteheliches Kind wurde Suzanne V. in der Haute-Vienne geboren. Ihre Mutter war Wäscherin in einem bürgerlichen Haus, der Vater ein wohlhabender Ingenieur. Mit fünf Jahren zog sie mit der Mutter, die sie religiös erzog, nach Paris. Mit 15 Jahren entdeckte sie die Butte Montmartre, die »Bohème«, das Künstlermilieu. Fasziniert vom Zirkus, versuchte sie sich als Artistin am Trapez. Mit 18 Jahren wurde sie Mutter. Sie stand Modell für Renoir, Puvis de Chavannes und Toulouse-Lautrec, der ihr Zeichentalent entdeckte. Degas ermutigte die Schülerin und gab ihr Ratschläge. Auch ihr Sohn Maurice, der unter Depressionen und Alkoholsucht litt und bis zu seinem 52. Lebensjahr bei der Mutter lebte, entdeckte früh die Malerei.

1894 war sie erstmals im »Pariser Salon« vertreten. Von 1909 an gehörte sie zur Avantgarde der französischen Malerei, und ab 1912 stellte sie regelmäßig im »Salon des Indépendants« aus. Die Künstlerin nahm für sich die Freiheit, zu malen, zu lieben und zu leben, in einer Zeit in Anspruch, in der das Künstlerleben den Männern vorbehalten war.

Lit.: Johanna Brado, Suzanne Valadon, 1994.

Varda, Agnes, französische Filmregisseurin (Brüssel 30. 5. 1928).

Nach dem Studium der Literatur und der Psychologie an der Pariser Sorbonne und der Kunstgeschichte an der École du Louvre wurde sie Museumskonservatorin und Fotografin. Arbeit im Schauspielhaus »Théâtre national populaire« mit Jean Vilar in Paris. Danach widmete sie sich dem Film. Bekannt wurde sie durch Filme wie *Cléo von 5 bis 7* (1962), *Le Bonheur* (1965), *Jane B.*, ein Porträt ihrer Freundin, der englisch-französischen Schauspielerin und Freundin Jane Birkin (1988), *Jacquot de Nantes* (1992) über ihren ver-

Agnes Varda

storbenen Mann, den Filmregisseur Jacques Démy, und *Vogelfrei* (1994). »Ich bin eine Regisseurin. Ich bin Feministin. Ich bin eine Frau. Ich bin Französin. Ich bin brünett. Ich bin klein. Man kann diese Liste endlos fortsetzen. Meine Filme handeln von so vielen Dingen, ich würde mich da nicht beschränken.«

Varnhagen von Ense, Rahel Levin, deutsche Philosophin und Salonière (Berlin 19. 5. 1771 – 7. 3. 1833).
Die wohl bekannteste Berliner Jüdin des 19. Jh.s kam aus einer wohlhabenden Kaufmannsfamilie. Deutsch, Französisch, Hebräisch, Englisch und Italienisch brachte sie sich selbst bei, und sie erhielt Klavier- und Kompositionsunterricht. Auf Anregung des Jugendfreundes D. Veit las sie u. a. Lessing, Schiller, Rousseau, Shakespeare, Fichte sowie Goethe und hörte A. W. Schlegels Vorlesungen. Sie begann mit ihrem Salon (der erste einer unverheirateten Frau), der von 1790 bis 1806 in ihrem Elternhaus stattfand. Ihre Gäste waren die Gebrüder Humboldt, F. Schleiermacher, J. Paul und C. v. Brentano, der preußische Prinz Louis Ferdinand, seine und ihre Freundin Pauline Wiesel. Beziehungen zu Karl Graf von Finkenstein und zu Rafael de Urquijo. 1808 lernte sie den 14 Jahre jüngeren Karl August Varnhagen von Ense kennen. Heirat 1814, kurz vorher Übertritt zum evangelischen Glauben. Einige Jahre lebten sie in Wien, Frankfurt/M. und Karlsruhe, 1819 kehrten sie nach Berlin zurück. Hier führte Rahel V. ihren zweiten Salon, ein Treffpunkt von Künstler/innen, Wissenschaftlern, Politikern, Musiker/innen und Schriftsteller/innen, unter ihnen →Bettina von Arnim, G. W. F. Hegel, F. Grillparzer, der von Varnhagens geförderte H. Heine sowie F. Mendelssohn-Bartholdy und →Fanny Hensel. Rahel V.s Ideale waren die freie Liebe und die Gleichberechtigung von Frau und Mann. Ihre Auffassungen fanden vor allem in der Zusammenführung und Förderung hervorragender Zeitgenoss/innen ihren Ausdruck als auch in einer umfangreichen Korrespondenz, die sie seit 1812 in Auszügen anonym in Zeitschriften veröffentlichte. Kurz nach ihrem Tod wurde eine Briefsammlung, das *Buch des Andenkens*, veröffentlicht. Ihr Nachlaß, mehrere tausend Briefe und Tagebücher, wurden erst 1977 in Krakau wiederaufgefunden.
Lit.: Hannah Arendt, Rahel Varnhagen. Lebensgeschichte einer deutschen Jüdin aus der Romantik, München 1981; Caro-

la Stern, Der Text meines Herzens. Das Leben der Rahel Varnhagen, Reinbek 1994.

Viebig, Clara, deutsche Schriftstellerin (Trier 17. 7. 1860 – 31. 7. 1952 Berlin).
Die Autorin vieler sozialkritischer und Frauenschicksale darstellender Romane wuchs in Düsseldorf auf, ab 1883 lebte sie in Berlin. 1900 erschien ihr Roman *Das Weiberdorf*. In der Eifel gab es damals ein Dorf, aus dem alle Männer aus der Not heraus abgewandert waren und in dem Frauen sämtliche Landwirtschafts- und Hausarbeit alleine bewältigten. Weitere Werke: *Unter dem Freiheitsbaum* (1922), *Die Vielgeliebte und die Vielgehaßte* (1935), *Ausgewählte Werke*, 8 Bde. (1922). Clara V. war aktiv in der Frauen- und Friedensbewegung, so war sie mit →Frida Perlen, →Helene Stöcker und →Clara Zetkin im Frauenkomitee zur Vorbereitung des »Internationalen Antikriegskongresses« 1932 in Amsterdam.

Vigée-Lebrun, Elisabeth-Louise, französische Malerin (Paris 16. 4. 1755 – 30. 3. 1842).
Sie wuchs in einer Künstlerfamilie auf – der Vater war ein bekannter Maler – und begann selbst früh zu malen, vor allem Porträts. Mit 20 Jahren bekam sie erste Aufträge. Sie malte mehrere Bilder von der Königin Marie-Antoinette. Im Schloß von Coppet am Genfer See malte sie die Schriftstellerin →Germaine de Staël. 1783 wurde sie in die Königliche Akademie der bildenden Kunst als Mitglied aufgenommen. Zu Beginn der Französischen Revolution emigrierte sie zunächst nach Italien, dann nach Österreich und Rußland. 1802 kehrte sie nach Paris zurück.

Vinson, Maribel, verheiratete Owen, US-amerikanische Eisläuferin (12. 10. 1911 – 15. 2. 1961).
Insgesamt neunmal konnte sie den US-Titel im Einzel- und viermal im Paarlaufen zusammen mit George Hill erringen. Nach ihrer dritten Olympiateilnahme 1937 wurde sie Berufsläuferin in einer eigenen Eis-Show. Sie trainierte zahlreiche Eisläufer, verfaßte zwei Bücher über Eiskunstlauf, und sie war die erste Frau, die für die Sportspalte der »New York Times« über diese Sportart berichtete. Ihre beiden Töchter wurden ebenfalls erfolgreiche Eisläuferinnen. Maribel V. starb mit ihnen und der gesamten amerikanischen Mannschaft bei einem Flugzeugabsturz auf dem Weg zur Weltmeisterschaft nach Prag.

W

Walch-Künkelin, Anna Barbara, deutsche Bürgermeisterin (Leutkirch 10. 3. 1651 – 20. 11. 1741 Schorndorf).
Die Apothekerstochter kam nach Schorndorf, um dem Bruder ihres Vaters und seiner Frau den Haushalt zu führen. Sie heiratete 1679 den Metzger, Gastwirt und Bürgermeister H. Walch, der acht Kinder in die Ehe mitbrachte. In den Auseinandersetzungen des sog. Pfälzischen Erbfolgekrieges beschlossen die Schorndorfer Ratsherren im Dezember 1688, ihre Stadt dem heranrükkenden französischen Heer zu übergeben. Die Frauen, unter ihnen die Bürgermeisterin, nahmen in die eigenen Hände, was »den Männern verboten gewesen, wider Franckreich sich zu

wehren«. Wie der zeitgenössische Chronist D. Speer berichtete, »haben die Weiber selbst Courage gefast«, die Stuttgarter Kommissionäre »mit allerhand Kuchel und Stall-Gewehr als: Ofen-, Heu- und Mistgabeln, Sicheln, Mist-Hacken« festgesetzt, »und weil dieser endlichen sein Refugium auffs Rathhaus genommen, haben dieses Amazones unter sich auch gewisse Compagnien und Ober-Officirer gemacht, mit 40 Persohnen allezeit einander abgelößt, Wacht-Feuer auff öffentlichen Marckt, weil es im Dezember war, gemacht«. Zwei Tage und drei Nächte bewachten sie die Stadt. Ihr Beispiel machte Schule, wenige Tage später »ereignete sich ein anderer Casus« von »Weiber-Courage« in Göppingen. Daß Schorndorf sich schließlich als einzige württembergische Festung halten konnte, ist den »Weibern von Schorndorf« zu verdanken. 1689 starb Walch, Barbara heiratete seinen Nachfolger J. G. Künkelin. Sie bekam einen Sohn, der nach wenigen Monaten starb. In ihrem Testament verfügte sie zwei Stipendien für Theologiestudenten, deren bekanntester Nutznießer der spätere Philosoph Schlegel werden sollte.
Lit.: Frauenprotest 1688. Die Schorndorfer und Göppinger Weiber, mit einem Beitrag von Annette Kuhn, Schorndorf 1988; U. J. Wandel (Hg.), Die Weiber von Schorndorf in der Geschichte, im Bild, auf der Bühne, Schorndorf 1993.

Waldoff, Claire, eigentlich Klara Wortmann, deutsche Kabarettistin und Volkssängerin (Gelsenkirchen 21. 10. 1884 – 22. 1. 1957 Bad Reichenhall).
Ihr Vater war Grubenarbeiter, später Schankwirt und Kleinhändler. Die Eltern von zwölf Kindern schickten die begabte Tochter zur ersten Gymnasialschule für Mädchen nach Hannover.

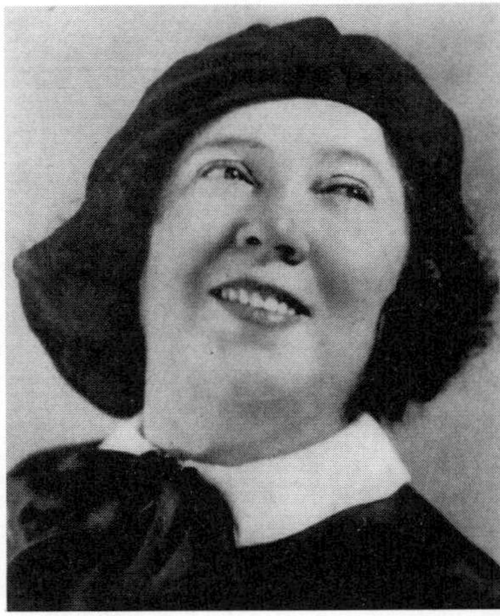
Claire Waldoff

Medizin wollte sie studieren, bis sie ihre Liebe zum Theater entdeckte. Kleinste Rollen und Gelegenheitsarbeiten in der Provinz und ab 1905 in Berlin. Ihre Kabarett-Programme, im »Chat Noir« oder im »Kabarett Unter den Linden« machten sie in Berlin bekannt und beliebt. Es folgten Auslandstourneen, Zensur wegen »antimilitaristischer Tendenzen«, volle Häuser. »Berliner Liebe, Berliner Frauen, der Bräutijam, die Witwe; sozial gehobene Zillegestalten mit der unbekümmerten, unbeschwerten, problemfreien geschlechtlichen Triebkraft. Eine Erotik ohne Umwege: infolgedessen unanstößig.« (Joseph Roth). Ihre Darstellung des Großstadt-«Mülljöh« und des Witzes der »kleinen Leute« mit der rauhen, variationsreichen Stimme machten sie einzigartig. Ideen holte sie sich, indem sie den Berlinern einfach zuhörte. Befreundet war sie mit Zille, Ringelnatz und Tucholsky, der die »Berolina« sehr schätzte. Kokoschka zeichnete sie. Zeilen ihrer Lieder sind in den Berliner Sprachge-

brauch eingegangen, wie z. B. »Ach Jott, wat sind die Männer dumm«. Claire W. hatte einen eigenen Stil und ein großes Repertoire an Chansons, Couplets und Schlagern, Volksliedern und Berliner Gassenhauern. Große Erfolge hatte sie auch mit Revuen und Operetten, Schallplatten- und Rundfunkaufnahmen und vielen Benefizveranstaltungen für die Armen.
In der NS-Zeit bekam ihr populäres Lied »Hermann heeßt er!«, ergänzt vom Volksmund durch einen Bezug auf Göring, brisante Aktualität. Aufkündigung von Verträgen, Sperrung ihrer Lieder für den Rundfunk, vor allem, weil sie mit einer Frau zusammenlebte. 1939 kaufte sie sich ein Haus in Bayern, in dem sie mit ihrer Lebensgefährtin Olly von Roeder lebte. Vier Jahre vor ihrem Tod erschien ihre Autobiographie *Weeste noch ...!*
Lit.: Helga Bemman, Claire Waldoff »Wer schmeißt denn da mit Lehm?« Der unvergessene Spatz von Berlin, Frankfurt/M./Berlin 1994.

Walker, Alice, US-afro-amerikanische Schriftstellerin (Eaton/Georgia 9. 2. 1944).
Als achtes Kind einer Kleinpächterfamilie bekam sie Stipendien für ihr literarisches Schaffen. Sie wurde Professorin für amerikanische Literatur, seit 1968 ist sie Dozentin für Black Studies und engagiert sich in der Bürgerrechts- und Frauenbewegung. Für ihr Buch *Die Farbe Lila* (1983) bekam sie den Pulitzer-Preis. Es folgten mehrere Romane und Gedichte, die Gewalt und Liebe thematisieren: *Rose Lily, 13 Liebesgeschichten* (1986), *Ihr Blauer Körper – Gedichte* (1993), *Sie hüten das Geheimnis des Glücks* (1993). Sie nennt sich selbst »womanist«: »Womanist ist im Vergleich zur Feministin das, was Lila zum Lavendelblau ist.«

Wander, Maxie, österreichische Autorin (Wien 3. 1. 1933 – 22. 11. 1977 Berlin).

Maxie Wander

1958 siedelte sie mit ihrem jüdischen Mann Fred Wander, einem Schriftsteller und Widerstandskämpfer, der das KZ überlebt hatte, in die DDR über. Sie arbeitete als Sekretärin, Fotografin, Drehbuchautorin und veröffentlichte Kurzgeschichten. Sie war keine der bedeutenden Literatinnen der DDR, doch sie hat uns ein Buch hinterlassen, das bei seinem Erscheinen Aufsehen erregt und Frauengeschichte geschrieben hat: Protokolle von Frauen aus der DDR mit dem zärtlichen Titel *Guten Morgen, du Schöne* (1978). Hier wird deutlich, daß im real gescheiterten Sozialismus

selbstbewußte Frauengenerationen heranwuchsen, und ebenso, daß auch sie mit den Problemen der Emanzipation zu kämpfen hatten – wie Frauen überall in der Welt. Über die Verfasserin sagt ein Satz aus ihrem Vorwort wohl Bezeichnendes aus: »Vielleicht ist dieses Buch nur zustande gekommen, weil ich zuhören wollte.«
Maxie W. ist an Krebs gestorben. Die Beschreibung ihrer Krankheit haben wir in einem ergreifenden Buch: *Leben wär' eine prima Alternative* (1979) vorliegen, das nach ihrem Tod von ihrem Mann herausgegeben wurde. Ihr Talent war, so Christa Wolf, »rückhaltlos freundschaftliche Beziehungen zwischen Menschen herzustellen; ihre Begabung, andere erleben zu lassen, daß sie nicht dazu verurteilt sind, lebenslänglich stumm zu bleiben.«
Lit.: Maxie Wander, Ein Leben ist nicht genug. Tagebuchaufzeichnungen und Briefe, München 1996.

Weigel, Helene, österreichische Schauspielerin und Theaterleiterin (Wien 12. 6. 1900 – 6. 5. 1971 Berlin/Ost).
Gegen den Willen ihrer Eltern wurde sie Schauspielerin. Sie war »eines der größten dramatischen Genies«, so der Direktor der Wiener Volksbühne. Engagements in Frankfurt/M. und Berlin, den Durchbruch brachte 1925 die Rolle der *Klara* in dem Stück *Maria Magdalene* von F. Hebbel. Weltruhm errang sie als *Mutter Courage* im gleichnamigen Stück ihres Mannes Bertolt Brecht. In den dreißiger Jahren folgten politisches Theater und die Zusammenarbeit mit Kommunist/innen. 1933 ging sie mit Brecht ins Exil, zunächst nach Prag, Wien, dann in die Schweiz, nach Schweden und schließlich 1941 in die USA, wo sie aufgrund der Sprachprobleme nur selten im Theater oder beim Film arbeiten konnte. Beide kehrten 1948 nach Ost-Berlin zurück, wo sie mit dem »Berliner Ensemble« das »epische Theater« mit seinem gesellschaftsverändernden Anspruch weiterentwickelten. Helene W. war Gründungsmitglied der Deutschen Akademie der Künste, Intendantin des »Berliner Ensembles«. Nach Brechts Tod 1956 sah sie ihre Aufgabe vor allem darin, sein Werk zu bewahren und fortzuführen.
Lit.: Vera Tenschert, Die Weigel, Berlin/Ost 1981.

Weil, Adolphine Simone, französische Schriftstellerin und Philosophin (Paris 3. 2. 1909 – 24. 8. 1943 Ashford/Kent).

Simone Weil

Die Tochter einer nichtorthodoxen jüdischen Familie studierte in Paris Philosophie, u. a. bei dem Moralisten Emile Chartier, der sie zum Schreiben anregte und erste Schriften von ihr veröffentlichte. Sie befaßte sich mit dem Marxismus, galt bei den Studierenden als nonkonformistisch und extrem. »Sie interessierte mich wegen des großen Rufes der Gescheitheit, den sie genoß, und wegen ihrer bizarren Aufmachung.« (→Simone de Beauvoir). Die »rote Jungfrau« wurde nach dem Examen eine »rote Lehrerin« in der Provinz. Ihr Unterricht war unorthodox, ließ sie doch Themen von allen Seiten beleuchten, sie hielt nichts vom Auswendiglernen und von Prüfungen, verlangte die Verlängerung der Schulpflicht und engagierte sich in der Arbeiterbildung. Simone W. setzte sich kritisch mit dem Stalinismus in der Sowjetunion, mit der Politik der SPD und KPD gegen den Faschismus und mit Entwicklungsprognosen der marxistischen Theorie auseinander. Seit ihrer Kindheit krank, versuchte sie dennoch, von dem zu leben, was arbeitslose Arbeiter bekamen, und sie ging in die Fabrik (*Fabriktagebuch* und *Leben und Streik der Metallarbeiterinnen*). Trotz ihres immer schlechteren Gesundheitszustandes, ging sie nach Spanien in den Bürgerkrieg. Dort ließ man sie lediglich in einer Küche arbeiten, sie verletzte sich schwer, wurde von den Eltern nach Hause geholt. Erste mystische Erlebnisse. Berufsverbot. 1942 Ausreise nach Amerika. Kurz danach Rückkehr nach England und Arbeit für die »Bewegung Freies Frankreich«. Wieder hungerte sie, weil sie nicht mehr verbrauchen wollte als die Menschen im besetzten Frankreich, und schrieb die Untersuchung *Die Einwurzelung*, die nicht frei ist von Antisemitismus. Sie starb an einer Schwäche des Herzmuskels, hervorgerufen durch Hunger und Schwindsucht.

Eine »Heilige« ist sie für manche, für de Gaulle war sie eine »Verrückte«. Simone W. war »eine Frau, die selbständig denkt und handelt. Eine Frau mit Passion. Eine Frau in Rebellion. Jemand, der fragt: ›Ich möchte wissen, ob es in Amerika Nachtigallen gibt?‹« (Frederik Hetmann).

Lit.: Simone Weil, Aufmerksamkeit für das Alltägliche, Ausgew. Schriften zu Fragen der Zeit, München 1987; Heinz Abosch, Simone Weil zur Einführung, Hamburg 1990.

Weiss, Louise, französische Schriftstellerin, Feministin (Arras 25. 1. 1893 – 26. 5. 1983 Paris).

Sie kam aus einer elsässischen, protestantischen, reichen Familie – der Vater war Bergwerksdirektor – und genoß eine gute Ausbildung. Studium der Literatur u. a. in Oxford. Als Journalistin und Archäologin bereiste sie viele Länder der Welt, dreißig Jahre lang war sie auf Vagabondage, sammelte Filme und Dokumente für ihre Vorträge und Bücher. Im ersten Weltkrieg arbeitete sie als Krankenschwester und gründete ein Krankenhaus in Nordfrankreich. Von 1918 bis 1934 leitete sie die Zeitschrift für ausländische Politik »L'Europe nouvelle«. Früh engagierte sie sich für Frauenemanzipation und für die politische Gleichberechtigung. Sie war von 1934 bis 1939 Präsidentin der »Vereinigung für die Neuere Frau« und erregte durch spektakuläre Aktionen Aufsehen. Während des zweiten Weltkrieges engagierte sich Louise W. in der Résistance und war Chefredakteurin der Untergrund-Zeitung »Nouvelle République«. Nach dem Krieg wurde sie Offizier der Ehrenlegion und Alterspräsidentin der Europäischen Versammlung. Ihre *Memoiren einer Europäerin* erschienen 1977.

Werner, Ruth, deutsche Autorin (Berlin 13. 5. 1907)
Ihr Vater war der Wirtschaftswissenschaftler R. R. Kuczynski, der einer der Initiatoren des Volksentscheids gegen die Fürstenabfindung 1926 gewesen war. Ihr Bruder Jürgen K. wurde ein international anerkannter Wirtschaftswissenschaftler der DDR. Sie absolvierte eine Buchhändlerlehre, trat dem »Kommunistischen Jugendverband« bei und später der KPD. Arbeit beim Ullstein-Verlag, Entlassung wegen politischer Aktivitäten. Aufenthalt in den USA. 1929 Heirat mit einem Architekten, mit dem sie 1930 eine Reise nach China unternahm. 1931 Geburt des Sohnes Michael. Sie arbeitete für den Trans-Ozean-Kuomin-Telegrammdienst und freundete sich mit →Agnes Smedley an, deren Artikel sie für die »Frankfurter Zeitung« ins Deutsche übersetzte. Über sie kam sie in Kontakt mit Richard Sorge, Korrespondent derselben Zeitung und legendärer Kundschafter der Sowjetunion. Über Jahre arbeitete Ruth W., Deckname »Sonja«, für seine Spionageorganisation, veranstaltete illegale Treffen in ihrer Wohnung, bewahrte gefährliches Nachrichtenmaterial auf, gewährte verfolgten Kommunisten Unterschlupf. Aufenthalte in der Sowjetunion und Ausbildung als Spionin. Ab 1934 erneute Spionagetätigkeit in China und in der Mandschurei – sie hatte durchgesetzt, ihr Kind mitnehmen zu können – und danach in Polen. 1936 Geburt der Tochter Janina. Während des Krieges Spionin in der Schweiz, 1940 zweite Heirat mit einem englischen Kommunisten und Spanienkämpfer. Geburt des Sohnes Peter und Übersiedlung nach England. Nach dem Krieg Rückkehr nach Berlin. Ruth W. arbeitete als Journalistin und Autorin (u. a. *Olga Benario. Die Geschichte eines tapferen Lebens*). In *Sonjas Rapport*, ihrer Autobiographie, sprach die Kundschafterin 1977 zum ersten Mal über ihre Arbeit während der Zeit des Faschismus.

Wessel, Helene, deutsche Politikerin (Dortmund 6. 7. 1898 – 13. 10. 1969 Bonn).

Helene Wessel

Ihr Vater war Beamter der Reichsbahn, ihre Mutter kam aus einer Handwerkerfamilie. Volksschule, private Handelsschule, Sekretärin bei der Deutschen Zentrumspartei in Dortmund. 1925 Wahl in den Parteivorstand als jüngste von drei Frauen. Ausbildung als Fürsorgerin. 1928 bis 1933 Abgeordnete im Preußischen Landtag, Arbeitsgebiet Sozial- und Jugendfürsorge. Opposition zum »Ermächtigungsgesetz«. Wie →Elisabeth Selbert zählte sie zu den vier »Müttern des Grundgesetzes«; als Mitglied des Parlamentarischen Rates forderte sie, den Volksentscheid in das Grundgesetz aufzunehmen. 1949 bis 1952 Parteivorsitzende des Zentrums und Vorsitzende der Fraktion im Bundestag. 1953 gründete sie mit Gustav Heinemann im Kampf gegen die Wiederaufrüstung die Gesamtdeutsche Volkspartei, deren Präsidiumsmitglied

sie bis 1957 war. Danach war sie bis zu ihrem Tod für die SPD im Bundestag. Helene W. engagierte sich in der Bewegung »Kampf dem Atomtod« und unterstützte den Einsatz der Frauen gegen die Remilitarisierung. Zu dem Vorwurf, die Bewegung gegen die Wiederaufrüstung sei »kommunistisch ferngesteuert«, sagte sie: »Das ist doch wohl das Entscheidende, worin wir uns alle begegnen sollten: auch von der Politik andersdenkender Menschen immer anzunehmen, daß sie aus dem gemeinsamen deutschen Willen gestaltet wird.« Vielen ihrer Zeitgenoss/innen galt sie als »der einzige Mann im Deutschen Bundestag«.
Lit.: Elisabeth Friese, Helene Wessel (1898 – 1969). Von der Zentrumspartei zur Sozialdemokratie, Essen 1993.

Mae West

West, Mae, US-amerikanische Bühnen- und Filmschauspielerin (Brooklyn/N. Y. 17. 8. 1892 – 22. 11. 1980 Hollywood).
Maes humorvoll-direkte Art, ihre satirischen Attacken gegen die Doppelmoral der puritanischen Gesellschaft machten sie zeitweilig zur bestbezahlten Filmschauspielerin der Welt. Bodenständiger, greifbarer als Marlene Dietrich und Greta Garbo, wurde sie in ihrer Rolle als Vamp von Männern und Frauen verehrt. Im Unterschied zu anderen Filmgöttinnen schuf Mae sich ihr Image selbst, und sie besaß so viel Humor, daß sie sich dabei gleich wieder selbst »auf die Schippe« nahm.
Als Mae fast 40jährig nach Hollywood kam, hatte sie bereits eine große Broadway-Karriere hinter sich. Sie war es, die 1919 den »Shimmy« populär machte. Mit 30 Jahren begann sie, ihre Stücke selbst zu schreiben. Gleich das erste entfachte einen riesigen Skandal. »Sex«, das das Leben einer Prostituierten behandelt, brachte Mae für acht Tage hinter Gitter wegen »Verderbens der Moral Jugendlicher« und wurde ein Riesenerfolg. Das nächste Stück, das das Thema Homosexualität aufgriff, durfte erst gar nicht aufgeführt werden. In Hollywood trumpfte Mae mit ihrem enormen Selbstbewußtsein auf. Bald schrieb sie auch hier die Drehbücher selbst. Vor allem ihre Dialoge mit ihren Filmpartnern sind dank ihrer sprühenden Schlagfertigkeit bis heute Filmgeschichte. Mit ihrem dritten Film, *She done him wrong*, rettete sie Paramount 1933 vor dem Ruin. Danach hatte Mae künstlerisch freie Hand. Gleichzeitig formierte sich auch die Schar ihrer Gegner. Der Pressezar Randolph Hearst forderte gar den Kongreß auf, etwas gegen dieses »Monstrum an Schlüpfrigkeit«, gegen die »Bedrohung der heiligen Institution Ehe« zu unternehmen. Die Gesinnungswärter erkämpften schließlich die Einführung der Filmzensur. Maes Filme wurden verstümmelt, Paramount ließ sie fallen. Damit war

ihre Filmkarriere 1940 beendet, ihr Mythos jedoch hatte Bestand.
In ihrer Eigenständigkeit und bei der Durchsetzung eigener Vorstellungen war und ist Mae West noch immer eine Ausnahme in der Filmbranche. Die Filmgöttin setzte sich neben der Propagierung sexueller Freiheiten auch für mehr politische Aufrichtigkeit ein; so war sie eine der wenigen, die sich von schwarzen Listen und Spitzeleien in der McCarthy-Zeit nicht beeindrucken ließ.

West, Rebecca Dame, eigentlich Cicely Isabel Fairfield, englische Schriftstellerin (Glasgow 21. 12. 1892 – 15. 3. 1983 London).
Ihre Mutter war Pianistin, ihr Vater, ein anglo-irischer Journalist, starb, als Cicely Isabel F., genannt Cissie, 14 Jahre alt war. In Edinburgh, wo sie mit Mutter und Schwester lebte, engagierte sie sich in der Frauenstimmrechtsbewegung. Ab 1910 besuchte sie die Schauspielakademie in London und schrieb Rezensionen und Artikel – unter dem Pseudonym Rebecca W. (nach einer Figur von Ibsen). Liebesbeziehung mit dem über zwanzig Jahre älteren Schriftsteller H. G. Wells. Ein Sohn. Die alleinerziehende Mutter (»Ich hasse Häuslichkeit«) schrieb weiter. »Wir werden nicht zulassen, daß uns jemand die Luft zum Atmen nimmt. Und wir widersetzen uns allen Versuchen, uns am Gebrauch des eigenen Willens zu hindern.« Erster Erfolg mit *Henry James* (1916). 1922 erschien *The Judge*, gelobt von S. Maugham und →Virginia Woolf, Vortragsreisen in die USA, Aufenthalte in Frankreich. 1930 Heirat mit dem Bankier Henry M. Andrews. In den dreißiger Jahren arbeitete Rebecca W. sehr erfolgreich für amerikanische Zeitungen und schrieb Kurzgeschichten. Roman *The Thinking Reed* (1936), Thema: »die Wirkung von Reichtum auf den Menschen und die Wirkung von Männern auf Frauen – beides Formen der Sklaverei«. Reisebuch über Jugoslawien *Black Lamb and Grey Falcon* (1942). Berichterstatterin bei den Nürnberger Prozessen. Roman *The Meaning of Treason* (1947). Sie sei »Sozialistin von ihrer Geisteshaltung her und konservativ in ihrer Zellstruktur«, schrieb die »Times« über die »unbestrittene Nr. 1« der Schriftstellerinnen. Der autobiographische Roman *Der Brunnen fließt über* (1957, dt. 1958) war ihr populärstes Buch und ein großer finanzieller Erfolg. »Ich glaube an das christliche Bild des Menschen und an die Interpretation seiner politischen Bedürfnisse durch die Französische Revolution.« In den Sechzigern Roman *Die Zwielichtigen* (1966, dt. 1967). Berichte über die Apartheid in Südafrika und den Antisemitismus in Europa. Hohe Ehrungen. 1971 begann die scharfzüngige, eigenwillige Autorin mit *Elterliche Erinnerungen*, ihren Memoiren, die unvollendet bleiben sollten.
Lit.: Victoria Glendinning, Rebecca West. Ein Leben, Zürich 1992.

Westwood, Vivienne, englische Modeschöpferin (Derbyshire 8. 4. 1941).
Vivienne Isabel Swires Vater betrieb mit seiner Frau einen kleinen Kolonialwarenladen. Ihre Mutter brachte ihr das Nähen bei. »Sie nahm mich mit zu C&A und zeigte mir, was preiswert war und schön. Aber auch das, was nur preiswert war und nicht schön.« Mit 21 Jahren Heirat mit D. Westwood, ein Sohn. Von 1965 an lebte, lernte und arbeitete sie mit Malcom McLaren zusammen, der später mit seiner Gruppe »The Sex Pistols« weltberühmt wurde. Zusammen betrieben sie auf der legen-

dären Kings Road in Chelsea einen Laden, in dem sie u. a. den »Teds« das gewünschte Outfit schneiderten. Im Winter 1975 erfand sie den »Punkrock«, 1981 die »Piratenkollektion«. Viele Modelle von Vivienne W. sind Adaptionen von Moden und Schnittmustern aus dem 18. und 19. Jh. an die Gegenwart – mit Krinolinen, Plateauschuhen, Piratenhüten. »Hexen«, »Revolvermädchen«, »Maria Stuart wird enthauptet« – so lauteten die Themen ihrer Kollektionen. Die Autodidaktin, heute verheiratet mit einem 25 Jahre jüngeren Österreicher, gilt als eine der fünf besten Modeschöpfer/innen der Welt.

Wigman, Mary, eigentlich Karoline Sofie Marie Wiegmann, deutsche Tänzerin und Choreographin (Hannover 13. 11. 1886 – 18. 9. 1973 Berlin).
Aus einer Kaufmannsfamilie stammend, interessierte sie sich zunächst für Literatur, Gesang und Musik. Erst spät entdeckte sie den Tanz (Studium bei Laban). Sie debütierte 1919 in der Schweiz und gründete 1920 die Wigman-Schule in Dresden, in der u. a. →Gret Palucca ausgebildet wurde. Erste Furore machende Kreationen: *Hexentanz* und *Totentanz*. Sie führte die ersten Gruppentänze auf und offenbarte einen völlig neuen Tanzstil, den »Ausdruckstanz«, und suchte sogar im musiklosen Tanz besondere Ausdrucksmöglichkeiten (Tanzdrama). Gastspielreisen in die USA ab 1930. Sie geriet in Opposition zur Kulturpolitik des Naziregimes – 1936 weigerte sie sich, einen Huldigungstanz für Hitler zu choreographieren –, das 1941 ihre Aufführungen verbot. Nach dem Krieg eröffnete sie ein Studio in Berlin, das zum Zentrum des modernen Tanzes wurde. Unter ihren Erfolgen: *Opfer* (1932), *Catulli Carmina* und *Carmina Burana* von Orff.

Williams, Mary Lou, US-amerikanische Pianistin und Komponistin (Pittsburgh 8. 5. 1910 – 28. 5. 1981 Durham).
Eine der großartigsten Frauen am Klavier. Ob Blues, Boogie, Bebop, Cool Jazz oder Swing: »Sie hat die unerschütterlichste Art zu swingen«, hieß es von ihr. Viele ihrer Titel komponierte sie selbst und schrieb auch geistliche Kompositionen. Goodman und Ellington bestellten bei ihr Werke, und sie machte Tourneen durch Europa. Im Auftrag des Vatikans schrieb sie 1970 die *Mass of Peace* (Friedensmesse). Ehrendoktorwürden wurden ihr zuteil. Sie hat den Jazz über die Jazzszene hinaus »gesellschaftsfähig« gemacht. Zu ihren Werken gehören die 12teilige *Zodiak-Suite*, die Kantate *Black Priest of the Ands*, die Spirituals *Elijah and the Jumper Tree* und die Hymne *St. Martin De Porres*.

Woker, Gertrud Johanna, Schweizer Biochemikerin und Friedenskämpferin (Bern 16. 12. 1878 – 14. 9. 1968).
Was sie über ihre Erkenntnisse über und ihre Einblicke in die Labors der Rüstungsproduktion der zwanziger Jahre vortrug, muß wie Science-fiction gewirkt haben. Eindringlich warnte sie vor der Kombination verschiedener Kampfstoffe und zeigte den Zusammenhang mit der zunehmenden Bedeutung der hochentwickelten Flugtechnik auf. Sie sprach von der Perfektion des Tötens, unter der die Zivilbevölkerung künftig noch mehr zu leiden habe, und den zugleich geringer werdenden Schutzmöglichkeiten. Schon früh schloß sie sich der IFFF an, wo sie ihre politischen Einsichten umsetzen und verwirklichen konnte, im Kampf gegen den Krieg, für Entwicklung und

Gleichberechtigung der Frauen und Nationen. Sie wandte sich scharf gegen jegliche Demagogie von der »Humanisierung« der Kriegsführung, drängte hartnäckig auf das Verbot aller Chemie- und Giftgaswaffen. Als besonders wirksames Mittel des gewaltfreien Widerstands gegen Hitler empfahl die Professorin am Institut für physikalisch-chemische Biologie an der Universität Bern ein Wirtschafts- und Ölembargo gegenüber dem deutschen Faschismus.
Als sie mit 77 Jahren 1955 bei der UNO-Konferenz zur friedlichen Nutzung der Kernenergie die Einbeziehung und Beachtung der Studie über »Genschädigung durch Verstrahlung seit Hiroshima« forderte, wurde dies durch das einheitliche Veto der westlichen Länder abgelehnt, was zu einer grundlegenden Fehleinschätzung der Atomenergie durch die Konferenz führen sollte.

Wolf, Christa, deutsche Schriftstellerin (Landsberg/Warthe 18. 3. 1929).
Bekannt wurde sie durch ihr Buch *Der geteilte Himmel* (1963), das noch unter dem Einfluß des »Bitterfelder Wegs« stand. Ihre Entwicklung zu künstlerischer und gesellschaftlicher Subjektivität, wie sie sich 1968 in *Nachdenken über Christa T.* niederschlug, brachte ihr herbe Kritik in der DDR ein. Hier brach eine Frau und keine beispielhafte Heldin »ohne Anspruch auf Verwendbarkeit« ihr Schweigen über ihre Befindlichkeit in einer patriarchalen Gesellschaft.
Kindheitsmuster (1976) handelt von ihrer Kindheit im Nationalsozialismus und davon »... daß der Wunsch, sich anzupassen, zu unaussprechlichen Schrecken führen kann«. *Kein Ort. Nirgends* (1979), ein fiktives Treffen zwischen Karoline von Günderrode und Heinrich von Kleist, hat die Unfähigkeit, den eingeschlagenen angsterregenden Weg abzubrechen, sowie die Unmöglichkeit der Verständigung zwischen den Geschlechtern zum Thema. »Komm nicht zu nah. Bleib nicht zu fern.«
Vorläufiger Höhepunkt ihres Schaffens ist ihr Roman *Kassandra* (1983). Es ist ein feministisch orientiertes Antikriegs- und Antiheldenbuch. Seine Intention: Wer nicht wahrnimmt, scheitert bereits an der ersten Hürde zur Erkenntnis. Hoffnungsträger dieses Buches sind die Frauen, die sich dem männlichen Zerstörungstrieb entgegenstellen. »Wenn man es recht betrachtet – nur traute niemand sich, es so zu sehn –, schienen die Männer beider Seiten verbündet gegen unsre Frauen.«
Ihr vorläufig letztes Buch *Medea. Stimmen* (1996) wurde von westdeutschen Kritikern sehr kontrovers beurteilt. Hier ist Medea liebende Schwester, Gattin und Mutter. Ihr schreiben die Täter, die an der Macht sind, die eigenen Schandtaten zu. Ein kühner Entwurf, den sie jedoch plausibel gestaltet mit der ihr eigenen künstlerischen Kraft. Zuvor hatte sie – kurz nach der deutschen Wiedervereinigung – eine Art Rechenschaftsbericht vorgelegt, der ihren Standort und seine Verwicklungen und Widersprüche behandelt: die Erzählung *Was bleibt* (1990). Eine Flut von Haß und Bösartigkeit brach über sie herein. Warum geschah dies gerade ihr, der Sanften? Warum kamen andere »Nutznießerinnen« des DDR-Systems relativ ungeschoren davon? Offenbar reizte sie die schäumende Meute ihrer Kritiker vor allem durch ihre Treue zum sozialistischen Lebensentwurf. Kassandra: »Du stimmst nicht zu? Nein. Aber du wirst schweigen. Nein. Nein. Nein. Nein.«

Wolkonskaja, Maria, geb. Rajewski, russische Fürstin (25. 12. 1805 – 22. 8. 1863 Woronij/Ukraine).

Maria Wolkonskaja

Die Generalstochter war gerade 20 Jahre alt und noch nicht einmal ein Jahr verheiratet, als ihr Mann, Fürst Sergej Wolkonskij, nach dem Dekabristen-Aufstand (dessen Ziel der Sturz des Zarismus und die Abschaffung der Leibeigenschaft war) nach Sibirien verbannt wurde. Am Tag seiner Verhaftung wurde ihr Sohn geboren. Maria W. folgte ihrem Mann gegen den Willen ihrer Familie und des Zaren auf einer mehrere Tage und Nächte dauernden Schlittenfahrt nach Nertschinsk. Mit anderen Dekabristen-Frauen organisierte sie Lebensmittel, Geld und Kleidung für die Gefangenen und verhandelte mit den Gefängniskommandanten. Im Straflager Tschita/Transbaikalien brachte sie einen weiteren Sohn und eine Tochter zur Welt. Nach der Übersiedlung nach Irkutsk gründete sie mehrere Schulen, sie gab selbst Unterricht und setzte den Bau des ersten Theaters in Sibirien durch. Nach über 28 Jahren Verbannung kehrte Maria W. auf das Familiengut Woronij zurück. Puschkin, Tolstoi, Herzen, Gogol und viele andere haben der »Prinzessin von Sibirien« in ihren Werken ein Denkmal gesetzt.

Lit.: Fürstin Maria Wolkonskaja, Erinnerungen, Berlin 1960; Christine Sutherland, Die Prinzessin von Sibirien. Maria Wolkonskaja und ihre Zeit, Frankfurt/Main 1991.

Wollstonecraft, Mary, englische Schriftstellerin und Frauenrechtlerin (London 27. 4. 1759 – 10. 9. 1797).

Ihre Jugend war hart und lieblos, und sie erlebte häufig, wie anmaßend Ehemänner ihre Frauen behandelten und unterdrückten. Nach dem gescheiterten Versuch, eine Schule zu gründen, schilderte die gebürtige Irin ihre Erkenntnisse in der Schrift: *Gedanken über die Erziehung von Töchtern*. Ihre Geldnot zwang sie, eine Stellung als Erzieherin anzunehmen. Während dieser Zeit schrieb sie über ihre Jugendfreundin Fanny, die nach einer schnell geschlossenen Ehe in Portugal elend gestorben war. Der Verleger bot der hochbegabten Mary eine Stellung in seinem Verlag an, und es begann eine fruchtbare Zeit mit vielseitigen Kontakten. In ihrer Begeisterung für die Französische Revolution widersprach sie in einem engagierten Plädoyer dem Angriff des angesehenen Edmund Burke auf die Revolution. Ihre Verteidigung war so brillant, so mutig und temperamentvoll, daß sie über Nacht berühmt wurde. 1792 veröffentlichte sie ihr bekanntestes Buch: *Eine Verteidigung der Rechte der Frau*. Im gleichen Jahr reiste sie nach Paris, um die geliebte Revolution selbst zu erleben. Dort verliebte sie sich in den Amerikaner Imlay. Geburt der Tochter Fan-

ny. Nach der Entfremdung von Imlay und einem Selbstmordversuch kehrte sie zu ihrer Verlagsarbeit in London zurück. 1797 Heirat mit William Godwin und Geburt ihrer Tochter Mary, der späteren Schriftstellerin Mary Shelley (*Frankenstein*). Sie starb bei der Geburt. Eine freie selbständige Frau voller intellektueller Leidenschaft, kompromißlosem Gerechtigkeitsdrang, dabei liebesfähig und voller Anmut. Und doch wurde sie oft als »Hyäne in Unterröcken« beschimpft oder absichtlich totgeschwiegen. Vergeblich versuchte Godwin, ihr Mann, ihr Andenken aufrechtzuerhalten. Erst die Arbeiterbewegung, vor allem August Bebel, →Clara Zetkin und die französische Sozialistin →Flora Tristan sowie die Frauenbewegung wiesen ihr den ihr gebührenden Rang zu.
Lit.: William Godwin, Erinnerungen an Mary Wollstonecraft, Frankfurt/Main/ Berlin 1991; Frances Sherwood, Verstand und Leidenschaft, Frankfurt/Main 1993.

Woolf, Virginia, englische Schriftstellerin (London 25. 1. 1882 – 28. 3. 1941 Rodmell/Sussex).
Virginia Adeline Stephen wurde von ihrer Mutter unterrichtet. Ihr tyrannischer Vater, ein Philosoph und Autor, führte eine Art literarischen Salon; sein unbedingter Pazifismus beeinflußte die Tochter. Nach dem Tod der Eltern war sie mittellos und schlug sich mit Gelegenheitsarbeiten durch, bis sie durch eine kleine Erbschaft unabhängig wurde. Es folgten Reisen nach Italien und Frankreich. Mit ihren Geschwistern Vanessa, Toby und Adrian gründete sie die »Bloomsbury-Gruppe«, einen Kreis von Literat/innen, Künstler/innen und Wissenschaftler/innen, die »einzige echte Bewegung in der kulturellen Entwicklung Englands« (E. M. Forster). 1912 Heirat mit Leonard W., mit dem sie 1917 in Richmond einen unabhängigen Verlag, »The Hogarth Press«, gründete. Virginia W. arbeitete als Lektorin, Literaturkritikerin, -dozentin, Philosophin und schrieb feministische, humanistische und antimilitaristische Weltliteratur, u. a. *Orlando* (1928), ein Phantasie-Porträt ihrer Freundin →Vita Sackville-West, *Ein Zimmer für sich allein* (1928), in dem sie sich vorstellt, was bei gleicher Begabung aus »Shakespeares Schwester« geworden wäre; *Drei Guineen* (1938), in dem es heißt: »... in Wahrheit habe ich als Frau kein Land. Als Frau will ich kein Land haben. Als Frau ist mein Land die ganze Welt.« Ihre Vorstellung war, »daß wir – und ich meine alle Menschen – miteinander verbunden sind ..., daß die ganze Welt ein Kunstwerk ist ... wir sind die Worte; wir sind die Musik; wir sind das Ding an sich.« Mehrere Male versuchte Virginia W., die depressiv war, sich das Leben zu nehmen. Zuletzt ertränkte sie sich im Fluß Ouse. »In ihr verlor die Welt eines ihrer seltsamsten Güter: ein weibliches Genie.« (→Hilde Spiel)
Lit.: Virginia Woolf, Frauen und Literatur. Essays, Frankfurt/M. 1989; dies., Tagebücher 1, 1915 – 1919, Frankfurt/M. 1990; Virginia Woolf, mit Selbstzeugnissen und Bilddokumenten, dargestellt von Werner Waldmann, Reinbek 1994.

Wuesthoff, Freda, erste deutsche Patentanwältin, Physikerin und Pazifistin (Leipzig 16. 5. 1896 – 5. 11. 1956 München).
Der Berliner Stadtbaurat und Berater des Kaisers, Ludwig Hoffmann, ermöglichte seinen sieben Kindern, Freda war die älteste, eine gute Bildung. Freda besuchte die höhere Töchterschule, machte Abitur und eine haus- und landwirtschaftliche Ausbildung. Gegen den Willen der Eltern studierte sie Physik, Che-

mie und Mathematik in Berlin, Heidelberg und München, Promotion in München. 1924 wurde sie Leiterin der physikalischen Abteilung des Instituts für Zuckerindustrie. 1926 Heirat mit Franz Wuesthoff. Ausbildung als Patentanwältin und Aufbau einer gemeinsamen Patentanwaltspraxis, die sich auf ein völlig neues Gebiet, auf Patente für neue Pflanzenzüchtungen, spezialisierte. Aufenthalte im Ausland, u. a. in den USA. Trotz des Berufsverbots von 1933, Freda galt mütterlicherseits als »jüdisch belastet«, arbeitete sie weiter. Nach dem Krieg erneuter Aufbau einer Anwaltspraxis in Bechtesweiler/Bodensee, dann in der Nähe von Landau und schließlich in München. Nach dem Atomwaffenabwurf auf Hiroshima und Nagasaki begann Freda W. zunächst in Anwaltskreisen Widerstand gegen die Massenvernichtungsmittel zu organisieren; sie initiierte in vielen Orten Frauengruppen, die sich später im »Deutschen Frauenring« zusammenschlossen. Sie gründete den »Friedenskreis« zusammen mit Marie-Elisabeth Lüders, Elly Heuß-Knapp, Gertrud Bäumer und →Agnes von Zahn-Harnack, der den Kongreß der Frauenverbände im Mai 1947 in Bad Boll organisierte. Vortragsreisen zum Thema »Atomenergie und Frieden«, Engagement für die UNESCO und für das Schulfach »Völkerverständigung/Friedenserziehung«, Funktionen im internationalen Patentrecht. Über Jahre arbeitete sie an ihrem »Arbeitsprogramm für den dauernden Frieden«. Sie hörte nie auf, Menschen über die Gefahren der atomaren Aufrüstung aufzuklären und gegen Atomwaffenversuche zu kämpfen.

Lit.: Günther Berthold, Freda Wuesthoff. Eine Faszination, Freiburg 1982.

Freda Wuesthoff

Wurm, Mathilde, geb. Adler, deutsche Politikerin (Frankfurt/M. 30. 9. 1874 – 30. 3./1. 4. 1934 London).

Nach dem Besuch der höheren Mädchenschule in Frankfurt arbeitete sie in Berlin in der sozialen Fürsorge, gründete eine Beratung für Schulabgängerinnen und die erste Lehrstellenvermittlung mit. Nach einigen Jahren als Stadtverordnete in Berlin wurde sie 1919 in den zentralen Frauenausschuß der USPD gewählt. Redakteurin der Zeitschrift »Die Kämpferin« und ab 1920 Mitglied des Reichstags. 1922 wechselte sie zusammen mit anderen aus der USPD zur SPD, Redakteurin der »Gleichheit«. Sie war mit →Clara Zetkin, der früheren Leiterin der »Gleichheit«, und Lore Agnes befreundet. 1924 Vorsitzende des Reichskomitees der Internationalen Arbeiterhilfe (IAH). 1933 mußte Mathilde W. nach England emigrieren.

Y

Yourcenar, Marguerite, eigentlich de Crayencour, französische Schriftstellerin (Brüssel 8. 6. 1903 – 18. 12. 1987 Mount Desert Island/Maine, USA).
Sie entstammte einer adligen Familie. Kurz nach ihrer Geburt starb die Mutter, sie wurde vom Vater erzogen, einem Kunstliebhaber, der als Deserteur des ersten Weltkrieges im Exil in England lebte. Die weiteren Stationen waren Menton und Paris, Aix-en-Provence. Die brillante Schülerin schrieb ihre ersten Bücher in den zwanziger Jahren. Nach dem Tod des Vaters begann ihr Nomadenleben. Langjähriger Aufenthalt in Griechenland. Bei Kriegsausbruch war sie in den Vereinigten Staaten, konnte nicht mehr nach Griechenland zurück und unterrichtete an einem College in der Nähe von New York. Sie zog sich bald in die Einsamkeit zurück, in der sie viele Romane schrieb. Mit 77 Jahren wurde sie 1980 als erste Frau in den auserlesenen Kreis der »Unsterblichen«, in die Académie Française berufen. Zu Weltruhm gelangte sie durch die fiktive Selbstbiographie des römischen Kaisers Hadrian, *Ich zähmte die Wölfin* (dt. 1953). Ihre Lebenserinnerungen schrieb sie in *Labyrinth der Welt*, ihre Familiengeschichte in *Gedenkbilder* (dt. 1984) und *Lebensquellen* (dt. 1985) nieder. Ihr Roman *Der Fangschuß* wurde von Volker Schlöndorff verfilmt. Eine Feministin war sie nicht, aber eine engagierte Humanistin: »Ich weiß nicht, wer ich bin. Die einzige Konstante in meinem Leben ist der Wechsel.«
Lit.: Marguerite Yourcenar, Chenonceaux. Schloß der Frauen, Frankfurt/M. 1996; Josyane Savigneau, Die Erfindung eines Lebens, Frankfurt/M. 1996.

Z

Zahn-Harnack, Agnes von, deutsche Frauenrechtlerin (Gießen 19. 6. 1884 – 22. 5. 1950 Berlin).
Ihr Vater war Theologieprofessor, ihr Urgroßvater der Chemiker Justus von Liebig. Ausbildung als Lehrerin, dann Studium und Promotion in Germanistik. Die Leiterin verschiedener Frauenschulen veröffentlichte 1915 ihre Schrift *Der Krieg und die Frauen.* 1919 Heirat mit dem Juristen Karl von Zahn. Von 1913 bis 1919 sowie 1926 war sie Vorsitzende des »Deutschen Akademikerinnenbundes« und von 1931 bis 1933 die letzte Vorsitzende des BDF. 1934 veröffentlichte sie mit H. Sveistrup die Quellensammlung *Die Frauenfrage in Deutschland, 1790 – 1930*, ein Standardwerk der Frauenbewegung. Nach dem Krieg gründete sie für den »Berliner Frauenbund« eine Hochschulgruppe, die sich 1949 in den »Bund Deutscher Akademikerinnen« umbenannte.

Zechlin, Ruth, deutsche Komponistin, Cembalistin und Musikpädagogin (Freiburg/Sachsen 22. 6. 1926).
Bedeutendste zeitgenössische Komponistin der DDR, Schülerin von Straube und Ramin in Leipzig. 1950 wurde sie Dozentin an der Hanns-Eisler-Musikhochschule in Berlin, wo sie 1969 zur Professorin für Komposition und Formenlehre ernannt wurde. Lange Jahre war sie die einzige Frau, die ein solches Amt an einer deutschen Hochschule innehatte. Umfangreiches Werkverzeichnis mit großen Orchesterwerken sowie Kammer- und Chormusik: u. a. die *Lidice-Kantate*, das Oratorium *Wenn der Wacholder blüht*, die *Briefe*, das Radiosingspiel *Reineke Fuchs* und das 1980 entstandene Orchesterwerk *Situatio-*

nen, von dem sie sagt, daß sie damit den Sinn für das Einander-zuhören-Können schärfen wollte. Viele Preise und Ehrungen. Ruth Z. lebt heute in Passau.

Zetkin, Clara, deutsche Frauenrechtlerin und Sozialistin (Wiederau 5. 7. 1857 – 20. 6. 1933 Arkangelskoje/Rußland). Für Kaiser Wilhelm II. war sie »die gefährlichste Hexe des deutschen Reiches«, für den französischen Dichter Louis Aragon »die Frau der neuen Zeit ... die Frau, die dem Mann gleich ist«. Clara Eißner stammte aus einer Familie, die den Idealen der Französischen Revolution verbunden war; sie engagierte sich »in einer Sturmzeit«, der Zeit des Sozialistengesetzes, in der Arbeiterbewegung und folgte schließlich ihrem Gefährten Ossip Zetkin ins Pariser Exil. Die dort mit ihren zwei Kindern verbrachten Jahre wurden zu Jahren der politischen Bildung. Die Vertreterin der Frauen- und Arbeiterbewegung, die Sozialistin, Pazifistin und Feministin initiierte 1910 den Internationalen Frauentag und forderte bereits Anfang des Jahrhunderts ihr »volles Menschentum« und »das Recht der Frau, über sich selbst zu verfügen«– so in der Broschüre *Der Student und das Weib* (1899). Sie engagierte sich leidenschaftlich für das Recht der Frauen auf Erwerbsarbeit und auf gewerkschaftliche Organisierung (so in der sozialistischen Zeitschrift »Die Gleichheit«, deren Redakteurin sie war, in ihrer Rede auf dem Internationalen Arbeiterkongreß in Paris 1889 sowie in ihrer Broschüre *Die Arbeiterinnen- und Frauenfrage der Gegenwart, Frauenarbeit und gewerkschaftliche Organisation*), für das Frauenwahlrecht, für eigenständige Frauenstrukturen und gegen den Krieg. Die Freundin von →Rosa Luxemburg war zugleich Pädagogin, Literatur- und

Clara Zetkin (links) und Rosa Luxemburg

Kunsthistorikerin, Journalistin, Rednerin und nicht zuletzt kämpferische Rebellin im politischen und im privaten Leben. Sie lebte ohne Trauschein mit einem Mann zusammen; nach seinem Tod zögerte sie nicht, erneut in »freier Verbindung« mit einem Mann zu leben, dem Maler Friedrich Zundel, der 18 Jahre jünger war als sie. Sie heiratete ihn später. Als Linke wurde sie aus der Leitung der »Gleichheit« entfernt und 1917 von den Mehrheits-Sozialdemokraten ausgeschlossen; später wurde sie von der kommunistischen Partei der »rechten Abweichung« beschuldigt, was ihren Rücktritt aus den führenden KP-Organen nach sich zog. 1918 entschied sich Clara Z., »dort zu kämpfen, wo das Leben ist«, zunächst in der USPD, dann in der KPD. Sie wurde Präsidentin der »Roten Hilfe« in Deutsch-

land, später auch der »Internationalen Roten Hilfe« und setzte sich bereits 1923 mit dem Phänomen des Faschismus auseinander. Als Alterspräsidentin des Reichstags rief sie zur antifaschistischen Einheitsfront gegen die Nazis auf. In ihren letzten Jahren hielt sie sich oft in der Sowjetunion auf – sie begeisterte sich für die Oktoberrevolution, geriet allerdings in Opposition zu Stalin.
Lit.: Gilbert Badia, Clara Zetkin –Eine neue Biographie, Berlin 1994.

Zieritz, Grete von, österreichische Komponistin und Pianistin (Wien 10. 3. 1899).
Sie ist eine der bekanntesten Komponistinnen unseres Jahrhunderts. In der Meisterklasse von Franz Schreker in Berlin ausgebildet, gab ihr der Komponist den Satz mit auf den Weg: »Schade, daß sie kein Mann ist, sie wird es sehr schwer haben.« Nach der Uraufführung ihrer *Japanischen Lieder* 1921 wurde sie als erfolgreiche Komponistin gefeiert. Ihr umfangreiches Werkverzeichnis reicht vom Lied über die Kammermusik (*Bilder vom Jahrmarkt, Le violon de la mort* u. a.) bis zum virtuosen Orchesterwerk. Immer wieder gespielt wird auch ihr *Zigeunerkonzert* für Violine und Orchester von 1982, das sie den im Faschismus ermordeten Sinti und Roma widmete. Professorin in Österreich (1958); auch in Deutschland erhielt sie zahlreiche Ehrungen und Preise. Grete von Z. lebt und arbeitet in Berlin.

Zietz, Luise, deutsche Politikerin (Bargteheide 25. 3. 1865 – 27. 1. 1922 Berlin).
Die Tochter des Webers und Heimarbeiters Körner war zunächst Dienstmädchen und Tabakfabrikarbeiterin. Ausbildung in der Fröbelschen Schule zur Kindergärtnerin. Seit 1892 in der SPD aktiv, wurde sie 1908 die erste Frau im Vorstand einer deutschen Partei, verantwortlich für Frauenagitation. 1914 erschien ihre Schrift *Gewinnung und Schulung der Frauen für die politische Betätigung.* 1917 gründete sie die USPD mit, für die sie 1919/1920 in der Nationalversammlung saß und von 1920 bis 1922 im Reichstag. Neben →Clara Zetkin war sie die bekannteste Vertreterin der proletarischen Frauenbewegung. Mit ihr stand Luise Z. jedoch in Konkurrenz und Widerstreit, nachdem Clara Zetkin für die rechte Parteiführung zu kritisch und zu links geworden war. Luise Z.s Anträge auf staatsbürgerliche, familien- und arbeitsrechtliche Gleichstellung der Geschlechter, auf Gleichstellung von nichtehelichen Kindern u. a. m. wurden alle mehrheitlich abgelehnt. Bei einer Sitzung des Reichstages bekam sie einen Herzinfarkt und starb in der folgenden Nacht.

Zinner, Hedda, deutsche Schriftstellerin (Wien 20. 5. 1905 – 1. 7. 1994 Berlin).
Die Tochter eines Beamten arbeitete zuerst als Schauspielerin, u. a. in Stuttgart oder Breslau, danach war sie Korrespondentin der »Roten Fahne« der KPD. 1933 emigrierte sie mit ihrem Mann Fritz Erpenbeck nach Wien und Prag, wo sie das Kabarett »Studio 1934« gründete, anschließend nach Moskau. 1945 ließ sie sich in Ost-Berlin nieder. Zwei Themen prägten ihre schriftstellerische Arbeit: der Antifaschismus und die Emanzipation der Frau. Zu ihren Werken gehört die Romantrilogie *Ahnen und Erben*, Schauspiele sowie *Der Teufelskreis* und *Ravensbrücker Balladen.* Ihr Roman *Nur eine Frau* schildert das Leben und Wirken von →Louise

Otto-Peters, der Vorkämpferin der deutschen Frauenbewegung.

Zwetajewa, Marina, russische Dichterin (Moskau 26. 9. 1892 – 31. 8. 1941 Jelabuga).
Sie erlebte eine behütete Kindheit und Jugend in der Atmosphäre des wohlhabenden Bildungsbürgertums. Ihre Schwester Anastassija entwarf in ihren *Erinnerungen* (1979) ein liebevolles Bild von ihr, das sie als stolz und unnahbar, aber freundschaftsfähig und leidenschaftlich beschrieb.
Mit 19 Jahren heiratete sie Sergej Efron und bekam eine Tochter. Efron emigrierte 1917 nach Prag. Erst fünf Jahre später wurden sie wieder vereint. Bis dahin war Marina eine bekannte und hochgeschätzte Dichterin geworden, deren Karriere jedoch durch die politischen Ereignisse unterbrochen wurde. Dennoch waren die drei Jahre in Prag arbeitsreiche und wenn auch karge, so doch glückliche Jahre. Hier wurde auch ihr Sohn geboren. Im Exil in Paris, wo sie 14 Jahre lebte, fühlte sie sich nie wohl. Sie fand nur wenig Freunde. Als bekannt wurde, daß ihr Mann mit dem sowjetischen Geheimdienst zusammengearbeitet hatte, wurde die Isolation vollständig. Zugleich war ihre Lebensgrundlage zerstört, da sie auf die Veröffentlichungen in der Emigrantenpresse angewiesen war.
1939 kehrte Sergej Efron nach Moskau zurück, und Marina Z. folgte ihm. Die Rückkehr in das Reich Stalins wurde zur Katastrophe. Als Sergej und Alja, ihre Tochter, verhaftet wurden, zog Marina Z. nach Moskau und wehrte sich mutig mit Eingaben und Anträgen dagegen. Sie ernährte sich und die Familie durch Übersetzungen. Als ihr Gedichtmanuskript abgelehnt wurde, hörte sie auf, Gedichte zu schreiben. Bei Kriegsbeginn wurde sie evakuiert. Sie suchte um die Aufnahme in den Schriftstellerverband nach, wurde aber abgelehnt. Zehn Tage nach dem Überfall der deutschen Faschisten auf die Sowjetunion nahm Marina Z. sich das Leben.
Lit.: Marina Zwetajewa, Vogelbeerbaum. Gedichte, Berlin 1986; Marija Belkina, Die letzten Jahre der Marina Cvetaeva, Frankfurt/M./Leipzig 1991; Anastassija Zwetajewa, Erinnerungen, Leipzig/Weimar 1979.

Algerische Frauen, die daran erinnern, daß es noch viele unerwähnte Rebellinnen gibt.

Autorinnen

Bettina Baumgärtel: Kauffmann, A./ Seidler, L.

Gisela Blomberg: Anguissola, S./ Bervoets, M./ Boran, B./ Edib, H./ Jacquemotte, F./ Jonghe, A. de/ Mertens, F./ Roland, M./ Sertel, S.

Beatriz Brinkmann: Parra, V.

Barbara Bromberger und Katja Mausbach: Arnim, B. von/ Fürth, H./ Günderrode, K. von/ Huch, R./ Merian, M. S./ Pappenheim, B./ Sender, T./ Stoltze, A.

Martine Chaponnière: Gourd, E.

Uschi Flacke: Piaf, E.

Jutta von Freyberg und Xuanh Oanh: Dinh, N. T.

Marion Gaidusch: Armand, I./ Bergman, I./ Bernhardt, S./ Dietrich, M./ Duse, E./ Farmer, F./ Karlstadt, L./ Rosenberg, E./ West, M.

Lia Gorter: Jacobs, A.

Margret Gottlieb: Achmatowa, A./ Ausländer, R./ Barnes, D./ Drewitz, I./ Kaléko, M./ Königsdorf, H./ Lasker-Schüler, E./ Lewald, F./ Mammen, J./ Mistral, G./ Morgner, I./ Reimann, B./ Sachs, N./ Seghers, A./ Wander, M./ Wolf, C./ Wollstonecraft, M./ Zwetajewa, M.

Margarete Graf: Lindgren, A./ Maultasch, M.

Florence Hervé: Albrecht, B./ Aleramo, S./ Allende I./ Alonso, A./ Angeloff, T./ Angeville, H. de/ Argentina, la/ Aubrac, L./ Bâ, M./ Baader, O./ Baez, J./ Balabanoff, A./ Bancik, O./ Barrios de Chungara, D./ Bashkirtseff, M./ Bastié, M./ Bates, D./ Batten, J./ Bausch, P./ Beauvoir, S. de/ Bebel, J./ Becket, M./ Bedford, M. von/ Behn, A./ Bejarano, E./ Bell, G./ Benario, O./ Berber, A./ Berberova, N./ Betancourt, A./ Biheron, M.-C./ Blanchard, S./ Blankenburg, E. M./ Blixen, K./ Bloch-Sérazin, F./ Boudicca/ Bouhired, D./ Boupacha, D./ Bourgeois, L./ Breitling, G./ Brentano, T. von/ Brown, T./ Büchner, L./ Bullock-Workman, F./ Bunke, T./ Bunsen, M. von/ Camargo M.-A. de/ Cannon, A. J./ Carlotta/ Carlson, C./ Carson, R. L./ Casanova, D./ Chaaraoui, H./ Charrat, J./ Châtelet, E. du/ Cixous, H./ Claudel, C./ Cochran, J./ Condé, M./ Cotton, E./ Craven, E./ Cruz, J. I. de la/ Conti, A./ Curie, M./ David-Neel, A./ Dien, R./ Dmitrieff, E./ Duncan, I./ Duncker, K./ Durand, M./ Duras, M./ Eberhard, I./ Eden, E./ Ehre, I./ El Saadawi, N./ Elssler, F./ Ernst, H./ Fawcett, M./ Fénelon, F./ First, R./ Fittko, L./ Flynn, E. G./ Fonda, J./ Fonseca, E./ Forest, E./ Frank, A./ Frölich, R./ Füller, L./ Fuller, S. M./ Germain, S./ Goldstein, V./ Göldin, A./ Gordimer, N./ Gouges, O. de/ Gournay, M./ Graham, M./ Greco, J./ Greer, G./ Grisi, C./ Grossman, C./ Groult, B./ Guggenheim, A./ Guilbert, Y./ Guimard, M./

Hahn-Hahn, I./ Halimi, G./ Hannsmann, M./ Harel, M./ Harper, F. E./ Head, B./ Hegewald, H./ Heinrich, J./ Hensel, F. C./ Herrmann, L./ Herschel, K./ Hillesum, E./ Hoffmann, R./ Hornik-Ströhmer, A./ Ibarruri, D./ Ibrahim, F. A./ Irigaray, L./ Jadalti, L./ Jahoda, M./ Jansen, F./ Jeanne d'Arc/ Jesenska, M./ Jochmann, R./ Johnson, A./ Joliot-Curie, I./ Jones, C./ Joseph, H./ Kabir, R. R./ Kahlo, F./ Karlin, A./ Karsawina, T./ Kartini, R. A./ Kautsky, L./ Khalifa, S./ Kingsley, M./ Kirchner, J./ Klarsfeld, B./ Kofman, S./ Kolb, A./ Kollontai, A./ Kolmar, G./Kowalewskaja, S./ Kristeva, J./ Labé. L./ La Fayette, M.-M. de/ Lagerlöf, S./ Langer, F./ Leichter, K./ Leo, A./ Linke, S./ Lorde, A./ Maathai, W./ Maillart, E./ Makeba, M./ Mandela, W./ Margarete von Navarra/ Maxeke, C./ Meitner, L./ Melba, N./ Melzer, J./ Méricourt, T. de/ Mernissi, F./ Michel, L./ Mihaly, J./ Minck, P./ Mnouchkine, A./ Modotti, T./ Moholy, L./ Mora, C. de la/ Moreau, J./ Moser, M./ Ngoyi, L./ Niederkirchner, K./ Noce, T./ Oppenheim, M./ Osten, M./ Palucca, G./ Parnass, P./ Perey, M./ Pfeiffer, I./ Pisan, C. de/ Real, S./ Rée, A./ Rewald, R./ Rich, A./ Riffaud, M./ Roland, P./ Ruben-Wolf, M./ Rubinstein, I./ Saint-Denis, R./ Salomon, C./ Sanger, M./ Sarraute, N./ Schroeder, M./ Schütte-Lihotzky, M./ Schulenburg, T. von/ Schulze-Boysen, L./ Schurmann, A. M. von/ Schwarzenbach, A./ Scudéry, M. de/ Séverine/ Sévigné, M. de/ Sisulu, N. A./ Smedley, A./ Sölle, D./ Sosa, M./ Staël, G. de/ Stark, F. M./ Steimer, M./ Stöcker, H./ Storni, A./ Tailleferre, G./ Taro, G./ Tawil, R./ Thürmer-Rohr, C./ Triolet, E./ Tristan, F./ Tromel, M./ Valadon, S./ Varda, A./ Vigée-Lebrun, E.-L./ Walker, A./ Weiss, L./ Wigman, M./ Yourcenar, M./ Zetkin, C.

Florence Hervé und Ingeborg Nödinger: Anthony, S. B./ Dietrich, A./ Dumont, L./ Durrieux, T./ Erxleben, D. C./ Eysoldt, G./ Fallaci, O./ Friedan, B./ Garrett Anderson, E./ Giehse, T./ Göppert-Mayer, M./ Lange, H./ Magnani, A./ Morata, O. F./ Neuber, F. C./ Noll-Hasenclever, E./ Perowskaja, S. L./ Reisner, L./ Sand, G./ Schulze-Kummerfeld, K./ Stanton, E. C./ Stein, E./ Stein, G./ Thimig, H./ Tiburtius, F./ Tiburtius, H./ Weigel, H./ Zietz L.

Marianne Hochgeschurz: Kuhn, A.

Andrea Jenders: Goldman, E./ Lachmann, H./ Thalmann, C.

Anne-Marie Käppeli: Butler, J.

Annerose Kemp: Goldschmidt, H.

Alma Kettig: Myrdal, A.

Elisabeth Klaus: Gottsched, L. / Thompson, D./ Tubman, H.

Annelies Laschitza: Luxemburg, R.

Annette Lascho: Jacobi, L.

Ose Leendertz: Buchhold, M./ Gert, V.

Heike Lischewski: Augspurg, A./ Edinger, A./ Hallgarten, C./ Heymann, L. G./ Kirchhoff, A./ Mellien, M./ Morgenstern, L./ Perlen, F./ Rotten, E./ Selenka, M. W./ Suttner, B. von

Johanna Ludwig: Otto-Peters, L.

Gudrun Lukacz-Aden und Christel Strobel: Arzner, D./ Guy-Blaché, A./ Rosenbaum, M./ Sagan, L.

Ariane Neuhaus-Koch: Herwegh, E./ Mereau-Brentano, S./ Schlegel-Schelling, C./ Struve, A.

Ingeborg Nödinger: Agnesi, M. G./ Aichinger, I./ Andreas-Salomé, L./ Arnim, E. von/ Anneke, M. F./ Arendt, H./ Austen, J./ Bloomer, A./ Aston, L./ Baker, J./ Balch, E. Greene/ Barret-Browning, E./ Bassi, L. M. C./ Beecher-Stowe, H./ Berend-Corinth, C./ Bernauer, A./ Blackwell, E./ Bonheur, R./ Bonney, A./ Boxcar B./ Braun, L./ Brik, L./ Brüning, E./ Calamity J./ Canth, M./ Carriera, R./ Carrington, L./ Cassatt, M./ Cauer, M./ Chicago, J./ Christ, L./ Colette. S.-G./ Corrigan, M./ Davis, A. Y./ Delaunay-Terk, S./ Dohm, H./ Droste-Hülshoff, A./ Durand-Wever, A.-M./ Duttenhofer, L./ Ebner-Eschenbach, M. von/ Einsele H./ Eliot, G./ Elisabeth v. Thüringen/ Elsner, G./ Export, V./ Exter, A./ Figner, W./ Fini, L./ Finnbogadottir, V./ Fleißer, M./ French, M./ Gentileschi, A./ Gercke, D./ Gogh, W. J. v./ Goll, C./ Gontscharowa, N./ Goodall, J./ Grundig, L./ Hatschepsut/ Hatzfeld, S. von/ Haushofer, M./ Hellman, L. F./ Henoth, C./ Hepburn, A./ Hepburn, K./ Herz, A./ Herz, H./ Höch, H./ Horn, R./ Hypathia/ Ihrer, E./ Janssen-Jurreit, M./ Joplin, J./ Karsch, A. L./ Kaschnitz, M. L./ Keller, H./ Kempner, F./ Keun, I./ Key, E./ Kollwitz, K./ Lacis, A./ Langgässer, E./ Lempicka, T. de/ Lenya, L./ Lessing, D./ Lex-Nerlinger, A./ Lovelace, A./ Mansfield, K./ Marchi, C./ Marx, J./ Marx-Aveling, E./ Mata Hari/ Mayröcker, F./ Mead, M./ Meinhof, U. M./ Mercouri, M./ Meysel, I./ Meysenbug, M. F. von/ Michaëlis, K./ Miller, L./ Modersohn-Becker, P./ Montessori, M./ Morisot, B./ Moses, A. M./ Münter, G./ Nelken, D./ Nemcova, B./ Nevelson, L./ Nightingale, F./ Nin, A./ Noether, E./ O'Keeffe, G./ Ono, Y./ Pankhurst, E./ Popp, A./ Porète, M./ Proschaska, E./ Pusch, L. F./ Redgrave, V./ Reinig, C./ Rinser, L./ Rossanda, R./ Roten, I. von/ Rozanowa, O. W./ Runge, E./ Sackville-West, V./ Saint Phalle, N. de/ Salomon, A./ Sander, H./ Santamaria, H./ Saussure, A. de/ Schlözer, D. von/ Schmidt, A./ Scholl, S./ Schopenhauer, J./ Schreiner, O./ Schwarzer, A./ Selbert, E./ Sert, M./ Siemsen, A./ Sir Galahad/ Sitwell, E./ Smith Adams, A./ Solanas, V./ Spiel, H./ Stritt, M./ Taeuber-Arp, S./ Tanning, D./ Thiele, G./Trotta, M. von/ Undset, S./ Varnhagen von Ense, R./ Viebig, C./ Walch-Künkelin, A. B./ Waldoff, C./ Weil, A. S./ Werner, R./ Wessel, H./ West, R./ Westwood, V./ Wolkonskaja, M./ Woolf, V./ Wuesthoff, F./ Wurm, M./ Zahn-Harnack, A./ Zinner, H.

Edeltraud Odenkirchen: Durack, S./ Preis-Müller, E./ Vinson, M.

Antje Olivier: Beach, A. M. C./ Berberian, C./ Bley, C./ Boulanger, L. J. M. O./ Boulanger, N./ Caccini, F./ Callas, M./ Chaminade, C./ Dia, B. de/ Dickinson, E.

E./ Fitzgerald, E./ Gubaidulina, S./ Hildegard von Bingen/ Holiday, B./ Holmès, A. M. A./ Jackson, M./ Jacquet de La Guerre, E.-C./ Keetmann, Gunhild/ Kempin, E./ Kinkel, J./ Krüseman, M./ Kyper, E. J. L./ Landowska, W. A./ Lang, J./ Latz, I./ Le Beau, L. A./ Lee, J./ Lorentz, L./ Mahler-Werfel, A. M./ Martines, M. de/ Monk, M./ Monnot, M./ Paradis, M. T. von/ Schick, P./ Schröter, C./ Schumann, C./ Schweizer, I./ Smith, B./ Smyth, E. M./ Thimig, H./ Williams, M. L./ Zechlin, R./ Zieritz, G. von

Gertrud Pfister: Adams-Lehmann, H. B./ Beese, E./ Braumüller, E./Earhart, A./ Etzdorf, M./ Garske, C./ Mensendieck, B./ Paulus, K./ Profé, A./ Streicher, M./ Thurm, M.

Gertrud Pfister und Edeltraud Odenkirchen: Bergmann, G./ Diem, L./ Ederle, G.

Dorlies Pollmann: Brontë, E. J.

Dodo von Randenborgh: Addams, J./ Baer, G./ Immerwahr, C./ Pleißner, M./ Woker, G. J.

Mithu M. Sanyal: Bais, P./ Devi, M.

Mascha Riepl-Schmidt: Huber, T./ Kerkovius, I./ Kienle, E./ Müller, G.

Sabine Schwabe: Monroe, M.

Helga Schwarz: Leitner, M.

Bettina Schweizer: Nelis, M.

Gesine Spieß: Paczensky, S. von.

Elly Steinmann: Faßbinder, K.-M./ Heidenreich von Siebold, M./ Ranke-Heinemann, U./ Tereschkowa, V. N.

Susanne Stemmler: Djebar, A.

Ingrid Strobl: Bachmann, I.

Bettine Ullmann: Reventlow, F. zu

Renate Wurms: Arbus, D./ Jacobi, L./ Bourke-White, M./ Cameron, J. M./ Cunningham, I./ Freund, G./ Käsebier, G./ Krull, G./ Krupskaja, N. K./ Lange, D./ Model, L./ Tinné, A.

Weitere Literatur:

Michaele Adelsberger/Maren Lübke (Hg.), Rebellinnen, Leben als Aufstand, Mannheim 1997.

Margaret Alic, Hypatias Töchter. Der verleugnete Anteil der Frauen an der Naturwissenschaft, Zürich 1987.

Archiv für publizistische Arbeit, Munzinger Archiv, Internationales Biographisches Archiv, Ravensburg.

Bärbel Becker (Hg.), Bad Women. Luder, Schlampen und Xanthippen, Berlin 1989.

Dies. (Hg.), Wild Women. Furien, Flittchen, Flintenweiber, Berlin 1992.

Petra Bock/ Katja Koblitz (Hg.), Neue Frauen zwischen den Zeiten, Berlin 1995.

Ines Böhner (Hg.) Femmes fatales. 13 Annäherungen, Mannheim 1996.

Monika Brass, Frauenherzen Frauenhände. Das Buch großer Frauengestalten, Stuttgart 1957.

Gisela Brinker-Gabler/Karola Ludwig/Angela Wöffen, Lexikon deutschsprachiger Schriftstellerinnen 1800-1945, München 1986.

Barbara Bromberger/Katja Mausbach, Frauen und Frankfurt. Spuren vergessener Geschichte, Frankfurt/Main 1987.

Petra Budke/Jutta Schulze, Schriftstellerinnen in Berlin 1871 bis 1945. Ein Lexikon zu Leben und Werk, Berlin 1995.

Whitney Chadwick, Les femmes dans le mouvement surréaliste, Paris 1986.

Des Kennenlernens werth. Bedeutende Frauen Göttingens, hg. von Traudel Weber-Reich, Göttingen 1993.

Deutsche Dichterinnen vom 16. Jahrhundert bis zur Gegenwart. Gedichte und Lebensläufe, hg. und eingeleitet von Gisela Brinker-Gabler, Frankfurt/M. 1978.

Jutta Dick/Marina Sassenberg (Hg.), Jüdische Frauen im 19. und 20. Jahrhundert. Lexikon zu Leben und Werk, Reinbek 1993.

Die Chronik der Frauen, hg. von Annette Kuhn, Dortmund 1992.

Hanna Elling, Frauen im deutschen Widerstand 1933-1945, Frankfurt/M. 1978.

Ute Eskildsen (Hg.), Fotografieren hieß teilnehmen – Fotografinnen der Weimarer Republik. Publikation zur Ausstellung, Folkwang Museum Essen, Düsseldorf 1994.

Renate Feyl, Der lautlose Aufbruch. Frauen in der Wissenschaft, Berlin 1981.

Frauen in der Revolution. Porträts hervorragender Bolschewikinnen, Berlin 1960.

Frauen. Porträts aus zwei Jahrhunderten, hg. von Hans Jürgen Schultz, Stuttgart 1986.

Frauen. ZeitZeichen, Radiotexte, hg. von Marianne Lienau und Wolf Dieter Ruppel, Frankfurt/Main 1978.

Eva Geber, Sonja Rotter, Marietta Schneider (Hg.), Die Frauen Wiens. Ein Stadtbuch für Fanny, Frances und Francesca, Wien 1992.

Geschichte der Frauenemanzipation in Deutschland und Österreich. Biographien, Programme, Organisationen, hg. von Daniela Weiland, Düsseldorf 1983.

Hiltrud Gnüg und Renate Möhrmann (Hrsg.), Frauen Literatur Geschichte, Stuttgart/Weimar 1999.

Große Frauen der Weltgeschichte, Murnau/München/Innsbruck/Basel o. J.

Barbara Hahn, Frauen in den Kulturwissenschaften. Von Lou Andreas-Salomé bis Hannah Arendt, München 1994.

Handbuch für Wahnsinnsfrauen, hg. von Luise F. Pusch, Frankfurt/M. 1994.

Florence Hervé/Elly Steinmann/Renate Wurms, Das Weiberlexikon, München 1996.

Helke Hesper, Abenteuer auf See. Über Piratinnen und andere Seefrauen, Dortmund 1991.

Frederik Hetmann, Drei Frauen zum Beispiel. Die Lebensgeschichte der Simone Weil, Isabel Burton und Karoline von Günderrode, Weinheim/Basel 1980.

Sigrid Jacobeit/Lieselotte Thoms-Heinrich, Kreuzweg Ravensbrück, Lebensbilder antifaschistischer Widerstandskämpferinnen, Köln 1987.

Julia Keay, Mehr Mut als Kleider im Gepäck. Frauen reisen im 19. Jahrhundert durch die Welt. Geschichten von weiblicher Entdeckerfreude und Abenteuerlust jenseits aller Konventionen, München 1994.

Charlotte Kerner (Hg.), Nicht nur Madame Curie ... Frauen, die den Nobelpreis bekamen, Weinheim und Basel 1990.

Ulrike Klausmann/Marion Meinzerin, Piratinnen, München 1991.

Kleine Enzyklopädie Die Frau, Leipzig 1983.

Jörg Kriechbaum/Rein A. Zondergeld, Künstlerinnen. Von der Antike bis zur Gegenwart, Köln 1979.

Künstlerinnen international 1877 – 1977, Berlin 1977.

Lexikon der Frau, 2 Bde., Zürich 1953/1954.

Heike Lischewski, Morgenröte einer besseren Zeit, Münster 1995.

Eileen MacDonald, Erschießt zuerst die Frauen, Stuttgart 1992.

Gerda Marko, Schreibende Paare. Liebe, Freundschaft, Konkurrenz, Zürich/Düsseldorf 1995.

Lucienne Mazenod/Ghislaine Schoeller, Dictionnaire des Femmes célèbres de tous les temps et de tous les pays, Paris 1992.

Jutta Menschik (Hg.), Grundlagentexte zur Emanzipation der Frau, Köln 1976.

Metzler Autorinnenlexikon, hrsg. von Ute Hechtfischer, Renate Hof, Inge Stephan und Flora Veit-Wild, Stuttgart/Weimar 1998.

Florence Montreynaud, Le XXe siècle des femmes, Paris 1989.

Christel Mouchard, Es drängte sie, die Welt zu sehen. Unentwegte Reisende des 19. Jahrhunderts, Hannover 1990.

Sybil Oldfield, Frauen gegen den Krieg, Frankfurt/M. 1995.

Antje Olivier/Sevgi Braun, Komponistinnen aus 800 Jahren, Essen 1996.

Dies., Apolls Töchter. Große Sängerinnen und Interpretinnen auf den Bühnen der Welt, Düsseldorf 1997.

Dies., Anpassung oder Verbot. Künstlerinnen und die 30er Jahre, Düsseldorf 1998.

Sibylle Peine, Ohne Furcht ins Weite hinaus, Biographien streitbarer Frauen, Solothurn/Düsseldorf 1995.

Gertrud Pfister, Fliegen – Ihr Leben. Die ersten Pilotinnen, Berlin 1989.

Philosophinnenlexikon, hg. von Ursula I. Meyer u. Heidemarie Bennent-Vahle, Aachen 1994.

Sally Placksin, Frauen im Jazz – Von der Jahrhundertwende bis zur Gegenwart, Wien/Frankfurt 1989.

Lydia Potts (Hg.), Aufbruch und Abenteuer, Frauen-Reisen um die Welt ab 1785, Berlin 1988.

Sabine Renken (Hg.), Chanteusen. Stimmen der Großstadt, Mannheim 1997.

Naomi Rosenblum, A History of Women Photographers, Abbeville Press Publishers, Paris/London/New York 1994.

Bettina Roß, Politische Utopien von Frauen. Von Christine de Pizan bis Karin Boye, Dortmund 1998.

Marit Rullmann u. a., Philosophinnen. Von der Antike bis zur Aufklärung, Frankfurt/M. 1998.

Dies., Philosophinnen II. Von der Romantik bis zur Moderne, Frankfurt/M. 1998.

Beatrix Schiferer, Vorbilder. Kreative Frauen in Wien, 1750-1950, Wien 1994.

Helga Schwarz, Internationalistinnen, Sechs Lebensbilder, Berlin 1989.

Gottfried Sello, Malerinnen aus vier Jahrhunderten, Hamburg 1994.

Ders., Malerinnen des 20. Jahrhunderts, Hamburg 1994.

Jürgen Serke, Frauen Schreiben. Ein neues Kapitel deutschsprachiger Literatur, Hamburg 1979.

Monique R. Siegel, Weibliche Führungskunst. Frauenkarrieren in der Geschichte, Frankfurt/M. 1993.

Inge Stephan, Das Schicksal der begabten Frau im Schatten berühmter Männer, Stuttgart 1989.

John Stokes u. a., Sarah Bernhardt, Ellen Terry, Eleonora Duse. Ein Leben für das Theater, Weinheim/Berlin 1991.

Ingrid Strobl, Sag nie, du gehst den letzten Weg. Frauen im bewaffneten Widerstand gegen Faschismus und deutsche Besatzung, Frankfurt/M. 1989.

Renate Strohmeier, Lexikon der Naturwissenschaftlerinnen und naturkundigen Frauen Europas, Frankfurt/M. 1998.

The International Who's Who of Women, London 1992.

»Und ich sehe nichts, nichts als die Malerei«. Autobiographische Texte von Künstlerinnen des 18.–20. Jahrhunderts, hg. von Renate Berger, Frankfurt/M. 1987.

WahnsinnsFrauen, hg. von Sibylle Duda und Luise F. Pusch, Frankfurt 1992.

WahnsinnsFrauen. Zweiter Band, hg. von Sibylle Duda und Luise F. Pusch, Frankfurt/M. 1996.

Renate Wall, Lexikon deutschsprachiger Schriftstellerinnen im Exil 1933 – 1945, 2 Bde., Freiburg 1995.

Werde, die du bist! Zwischen Anpassung und Selbstbestimmung: Texte deutschsprachiger Schriftstellerinnen des 19. Jahrhunderts, München 1993.

Paul Werner/Uta van Steen, Rebellin in Hollywood. 13 Porträts des Eigensinns, Dülmen-Hiddingsel 1986.

WIR FRAUEN-Kalender, Köln 1982: Kleines Frauenlexikon; 1983: Kleines Lexikon der Schriftstellerinnen; 1984: Kleines Lexikon der Malerinnen; 1985: Kleines Lexikon der Komponistinnen und Europäischen Widerstandskämpferinnen; 1986: Kleines Lexikon der Fotografinnen; 1987: Kleines Lexikon der Wissenschaftlerinnen; 1989: Kleines Lexikon – Frauen-Sport-Geschichte(n); 1990: Kleines Lexikon der Schauspielerinnen; 1991: Kleines Lexikon der Tänzerinnen und Choreographinnen; 1992: Kleines Lexikon der Hexen; 1993: Kleines Lexikon der Jazz-Musikerinnen; 1994: Kleines Lexikon der Abenteuerinnen; 1995: Kleines Lexikon der Rebellinnen; 1996: Kleines Lexikon der Widerstandskämpferinnen; 1998: Kleines Lexikon der Kriminalschriftstellerinnen; 1999: Kleines Lexikon: 12 Deutsche Filmemacherinnen; 2000: Kleines Lexikon Frauen-Utopien – Sciencefiction.

Zeitschrift WIR FRAUEN, Rubrik Daten und Taten 1982-1999.

Archiv WIR FRAUEN zur Förderung von Frauenpublizistik e. V., Düsseldorf.

Angela Ziesche, Das Schwere und das Leichte. Künstlerinnen des 20. Jahrhunderts. Skulpturen, Objekte, Installationen, Köln 1995.

Abkürzungen:

ADF	Allgemeiner Deutscher Frauenverein
A-I-Z	Arbeiter-Illustrierte-Zeitung
APO	Außerparlamentarische Opposition
ASSO	Association Revolutionärer Bildender Künstler Deutschlands
BDF	Bund Deutscher Frauenvereine
BGB	Bürgerliches Gesetzbuch
DFI	Demokratische Fraueninitiative
DFD	Demokratischer Frauenbund Deutschlands
DFG	Deutsche Friedensgesellschaft
DFU	Deutsche Friedensunion
dju	Deutsche Journalisten-Union
ETA	Euskadi Ta Askatasuna (Baskenland und Freiheit)
FNL	Front de libération nationale
FTP	Francs Tireurs et Partisans (Freischärler und Partisanen)
IDFF	Internationale Demokratische Frauenföderation
IFFF	Internationale Frauenliga für Frieden und Freiheit
Intifada	Aufstand der palästinensischen Bevölkerung
IRA	Irisch-Republikanische Armee
KP	Kommunistische Partei
KPD	Kommunistische Partei Deutschlands
NRO	Nichtregierungsorganisation
RFMB	Roter Frauen- und Mädchenbund
SDS	Sozialistischer Deutscher Studentenbund
SPD	Sozialdemokratische Partei Deutschlands
SPÖ	Sozialdemokratische Partei Österreichs
USPD	Unabhängige Sozialdemokratische Partei Deutschlands
VS	Verband deutscher Schriftsteller
WDR	Westdeutscher Rundfunk
WFFB	Westdeutsche Frauenfriedensbewegung

Abbildungs- und Quellenverzeichnis

d'Angeville, Henriette, Mon excursion au Mont-Blanc, Paris 1987, S. 16: S. 13
Anneke, Mathilde Franziska, Madame, Soldat und Suffragette, Biografie von Manfred Gebhardt, Berlin 1988, S.2: S. 15
apropos Lee Miller, Frankfurt a.M., 1995, S. 79: S. 191
Atelier Thérèse, Schiller-Nationalmuseum Marbach: S. 223
BBC Hulton, Picture Library, in: Edith Sitwell, Mein exzentrisches Leben, Frankfurt a.M. 1993, Titelblatt: S. 250
Becker, Bärbel (Hg.), Bad Women. Luder, Schlampen und Xanthippen, Berlin 1981, S. 121, 151: S. 38
Bemmann, Helga, Wer schmeißt denn da mit dem Lehm? Eine Claire Waldoff-Biografie, Berlin 1984, S. 5, 55: S. 116, 272
Berthold, Günther, Freda Westhoff. Eine Faszination, Freiburg 1982, S. 189: S. 283
Braibant, Sylvie, Elisabeth Dmitrieff, aristocrate et pétroleuse, Belfond 1993, S. 124: S. 76
Breitling, Gisela: Privatarchiv: S. 51
Bromberger, Barbara/ Mausbach, Katja, Frauen und Frankfurt. Spuren vergessener Geschichte, 1987, S. 85: S. 153
Brown Brothers: S. 97
Coll. Joods Historisch Museum Amsterdam: S. 233
Coudert, Marie-Louise: elles la résistance, Paris, S. 167: S. 28
Curie, Eve, Madame Curie, Paris 1938: S. 69
Das Verborgene Museum (Hg.), Helen Ernst, Berlin 1994, S. 12: S. 89
Des femmes, Verzeichnis der éditions des femmes: S. 65
Edib-Adivar, Halide, Âkile Hanim Sokagi, Istanbul 1991, S. 6: S. 85
Europäisches Frauenmusikarchiv Unna: S. 167
Fawcett Library, City of London Polytechnic: S. 93, 212
Figner, Wera: Freiheit oder Tod. Nacht über Rußland, Berlin 1978, S. 65, 161: S. 94, 215
Für Dich-Archiv: S. 112, 152, 168, 220, 240
Geiger, Ruth-Esther, Marilyn Monroe, Reinbek 1995: S. 196
Grundig, Hans, in: Lea Grundig, Gesichter und Geschichte, Berlin 1971: S. 114
Hervé, Florence: S. 250
Hetmann, Frederik, Die Frauen zum Beispiel, Weinheim 1980, S. 3: S. 274
Hulton Deutsch Collection, 150 Jahre Fotojournalismus, Band 1, Köln 1995, S. 101:
Jesenskà, Milena, Verlag Neue Kritik, Frankfurt a.M.: S. 139
Kemp, Annerose, Privatarchiv: S. 106
Lacis, Asja, Revolutionär im Beruf, hrsg. von Hildegard Brenner, München 1976, S. 146: S. 161
Lamuv-Verlag, Göttingen: S. 29, 165
La tentation nationaliste, sous la direction de Rita Thalmann, Paris 1990, Foto von Robert Capa, Titelblatt: S. 262
Leigh Wiener, Courtesy Witkin Gallery, New York: S. 135

Leitner, Gerit von, Der Fall Clara Immerwahr, Leben für eine humane Wissenschaft, München 1993: S. 134
Literatur-Kalender 1977, Aufbau-Verlag, Berlin: S. 132, 199
MacKinnon, Janice R./ Mac Kinnon, Stephen R., Agnes Smedley, Dortmund 1989: S. 251
Marbacher Magazin, Sonderheft 13/ 1979, S. 23: S. 131
Mervin, Sabrina/ Prunhuber, Carol, Femmes, Paris 1990, S. 45, 49, 61, 69, 154, 208
Museum Folkwang Essen: S. 169
Nadar, Felix, Archiv Photo Paris/Spadem: S. 41
Neue Frauen. Die zwanziger Jahre, BilderLeseBuch, Berlin 1988, S. 153: S. 211
Ohlbaum, Isolde: S. 213
Panitz, Eberhard: Käte Niederkirchner. Eine biographische Erzählung, Schkeuditz 1995, S. 163: S. 205
Peter, Frank Manuel, Valeska Gert, Tänzerin-Schauspielerin-Kabarettistin: S. 104
Pfister, Gertrud, Fliegen – Ihr Leben. Die ersten Pilotinnen, Berlin 1989, S. 88: S. 31
Podljaschuk, Pawel, Inessa. Ein dokumentarischer Bericht über das Leben der Inès Armand, Berlin 1987, S. 224: S. 18
Rojas, Marta/ Calderon, Mirta Rodriguez, Tania. La Guerrillera, Berlin 1998, S. 56
Rose, Phyllis, Josephine Baker oder Wie eine Frau die Welt erobert. Eine Biographie, München 1994, S. 28: S. 25
Schütte-Lihotzky, Margarete, Erinnerungen aus dem Widerstand, Hamburg 1985: S. 239
Schumann, Gerd: S. 98
Sosa, Mercedes, Mi canto latino Americano, Darmstadt/Marburg/Stuttgart 1988, S. 1: S. 254.
Soviet Life/ Novosti: S. 262.
Spycket, Jérôme, Nadia Boulanger, Lausanne, 1987, S. 37: S. 47
Stiftung Hans Arp und Sophie Taeuber-Arp e.V., Rolandseck: S. 260
Sutherland, Christine, Die Prinzessin von Sibirien. Maria Wolkonskaja und ihre Zeit, Frankfurt a.M. 1991, Titelblatt: S. 281
The Oakland Museum, Dorothea Lange Collection: S. 163
Tripp, Anton, Rhein-Ruhr-Reportagen: S. 25
Wander, Fred: S. 250
Werner, Paul/ Steen, Uta von, Rebellin in Hollywood, S. 138: S. 122, 277
Westdeutsche Frauenfriedensbewegung, Was ist, was will, was tut die Westdeutsche Frauenfriedensbewegung, S. 7, 13, 23, 1967: S. 92, 138, 276
Wir Frauen-Archiv: S. 9, 17, 36, 88, 126, 159, 174, 190, 214, 216, 222, 227, 234, 270, 285
Wir Frauen-Zeitschrift 6/1988: S. 13 und 2/1992: S. 36
Zeidler, Michaela: S. 52

Wir danken allen genannten Personen und Institutionen für die Abdruckgenehmigung der Fotos sowie dem Deutschen Taschenbuch Verlag (München) für die Abdruckerlaubnis des Eingangszitates von Mascha Kaléko (aus: Mascha Kaléko, In meinen Träumen läutet es Sturm).

Register nach Tätigkeiten und Berufen

Abenteuer (Fliegerinnen, Piratinnen, Räuberinnen, Reisende)
Angeville, Henriette de/ Bais, Putli/ Bastié, Maryse/ Bates, Daisy/ Batten, Jean/ Bedford, Mary/ Beese, Amelie/ Beinhorn, Elly/ Bell, Gertrude/ Blanchard, Sophie/ Bonney, Anne/ Boxcar Bertha/ Bullock-Workman, Fanny/ Bunsen, Marie von/ Calamity Jane/ Carlotta/ Cochran, Jacqueline/ Conti, Anita/ Craven, Elizabeth/ David-Néel, Alexandra/ Earhart, Amelia/ Eberhardt, Isabelle/ Etzdorf, Marga von/ Karlin, Alma/ Kingsley, Mary/ Maillart, Ella/ Noll-Hasenclever, Eleonora/ Paulus, Käthe/ Pfeiffer, Ida/ Stark, Freya/ Tromel, Marie.

Bildende Kunst (Bildhauerinnen, Fotografinnen, Grafikerinnen, Malerinnen, Modeschöpferinnen)
Anguissola, Sofonisba/ Arbus, Diane/ Bashkirtseff, Marie/ Berend-Corinth, Charlotte/ Bonheur, Rosa/ Bourgeois, Louise/ Bourke-White, Margaret/ Breitling, Gisela/ Brentano, Tremezza von/ Cameron, Julia Margaret/ Carriera, Rosalba/ Carrington, Leonora/ Cassatt, Mary/ Chicago, Judy/ Claudel, Camille/ Cunningham, Imogen/ Delaunay-Terk, Sonia/ Duttenhofer, Luise/ Ernst, Helen/ Export, Valie/ Exter, Alexandra/ Fini, Leonor/ Freund, Gisèle/ Gentileschi, Artemisia/ Gontscharowa, Natalia/ Grundig, Lea/ Guggenheim, Alis/ Hegewald, Heidrun/ Höch, Hannah/ Horn, Rebecca/ Jacobi, Lotte/ Käsebier, Gertrude Stanton/ Kahlo, Frida/ Kauffmann, Angelika/ Kerkovius, Ida/ Kollwitz, Käthe/ Krull, Germaine/ Lange, Dorothea/ Lempicka, Tamara de/ Lex-Nerlinger, Alice/ Mammen, Jeanne/ Miller, Lee/ Model, Lisette/ Moderson-Becker, Paula/ Modotti, Tina/ Moholy, Lucia/ Morisot, Berthe/ Moses, Anna Mary/ Münter, Gabriele/ Nevelson, Louise/ O'Keeffe, Georgia/ Ono, Yoko/ Oppenheim, Meret/ Rée, Anita/ Rozanowa, Olga Wladimirowna/ Saint Phalle, Niki de/ Salomon, Charlotte/ Schulenburg, Tisa Gräfin von der/ Seidler, Louise Caroline Sophie/ Taeuber-Arp, Sophie/ Tanning, Dorothea/ Taro, Gerta/ Tinné, Alexandrine/ Valadon, Marie-Clémentine/ Vigée-Lebrun, Elisabeth-Louise/ Westwood, Vivien.

Darstellende Kunst (Filmregisseurinnen, Schauspielerinnen, Tänzerinnen, Choreographinnen, Theaterleiterinnen)
Alonso, Alicia/ Angeloff, Therese/ Argentina, la/ Arzner, Dorothy/ Baker, Josephine/ Bausch, Pina/ Becket, Martha/ Berber, Anita/ Bergman, Ingrid/ Bernhard, Sarah/ Brown, Trisha/ Camargo, Marie-Anne de/ Carlson, Carolyn/ Charrat, Janine/ Dietrich, Marlene/ Dumont, Louise/ Duncan, Isadora/ Durieux, Tilla/ Duse, Eleonora/ Ehre, Ida/ Elssler, Fanny/ Eysoldt, Gertrud/ Farmer, Frances/ Fonda, Jane/ Fuller, Loïe/ Gert, Valeska/ Giehse, Therese/ Graham, Martha/ Grisi, Carlotta/ Guimard,

Marie-Madeleine/ Guy-Blaché, Alice/ Hepburn, Audrey/ Hepburn, Katharine/ Hoffmann, Reinhild/ Karlstadt, Liesl/ Karsawina, Tamara/ Lacis, Asja/ Linke, Susanne/ Lorentz, Lore/ Magnani, Anna/ Mata Hari/ Meysel, Inge/ Mihaly, Jo/ Mnouchkine, Ariane/ Monroe, Marilyn/ Moreau, Jeanne/ Neuber, Friederike/ Palucca, Gret/ Redgrave, Vanessa/ Rosenbaum, Marianne/ Sagan, Leontine/ Saint-Denis, Ruth/ Sander, Helke/ Schulze-Kummerfeld, Karoline/ Thimig, Helene/ Varda, Agnes/ Trotta, Margarete von/ Weigel, Helene/ West, Mae/ Wigman, Mary.

Erfindungen, Mäzenatentum
Harel, Marie/ Lovelace, Ada Byron/ Sert, Misia.

Literatur (Autorinnen, Dichterinnen, Journalistinnen, Salonières, Schriftstellerinnen)
Achmatowa, Anna/ Aichinger, Ilse/ Aleramo, Sibilla/ Allende, Isabel/ Andreas-Salomé, Lou/ Arnim, Bettina von/ Arnim, Elizabeth von/ Ausländer, Rose/ Austen, Jane/ Bâ, Mariama/ Bachmann, Ingeborg/ Barnes, Djuna/ Barrett-Browning, Elizabeth/ Beauvoir, Simone de/ Beecher-Stowe, Harriet/ Behn, Aphra/ Berberova, Nina/ Blixen, Karen/ Brik, Lilja/ Brontë, Emily Jane/ Brüning, Elfriede/ Canth, Minna/ Châtelet, Emilie/ Christ, Lena/ Colette, Sidonie-Gabrielle/ Condé, Maryse/ Cruz, Juana Inés de la/ Devi, Mahasveta/ Dickinson, Emily Elizabeth/ Djebar, Assia/ Drewitz, Ingeborg/ Droste-Hülshoff, Annette von/ Durand, Marguerite/ Duras, Marguerite/ Ebner-Eschenbach, Marie von/ Eden, Emily/ Edib, Halide/ Eliot, George/ Elsner, Gisela/ Fallaci, Oriana/ Fleißer, Marieluise/ Frank, Anne/ French, Marilyn/ Frölich, Rose/ Gercke, Doris/ Gogh, Willemina Jacoba van/ Goll, Claire/ Gordimer, Nadine/ Gottsched, Luise A. V./ Greer, Germaine/ Groult, Benoîte/ Günderrode, Karoline von/ Hahn-Hahn, Ida Gräfin von/ Hannsmann, Margarete/ Harper, Frances Ellen Watkins/ Haushofer, Marlen/ Head, Bessie/ Heinrich, Jutta/ Hellman, Lilian/ Herz, Henriette/ Huber, Therese/ Huch, Ricarda/ Janssen-Jurreit, Marielouise/ Jesenská, Milena/ Kaléko, Mascha/ Karsch, Anna Louisa/ Kaschnitz, Marie Luise/ Kempin, Emily/ Kempner, Friederike/ Keun, Irmgard/ Khalifa, Sahar/ Königsdorf, Helga/ Kolb, Annette/ Kolmar, Gertrud/ Labé, Louise/ Lachmann, Hedwig/ La Fayette, Marie-Madeleine Comtesse de/ Lagerlöf, Selma/ Langgässer, Elisabeth/ Lasker-Schüler, Else/ Leitner, Maria/ Lessing, Doris/ Lewald, Fanny/ Lindgren, Astrid/ Lorde, Audre/ Mansfield, Katherine/ Marchi, Clelia/ Margarete, Königin von Navarra/ Mayröcker, Friederike/ Meinhof, Ulrike Marie/ Mereau-Brentano, Sophie/ Mernissi, Fatema/ Michaëlis, Karin/ Mistral, Gabriela/ Mora, Constancia de la/ Morgenstern, Lina/ Morgner, Irmtraud/ Nelken, Dinah/ Nemcova, Bozena/ Nin, Anaïs/ Osten, Maria/ Parnass, Peggy/ Reimann, Brigitte/ Reinig, Christa/ Reisner, Larissa/ Reventlow, Franziska Gräfin zu/ Rewald, Ruth/ Rinser, Luise/ Roland, Manon/ Roten, Iris von/ Runge, Erika/ Sachs, Nelly/ Sackville-West, Victoria/ Sand, George/ Sarraute, Nathalie/ Schlegel-Schelling, Caroline/ Schopenhauer, Johanna/ Schreiner, Olive Emile Albertine/ Schroeder, Margot/ Schwarzenbach, Annemarie/ Scudéry, Madeleine de/ Seghers, Anna/ Sertel, Sabiha/ Sévigné, Marie Marquise de Rabutin-Chantal/ Sir Galahad/ Sitwell, Edith Dame/ Spiel, Hilde/ Staël, Germaine Baronne de/ Stein, Gertrude/ Storni, Alfonsina/ Thompson, Dorothy/ Triolet, Elsa/

Undset, Sigrid/ Varnhagen von Ense, Rahel Levin/ Viebig, Clara/ Walker, Alice/ Wander, Maxie/ Weiss, Louise/ Werner, Ruth/ West, Rebecca Dame/ Wolf, Christa/ Woolf, Virginia/ Yourcenar, Marguerite/ Zinner, Hedda/ Zwetajewa, Marina.

Musik (Interpretinnen, Jazzmusikerinnen, Komponistinnen, Sängerinnen)
Anna Amalia, Herzogin von Sachsen/ Baez, Joan/ Beach, Amy Marcy Cheney/ Bejarano, Esther/ Berberian, Cathy/ Blankenburg, Elke Mascha/ Bley, Carla/ Boulanger, Lili/ Boulanger, Nadia/ Caccini, Francesca/ Callas, Maria/ Chaminade, Cécile/ Dia, Beatrice de/ Fénelon, Fania/ Fitzgerald, Ella/ Gréco, Juliette/ Gubaidulina, Sofia/ Guilbert, Yvette/ Hensel, Fanny/ Holiday, Billie/ Holmès, Augusta/ Jackson, Mahalia/ Jacquet de la Guerre, Elisabeth/ Jadalti, Lin/ Jansen, Fasia/ Joplin, Janis/ Keetmann, Gunhild/ Kinkel, Johanna/ Krüseman, Mina/ Kyper, Elisabeth/ Landowska, Wanda/ Lang, Josephine/ Latz, Inge/ Le Beau, Louise Adolpha/ Lee, Jeanne/ Lenya, Lotte/ Mahler-Werfel, Alma/ Makeba, Miriam/ Martinez, Maria/ Melba, Nellie/ Mercouri, Melina/ Monk, Meredith/ Monnot, Marguerite/ Paradis, Maria Theresia von/ Parra, Violeta/ Piaf, Edith/ Schick, Philippine/ Schröter, Corona/ Schumann, Clara/ Schweizer, Irène/ Smith, Bessie/ Smyth, Ethel Mary Dame/ Sosa, Mercedes/ Tailleferre, Germaine/ Waldoff, Claire/ Williams, Mary Lou/ Zechlin, Ruth/ Zieritz, Grete von.

Politik (Frauenrechtlerinnen, Freiheitskämpferinnen, Gewerkschafterinnen, Pazifistinnen, Politikerinnen, Verfolgte, Widerstandskämpferinnen)
Addams, Jane/ Albrecht, Berty/ Anneke, Mathilde Franziska/ Anthony, Susan B./ Armand, Inès/ Aston, Louise/ Aubrac, Lucie/ Augspurg, Anita/ Baader, Ottilie/ Baer, Gertrud/ Balabanoff, Angelica/ Balch, Emily Greene/ Bancik, Olga/ Barrios de Chungara, Domitila/ Bebel, Julie/ Benario, Olga/ Bernauer, Agnes/ Bervoets, Marguerite/ Betancourt, Ana/ Bloch-Sérazin, Françoise/ Bloomer, Amelia/ Boran, Behice/ Boudicca/ Bouhired, Djamila/ Boupacha, Djamila/ Braun, Lily Amalie/ Brinkmann, Beatriz/ Büchner, Luise/ Bunke, Tamara/ Butler, Josephine/ Casanova, Danielle/ Cauer, Minna/ Chaaraoui, Hoda/ Corrigan, Mairead/ Cotton, Eugénie/ Davis, Angela/ Dien, Raymonde/ Dinh, Nguyen Thi/ Dmitrieff, Elisabeth/ Dohm, Hedwig/ Duncker, Käte/ Edinger, Anna/ Elisabeth von Thüringen/ El Saadawi, Nawaal/ Faßbinder, Klara-Marie/ Fawcett, Millicent Dame/ Figner, Wera/ Finnbogadottir, Vigdis/ First, Ruth/ Fittko, Lisa/ Flynn, Elizabeth Gurley/ Fonseca, Eleonora/ Forest, Eva/ Friedan, Betty/ Fürth, Henriette/ Fuller, Sarah Margaret/ Göldin, Anna/ Goldman, Emma/ Goldschmidt, Henriette/ Goldstein, Vida/ Gouges, Olympe de/ Gourd, Émilie/ Grossman, Chaika/ Halimi, Gisèle/ Hallgarten, Constanze/ Hatschepsut/ Hatzfeld, Sophie von/ Henoth, Catharina/ Herrmann, Lilo/ Herwegh, Emma/ Herz, Alice/ Heymann, Lida Gustava/ Hillesum, Etty/ Hornik-Ströhmer, Anna/ Ibarruri, Dolores/ Ibrahim, Fatima/ Ihrer, Emma/ Jacobs, Aletta/ Jacquemotte, Fanny/ Jeanne d'Arc/ Jochmann, Rosa/ Jones, Claudia/ Jonghe, Andrée de/ Joseph, Helen/ Kabir, Rokheva Rahman/ Kartini, Raden Adjeng/ Kautsky, Luise/ Keller, Helen/ Kirchhoff, Auguste/ Kirchner, Johanna/ Klarsfeld, Beate/ Kollontai, Alexandra/ Lange, Helene/ Langer, Felicia/ Leichter, Käthe/ Leo, André/ Lewald, Fanny/ Luxemburg, Rosa/ Maathai, Wangari/ Mandela, Winnie/ Marx, Jenny/

Marx-Aveling, Eleanor/ Margarete Maultasch/ Maxeke, Charlotte/ Mellien, Marie/ Melzer, Johanna/ Méricourt, Théroigne de/ Mertens, Félicie/ Meysenbug, Malwida von/ Michel, Louise/ Minck, Paule/ Moser, Mentona/ Müller, Gertrud/ Myrdal, Alva/ Nelis, Mary/ Ngoyi, Lilian/ Niederkirchner, Käte/ Noce, Teresa/ Otto-Peters, Louise/ Paczensky, Susanne von/ Pankhurst, Emmeline, Christabel und Sylvia/ Pappenheim, Bertha/ Perlen, Frida/ Perowskaja, Sofia/ Pleißner, Marie/ Popp, Adelheid/ Proschaska, Eleonore/ Real, Soledad/ Riffaud, Madeleine/ Roland, Pauline/ Rosenberg, Ethel/ Santamaria, Haydée/ Schmidt, Auguste/ Scholl, Sophie/ Schütte-Lihotzky, Margarete/ Schulze-Boysen, Libertas/ Schwarzer, Alice/ Selbert, Elisabeth/ Selenka, Margarethe Leonore/ Sender, Toni/ Séverine/ Siemsen, Anna/ Sisulu, Albertina/ Smedley, Agnes/ Smith Adams, Abigail/ Solanas, Valerie/ Stanton, Elizabeth Cady/ Steimer, Mollie/ Stöcker, Helene/ Stoltze, Annette/ Stritt, Marie/ Struve, Amalie/ Suttner, Bertha von/ Tawil, Raymonde/ Tereschkowa, Valentina Nikolajewa/ Thalmann, Clara/ Thiele, Grete/ Tristan, Flora/ Tubman, Harriet/ Walch-Künkelin, Anna-Barbara/ Wessel, Helene/ Woker, Gertrud/ Wolkonskaja, Maria/ Wollstonecraft, Mary/ Wuesthoff, Freda/ Wurm, Mathilde/ Zahn-Harnack, Agnes von/ Zetkin, Clara/ Zietz, Luise.

Sport
Bergmann, Gretel/ Braumüller, Ellen/ Buchhold, Marie/ Diem, Lieselott/ Durack, Sarah/ Ederle, Gertrude/ Garske, Charlotte/ Mensendieck, Bess/ Preis-Müller, Ellen/ Profé, Alice/ Streicher, Margarete/ Thurm, Martha/ Vinson, Maribel.

Naturwissenschaften (Astronominnen, Ärztinnen, Chemikerinnen, Forscherinnen, Physikerinnen)
Agnesi, Maria Gaetana/ Bassi, Laura Maria Catharina/ Biheron, Marie-Catherine/ Blackwell, Elizabeth/ Cannon, Anny Jump/ Carson, Rachel Louise/ Curie, Marie/ Dietrich, Amalie/ Durand-Wever, Anne-Marie / Erxleben, Dorothea Christiane/ Garrett Anderson, Elizabeth/ Germain, Sophie/ Göppert-Mayer, Maria/ Goodall, Jane/ Heidenreich von Siebold, Charlotte/ Herschel, Karoline/ Immerwahr, Clara/ Irigaray, Luce/ Joliot-Curie, Irène/ Kienle, Else/ Kowalewskaja, Sofia Wassiljewna/ Meitner, Lise/ Merian, Maria Sibylla/ Noether, Emmy/ Perey, Marguerite/ Tiburtius, Franziska/ Tiburtius, Henriette.

Sozial- und Geisteswissenschaften (Anthropologinnen, Historikerinnen, Juristinnen, Pädagoginnen, Philosophinnen, Psychologinnen, Soziologinnen)
Arendt, Hannah/ Cixous, Hélène/ Einsele, Helga/ Garrett Anderson, Elizabeth/ Gournay, Marie Le Jars de/ Hildegard von Bingen/ Hypatia/ Jahoda, Marie/ Key, Ellen/ Kofman, Sarah/ Kristeva, Julia/ Krupskaja, Nadeshda/ Kuhn, Annette/ Mead, Margaret/ Montessori, Maria/ Morata, Olympia Fulvia/ Nightingale, Florence/ Pisan, Christine de/ Porète, Marguerite/ Pusch, Luise F./ Ranke-Heinemann, Uta/ Rossanda, Rossana/ Rotten, Elisabeth/ Ruben-Wolf, Martha/ Salomon, Alice/ Sanger, Margaret Higgins/ Saussure, Albertine Necker de/ Schlözer, Dorothea von/ Schurman, Anna Maria von/ Sölle, Dorothee/ Thürmer-Rohr, Christina/ Weil, Simone.

Weitere Rebellinnen?
Bitte weiterlesen ...

Marit Rullmann (Hg.)
Philosophinnen

Bd. I: Von der Antike bis zur Aufklärung
340 Seiten, ISBN 3-931782-44-1

Bd. II: Von der Romantik bis zur Moderne
380 Seiten, ISBN 3-931782-74-3

Vermutet wurde es ja schon immer, schwarz auf weiß ist es erst jetzt nachzulesen: Frauen haben auch in der Philosophie einen beträchtlichen Anteil am Geistesgeschehen gehabt.

»Ein wichtiges und bildschön gestaltetes Buch ist vorzustellen – eine mit Aufsässigkeiten prall gefüllte Dokumentation. Ein wunderbares Buch!«
Süddeutsche Zeitung

»Philosophie, das klingt nach anstrengender Lektüre. Das Buch von Marit Rullmann beweist das Gegenteil. Sie stellt Frauen vor, die seit dem Altertum in Politik, Wissenschaft und Philosophie wirkten, aber keinen Platz in der Geschichte bekamen.«
Brigitte

»Es ist die erste deutschsprachige Publikation dieser Art, was ihr automatisch den Rang eines Standardwerkes sichert.«
Ruhr-Nachrichten